永州市地方志丛书

永州市政协志

永州市政协志编纂委员会　编

方志出版社
Publishing House of Local Records

图书在版编目（CIP）数据

永州市政协志/永州市政协志编纂委员会编．—北京：方志出版社，2020.3

ISBN 978-7-5144-4133-8

Ⅰ.①永… Ⅱ.①永… Ⅲ.①中国人民政治协商会议—地方委员会—概况—永州—1996-2016 Ⅳ.①D628.643

中国版本图书馆CIP数据核字（2020）第046816号

永州市政协志

编　　者：永州市政协志编纂委员会
责任编辑：陈　菁

出 版 者：方志出版社
地址　北京市朝阳区潘家园东里9号（国家方志馆4层）
邮编　100021
网址　http：//www.fzph.org
发　　行：方志出版社图书经销中心
电话（010）67110500
经　　销：各地新华书店
印　　刷：衡阳顺地印务有限公司

开　　本：889×1194　1/16
印　　张：22.5
字　　数：449千
版　　次：2020年3月第1版　2020年3月第1次印刷
印　　数：0001～1000册

ISBN 978-7-5144-4133-8　**定价**：300.00元

《永州市政协志》编纂委员会

第一阶段

（2016.5—2016.12）

主　　任：唐　定

副 主 任：彭爱华　周秀英　张建亮　唐运军　封金祥
　　　　　吕　斌　田　洁　魏湘江　宋可福

委　　员：（以姓氏笔画为序）
　　　　　尹玉林　刘翼平　吴金燕　张小惠
　　　　　欧阳国川　胡跃平　谭珊娥

办公室主任：宋可福

主　　编：刘翼平

副 主 编：周华民　谢至桢

编　　辑：徐华慧　万汝青　王　勇　廖芝屏　陈　敏
　　　　　谢加超　廖　晖　陈启田　汪　雯　匡梦婕

第二阶段

（2017.1—2019.8）

主　　任：蒋善生

副 主 任：张建亮　彭爱华　吕　斌　田　洁　杨军元
文绍涛　宋可福　潘衡湘　欧阳德群　王小波

委　　员：（以姓氏笔画为序）
王明兴　尹玉林　李爱华　刘翼平　陈　凯
吴金燕　欧阳国川　胡新军　魏秋云

办公室主任：王小波

主　　编：刘翼平

执行副主编：黄春芳

副 主 编：万汝青　王金梁　文三毛

编　　辑：陈　敏　陈少勇　蒋慧玲

序

伴随着中华人民共和国建立和发展壮大，人民政协事业与中国特色社会主义一道进入新时代。

历经零陵地区统战部政协联络员、政协联络处、零陵地区政协联络工作委员会等阶段，从 1996 年 4 月 19 日政协永州市第一届委员会成立，永州市政协至今已经走过了 20 余年非凡而光辉的岁月。这是一段需要认真回顾总结、铭记学习的重要历史。基于此，在第四届市政协主席唐定同志的领导下，2016 年 5 月《永州市政协志》编纂工作拉开序幕，经全体修志人员历时四年多的合力奋斗，今天终于付梓出版了。它的刊行，既是中国人民政治协商会议永州市委员会的一大盛事，又是永州社会主义民主政治建设和文化事业的丰硕成果。

盛世修志，鉴往知来。《永州市政协志》40 余万字，主要记述了 1996 年 4 月至 2016 年 12 月期间永州市第一届至第四届市政协的工作，是永州市政协的第一部志书，它围绕人民政协的性质、地位、职能和作用，以大量的史料、朴实的文字，记述了市政协第一至第四届期间履行政治协商、民主监督、参政议政主要职能及团结联谊等一系列活动；反映了市政协从无到有，在探索中前进，在前进中开拓，不断发展壮大的历史轨迹。这是她在中共永州市委领导下，团结全市各界人士风雨同舟、荣辱与共、共同奋斗的真实写照，也是中国共产党领导的多党合作和政治协商制度在永州的生动实践。这对于我们认识过去、着眼当今、开创未来、书写好人民政协工作新的篇章具有重要意义。

志书的编纂是一项艰苦细致的工作，该书的付梓凝聚了大家的辛勤劳动。在此，谨向全体修志人员，向关心支持《永州市政协志》编纂出版的各级领导、各相关单位，以及为志书提供指导、帮助的专家、学者和有关的同志们，致以最诚挚的谢意！

中国共产党领导的多党合作和政治协商制度是中国特色社会主义的政党制度，也是中国的一项基本政治制度。人民政协植根于中国历史文化，产生于近代以后中国人民革命的伟大斗争，发展于中国特色社会主义光辉实践，具有鲜明的中国特色，是实现国家富强、民族振兴、人民幸福的重要力量。人民政协在继承中发展、在发展中创新，紧紧围绕中心、服务大局，聚焦全面深化改革凝聚共识、汇集力量、建言献策，做出了新的积极贡献。

作为一级地方政协组织，21年来，永州市政协坚持中国共产党的领导，高举爱国主义、社会主义旗帜，把握“团结、民主”两大主题，团结全市各民主党派、人民团体和各界人士，围绕中心，服务大局，求实创新，履行职能，为促进永州改革开放和现代化建设，为巩固和发展爱国统一战线做出了应有的贡献。市政协在永州的政治生活中显示出越来越重要的作用，产生了越来越广泛的社会影响。市政协所取得的巨大成绩，所积累的宝贵经验，凝聚着市政协历届领导、全体委员的辛劳和智慧，也饱含着人民群众的热忱支持与深切关爱。今天，接过政协事业历史接力棒的我们，定会牢记使命，承前启后，继往开来。

新时代、新担当，新使命、新作为。在推进社会主义协商民主进程，助力永州经济社会又快又好发展的当下，永州政协事业大有可为，政协工作任重道远。我们一定要更加紧密地团结在以习近平同志为核心的党中央周围，在中共永州市委的领导下，围绕中心，服务大局，以志为鉴，忠实履职，不断开创政协工作新局面，谱写政协事业新篇章！

是为序。

永州市政协党组书记、主席　蒋善生

2019年8月

凡 例

1. 《永州市政协志》编纂以马克思列宁主义、毛泽东思想、邓小平理论、“三个代表”重要思想、科学发展观、习近平新时代中国特色社会主义思想为指导，遵循实事求是原则，全面、系统地记述中国人民政治协商会议永州市委员会的发展历程。

2. 《永州市政协志》属于永州市第二轮修志，记述撤销零陵地区，建立地级永州市之后，政协永州市委员会发展史实。时间断限为 1996 年 1 月—2016 年 12 月。

3. 《永州市政协志》采用述、志、记、图、表、录、传等体裁，以志为主。志书按照“横分门类，纵述历史”的原则，分章、节、目、子目四个层次，共设四章。

4. 《永州市政协志》行文采用《地方志工作条例》规定的文字记述。标点、数字使用执行《地方志书行文通则》规定。引文保持原状。

5. 《永州市政协志》所用资料主要由市政协各委室、各民主党派提供，总纂时搜集市档案馆历史档案、图书档案以及部分老同志的回忆录再次充实。

6. “中共永州市委”“永州市人民政府”“中国人民政治协商会议永州市委员会”分别简称“市委”“市政府”“市政协”。

永州市行政区划图

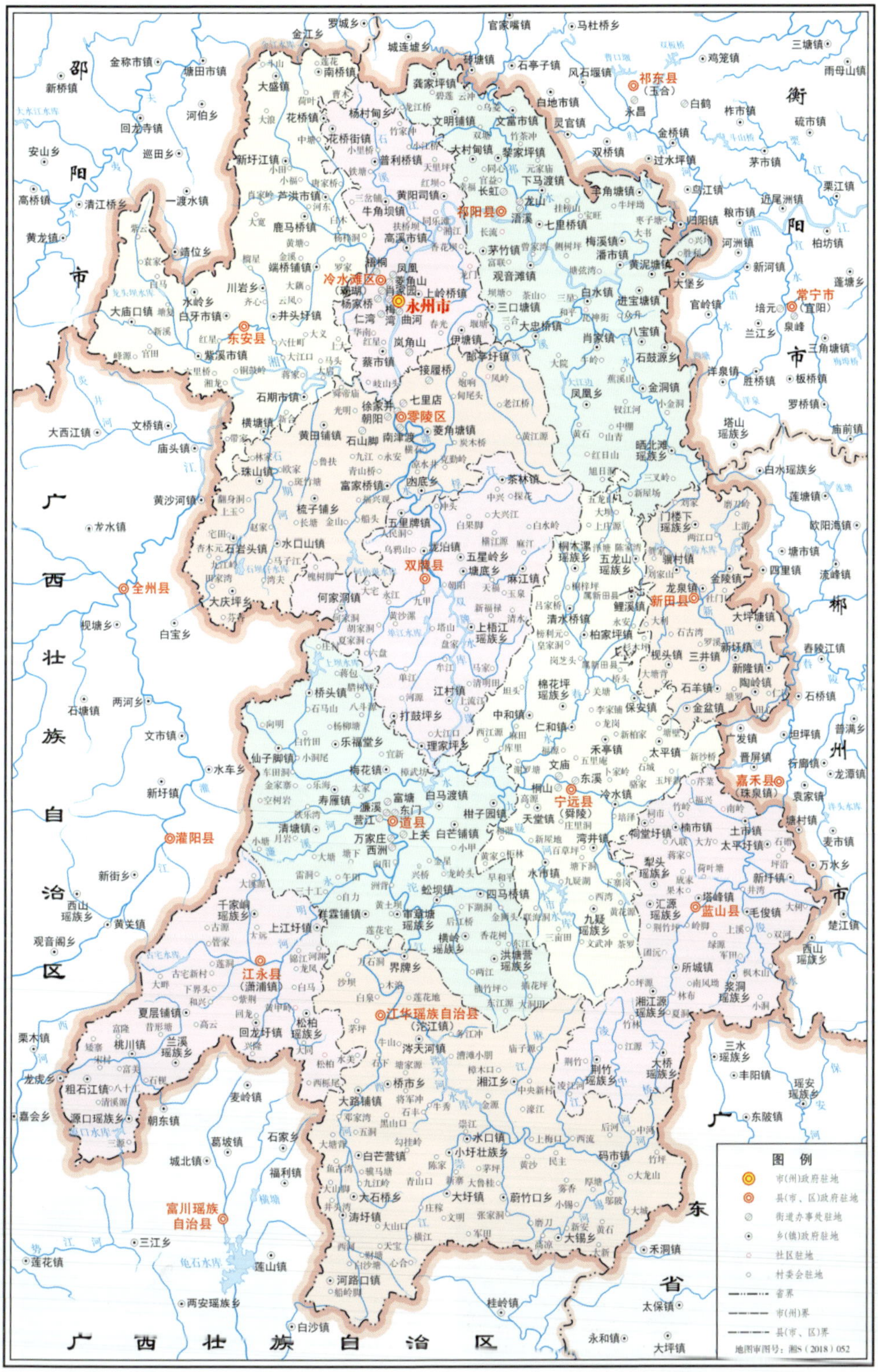

邵阳市
衡阳市
郴州市
广西壮族自治区
广东省
永州市
冷水滩区
零陵区
祁阳县
祁东县
（玉合）
常宁市
（宜阳）
东安县
双牌县
新田县
宁远县
（舜陵）
嘉禾县
（珠泉镇）
道县
江永县
（潇浦镇）
江华瑶族自治县
（沱江镇）
蓝山县
全州县
灌阳县
富川瑶族自治县
图例
市(州)政府驻地
县(市、区)政府驻地
街道办事处驻地
乡(镇)政府驻地
社区驻地
村委会驻地
省界
市(州)界
县(市、区)界
地图审图号：湘S（2018）052

政协会议

①

②

① 1996年4月，中国人民政治协商会议永州市第一届委员会第一次会议在永州宾馆隆重召开

② 1998年1月1日，主席欧学佳在市政协一届三次会议上致闭幕词

③ 省政协副主席邓有志、永州市委书记邹金鹜、市长卞翠屏出席永州市政协一届一次全体会议

④ 2001年6月20日，政协永州市委员会第二届一次全体会议召开

⑤ 蒋桃生当选政协永州市委员会第二届主席

⑥ 2015年5月27日，市政协民主评议市教育局履职工作

⑦ 1999年3月20日，一届四次会议召开，政协委员认真听取政府工作报告

③

④

⑤

⑥

⑦

① ②

③

④

⑤ ⑥

① 陈金荣当选政协永州市委员会第三届主席

② 2007年1月18日，政协永州市委员会第三届一次全体会议召开

③ 2011年月13日，参加市政协三届五次会议的委员举手表决选举办法

④ 1999年3月20日，市政协一届四次会议临时常委会议，听取协商对政府工作报告和其他报告的意见

⑤ 唐定当选为政协永州市委员会第四届主席

⑥ 2012年1月3日，市政协四届一次会议隆重召开

领导关怀

① 2001年11月，九届全国政协副主席杨汝岱到永州考察，市长刘爱才、市委副书记邓三龙、市政协主席蒋桃生等陪同考察

② 2002年9月18日至27日，全国政协副主席毛致用到永州视察，市长刘爱才、市政协主席蒋桃生陪同视察宁远文庙

③ 2001年11月3日，全国政协副主席杨汝岱在永州考察期间为市政协题词：“围绕中心，服务大局”

④ 2015年5月29日，全国政协副主席、民革中央常务副主席齐续春（中）率民革中央调研组来到蓝山县和宁远县，就少数民族地区生态文明建设情况进行调研。

⑤ 2004年10月22日，省政协主席胡彪（右）在市委书记曾庆炎、市委副书记邓三龙、市政协主席蒋桃生等陪同下考察永州工业化发展情况

⑥ 2006年7月10日年省政协副主席章锐夫在永州考察古民居建设

⑦ 2001年元月8日-10日，省政协主席刘夫生（左二）率部分驻湘全国政协委到永州视察舜帝陵

⑧ 2010年10月，省政协副主席、农工党省委主委龚建明到永州调研湘江航运情况

⑨ 2014年9月22日，湖南省政协原主席王克英视察蓝山县民营企业

⑩ 2003年8月，省政协副主席谢勇在永州考察

① 2005年9月，全国政协副主席张梅颖（右一）由湖南省省长周伯华陪同到永州出席湖南省公祭舜帝大典

② 2000年元月8日–10日，省政协主席刘夫生（左二）率部分驻湘全国政协委员到永州调查。图为市政协主席欧学佳（右二）陪同视察潇湘水利枢纽工程工地

③ 2014年12月9日至11日，省政协主席陈求发（前排左三）到永州市调研经济社会发展情况。陈求发高度肯定近年来永州发展所取得的成绩，市委书记陈文浩陪同调研

④ 2000年3月18日，市委书记邹金鹫在市政协一届五次会议上讲话

⑤ 中共永州市委书记曾庆炎出席政协永州二届一次会议并讲话

⑥ 2010年1月16日，市委书记黄天赐参加三届四次会议联组讨论政府工作报告

⑦ 中共永州市委书记张硕辅出席永州市2012年各界人士新春茶话会

⑧ 2014年1月11日，市委书记陈文浩在市政协四届三次会上作重要讲话

⑨ 2004年9月12日，省政协副主席文选德考察永州浯溪碑林，并题词：“中直方正，心底无私”

履行职责

①

②

① 2008年10月，省政协副主席石玉珍率调研组来我市就“问计基层群众，共谋科学发展”开展调研

② 2007年4月，省政协原副主席龙国键参加我市举办的阳明山“和”文化节活动

③ 2012年9月7日，第十届湖南省政协主席胡彪视察永州祥瑞生物科技有限责任公司

④ 2013年5月13日至14日，第十一届湖南省政协主席陈求发考察零陵恒远发电设备有限公司

⑤ 2016年7月，第十一届湖南省政协主席李微微考察江华涔天河水库

⑥ 2012年3月5日-6日，省政协副主席武吉海在永州调研农村环境保护情况

⑦ 2005年7月28日，省政协副主席姚守拙到永州考察

⑧ 2015年3月18日至19日，省政协副主席张大方率领省政协调研组到永州开展“加快培育新兴产业”专题调研

⑨ 2011年8月，市政协主席陈金荣率领驻永州市省政协委员赴郴州开展异地视察（图为委员视察郴州市文化艺术中心）

③

④

⑤

⑥

⑦

⑧

⑨

①

②

① 2009年9月，市委政协工作会议暨庆祝人民政协成立60周年大会隆重召开

② 2007年7月30日至31日，政协永州市第三届委员会第一期委员培训班在市委党校举行

③ 2012年7月16日至18日上午，我市举行新任政协委员培训班，305名新任政协委员接受培训

④ 2016年7月20日至22日，政协湖南省第十一届委员会第五十三次主席（扩大）会议在江华瑶族自治县召开。省政协主席李微微主持会议，省政协副主席刘晓、杨维刚、张大方、欧阳斌，副主席兼秘书长袁新华出席会议。市委书记陈文浩致欢迎辞，市政协主席唐定参加会议

⑤ 2015年11月11日，市委书记陈文浩、市长易佳良听取政协委员对永州市“十三五”规划编制的意见建议

⑥ 2012年5月15日，中共永州市委召开专门会议研究政协工作

③

④

⑥

⑤

①

②

③

④

⑤

⑥

⑦

① 2015年 6月18日至19日，省政协副主席赖明勇到永州督查调研

② 2004年2月2日，政协永州市二届四次会议分组讨论“一府两院”报告

③ 2015年11月25至26日，省政协副主席、民盟省委主委杨维刚来我市调研县级公立医院改革

④ 2016年4月7日，省政协副主席欧阳斌率调研组到永州调研

⑤ 2016年5月17至20日，省政协副主席孙建国在我市调研并召开生态补偿脱贫调研座谈会

⑥ 2005年，省政协副主席卢光琇在永州考察

⑦ 2001年7月18日，市政协主席蒋桃生在江永县视察县政协扶贫点农业生产情况

⑧ 2015年11月23日，驻永省政协委员视察零陵古城项目建设

⑨ 2016年7月19日，省政协党组成员王晓琴在双牌县调研

⑧

⑨

概 述

中国人民政治协商会议永州市委员会经历一个逐步发展的过程。1985 年 1 月，中共零陵地委依照湖南省编委文件精神，在中共零陵地委统战部设立副处级政协联络员，负责联络县、市政协工作。次年 4 月，零陵地区政协联络处（正处级机构）设立。联络处在中共零陵地委领导下工作，归口地委统战部管理，业务上受湖南省政协指导。1989 年 10 月，中共湖南省委和省政协决定，将零陵地区政协联络处升格为零陵地区联工委，属正厅级常设机构。1990 年 3 月，联工委正式成立，在湖南省政协的指导和中共零陵地委的领导下进行工作。1995 年 11 月 2 日，国务院批准撤销零陵地区建立地级永州市。1996 年 2 月 29 日，政协永州市第一届委员会筹备工作委员会成立，欧学佳任主任，张中盛、邓香花（女）、沈泗海任副主任，沈根元（女）、朱光钧、朱复圣、何鼎兴、喻美莲（女）、李少雄为委员，张中盛兼任秘书长。筹委会的主要任务是负责做好政协永州市第一届委员会的人事安排，决定市政协一届一次会议召开等重大事宜。经过三个月的筹备工作，1996 年 4 月 19 日永州市政协第一届委员会第一次会议在永州宾馆召开。

一

永州市政协第一届委员会任期为 1996 年 4 月—2001 年 5 月，由 22 个界别 275 名委员组成。一届一次全体会议选举欧学佳为主席。1996 年 5 月，一届二次常务委员会（以下简称常委会）会议决定设立提案工作委员会（以下简称提案委）、学习宣传文史委员会（以下简称为学宣文史委）、文教卫体委工作委员会（以下简称为文教卫体委）、经济科技委员会（以下简称经科委）、民族宗教法制群团三胞联谊委员会（以下简称三胞民宗法制群团联谊委）5 个专门委员会，作为市政协常委会领导下的专门工作机构。设立办公室，作为市政协秘书长领导处理日常工作的办事机构。

市政协第二届委员会起讫时间为 2001 年 6 月—2006 年 12 月，由 22 个界别的 371 名委员组成。市政协二届一次全体会议选举蒋桃生为主席。工作机构设置比第一届增加人口资源环境委员会（以下简称人资环委），称“六委一室”，其他未变。

市政协第三届委员会起讫时间为2007年1月—2012年1月，由28个界别356名委员组成。市政协三届一次全体会议选举陈金荣为主席，工作机构增加研究室，称“六委两室”。市政协第四届委员会起讫时间为2012年2月—2016年12月，由25个界别401名委员组成。四届一次全会选举唐定为主席，工作机构同第三届委员会即“六委两室”未变。

中共永州市委、市政府对市政协工作高度重视，不断推进政协工作的规范化、制度化、程序化建设。每年市委常委定期研究政协工作，市委市政府领导出席市政协全会，参加委员联组讨论。市委书记在每年全会的开幕会上讲话，市委、市政府领导在全会期间批示委员大会发言，并督促委员意见建议落实，领衔督办政协提案，批示政协调研报告和建议案。1997年6月，市委印发《政协永州市委员会关于政治协商、民主监督、参政议政的规定》。1999年9月，市委召开建市以来首次全市政协工作会议暨庆祝人民政协成立50周年庆祝大会，部署加强对政协工作的领导。2009年9月21日，市委召开市委政协工作会议暨庆祝人民政协成立60周年大会，市委书记黄天锡讲话。

2008年6月，市委下发《关于贯彻落实中发〔2006〕5号和湘发（2006〕15号文件的实施意见》，加强对政协工作的领导。2012年，市委下发《关于贯彻落实中共湖南省委政治协商章程（试行）的实施意见》，就加强政治协商做出明确决定。同年10月，市委转发《政协永州市委员会关于进一步完善大会发言制度的实施细则》，明确支持政协大会发言制度改革。2015年，市政协根据省、市委有关文件精神，下发《政协永州市委员会关于政治协商、民主监督、参政议政的规定（试行）》。人民政协在全市政治生活中的重要作用得到进一步发挥，促进全市经济社会发展的能力进一步提高，社会影响进一步扩大。

二

围绕中心认真组织政治协商。市政协不断完善全体委员会政治协商，常委会协商、主席会议协商、专委会对口协商等协商机制，注重在协商的内容和形式上更加有效。全体委员会议是政协委员参与政治协商的最重要平台。1996—2016年20年间，市政协共举行全体委员会议20次。会议邀请市委、市人大、市政府、永州军分区领导和其他市（厅）级单位负责人出席，在永州的省政协委员、市直副处级以上行政事业单位负责人出席，听取和审议市政协常委会工作报告和提案工作报告，列席市人民代表大会，听取市政府工作报告和国民经济与社会发展计划执行情况、市年度财政预决算情况、市中级法院与市检察院工作报告，并在小组和联组讨论中对政府工作等坦诚反映意见，提出批评和建议。市委常委和副市长除集中参加听取全体会议期间举行的大会协商发言外，还分别参加联组或小组协商，市直相关部门主要负责人一同参加，与委员们共同协商讨论永州市改革发展大政方针和社会民生热点问题。

大会协商发言及联组协商建言是政协独特的履行职能方式，各党派团体、政协各专委会、各界别及委员活动组以及委员个人大会协商发言，紧紧围绕市委、市政府中心工作和政协工作，围绕事关群众切身利益的问题，经过深入实地调查研究提出的具有前瞻性与可操作性的意见建议，显示出履行政协职能的使命感及责任感，受到市委、市政府领导关注。

2004 年 2 月 1 日，市政协二届四次会议，委员们听取“一府两院”报告

一至四届市政协历次全体会议，主要围绕旅游兴市、国有企业改革、食品安全、推进农村义务教育、中心城区交通管理、科技兴市、新农村建设、城乡环境保护、治理经济发展环境、国有林场体制改革、教育事业、文化事业、社会治安、招商引资、发展民营经济、反腐倡廉等课题开展大会协商发言。作为协商议政 20 次委员全会有 321 位委员大会发言。其中有 142 份发言材料被市委书记和市长批示阅办。许多意见和建议融入市委、市政府及有关部门工作问计与决策考量。

2010 年市政协三届四次全会，确定正式大会发言前，增加委员试讲环节，即在委员正式发言前，市政协组织相关领导和专家先试听委员发言。通过认真组织，一届政协委员大会发言 72 篇，二届政协委员大会发言 68 篇，三届政协委员大会发言 82 篇，四届政协委员大会发言 67 篇。其中一届市政协委员彭爱华所作《关于加强企业管理工作的建议》、委员谢至桢所作《把握机遇，营造良好投资软环境，加速三资企业发展》的发言；二届市政协委员袁火林《壮大市本级财力，必须依托骨干工业的快速发展》、委员何春明《增加收入必须坚持科技兴农》的发言；三届市政协委员奉起富《借鉴郴资桂一体化做法，构建我市北五县交通一体化格局》的发言、委员张淑芳《关于巩固创卫成果，建立长效机制的建议》；四届市政协委员蒋南林《打造民生公交，提升市民幸福指数》，委员刘翼平《积极实施生态战略，加快推进永州经济转型发展》等大会发言被评为优秀大会发言，其意见建议得到市委、市政府高度重视，一些意见得到落实，见到成效。

抓好大会发言办理是政治协商成果体现。市委、市政府领导对于政协委员意见建议高度重视，全会期间，市委、市政府主要领导均对委员口头发言和书面发言作出批示。市政协注重抓好大会发言的办理，全会结束后，市政协研究室牵头根据市委领导对大会发言材料的批示精神，以及大会发言所提意见建议涉及的职能范围，提出拟承办单位，经主席会议审议之后，交市政府办公室。市政府将委员大会发言的意见建议进行整理分类，分解到相关部门，在年内联合市政协进行定期不定期督查。2012 年 9 月，市政协出台《关于进一步完善大会发言制度的实施细则》，探索在口头发言和书面发言的基础上，增加委员即席发言、辩论式发言、讲评发言与回应发言等形式。从四届三次会议开始，实施全会点评和通报大会发言办理成效。由市政协一名副主席以政协常委会的名义对年初或上一年度大会发言的办理落实情况进行综合讲评，监督问效；市政府常务副市长对政府部门办理年初或上一年度大会发言情况进行说明，向全体委员通报情况。2016 年 7 月，永州市政协出台《市政协大会发言民主测评实施细则（试行）》。每年三季度的政协常委会议由政协常委和发言委员对大会发言的承办单位办理大会发言的情况进行民主测评。测评分满意、基本满意、不满意三个等级，推动政治协商向深度发展。

委员视察是政治协商重要渠道。根据《中国人民政治协商会议政协章程》（以下简称《政治章程》）的规定，市政协组织开展多种形式的视察活动，包括主席视察、常委会专题视察、专委会组织委员开展的视察以及委员持证视察。市政协一届五次常委会制定委员持证视察试行条例，市委办和市政府办先后下发关于认真接待市政协委员持证视察的通知，要求各县区和市直单位特别是主要负责人，对市政协委员视察工作要高度重视、热情接待，实事求是地介绍工作情况，虚心听取委员的建议和批评。市政协三届四次主席会议在总结以往视察工作经验的基础上，再次修订市政协委员视察办法，为开展视察活动进一步提供制度规范。市政协一至四届组织开展各种视察活动，并在此基础上形成多份建议案、提案和全体会议大会发言或常委会会议、主席会议专题协商发言材料。许多专题视察活动，邀请市委、市政府分管领导和有关部门负责人参加，听取委员的意见建议，共同协商探讨解决问题的办法。

2015 年，四届政协审议通过《政协永州市委员会“专题协商”实施办法》，对口协商（由市政协专委会组织）、界别协商（由市政协办公室协调相关界别和专委会组织）、提案办理协商（由市政协提案委组织）等均取得可喜的成绩。

三

民主监督的方式方法不断完善与创新发展。除一年一度“两会”期间听取和讨论“一府两院”及计划、财政报告进行民主监督和提案办理监督外，市政协三届第五次主席会议审议通过《政协永州市委员会特邀监督员工作简则》，采取选聘委员担任部门监督员，进行直接监督。一届有118人次，二届有124人次，三届有131人次，四届有142人次。2014年，第四届政协审议通过《永州市政协关于统一委派民主监督员的实施意见》。

市政协利用政协委员联系面广的优势，发挥社情民意工作“短平快”的特点，引导政协委员关注经济和社会发展中的新情况新问题，通过《社情民意》信息内刊，及时准确地向市委、市政府反映基层和社会各界的呼声、诉求及意见。社情民意信息来源于政协活动的诸多方面，把反映社情民意信息工作纳入履行职能新领域而系统开展起来。一届政协创办《永州政协》内刊，二届政协创办《社情民意》信息简报，第三届市政协以来增设了研究室，收集编辑社情民意信息。市政协各专委会、区县政协和民主党派市委、市工商联均设立信息员，把反映社情民意信息工作逐步推向规范化、制度化。截至2016年年底，市政协共编报《社情民意》242期，采编社情民意信息1392条，其中报送全国政协和省政协被采用的共150多条。冷水滩区政协提出《关于完善粮食直补政策的几点建议》，省政协2010年《社情民意》采用该信息，专报省委、省政府、省政协主要领导，并报全国政协办公厅信息局。2011年，国务院办公厅印发《关于开展2011年全国粮食稳定增产行动的意见》，确定良种补贴资金16亿元，提高早稻良种补贴标准，还提出将逐步增加对种粮农民直接补贴，将粮食直补与粮食播种面积、产量和交售商品粮数量挂钩。市政协1998年起设立监督电话，接待委员和群众来信来访，召开社情民意座谈会等方式，推进民主监督落到实处。

二十年来，市政协组织政协委员应邀参加市委、市政府重要决策部署和重大政策措施出台的有关研讨、咨询、听证、中心工作、重点工作、重大项目建设的检查、督查、考核、干部民主测评等达1040人次。民主测评的部门和单位共计76个，一届16个、二届18个、三届20个、四届22个。以政协永州市委开展专题民主评议活动3次，分别对市广播电视网络公司、市住建局、市教育局工作进行民主评议，取得了较好的成绩，促进了社会和谐和政治经济的发展。

四

政协提案是政协委员和参加政协的各党派、团体及政协各专委会，向政协全体会议或常委会提出的，经提案审查委员会审查立案后交承办单位办理的书面意见和建议，是政协委员广泛参政议政的重要活动。根据《政协章程》的规定，市政协结合永州实际，二届十二次常委会、三届二次常委会制定并通过《政协永州市委员会提案工作实施办法》，每次全体会议召开前两个月向全体政协委员和政协各参加单位下发通知征集提案。组织委员开展调研视察，扩大知情面，为撰写提案积累线索与素材。自二届一次全体会议开始对新当选委员进行提案知识培训，出台《优秀提案评选办法》和《提案办理先进单位评选办法》；制定市级领导批阅和督办重点提案制度、提案委同市委办和市政府办联合督办制度、办理信息反馈制度和考核验收制度、提案工作实施细则等，不断推进提案工作制度建设。20年来，市政协共收到集体和委员个人提案4426件，立案4157件。其中：一届809件，二届1277件，三届1059件，四届1281件。提案针对经济发展、农村工作、体制改革、对外开放、财政金融、城乡建设、道路交通、人口资源环境、文教卫体、科技事业、民主法制、社会保障、基本医疗、农民工权益保障以及统战、政协工作中存在的问题，提出许多具有建设性的意见、建议，对协助市委、市政府加强同各界人士的联系，改进作风，推进工作，实现科学民主决策发挥积极作用。立案的提案分别交由各相关承办单位办理，办理结果3个月内予以回复。市政协注重强化提案督办工作，采取领导领衔督办、选择重点督办、开展联合督办、跟踪协商督办、集中评议督办等一系列创新性的督办形式，有效推动提案办理，提升提案质量和办理实效。自一届三次全会起，市政协每年评选一批优秀提案，并在历次市政协全体会议或全体会议预备会上予以表彰。

2006年1月14日，永州市政协召开专门提案工作会议

政协委员所提的提案，许多在社会上产生较大的影响，参政议政收到实实在在的效果。一届二次会议上周图璋委员《关于解决双牌水库淹没后移民遗留问题》的提案，引起时任市委书记邹金鹭的重视，他带领有关部门负责人先后两次对水淹区的情况深入调查，现场办公。随后召开市委常委扩大会议，进行专题研究，通过《关于双牌水库淹没后扶贫开发的实施方案》，成立以市长为

组长的水淹区扶贫开发协调小组，确定市直105个单位定点帮助水淹区201个特困村，力争三年内基本改变水淹区贫困落后面貌。三届一次会议政协委员邓菊发《完善永州长丰汽车配套工业园基础设施，促进永州工业化进程》的提案，市政府领导多次带领市直有关部门负责人深入长丰工业园现场办公，并将工程定为全市重点项目，全面启动湘江西路路网工程，抓紧实施湘江西路污水管网建设。

五

调查研究是提升政协履职水平，参政议政的一大亮点。市政协把各个层面的履职形式同组织相应的调查研究活动结合起来，融调研于政协履职活动之中。调研活动既有常委会和主席会议直接领导及组织集中开展的，也有各民主党派、团体、专委会和委员界别组、活动小组分别组织分散进行的；既有紧扣中心工作，围绕决策需要而专门组织的，也有直面社会热点难点问题、积极反映群众意愿和诉求而积极作为的。市政协每年的工作计划中，常委会议或主席会议把开展调研纳入参政议政重要议题，从课题筛选、组织形式、方法要求等方面作深入讨论和统筹安排，要求各有关部门协同配合完成。

调研内容广泛涉及全市政治、经济建设重大问题、社会发展和社会生活的各个方面。调研成果经政协常委会议、主席会议讨论通过后报市委、市政府和有关部门。其中不少建议被市委、市政府采纳付诸实施。一至四届政协期间共产生各类调研报告131个，一届调研报告28个，被市委、市政府吸收采纳11个，被部门采纳12个；二届31个，被市委、市政府吸收采纳15个，被部门采纳11个；三届34个，被市委、市政府吸收采纳18个，被部门采纳10个；四届38个，被市委、市政府吸收采纳21个，被部门采纳13个。有的调研报告还引起省委、省政府的重视。如三届政协的专题调研《关于依托北部湾经济区加快对接东盟的调查与建议》，引起市委、市政府的高度重视和吸纳。时任中共永州市委书记黄天锡批示，将调研报告在《永州情况》上发表，市政府批示："这是一份很好的调研报告，不仅描述了广西沿海蓬勃发展的强劲势头，而且分析了我市对接东盟的有利条件和难得的机遇，特别是工作建议有很强的针对性和可操作性。请办公室列入政府常务会议，认真加以研究"。报告关于争取省里在永州设立"湖南—东盟经济开发区"和配合呼应广西争取国家规划建设衡阳经永州达北部湾的高铁客运专线等建议，被列入永州市"十二五"规划纲要。2010年7月，省委办公厅、省政策研究室将该调研报告特编一期《送阅件》，专报省委常委、省政府副省长、省人大和省政协主要领导。

在深入调查的基础上，形成市政协的建议案，以政协常委会或主席会议名义向市委、市政府提出专题性书面意见和建议，为决策服务。市政协一至四届其间，共提交建议案14件，其中：一届8件、二届1件、三届1件、四届4件。建议案内容涉及经济建设、城市发展及文化建设、少数民族经济、资源开发和环境保护、第三产业发展、改善民生等各方面。建议案由市政协组织各民主党派市委、市工商联和市政协各专委会，围绕永州政治经济社会发展的重要问题，有选择地开展调研视察，分别形成提案、视察调查报告和会议协商材料。在此基础上，纳入市政协常委会会议或主席会议审定后送达市委、市政府。市委、市政府认真研究办理，并将办理落实情况给予回复。建议案所提出的意见建议，大都被市委、市政府采纳，部分纳入重要议事日程成为决策咨询依据。

六

中国共产党领导的多党合作和政治协商制度，为各民主党派、工商联通过人民政协充分发挥参政议政和民主监督作用搭建活动舞台。加入市政协的民主党派，一届有中国民主同盟永州市委员会（以下简称民盟市委）、永州市工商业联合会（以下简称市工商联），中国国民党革命委员会永州市支部（第二届成立委员会）、中国农工民主党永州支部（第二届成立委员会），三届增加中国民主促进会永州市委员会（以下简称民主促进会）。四届增加党外知识分子联谊会。市政协十分重视，支持民主党派的工作，把团结民主党派和各界人士，促进社会和谐作为市政协工作的重要任务。一届政协以来和市委统战部每年召开一次各民主党派、工商联负责人座谈会，认真听取他们对政协如何发挥好党派作用提出的意见和建议，并建立定期召开座谈会的联系机制。针对各民主党派租房办公、设施简陋的状况，主动向市委、市政府反映情况，提出建议；市委、市政府高度重视，改善各民主党派办公条件。一届政协积极向市委反映，解决兼职副主席的工资待遇。一至四届市政协期间，各民主党派、工商联、无党派界别委员分别编入市政协各专委会参与活动，在全体会议上或闭会期间统一或单独开展活动。各民主党派市委、市工商联认真履行参政党的职责，积极参加市政协组组的会议协商、专题调研与视察、撰写提案、反映社情民意，参与行风评议和其他民主监督活动。一至四期间，各民主党派、市工商联以本党派团体名义统一组织或联合开展或配合参与的调研视察活动共19次，以各民主党派市委、市工商联名义纳入市政协全体会议或常委会会议的大会协商发言37件，组织各自党派团体政协委员撰写集体和个人提案1915件、反映社情民意信息390条，先后推荐380人次担任市直有关部门的行风评议员、特邀监督员。

各民主党派市委、市工商联根据自身特点和优势，努力为经济建设和社会发展服务。民革市委利用党员中“三胞”（大陆港澳同胞、台湾同胞、海外侨胞）亲友较多的有利条件，先后与10多名“三胞”建立联系，多方开展对外宣传、团结联谊和招商引资工作；组织发动民革党员助学、救灾、济困、捐款50多万元；创办经济实体多个，提供就业岗位近100个。民盟市委发挥文教界和科技界高中级知识分子多的优势，配合市政协与市教委推动开展社会办学，并经常开展送科技下乡、扶贫助学等社会活动，为公益事业先后组织捐款11万元。农工党市委、民进市委多次组织党员送医送药下乡，积极开展以医疗为主的社会服务，先后组织义务医疗咨询服务活动60多次，为城乡居民义诊1000多人次，赠送各类药品价值30多万元。市工商联通过创办商务信息门户网站，组织政企座谈会，加强在外的永州乡友间的沟通联系，组织非公有经济人士公祭舜帝活动，以弘扬舜德精神，共谋诚信发展。

市政协自一届始设立三胞专门委员会，具体负责港澳台联络工作，吸纳一批“三胞”及其亲属和在港永州籍人士担任市政协委员。自一届三次常委会会议开始，市政协就“三胞”联谊工作多次开展专题调研和协商座谈，组织市政协领导班子成员、有关专委会负责人分别走访“三胞”及亲友，与之建立经常联系，帮助解决实际困难。每逢春节及港澳回归纪念日，市政协举行庆祝纪念活动，给“三胞”及其亲属传送党的关怀。一至四届期间举办“三胞”及亲属参加的联谊会、茶话会、座谈会、报告会等共20多次，帮助台商和其他“三胞”人士及亲属解决实际困难100多人次。市政协通过举办庆祝香港回归10周年座谈会等活动，宣传“一国两制”、促进和平统一、广泛团结海内外人士为中华民族复兴的伟大事业做贡献。

永州市侨联充分发挥与港澳台的纽带与桥梁作用，千方百计拓宽招商引资，承接产业转移的方式和途径。开展引资、引才、引智活动10余次，邀请和接待海外侨胞335人次，引进外资项目18个，兴办侨资企业22个，引进内资3.2亿元人民币，外资600万美元。

市政协注重发挥民族宗教界委员的作用，市政协历届领导先后7次带领民族宗教三胞联谊委的委员和市民宗委的人员深入开展视察调研，摸清掌握全市少数民族政策落实，民族文化传承、经济社会发展、少数民族干部人才队伍建设情况，形成相应的调研报告。2010年4月12—5月13日，由副主席盘玉花带队，民族宗教法制群团三胞联谊委组织部分政协委员，对贯彻落实民族政策法规，加快民族地区基础设施、基础产业发展情况进行调研。调研组深入到8个县（区）、8个乡镇、8个村和学校、卫生院，召开座谈会14次，参加座谈会人员250多人，通过听取汇报、个别走访、实地考察和书面材料反映等形式，掌握全市贯彻落实民族政策法规，加快民族地区基础设施、基础产业发展的基本情况及存在的困难与问题及研究解决的办法，使民族政策得到较好的落实。

2005年3月28—29日，第二届市政协主席蒋桃生率11名副主席、正副秘书长和各委室主任对永州市宗教工作开展一次视察活动。先后到祁阳天主教堂、甘泉寺、观音堂、零陵区高山寺、基督教南堂、宁远永福寺等寺庙和教堂，进行视察与座谈。该次视察引起当地党委、政府部门的重视。通过视察活动，增强视察人对宗教工作更深层次的理解和认识，有利于筑固党对爱国宗教工作的重视与领导，调动宗教界及信教群众的积极性，为建设文明法治永州，和谐社会服务。2013 年，由副主席何明玲带队，民族宗教法治群团三胞联谊委组织部分委员就全市落实宗教人员社保政策情况开展专项视察。视察组视察冷水滩文昌阁、零陵基督教堂等宗教活动场所，看望宗教界人士，并进行座谈。针对极少数宗教人员参保积极性不高、部分宗教场所财力有限，养老保险补缴费用高等方面的问题，建议县区民宗部门进一步向相关部门反映宗教人员的特殊情况和困难，争取理解与支持。视察组将收集的意见和建议向相关部门沟通，帮助呼吁进一步推动这项工作全面完成。

市委书记张硕辅看望慰问宗教界人士

二十年来，永州市政协走过一条从无到有、从小到大、不断发展的光辉历程。在各个历史时期，市政协高举爱国主义和社会主义两面旗帜，围绕团结、民主两大主题，积极参与永州市的政权建设、民主政治建设、社会主义现代化建设，组织各政协参加单位与广大政协委员，以独特的角度以及组织优势，认真履行政治协商、民主监督和参政议政职能，为永州市的政治、经济、文化、社会发展做出积极贡献，得到社会各界的充分肯定，政协的地位得到显著提高，作用更加增强。20 年的发展，积累丰富的经验：坚持党的领导，是做好政协工作的保证；围绕中心、服务大局，是做好政协工作的原则；牢牢把握团结和民主，是做好政协工作的主题；搞好调查研究，是做好政协工作的基础；解放思想、实事求是、与时俱进，是做好政协工作的动力；加强自身建设，是做好政协工作的前提。这些经验，是今后政协事业进一步发展的宝贵财富。

大事记

1996 年

2 月 28 日 中国人民政治协商会议永州市委员会（以下简称永州市政协）第一届委员会筹备工作委员会成立，欧学佳任主任，张中盛、邓香花（女）、沈泗海任副主任，沈根元（女）、朱光钧、朱复圣、何鼎兴、喻美莲（女）、李少雄为委员，张中盛兼任秘书长。筹委会主要是负责做好政协永州市第一届委员会的人事安排，决定市政协一届一次会议召开等事宜

3 月 7 日 政协永州市第一届委员会筹备工作委员会第一次会议召开，研究召开市政协第一届全会相关事宜。会议由市政协一届筹委会主任欧学佳主持。中共湖南省委统战部副部长田玉娥、中共永州市委副书记谢朝月出席会议并讲话。

4 月 19 日 中国人民政治协商会议永州市第一届委员会第一次会议在永州宾馆大会堂召开。委员总数为 305 名，实际出席会议委员 275 人，湖南省政协副主席邓有志，中共湖南省委统战部机关党委书记、副厅级研究员李长庚出席会议。中共永州市委书记邹金鹜出席会议并讲话。会议选举欧学佳为政协永州市第一届委员会主席。

5 月 14 日 湖南省政协副主席范多富一行 20 余人，从衡阳出发到永州市视察丘岗开发，先后视察祁阳县农业开发、芝山区蛇场、江永香柚基地开发。

5 月 28 日 市政协一届一次主席会议召开，研究 1996 年市政协工作要点及主席分工问题。

8 月 5 日 市政协主席欧学佳一行 6 人对芝山、冷水滩、凤凰园经济开发区的投资软环境进行为期 7 天的调查，并写出调查专题报告和建议案。

8 月 13 日 市政协副主席沈泗海率领有关人员到冷水滩区、芝山区就城市建设管理及环保进行调研，写出专题调研报告，向市委、市政府提出“关于永州市城市建设和管理几个问题”的建议案。

9 月 8 日 湖南省政协副主席、省委统战部部长石玉珍一行到永州市视察精神文明和思想道德建设。

9月23日 市政协副主席邓香花列席省政协七届五次常委会议。

10月15日 市政协副主席沈泗海率队5人参加在桂林召开的全国十二地市(盟)政协工作十一次联席会议。

12月19日 市政协一届四次常委会议召开。会议听取市政府副市长谢梦阳关于永州市农村经济工作的通报，协商通过市政协关于林业产业化建设和民族地区经济发展问题两个建议案。

1997年

1月9日 《永州政协》创刊号出刊，一年4期。中共永州市委书记邹金鹭提写刊名，市政协主席欧学佳撰写发刊词。主编黄春芳，副主编何春明。

1月11日 湖南省政协副主席龙禹贤，省政协常委、文教卫体委主任冯象钦等到永州考察，就社会办学问题考察冷水滩区、祁阳县等地。龙禹贤肯定永州社会办学的成绩，强调各级政协要为社会办学多建言献策。

2月4日 市政协召开各界人士“迎新春”座谈会。市政协主席欧学佳主持。中共永州市委副书记、市长卞翠屏通报上年度永州市经济工作情况和当年的工作打算。市委书记邹金鹭在会上讲话。寄语各界人士在新的一年为永州建设多做贡献。

2月18日 永州市政协主席欧学佳、副主席张中盛以及永州的省政协委员赴长沙参加省政协七届五次会议。

3月16—20日 永州市政协第一届委员会第二次会议召开。受政协永州市第一届委员会常务委员会的委托，张中盛向大会作题为《认真履行职能　积极参政议政　为推进永州市改革、发展、稳定作出新贡献》工作报告。邓宝林、唐建文、封金祥等22名委员作大会发言。

3月25日 湖南省政协副主席邓有志一行到永州参与中共湖南省委组织的关于减轻农民负担的调查，先后到双牌县、江华瑶族自治县了解情况。

4月4日 湖南省政协政协副主席邓有志率领旅游文化建设视察团一行17人，先后到零陵区、祁阳县、江华、江永等地视察永州旅游文化建设情况。

4月15日 全省政协经科委工作会议在冷水滩召开。省政协副主席兼秘书长陈彰嘉，省政协副秘书长、经科委主任廖长发，永州市政协主席欧学佳，副主席邓香花、朱复圣，秘书长李少雄及各地州市经科委主任出席会议。中共永州市委常委、常务副市长朱泽民，市委常委、市纪委书记伍华安出席会议并讲话。

5月初 市政协机关组织3个调查组分赴宁远、江永、祁阳三县进行有关农村脱贫致富、水果产业化等问题调查，并分组写出调查报告。

5月6日 市政协主席欧学佳、副主席张中盛赴岳阳市参加全省地州市政协主席第一次联席会议。

6月5日 市政协文教卫体委组织市人民医院、芝山区中医院深入祁阳县偏僻山区——八宝镇蕉溪村扶贫义诊。受诊病人147例，免费发药1000余元。

6月16日 市政协召开各界人士迎接香港回归座谈会。会议由主席欧学佳主持，市委书记邹金鸯讲话。

7月9—11日 市政协组织11名省、市政协委员和特邀的农业科技专家赴东安视察以白果基地为重点的农业产业化建设。

7月14日 市政协主席欧学佳、副主席邓香花分别带领部分省、市政协委员赴祁阳、双牌、蓝山等县，就国土管理和耕地保护进行专题视察。

8月1日 湖南省政协主席刘正、副主席范多富带领部分省政协委员视察永州工业企业改革、农业丘岗开发、旅游资源开发和素质教育等工作。

9月18日 市政协举行一届七次常委会议，学习中共十五大精神，学习全国政协主席李瑞环在全国政协八届二十一次常委会议闭幕时的讲话和湖南省政协主席刘正在省政协七届十九次常委会上的发言。会议还与市政府协商全市水果产业化问题。

10月12日 湖南省地州市主席第二次联席会议在永州召开，全省地州市政协主席、副主席（统战部长）参加会议。中共永州市委负责人到会看望出席会议人员。

11月15日 市政协主席欧学佳，副主席邓香花、沈泗海、秘书长李少雄及各委室负责人，视察道县城市建设和蔬菜生产情况，对加快城市建设和蔬菜产业化步伐提出意见。

12月27—1998年1月1日 市政协一届三次会议在芝山区召开。市政协副主席张中盛向大会作题为《高举伟大旗帜　认真履行职能　努力为我市改革开放和"两个文明"建设作出新贡献》的工作报告。沈根元、陈建国、周建林等24名委员作大会发言。会议审议通过政协永州市第一届委员会第三次会议关于常务委员会工作报告的决议，政协永州市第一届委员会第三次会议政治决议。

1998年

1月6日 永州市政协召开各界人士"迎新春"座谈会。市政协主席欧学佳，市政协副主席、市委统战部部长张中盛，市政协副主席邓香花、朱复圣、朱光钧、赵清茂、秘书长李少雄出席会议，与各界人士共话新年新打算。中共永州市委书记邹金鸯出席座谈会并讲话。他寄语各界人士一如既往积极为永州经济建设建言献策。

2月20日 市政协召开一届十九次主席会议，研究市政协一届九次常委会议程和筹备成立“永州市三胞及其亲友联谊会”有关事宜。市政协主席欧学佳主持会议。

3月5日 市政协主席欧学佳、副主席何鼎兴率部分省、市政协委员赴江华瑶族自治县和涔天河水库管理局开展涔天河水库扩容前景调查，提出建议争取该工程尽快立项上马，加快永州建设步伐。

3月19日 永州市政协接待处（泉陵宾馆）挂牌。

4月15日 市政协主席欧学佳率队赴深圳考察，联系采写《永州人在深圳》书稿有关事项。

5月19日 市政协主席欧学佳、副主席喻美莲率部分省、市政协委员就东安县旅游资源开发及第三产业发展开展调研视察活动。

5月19日 市政协副主席沈根元率部分省市政协委员对蓝山发展个体私营经济情况进行调查视察。

6月25—26日 湖南省政协副主席陈彰嘉一行到永州对司法队伍建设情况进行视察。

8月16日 湖南省政协常委、经济科技委员会主任廖长发，经科委副主任陈建军和全国政协委员、省政协常委、省科委副主任乐寿长等省政协委员及有关部门负责人一行7人考察永州经济科技工作。

8月18日 市政协主席欧学佳、副主席沈泗海率部分省市政协委员就中心城市功能配套情况，赴芝山区、冷水滩区和凤凰园经济开发区进行调查视察活动。

9月16日 市政协主席欧学佳带领市建委、国土局、公安局、工商局等部门的主要负责人一行11人，赴郴州市考察城市管理体制情况，与之座谈并建立对口联系制度。

9月29日 永州市港澳同胞、海外侨胞及亲友联谊会在市政协会议室举行成立大会。

10月7日 市政协主席欧学佳，副主席沈泗海、朱复圣率部分省市政协委员，就政法队伍教育整顿情况开展视察活动。

11月23日 市政协副主席张中盛、朱光钧率部分省市政协委员视察市交警支队、交通局、规费征稽处、卫生防疫站整治经济发展环境的情况。

11月25日 市政协副主席沈根元、赵清茂带领部分省市政协委员，对市技术监督局、市工商局、市国税局、市地税局开展整治经济发展环境工作进行视察。

12月28日 市政协召开一届第十二次常委会议，学习江泽民在纪念中共十一届三中全会召开二十周年大会上讲话，统一思想，进一步提升政协工作成效。会议还协商决定增补李绍陶、何水平等9人任政协永州市第一届委员会委员。

1999年

1月1日 全国政协原副主席胡绳一行由湖南省政协副主席游碧竹和湖南省党史委主要负责人陪同，到永州考察。

1月7日 市政协1998年度提案办理先进单位、先进个人和优秀提案表彰会在政协机关会议室举行。

1月13日 市政协主席欧学佳，副主席沈泗海带领部分市政协委员，就道县1998年财政收入突破亿元大关进行视察。

2月9日 市政协召开永州市各界人士迎新春座谈会。市政协主席欧学佳，副主席邓香花、赵清茂等出席，与各界人士一道共叙新年新打算。

3月16日 娄底地区政协联工委一行8人到永州考察关于地改市工作情况，永州市政协主席欧学佳介绍“地改市”后永州市政协筹备、人员组建等相关情况。

3月21—25日 市政协一届四次会议在冷水滩召开。受政协永州市第一届委员会的委托，沈根元向大会作题为《认真总结经验　充分发挥政协优势　为加快永州经济发展和社会进步作出新贡献》工作报告，何鼎兴、何水平、刘春洪等22名委员作大会发言。大会审议通过政协永州市第一届委员会第四次会议政治决议（草案）；审议通过政协永州市第一届委员会第四次会议关于常务委员会工作报告的决议（草案）。

4月13—16日 市政协主席欧学佳，副主席邓香花、赵清茂，率30名省市政协委员，分3个调查组赴冷水滩区、芝山区和祁阳县就市场建设情况开展调查视察。

5月18—22日 市政协主席欧学佳和永州市的省政协常委赴长沙参加省政协八届七次常委会议。

6月22日 市政协副主席邓香花、喻美莲率部分省、市政协委员赴新田、宁远县调查科技兴农情况。

7月2日 广西壮族自治区政协副主席梁超然一行4人到永州市考察柳宗元文化。考察后梁超然表示，广西柳州、湖南永州，都是唐代思想家文学家柳宗元曾经生活过的地方，留下不少珍贵文墨，柳州、永州要携手利用“柳文化”做活文化旅游这篇文章。

9月20日 永州市政协工作会议暨人民政协成立50周年庆祝大会在永州大会堂举行。会议由中共永州市委副书记、代市长刘爱才主持，中共永州市委书记邹金鹫讲话。晚间，市政协主席欧学佳在永州电视台发表庆祝人民政协成立50周年电视讲话。

9月18—28日 庆祝人民政协成立五十周年书画展在冷水滩、芝山两区展出。

11月29日 市政协召开一届四十次主席会议，协商研究政协工作的规范化、制度化建设。针对市政协提出的十条协商意见，中共永州市委办公室、市政府办公室负责人进行答复，并提出整改措施，中共永州市委副书记谢朝月在会上就政协工作规范化、制度化建设讲话。

12月15日 中共永州市委常委听取市政协工作汇报。中共永州市委常委、永州市政协党组成员及办公室主任出席会议。

2000年

1月5日 湖南省政协主席刘夫生、省政协原主席刘正率在湘全国政协委员赴永州视察，先后到东安、祁阳等地对贯彻中共中央、中共湖南省委经济工作会议精神的有关情况进行走访调查。1月8日，就调查情况与永州市委、市政府交换意见。

3月6日 市政协组织召开各界人士座谈会，协商永州市2000年政府工作报告。会议由市政协主席欧学佳主持，中共永州市委副书记、代市长刘爱才，市政协副主席朱复圣、赵清茂和20多名各界人士参加座谈。

3月19—23日 市政协一届五次会议在芝山区永州宾馆召开。受政协永州市第一届委员会的委托，沈根元向大会作题为《迈向新世纪 开创新局面 为加快永州经济发展和社会进步作出新贡献》工作报告。何鼎兴、徐肇玲、赵清茂、张建亮等20名委员作大会发言。大会审议通过政协永州市第一届委员会第五次会议政治决议（草案）；审议通过政协永州市第一届委员会第五次会议关于常务委员会工作报告的决议（草案）。

3月27日 湖南省政协副主席范多富一行到永州市召开衡阳、郴州、永州片调研座谈会，就如何进一步开展好新世纪政协工作开展调查研究。

4月13日 市政协主席欧学佳、秘书长王焕鹏参加永州市政府组织的湘桂边境友好代表团，前往桂林市出席永州、桂林两市缔结友好城市签字仪式。

5月7日 市政协主席欧学佳、秘书长王焕鹏一行就国有企业的改革、解困情况，赴宁远、新田、道县等县进行为期4天的调查视察。

6月2日 市政协机关组织5个调查组，分别到冷水滩耐火材料厂、湘南罐头厂、潇湘纸业有限公司、零陵耐火材料有限责任公司、九嶷股份有限责任公司、市轻机厂、市化工集团等市属国有企业进行企业改革调查。

6月上旬 市政协副主席邓香花、何鼎兴率部分市政协委员分两组对永州市农业面对“入世”的机遇和挑战问题进行调查。

9月9日 永州市政协组织永州市社会各界代表，参与永州市公祭舜帝活动，前往宁远九嶷山舜帝陵祭舜。

10月5日 市政协主席欧学佳受市委、市政府的委托，赴衡阳参加南岳衡山寿文化节暨庙会。

12月8日 中国国民党革命委员会永州市支部在市政协机关常委会议室召开成立大会。选举黄胜利为支部主委，段奇峰为支部副主委。

12月18日 中国农工民主党湖南省永州总支委员会召开成立大会。戴菊芳当选为主任委员。

2001年

1月20日 市政协召开各界人士迎新春座谈会。市政协主席欧学佳主持。中共永州市委书记曾庆炎，市委副书记、市长刘爱才，曾昭薰，谢朝月，市政府副市长钱荣棠出席。曾庆炎讲话。

4月25日 市政协召开文化产业座谈会，市政协主席欧学佳主持。省政协文史委主任田伏隆、中共湖南省委宣传部副部长陈满之、永州市政协秘书长王焕鹏、文史委主任陈盛华、文教卫体委主任黄春芳及市委讲师团、市广播电视局、市文化局、市旅游局、市体委等单位负责人参加座谈会。省政协文史委主任田伏隆讲话。强调挖掘永州历史文化潜力，发展文化产业。

4月25日 市政协主席欧学佳，副主席沈泗海、徐肇玲、沈根元，秘书长王焕鹏就中共永州市委书记曾庆炎在中共永州市第二次代表大会上的报告（讨论稿）进行协商讨论，并将讨论意见提交市委常委会议研究参考。

5月9日 市政协召开各界人士座谈会，听取各界人士对中共永州市第二次代表大会工作报告的协商意见。市政协主席欧学佳主持会议。中共永州市委书记曾庆炎，永州市政协副主席徐肇玲、朱光钧、朱复圣、赵清茂，中共永州市委组织部副部长唐松成，零陵师专校长佘国华，市职业技术学院党委书记管天球等社会各界人士32人参加座谈会。市委办负责人就市第二次党代会的筹备工作情况进行通报，市委书记曾庆炎就其中的几个问题作重点说明。

6月8日 市政协召开各界人士座谈会，协商《政府工作报告》。市政协主席欧学佳主持，中共永州市委副书记、市长刘爱才，常务副市长蒋桃生，市政协副主席邓香花、徐肇玲、朱复圣、赵清茂、喻美莲，市政府秘书长文先赵、市政协秘书长王焕鹏及社会各界人士共29人参加座谈会。市政府秘书长文先赵就《政府工作报告》起草情况作说明。

6月9日 中共永州市委召开常委会议，专门听取市政协关于召开二届一次会议有关工作的汇报。市政协主席欧学佳作汇报发言。副主席徐肇玲、秘书长王焕鹏、副秘书长陈晓荣列席会议。中共永州市委书记曾庆炎讲话。强调做好政协二届一次会议的一切准备工作，做到按时召开，会议安全优质。

6 月 20—27 日 永州市政协二届一次会议在芝山区永州宾馆召开。出席会议委员 371 名。会议选举蒋桃生为政协永州市二届委员会主席，邓香花、徐肇玲、谢五龙、周忠信、曹小华、何鼎兴、袁火林、彭爱华、杨雪生为副主席，盘玉花为秘书长，选举王昭武等 58 人为政协永州市二届委员会常委。

8 月 28—31 日 市政协主席蒋桃生、秘书长盘玉花赴长沙参加全省市州政协工作经验交流会。

9 月 8 日 省政协召开全省政协提案工作电视电话会议，市政协主席蒋桃生，副主席邓香花、谢五龙、曹小华、袁火林，秘书长盘玉花，市政府副市长陈金荣参加会议。

10 月 10 日 市政协主席蒋桃生，副主席邓香花、周忠信、曹小华参加城市建设调查组，先后赴郴州、湘潭、株洲、常德、长沙等地调查研究。旨在借鉴外地先进经验，搞好永州城市建设。

11 月 13 日 全国政协副主席杨汝岱到永州视察，省政协副主席范多富，中共永州市委副书记、市长刘爱才，市委副书记邓三龙，市政协主席蒋桃生陪同视察。视察后召开座谈会，杨汝岱讲话，就如何加快永州市发展和进一步做好政协工作提出意见。

12 月 30 日 市政协召开在永州的省政协委员座谈会。市政协主席蒋桃生主持会议，中共永州市委常委、市政府常务副市长崔永平通报永州经济社会发展情况。市委常委、市委组织部部长唐松成讲话。

2002 年

2 月 5 日 永州市各界人士迎新春座谈会召开，市政协主席蒋桃生主持会议，中共永州市委副书记、市长刘爱才通报 2001 年工作情况和 2002 年工作打算。中共永州市委书记曾庆炎讲话。市人大常委会主任谢朝月，市委常委、市政府常务副市长崔永平等及各界代表人士参加座谈会。

2 月 20 日 市委常委会议专题研究政协工作。市委书记曾庆炎主持会议并讲话。会后形成《中共永州市委常委会议研究政协工作会议纪要》。

2 月 24—27 日 市政协二届二次会议在冷水滩区召开。受政协永州市第二届委员会的委托，邓香花向大会作工作报告。何鼎兴、杨雪生、廖毅等 24 名委员作大会发言。大会审议通过政协永州市第二届委员会第二次会议政治决议（草案）；审议通过政协永州市第二届委员会第二次会议关于常务委员会工作报告的决议（草案）；审议通过政协永州市第二届委员会第二次会议关于市政协二届一次会议以来提案工作情况报告的决议（草案）；审议通过政协永州市第二届委员会提案委员会关于市政协二届二次会议提案审查情况的报告（草案）。

4月5日 湖南省政协“湖南私营经济发展研究”调研组到永州开展调研。

5月11日 湖南省政协副主席游碧竹、姚守拙率省政协文化旅游产业视察团到永州考察。先后到江华、江永、零陵等地考察，并对发展旅游产业提出建议。

5—8月 永州市连续遭受六次特大洪水袭击。市政协主席蒋桃生，副主席谢五龙、周忠信、曹小华多次赴重点灾区参加抗灾救灾。

8月20日 湖南省政协副主席方毓棠赴宁远九嶷山参观舜帝陵，并考察宁远县文化旅游产业。

8月23日 第一期市政协委员培训班在中共永州市委党校举办。

9月18日 全国政协副主席毛致用到永州考察工作。中共永州市委书记曾庆炎，市委副书记、市长刘爱才，市政协主席蒋桃生，市委常委李良铁，原中共零陵地委书记唐盛世等陪同，毛致用深入永州祁阳、东安、道县等县（区），对农业产业结构调整、民营经济发展、城镇建设、文化旅游产业开发等方面进行全面考察。

11月22日 中共永州市委召开常委会议专题研究政协工作。会议由市委书记曾庆炎主持，市政协主席蒋桃生作工作汇报。市委书记曾庆炎讲话。强调政协工作要围绕市委建设“大郊区”“推进农业产业化”等方面多建言献策，推动永州经济发展。

11月24日 市政协副主席谢五龙陪同省委、省政府减负调查组到新田、道县等地开展减负调查。

12月4日 市政协主席蒋桃生出席省政协在长沙、益阳、常德、岳阳召开的全省市州政协主席会议。

2003年

1月2—6日 市政协二届三次会议在冷水滩召开。受政协永州市第二届委员会的委托，徐肇玲向大会作工作报告。邓余平、赵文复等18名委员作大会发言。会议审议通过政协永州市第二届委员会第三次会议关于市政协二届二次会议以来提案工作情况报告的决议（草案）；审议通过政协永州市第二届委员会提案委员会关于市政协二届三次会议提案审查情况的报告（草案）。

1月4日 全市政协工作表彰会议在永州大会堂召开。市政协副主席周忠信主持。会议表彰54名优秀政协工作人员，6个先进政协活动小组，10个办理提案先进单位，15名办理提案先进个人，16件优秀提案和10名政协知识测试优胜者。

1月26日 永州市各界人士迎新春座谈会召开，市政协主席蒋桃生主持会议，中共永州市委书记曾庆炎讲话，市委副书记、市长刘爱才通报2002年全市经济工作情况。

2月20日 市政协主席蒋桃生，市委常委、常务副市长崔永平与到永州访问的日本株式会社平凡社客商座谈。就发展永州贸易交换意见。

4月14—18日 省政协原副主席林子亮到永州考察。

6月23—25日 省政协原副主席范多富率省公安公正执法调研组到永州视察。

7月25日 省政协副主席姚守拙到永州视察指导工作。

8月5日 市政协主席蒋桃生，中共永州市委常委、常务副市长崔永平，组织市政协机关招商办公室人员赴日本考察竹制品加工项目。

9月6—28日 市政协副主席曹小华率县区政协主席赴北戴河参加第38期全国政协干部培训班学习。

9月8日 省政协主席胡彪率队到永州视察。胡彪一行视察百草制药、熙可罐头、嘉丰竹木和明达实业等民营企业。9日，中共永州市委书记曾庆炎召开有相关人士参加的座谈会，就永州市发展民营经济工作，向胡彪一行作汇报。

11月6日 市政协副主席周忠信在南华大酒店出席由中共湖南省委宣传部、省文明委与中共永州市委、市政府联合举行的首届舜文化和中华道德文化理论研讨会开幕式。

2004年

2月1—6日 市政协第二届委员会第四次会议在冷水滩召开。受政协永州市第二届委员会的委托，蒋桃生向大会作工作报告。大会审议通过政协永州市第二届委员会第四次会议政治决议（草案）；审议通过政协永州市第二届委员会第四次会议关于常务委员会工作报告的决议（草案）；审议通过政协永州市第二届委员会第四次会议关于市政协二届三次会议以来提案工作情况报告的决议（草案）；审议通过政协永州市第二届委员会提案委员会关于市政协二届四次会议提案审查情况的报告（草案）。

2月2日 市委政协工作会议在永州会堂召开。市政协主席蒋桃生讲话。中共祁阳县委、中共冷水滩区委等13个单位负责人作大会发言。会上，中共永州市委以永发〔2004〕3号文件下发《中共永州市委关于进一步加强政协工作的意见》。

3月15日 市政协主席蒋桃生，副主席谢五龙、周忠信等深入政协扶贫点——江华瑶族自治县大路铺镇八洞村检查、落实扶贫工作，与当地基层干部和村民共商脱贫致富良策。

4月上旬 由市政协创办的《社情民意》内参刊登彭松青委员反映“逢牌必赌现象应休矣，机关赌博之风应狠刹”的信息。得到中共永州市委书记曾庆炎重视，并作出批示：“彭松青委员反映的问题很重要，所提建议很好”。此后，市纪委为此专门下发《关于禁止党政机关工作人员参与赌博活动的通知》。

6月18日 中共湖南省委常委、省政协党组副书记、省委统战部部长石玉珍到永州考察。

7月 市政协组织部分政协委员参与《永州政务广场》电视特别节目——市直50个单位负责人与群众电视见面活动，回答群众提出的有关问题。

9月22日 永州市港澳台侨文化交流促进会成立。市政协主席蒋桃生出席成立大会并讲话。会议选举盘德能任会长，盘玉花等9人任副会长。会议通过《永州市港澳台侨文化交流促进会章程》。

10月21日 湖南省政协主席胡彪率队到永州视察。上午，胡彪一行先后考察长丰工业园、湖南时代阳光制药有限公司、湖南敬和堂制药有限公司等企业。下午，中共永州市委副书记邓三龙召集有关人员，就“永州市发展民营经济和县域经济”情况向胡彪一行汇报。

12月 市政协组织部分委员参与市人大、市政府组织的年度评选活动，对市直48个单位开展“满意不满意单位和工作人员”考察评选。

2005年

1月15—19日 政协永州市第二届委员会第五次会议在冷水滩召开。会议审议通过政协永州市第二届委员会第五次会议关于常务委员会工作报告的决议（草案）；审议通过政协永州市第二届委员会第五次会议关于市政协二届五次会议以来提案工作情况报告的决议（草案）；协商讨论市人民政府工作报告和计划、财政、法院、检察院工作报告。

1月24日 市政协机关按照中共永州市委统一部署，召开“保持共产党员先进性教育活动”动员会。市政协主席蒋桃生讲话。

3月17日 市政协召开市政协委员、民主党派、党外人士代表座谈会。市政协主席蒋桃生，副主席徐肇玲、彭爱华参加，听取政协委员对中共永州市委常委会加强和改进工作的意见与建议。

3月17日 广东清远市政协科技组一行13人由副主席关翰琴带队到永州参观考察。

3月22日 省政协常委、省政协人口资源环境委员会主任陈本洪一行，就湘江流域水质污染及治理情况到永州开展专题调研。

4月17日 市政协主席蒋桃生参加在桂林召开的“桂林—永州”两市友好联谊会。

4月28—30日 全国政协原副主席毛致用在中共湖南省委副秘书长章彦武的陪同下到永州考察。

5月6日 应日本百钠美克国际环保有限公司的邀请，市政府常务副市长崔永平、市政协秘书长盘玉花等一行赴日本埼玉市考察。

5月11—12日 广东省清远市政协“加快少数民族地区经济发展”调研组一行到永州调研。

5月12日 湖南省政协副主席龙国键率领“社会治安状况和稳定问题”调研组到永州市调研社会治安和维稳工作。

5月13日 政协全省市州秘书长联席会议在永州召开。会议期间，永州市政协主席蒋桃生陪同省政协领导及各市州政协秘书长到祁阳、芝山、宁远等地调研视察。

7月17日 市政协副主席周忠信应省人口与计划生育委员会的邀请，参加省人口与计划委员会组团对西欧八国进行考察。

7月20日 市政协主席蒋桃生赴衡山参加全省市州政协主席座谈会。

7月26日 全国政协常委、中科院院士、湖南省政协副主席姚守拙率领“湖南新潇湘八景”专家评选小组，到永州市祁阳、东安、江永、宁远、双牌进行现场考察和评估。

8月9日 市委常委会议专题听取市政协、市人大常委会、市林业局关于林区群众返贫问题调研情况汇报。

8月17日 中共永州市委副书记邓三龙、市政协主席蒋桃生主持召开“三林”问题调研会议。市直16个单位参与调研，分16个子课题进行调研。

9月12日 市“保持共产党员先进性教育”活动检查组在市政协召开政协委员、民主党派、无党派人士座谈会，听取永州市开展先进性教育活动整改工作情况汇报。

10月14日 市政协委员协商“十一五”规划座谈会在市政协召开。市政协主席蒋桃生主持。委员们在座谈会上提出，落实“十一五”规划，必须扎实推进新农村建设。注重用现代物资条件装备农业，用先进科技改造农业，用先进产业体系提升农业，用培养新型农民发展农业，提高农业水利化、机械化和信息化水平，提高土地产出率、资源利用率与劳动生产率，提高农业质量及效益竞争力。

12月6日 “全市首届政协好新闻”评审会召开，市政协主席蒋桃生、秘书长盘玉花及市直新闻单位共14人参加评审。

12月26日 郴州、永州两市政协举行联谊活动，交流政协工作经验，参观考察两市经济建设项目和旅游开发情况。郴州市政协主席刘广明、永州市政协主席蒋桃生参加联谊活动。

2006 年

2 月 8—12 日 政协永州市第二届委员会第六次会议在冷水滩召开。会议审议通过《关于永州市国民经济和社会发展“十一五”规划纲要的报告》，审议通过《关于永州市 2005 年国民经济和社会发展执行情况及 2006 年财政预算草案的报告》，审议通过《永州市中级人民法院工作报告》和《永州市人民检察院工作报告》。

3 月 29 日 政协永州市二届二十次常委会议召开，会议组织市政协常委、各县区政协常委专题学习领会《中共中央关于加强人民政协工作的意见》精神，要求全市各级政协组织和政协委员要把握“意见”精神，在推动政协工作上下功夫，切实把“政治协商、民主监督、参政议政”三项工作做出成效。

4 月 3 日 市政协主席蒋桃生向中共永州市常委会议汇报政协学习贯彻《中共中央关于人民政协工作的意见》（以下简称《意见》）情况。市委常委会议对各级政协贯彻落实意见提出五点要求即：即抓好学习，领会意见精神实质；抓制度建设，规范促进意见落实；抓好政协换届工作，在换届工作中体现意见精神；抓经验总结，表彰学习意见先进典型；抓条件改善，营造政协工作良好氛围。

4 月 12 日 市政协组织调研组，深入乡村和农口部门实地考察情况，形成《建设新农村科技要先行》调研报告。此调研报告被编入湖南省政协关于社会主义新农村建设调研报告专辑。

5 月 市政协组织 4 个小组深入零陵区七里店、冷水滩区三多亭等社区和有关单位，采取召开座谈会、问卷调查等形式，了解社会治安综合治理情况，提出城区加强综合治理建议。

6 月 市政协成立城市建设规划调研组，政协主席蒋桃生任组长。调查组分为 18 个子课题进行调研，通过为期 4 个月的调研活动，形成调研报告，概括永州中心城区基础设施建设 8 大亮点、8 大缺失。提出《‘十一五’中心城区基础设施建设功能配套建议》。

7 月 18 日 全市县（区）政协主席、统战部部长培训班在市委党校开学。中共永州市委负责人讲话，市政协主席蒋桃生在开课仪式上作加强政协工作辅导报告。

8 月 市政协会同市工商局、市药监局、市商业行管办等单位共筹集扶贫资金 63 万元，为江华瑶族自治县八洞村铺设水泥硬化村道 1950 米，建成沼气池 20 个，建成公共厕所 1 座。有效改善村里环境。

11 月 编印政协工作画册《同舟共济建潇湘》，展示政协组织、政协委员、各界人士团结奋斗的精神风貌。

12 月 5 日 湖南省政协主席胡彪率领考察组，到永州督查贯彻落实《中共中央关于加强人民政协工作的意见》。胡彪一行考察湖南湘农山香油脂香料有限公司、湘江纸业有限公司、祁阳白水工业园等企业。市政协主席蒋桃生、副主席谢五龙陪同。

2007 年

1 月 14 日 市政协召开民主党派、工商联和无党派人士民主协商会议，就永州市有关换届人事安排工作进行民主协商。中共永州市委书记曾庆炎出席并讲话。强调通过换届人士安排，调动一切积极因素，推进永州经济建设。

1 月 18—23 日 政协永州市三届一次会议在冷水滩召开。出席会议委员 389 名，其中民主党派和无党派人士 232 人，占 59.64%。中共党员 157 人，占 40.36%。会议围绕《政府工作报告》提出的推进工业新型化进程、推进新农村建设等议题展开讨论协商。会议选举产生新一届市政协领导成员。

1 月 25 日 市政协主席陈金荣率全市 11 个县区政协主席赴长沙参加湖南省人民政协理论研究会第一次会员代表大会，并列席省政协九届五次会议。

2 月 10 日 永州市各界人士迎新春茶话会在南华大剧院举行。茶话会由市政协主席陈金荣主持，中共永州市委书记曾庆炎致辞，市政府通报全市 2006 年经济情况。市政协副主席曹小华、袁火林、彭爱华、盘玉花、余华生、周秀英出席茶话会。

3 月 14 日 常德市政协副主席张新民一行 7 人到永州市考察工业园建设发展，交流政协提案工作、文史学习工作方面的经验。

4 月 10 日和 13 日 市政协主席陈金荣分别在祁阳、宁远两县政协召开政协工作座谈会，就市委贯彻落实中发〔2006〕5 号《中共中央关于加强人民政协工作的意见》精神，向 11 个县（区）政协负责人征求意见。市政协副主席蒋政平、盘玉花出席会议。

4 月 16 日 省政协副主席石玉珍一行到永州就“加速推进新型工业化进程”进行调研，先后考察永州市长丰汽车制造股份有限公司和泰格林纸集团（永州）秀山纸业有限责任公司，并于 17 日召开座谈会，就加快永州新型工业化进程提出建议。市政协主席陈金荣陪同考察。

4 月 27 日 由中国环境文化促进会、永州市人民政府联合主办的第二届中国·阳明山“和”文化旅游节暨杜鹃花会，在双牌县阳明山小黄江源广场开幕。湖南省政协副主席龙国键出席开幕式并讲话。永州市政协主席陈金荣、副主席盘玉花参加开幕式。

5月12日 郴州市政协主席刘广明一行9人到永州市，就永州、郴州联合召开“长征沿线政协联谊会第四次会议”进行协商。市政协主席陈金荣，副主席蒋政平、盘玉花、何明伶出席协商会议。

6月14日 市政协主席陈金荣赴北戴河参加全国政协举办的市州政协主席学习班，时间半个月。

6月29日 株洲市政协组织机关全体中共党员到永州市参观考察陶铸纪念馆、浯溪碑林、宁远舜帝陵。市政协副主席何明伶陪同参观考察。

7月30日 政协永州市第三届委员会第一期委员培训班在市委党校开课。委员学员48名。开学典礼上，中共永州市委常委、常务副市长唐松成作动员讲话，市政协主席陈金荣作人民政协基本理论辅导讲座。

8月27日 全市政协办公室工作座谈会在东安县舜皇山召开。11个县（区）分管政协办公室工作的副主席及秘书长（办公室主任）参加会议。会上就民主监督的成功经验、存在的问题及对策；如何提升政协办公室工作水平；县区政协换届筹备工作中遇到的突出问题；贯彻落实全省政协宣传工作会议精神的主要措施等问题进行座谈交流。

9月18日 湖南省政协常委、省政协人口资源环境委主任陈本洪率8名省政协委员到永州市调研自然保护区保护和利用情况。先后到阳明山、舜皇山等地调研。

9月29日 市政协副主席何明伶率市交通局、市农业开发办、市扶贫办等单位负责人深入新田县枧头镇新塘铺村，专题调研通村公路、农业深入开发及扶贫工作。

10月11日 市政协三届三次常委会议召开。会议听取市政府关于政府系统办理政协提案情况的通报；协商决定市政协有关人事安排事项；审议通过《彰显历史文化，建设名城永州》建议案和《农村矛盾纠纷的防范与化解》调研报告。市政协主席陈金荣在会上讲话。

10月23—25日 湘桂粤三省（区）毗邻县（市、区）政协工作联系协作会第36次会议在蓝山县召开。

11月20日 湖南省政协主席胡彪、秘书长李刚铤一行到永州市就贯彻落实中共十七大精神，加快推进新型工业化情况进行视察。中共永州市委书记曾庆炎、市政协主席陈金荣等陪同视察。

12月28日—2008年1月1日 政协永州市三届二次会议在冷水滩召开。大会审议通过政协永州市第三届委员会第二次会议政治决议（草案）；审议通过政协永州市第三届委员会第二次会议关于常务委员会工作报告的决议（草案）；审议通过政协永州市第三届委员会第二次会议关于市政协三届一次会议以来提案工作情况报告的决议（草案）；审议通过政协永州市第三届委员会提案委员会关于市政协三届二次会议提案审查情况的报告（草案）。

2008 年

1 月 16 日 政协湖南省第十届委员会永州市委员、湖南省第十一届人大常委会永州代表委员集中培训，中共永州市委书记曾庆炎在培训班上讲话，永州市政协主席陈金荣参加培训。

3 月 21 日 市政协三届六次常委会议召开，会议邀请省劳动保障厅处长刘文华给常委讲解劳动合同法、就业促进法。

4 月 12 日 湖南省政协副主席龙国键一行 18 人到永州开展“以‘两型’社会建设为契机，推进新型城市化建设”课题调研，市政协主席陈金荣陪同调研。

5 月 13 日 市政协主席陈金荣率扶贫后盾单位负责人，深入新田县高山乡邝家村，开展扶贫现场办公，为群众解决实际问题。

8 月 27—28 日 全市政协提案工作座谈会在东安县召开。市政协主席陈金荣主持会议并讲话，副主席蒋政平、盘玉花、何明玲出席会议。

9 月 4 日 长征沿线政协联席会第五次会议在郴州举办，永州市政协主席陈金荣参加会议。

10 月 7 日 市政协副主席刘宏来、何明玲率队赴长沙参加政协湖南省系统、省各民主党派、省工商联机关 2008 年“文史博览 · 酒中酒霸”杯第三届乒乓球大赛，并获得男子单打第三名、女子单打第八名和最佳组织奖。

10 月 27 日 湖南省政协副主席石玉珍率调研组到永州市就“问计基层群众，共谋科学发展”调研。市政协主席陈金荣陪同，调研组先后到宁远、祁阳等地实地考察，随后召开座谈会交换意见。中共永州市委书记黄天锡出席座谈会。

11 月 15—17 日 湘桂粤三省（区）毗邻县（市、区）政协工作联系协作会第 38 次会议在郴州市永兴县召开，永州市政协副主席盘玉花出席会议。

12 月 9 日 永州市第二届港澳台侨文化交流促进会召开，市政协三胞联谊委主任段绵贵当选为第三届港澳台侨文化交流促进会会长。

2009 年

1 月 4—8 日 政协永州市三届三次会议在冷水滩召开。会议审议通过《政府工作报告》，通过《关于永州市 2008 年国民经济和社会发展执行情况及 2009 年财政预算草案的报告》，通过《永州市中级人民法院工作报告》和《永州市人民检察院工作报告》。

1月19日 永州市各界人士新年茶话会在南华大剧院举行，茶话会由市政协主席陈金荣主持，永州市政府通报全市2008年经济社会发展情况，中共永州市委书记黄天锡致辞。

2月18日 长沙市政协副主席李克俭、谢明德一行10人到永州市考察交流港澳台侨经济文化交流促进会以及社情民意的工作经验。永州市政协副主席盘玉花、秘书长宋可福陪同考察。

2月27日 市政府召开全市人大代表建议、政协委员提案交办会。2008年，市政府共承办政协委员提案209件，办复率为100%。中共永州市委常委、常务副市长唐松成出席会议并讲话。

3月24日 湖南省政协主席胡彪到永州市蓝山、宁远、道县和冷水滩区，就如何应对金融危机，加快承接产业转移进行调研。每到一处，都详细询问企业生产销售情况，员工工作生活情况和返乡农民工培训及再就业情况。中共永州市委书记黄天锡，市政协主席陈金荣、副主席蒋政平陪同调研。

5月4日 市政协主席陈金荣带领6个建整扶贫单位负责人深入新田县高山邝家村进行建整扶贫现场办公。召开群众座谈会和村干部座谈会，帮助解决人民群众生产生活的实际问题和困难。

6月23日 市政协组织部分市政协常委对全市食品安全工作进行视察，先后视察冷水滩永康粉业制作有限公司和市农业局农产品检测中心。随后召开座谈会，听取市食品药品监督局、市农业局、市卫生局、市畜牧水产局、市工商局、市质监局等部门对永州市食品安全工作情况汇报，市政协主席陈金荣讲话，肯定当前全市食品安全工作取得的成绩，指出存在的问题，要求全市相关部门要加大对《中华人民共和国食品安全法》的贯彻落实。

7月28日 市政协三届十二次常委会议在南华大酒店召开，会议协商通过《关于我市返乡农民工就业创业情况的调查》；协商通过《关于市政协委员履行职责的办法（试行）》。会议由市政协副主席蒋政平主持、市政协主席陈金荣讲话。

7月30日 市政协与各民主党派市委（支部）、市工商联秘书长联席会议在市政协三楼会议室召开。与会人员互相交流各党派、工商联2009年以来的工作情况并对市政协工作提出意见建议。

8月17日 广西来宾市政协副主席江文术率团到永州市考察机关效能建设和优化经济发展环境工作，市政协副主席彭爱华、盘玉花参加座谈会并陪同参观柳子庙、异蛇山庄等地。

8月20日 永州市零陵、冷水滩一体化规划、中心城市总体规划修改方案暨政协委员提案办理汇报会在冷水滩召开，会上，市政协委员充分肯定市规划建设局办理政协提案工作所取得的成绩，并就做好永州市城市规划，搞好城市建设提出一些建设性意见。

9月8日 全国政协原副主席毛致用出席在永州市宁远县九嶷山举行的湖南省公祭舜帝大典，随后考察异蛇山庄。

9月20日 市政协开展纪念人民政协成立60周年系列活动。在永州电视台、《永州日报》开辟“人民政协成立60周年专栏”，组织各民主党派、工商联和各县区政协举办“人民政协成立60周年知识抢答赛”。

9月21日 庆祝人民政协成立60周年大会在永州会堂召开，市委、市人大、市政府、市政协、永州军分区在家的在职领导，已退休的历届市政协主席、副主席，市直副处级以上单位主要负责人；中央、省驻永单位主要负责人，各民主党派市委（支部）、市工商联负责人、驻永省政协委员参加会议。中共永州市委书记黄天锡、市政协主席陈金荣分别在会上讲话。

11月9日 辽宁省政协原常务副主席张湘行一行8人到永州市考察，市政协主席陈金荣、市委常委统战部部长蒋吉秀陪同参观零陵区柳子庙等地。

11月—12月 市政协组织“促进返乡农民工就业创业”“加快推进永州市集体林权制度改革”两大课题开展调研，两个课题分别获2009年度全省政协系统调研成果一等奖和二等奖。

2010年

1月13—17日 政协永州市第三届委员会第四次会议在冷水滩召开。会议审议通过政协永州市第三届委员会第四次会议关于常务委员会工作报告的决议（草案）；审议通过政协永州市第三届委员会第四次会议关于政协三届三次会议以来提案工作情况报告的决议（草案）；审议通过政协永州市第三届委员会提案委员会关于政协三届四次会议提案审查情况的报告（草案）。

2月1日 市政协副主席盘玉花在市劳动局领导的陪同下，走访市外贸土产公司、市外贸轻工矿产公司、市煤建总公司特别困难户并送去慰问金。

3月23日 市政协主席陈金荣，副主席蒋政平、刘宏来、彭爱华、盘玉花，秘书长宋可福一行22人赴岳阳市、益阳市、长沙市学习政协履行民主监督职能，开展民主评议工作的经验和做法。

4月21日 湖南省政协主席胡彪率省委督查组一行到永州督查贯彻落实中央和省委加强人民政协工作有关文件及会议精神的情况。胡彪主席在中共永州市委书记黄天锡、市政协主席陈金荣陪同下，先后深入新田察看烤烟生产基地、零陵卷烟厂、零陵大道、重庆啤酒厂、零陵恒远发电设备有限公司、市中心医院等单位和企业，详细询问企业生产与销售情况以及工程进度情况。

5月11日 市政协组成五个督查组，分别由主席陈金荣、副主席蒋政平、刘宏来、盘玉花、何明玲带队，分赴各县（区）对落实中央、省委、市委加强人民政协工作有关文件和会议精神进行督查。

6月7日 市政协主席陈金荣率调研组一行12人赴广西壮族自治区南宁市、北海市、防城港市、崇左市、柳州市、桂林市考察，了解东盟自由贸易区的发展态势和对接东盟的政策措施以及区域性金融合作、旅游业、制造业等发展的做法。

6月17日 省政协副主席魏文彬一行25人到永州，就“非物质文化遗产的现状和保护”情况进行调研，调研组在永州市政协主席陈金荣陪同下先后到祁阳县、零陵区、江华县、江永县等地了解情况。魏文彬指出，永州非物质文化遗产在全省占有很重要的位置，一定要加强保护和利用工作。

7月9日 市政协召开三届三十六次主席会议，重点协商“关于依托广西北部湾经济区加快对接东盟的调查与思考”调研报告。并将报告呈送永州市委市政府。此后，永州市委、市政府出台《关于深化与东盟合作的意见》充分吸纳调研报告内容。

7月17日 中国科学院院士、湖南省政协副主席袁隆平到永州调研，先后考察祁阳、东安、零陵等地农业生产。袁隆平指出，永州是农业大市，以水稻为主的农业生产要上新的台阶。

2010年7月17日，中国科学院院士、湖南省政协副主席袁隆平（中）到永州调研，中共永州市委书记黄天锡（左）、市政协主席陈金荣（右）陪同调研

9月25日 市政协三届三十八次主席会议召开，会议审议通过《关于我市经济发展方式转变情况的调查报告》。

10月 继续办好内参《社情民意》，截至10月，全年共刊发社情民意信息100多条，信息质量和领导批示率都有较大提高。

11月30日 中国民主促进会永州市第一次代表大会在冷水滩区召开。大会选举产生民进永州市第一届委员会，周秀英当选为中国民主促进会永州市第一届委员会主任委员，桂金玉、张树明当选为副主任委员，桂金玉为秘书长（兼）。湖南省

11月30日，中国民主促进会永州市第一次代表大会召开，湖南省人大常委会副主任、湖南民主促进会主委谢勇在会上讲话

人大常委会副主任、民进湖南省委会主委谢勇，湖南省政协常委、民进湖南省委会专职副主委汤泽培到会祝贺。中共永州市委书记黄天锡向大会致贺词。

12月 市政协以“存史、资政、团结、育人”为宗旨，出版《永州市古楹联集锦》、编辑《永州文史亲历改革开放》。

2011年

1月9—13日 市政协三届五次会议在冷水滩召开。委员们对“一府两院”报告进行广泛协商讨论，就完善工业园区基础设施建设、转变经济增长方式、推进改革开放、加强城市建设、发展旅游产业、改善民生等方面提出100多条意见和建议。会议审议通过关于政协三届四次会议以来提案工作情况报告的决议（草案）；审议通过关于政协三届五次会议提案审查情况的报告（草案）。

2月25日 市政协召开三届四十三次主席会议。学习《中共湖南省委政治协商规程（试行）》；协商通过《政协永州市委员会2011年工作要点》。

4月12日 市政协联合农工党和民进党委员，赴重庆等地考察森林城市建设经验，形成《永州森林城市建设知行合一》调查报告。从思路、规划、到具体措施等方面为永州市中心城市道路美化出谋划策。

5月 市政协委员刘轩华、延藏通过对宁远县的调研，认为舜文化为主题的文化产业是永州独特的资源优势，是带动永州经济繁荣富强的核心竞争力。建议集中精力，加大宣传力度，力争树立世界品牌。学会运用“8020”定律科学决策，即用百分之八十的财力、人力、物力集中到能完成全市GDP百分之二十的重点建设项目上。成立舜文化策划推广公司，组建一个有执行力的班子。这一建议得到市委宣传部门的重视。

6月24日 市政协召开三届二十三次常委会议，学习中共中央办公厅转发《中共政协全国委员会党组关于〈中共中央关于加强人民政协工作的意见〉贯彻落实情况的报告》的通知，与会常委结合永州实际开展讨论，认为要让永州政协工作创品牌、出特色、上台阶，必须打造一支懂政协、会协商、善议政，更守纪律、讲规矩、重品行的政协委员队伍。

7月2日 湖南省政协副秘书长骆伟、提案委主任王剑平一行到永州市考察。永州市政协主席陈金荣、副主席蒋政平、秘书长宋可福等陪同考察并参观舜皇山国家森林公园。

8月28日 市政协三届四十八次主席会议在江华瑶族自治县召开。市政协主席陈金荣主持。会议期间先后视察江华县火车站广场、海螺水泥项目工地、冷链物流园等项目现场。

10月13日 湖南省政协主席胡彪到永州市调研园区建设。中共永州市委书记张硕辅陪同调研，先后到祁阳、道县、宁远等工业园区调查走访。胡彪对永州工业园区建设表示满意，同时要求园区产品要在品牌上下功夫。

12月20日 市政协三届二十五次常委会议召开，审议通过关于召开政协永州市第四届委员会第一次会议的决定（草案）；审议通过政协永州市第四届委员会参加单位、委员名额和委员人选，政协永州市第四届委员会委员共395名，界别25个。会议强调提高委员素质，敢于履职担当。每年至少参加一次调研活动，反映一条社情民意，撰写一份高质量提案，办好一件惠民实事。

12月 市政协办公室年度工作总结反映，2011年，在永州遭遇冻雨雪灾害、四川玉树地震灾害中，永州各级政协委员伸出援助之手，累计捐款500多万元。

2012年

1月2—6日 政协永州市四届一次会议在冷水滩召开，出席委员389人。会议期间，全体委员以分组、联组讨论形式，协商讨论"一府两院"工作报告。委员们围绕建设国家级承接产业转移示范区，推进"六城同创"、创新社会管理、改善民生等方面提出意见建议120余条。会议选举产生新一届政协领导班子。唐定当选为政协永州市第四届委员会主席，廖秋文、彭爱华、何明伶、周秀英、张建亮、唐运军、封金祥、吕斌、田洁当选为副主席，宋可福当选为秘书长。万萍、邓白梅等64名委员当选为四届市政协常务委员。

1月15日 市政协主席唐定深入冷水滩区、东安县走访慰问全国劳模、技术专家、助人为乐模范，及部分企业、驻永州部队，送去党和政府的温暖。市政协秘书长宋可福、市直相关单位负责人一同走访。

1月18日 全市各界人士新年茶话会在南华大剧院举行，茶话会由市政协主席唐定主持，中共永州市委副书记、市长魏旋君通报永州市2011年经济社会发展情况，中共永州市委书记张硕辅致辞，在家的市委常委、市人大常委会主任、副市长、市政协副主席、秘书长等出席会议，与到会的各界人士代表联欢。

2月15日 市政协主席唐定带领市食品药品监督管理局、市审计局、市畜牧水产局主要负责人以及驻村工作队员深入东安县端桥铺镇汉寿村走访，并召开座谈会，与村干部和村民共话建设新农村大计。

3月5日 湖南省政协副主席武吉海率省政协调研组一行就农村环境保护情况

到永州市调研。调研组一行深入零陵区石山脚乡竹园背村、井塘尾村、梳子铺乡官房村，富家桥镇栗山铺村、秧丘埠村、干岩头村，考察农村综合整治、生活污水、垃圾处理情况。永州市领导唐松成、唐定、蒋善生等陪同。

3月20日 市政协主席唐定主持召开由各民主党派、工商联、无党派人士参加的座谈会。市政协副主席周秀英、封金祥、吕斌等出席座谈会。

4月17日 湖南省政协党组副书记许云昭、省政协副主席张大方率领省政协调研组，以“发展基层公益文化事业”为课题，到永州市进行调研。调研组先后深入祁阳县白竹湖社区、肖家村镇文化站和白水镇竹山村调研，详细了解基层公益文化事业发展情况，以及当前存在的问题及困难。随后，调研组召开座谈会，与当地干部群众交换意见。永州市领导唐松成、周德睿、石艳萍、市政协副主席周秀英出席。

4月21日 岳阳市政协原主席白尊贤一行16人到永州考察，考察组先后参观零陵区柳子庙、祁阳县陶铸纪念馆，永州市政协原主席陈金荣、副主席周秀英、秘书长宋可福等陪同考察。

4月26日 市政协四届四次主席会议召开，会议学习中共中央关于加强新形势下党外人士队伍建设的意见；协商确定市政协领导领衔重点提案分工。会议由政协主席唐定主持。唐定讲话强调，在新形势下，政协干部要积极协助党和政府做好团结群众、服务群众的工作，深入了解社情民意、多做顺民意、解民忧、惠民生的实事好事。

5月7日 市政协主席唐定率市食品药品监督管理局、审计局、畜牧水产局等相关部门负责人，深入东安县端桥铺镇汉寿村开展“四深入”工作调研。在村委会，对扶贫工作组制订的2012—2014年三年工作计划的具体项目可行性进行分析，对村饮水工程和“五保之家”项目建设进行研究部署。

5月29日 市政协书画室成立会召开。市政协主席唐定出席会议并讲话。副主席廖秋文、周秀英、唐运军、吕斌出席会议。成立大会上，16位书画家现场挥毫泼墨，进行书画交流。

6月14日 市政协主席唐定主持召开市政协四届六次主席会议。协商通过《关于基层水利服务体系改革的调研》《关于发展永州市基层文化事业的调研》等调研报告，并呈送市委市政府参考。

6月21日 永州市政协四届二次常委会议召开。会议听取全国人大常委会委员、外事委员会主任委员（前外交部部长）李肇星作《文化与外交》专题报告。

7月24日 湖南省政协副主席龚建明率省督查组到永州督查关于贯彻落实《中共湖南省委政治协商规程（试行）》工作情况。龚建明一行在中共永州市委书记张硕辅，市委副书记、市长魏旋君陪同下，先后考察永州市异蛇科技实业有限公司、福源木业有限公司，逸云社区“农超对接”工作。市委书记张硕辅汇报“规程”实施以来永州市取得的成效。

8月6日 市政协副主席周秀英带领民进永州市委、市政协文教卫体委、市卫生局、市中心医院的负责人和专家医生，深入冷水滩区黄阳司镇曾家湾村开展“送医、送药、送健康”为民服务。

8月30日 市政协副主席张建亮带领市支铁办、冷水滩区铁路协调指挥部相关人员对湘桂铁路扩能改造工程建设施工情况进行现场调研。

9月6日 湖南省政协主席胡彪一行深入江永、江华和零陵区，进园区，访企业，看项目工地，调研、指导永州市经济社会发展情况。在零陵区考察兴昂鞋业有限公司时，胡彪详细了解制鞋城项目引进、销售等情况，他要求永州市要多引进、多培育科技含量高的企业，以此来推进新型工业化进程。永州市领导唐松成、唐定、朱映红等陪同考察。

9月13日 市政协主席唐定主持召开市政协四届九次主席会议。通过《关于做大做强做美生态新城的调查与建议》《关于壮大产业集群加快工业发展的调研》《关于加快我市农民专业合作社发展的调研》并呈送中共永州市委、市政府参考。

10月8日 市政协主席唐定率市政协办公室、研究室人员深入湖南零陵恒远发电设备有限公司、湘福花园项目建设现场进行调研。就加快永州工业化进程，与单位负责人交换意见。市政协副主席吕斌、秘书长宋可福陪同调研。

10月11—22日 市政协主席唐定到美国和加拿大学习考察。

11月1日 市政协主席唐定率扶贫后盾单位，深入联系扶贫点东安县端桥铺镇汉寿村调研建整扶贫工作，督促督查该村信访维稳工作。

2012年11月6日，永州市政协主席唐定（中）到新田县视察指导重点项目设工作

11月9日 市政协主席唐定，副主席、市工商联主席吕斌，在永州福建商会的陪同下，前往福建平潭开发区、仙游县、厦门市考察，学习外地开放搞活地方经济的经验。

12月7日 市政协四届十二次主席会议召开。

会议审议通过《政协永州市委员会提案工作实施办法（修订稿）》，审议通过优秀提案奖项名单（草案）。会议强调，政协的提案，一定要紧紧围绕中共永州市委、市政府中心，服务大局、注重质量、讲求实效，只有这样才能不断提高提案的科学水平。

12 月 26 日 政协永州市四届二次会议在冷水滩召开。市政协主席唐定向大会作工作报告。黄玉芳、刘勇、陈军、陈彦、韩顺华、蒋刚生 6 名委员作大会发言。政协委员们在会上畅所欲言，围绕争取项目、发展现代工业、做强旅游产业、创优发展环境、加大信贷投入等提出许多意见和建议。大会审议通过政协永州市第四届委员会第二次会议政治决议、关于常务委员会工作报告的决议、关于政协四届一次会议以来提案工作情况报告的决议、关于政协四届二次会议提案审查情况的报告。

2013 年

1 月 28 日 市政协召开有各民主党派、党外人士参加的迎春茶话会。市政协主席唐定讲话。寄语民主党派、党外人士多为参政议政出力，新的一年有新的贡献。

4 月 9 日 湖南省政协副主席杨维刚到长丰集团永州分公司就企业发展情况进行调研，深入车间、班组过问生产情况。永州市政协主席唐定陪同。

5 月 2 日 湖南省政协常委、文教卫体委主任毛学军率省政协调研组到永州，以“农村医疗卫生工作”为题进行调研，调研组先后到东安、江华等地进行调查走访，听取群众意见。永州市政协主席唐定、副主席周秀英陪同。

6 月 6 日 湖南省政协副主席武吉海率省政协调研组，就“提高政协民主监督组织化程度”到永州开展专题调研。武吉海一行深入市政协机关、湖南猎豹汽车有限公司、零陵恒远发电设备有限公司与干部群众座谈，了解干部职工的思想状况和生产情况。

7 月 市政协组成 3 个评议小组，分别对住建局机关、服务对象和社会各界人士开展评议调查，在深入调研、广泛听取群众意见的基础上向被评议单位集中交办包括完善城市规划、精简行政审批、规范行政执法、加强队伍建设等 5 大类 17 个方面的整改意见。

8 月 市政协经科委组织政协委员分 3 个调研组，分别就培植壮大本级财源、壮大实际财政实力、稳定增收基础三大主题开展全面实地调研，并邀请财经、金融方面的专家、学者座谈，充分听取各方面的意见，之后形成《加强本级财源健身，促进可持续财力增长》调研报告。此报告受到中共永州市委的重视，同时还被省、市政协评为 2013 年度优秀调研报告。

9 月 29 日 市政协四届七次常委会议召开，听取市政府关于全市经济发展情况通报，审议通过《关于我市农业科技创新工作的调研报告》。

11 月 20 日 市政协主席唐定率驻永省政协委员和部分市政协委员，视察涔天河水库扩建工程。

2014 年

1 月 17 日 市政协主席唐定率市人社局、民政局相关负责人到零陵卷烟厂等地走访慰问困难职工和全国劳动模范。

2 月 27 日 市政协主席唐定，副主席彭爱华、何明玲、周秀英、张建亮、唐运军、封金祥、吕斌、田洁率政协机关干部到冷水滩区竹山桥镇渲溪村，参加春季义务植树活动。

3 月 5 日 永州市政协按照中共永州市委的部署，召开本机关“党的群众路线教育实践活动”动员大会，对加强市政协机关中共党员教育作出部署。市政协主席唐定出席并讲话，市委党的群众路线教育实践活动第十九督导组全体成员出席会议，组长钱国平在会上对市政协群众路线教育实践活动提出要求和希望。

3 月 20 日 广西壮族自治区党委原副书记潘琦一行到永州调研柳文化，并于 21 日上午在市政协召开湘桂文化交流座谈会，市政协主席唐定全程陪同并出席座谈会。

4 月 1 日 永州市政协机关党员干部在市政协主席唐定的带领下，到祁阳县陶铸纪念馆，缅怀革命前辈，照镜子、找差距，开展党的群众路线教育实践活动。市政协副主席何明玲、秘书长宋可福参加。

4 月 28 日 以“海峡两岸情，和美一家亲”为主题的第八届中国 · 阳明山“和”文化节暨海峡两岸经贸旅游交流活动在阳明山小黄江源广场开幕。市政协主席唐定出席开幕式。

5 月 12 日 市政协举办贯彻落实《政协湖南省委员会关于政治协商、民主监督、参政议政的规定（试行）》宣讲会。省政协常委、提案委员会主任王剑平进行专题讲座，市政协主席唐定主持宣讲会，省政协委员、市人大常委会副主任袁火林，市政协副主席彭爱华、周秀英、唐运军、吕斌、田洁，秘书长宋可福出席。

5 月 13 日 湖南省政协副主席葛洪元到永州市督办“推进岭口灌区项目建设”提案办理工作。葛洪元一行赴岭口灌区进行现场察看，并组织召开专题协商座谈会。永州市政协主席唐定，中共永州市委常委、副市长蒋善生，市政协副主席周秀英、唐运军，市政协秘书长宋可福出席座谈会。

6 月 11 日 永州市政协主席唐定深入东安县芦洪市镇调研，就如何利用本地优势，做大做强焊剂产业，与镇干部和企业负责人座谈。

7月8日 永州市政协主席唐定主持召开市政协四届三十次主席会议。在审议市政协四届三次会议委员大会发言名单时，唐定强调，委员要有新的履职理念，既要履好参政议政、民主监督之责，更要强化政治协商职能；既要主动参与中心工作，又要耕种好政协“一亩三分地”。

永州新机场效果图

8月1日 市政协主席唐定陪同中共永州市委书记陈文浩、市长严志辉，考察机场选址。永州新机场预选址位于永州经开区仁湾镇，占地面积约5000亩，控制区90%以上，按4D客货两用机场规划，投资概算40亿元，主要包括机场迁建及配套设施建设。

9月 市政协在深入调研的基础上，向中共永州市委、市政府提交《关于对永州大道进行安全改造的建议案》，市委、市政府高度重视，中共永州市委书记陈文浩组织召开有关方面负责人会议，就永州大道的绿化、连接、发展，提出明确要求。

10月18日 市政协主席唐定带领市政协常委一行7人赴江浙地区，就加快民营经济发展进行调研考察。

11月17日 市政协组织驻永省政协委员赴长沙市开展“旅游文化产业发展情况”学习考察。市政协主席唐定、副主席彭爱华参加考察活动。

12月5日 市长严志辉率财政、环保、林业、农业等部门主要负责人，与市政协委员、专家学者就具体行业性工作进行面对面协商互动，充分听取他们对本单位工作意见。湖南省政协对永州政治协商面对面做法给予肯定，《人民政协报》专题报道永州政协这一做法。

12月9日 永州市政协妇女界别委员按照市政协委员开展“察民情、集民智、聚民心、解民难”活动要求，组织部分市政协女委员到冷水滩区上岭桥镇中心小学，对特困留守儿童开展“大手牵小手　关爱暖童心”捐赠活动，向孩子们捐赠书籍、文具用品等。

2015年

1月11日 政协永州市第四届委员会第五次会议在永州会堂召开。出席会议委员381人。委员们对“一府两院”报告进行认真协商讨论。大会审议通过市长易佳良所作的《政府工作报告》，审议通过政协永州市第四届委员会第五次会议关于常务委员会工作报告的决议；关于市政协四届四次会议以来提案工作情况报告的决议审议通过市中级人民法院、市人民检察院工作报告。

2月6日 永州市政协机关召开2014年度考核述职测评大会。政协机关22名科长以上在职干部从学习习近平系列讲话精神情况、执行中央“八项规定”和省市有关规定情况、廉洁自律情况及完成本职工作情况等七个方面进行口头述职，并分处级、科级和工勤人员三个层次开展民主测评。市政协主席唐定，副主席廖秋文、张建亮、唐运军等出席会议。

3月17日 湖南省政协副主席张大方率调研组到永州就“加快培育新兴产业”课题进行调研，先后深入道县、东安等地了解情况。永州市政协主席唐定、副市长唐能武、市政协副主席张建亮陪同调研。

3月30日 市政府组织召开市人大代表建议案和政协委员提案交办会。市政协领导唐定、唐运军出席会议。会议总结表彰2014年度建议提案办理工作先进单位和先进个人，安排布置2015年政协委员提案的办理工作。

4月9日 永州市政协组织部分政协委员和专家学者就“社会化养老服务机构建设”专题协商进行部署。会议研究通过《关于我市社会化养老服务机构建设专题协商实施方案（草案）》，与会人员分别认领调研任务，并就如何科学开展调研，形成有内容、有特色、贴近民生、符合永州实际、可操作性强的专题协商报告展开讨论。

5月5日 市政协召开专题会议，协商全市闲置土地处置和小区整治工作情况。市政府领导率市国土局、住建局等单位负责人作工作汇报。会议一致认为，一定要按照国土资源部制定的《闲置土地处置办法》做好永州城市的闲置土地处理工作。

6月11日 永州市政协就全市禁毒工作开展专题协商。市中级人民法院、人民检察院、公安局、司法局、民政局、财政局、卫计委、教育局、法制办等部门负责人和相关人员参加会议，会议一致认为，抓好永州禁毒工作要从四个方面下功夫：一要加大打击力度，全力加强破案缉毒工作；二要坚持标本兼治，市、县区宣传部门要统筹抓好禁毒宣传工作，从根本上遏制毒品问题滋生蔓延；三要坚持综合施策，持续抓好禁吸戒毒工作，坚持“逢嫌必检”“逢检必查”，发现收戒一批隐性吸毒人员；四要注重源头治理，切实抓好禁种铲毒工作，及时发现、铲除非法种植毒品原植物。市政协主席唐定，副市长、公安局局长刘新良等出席会议。

6月18日 湖南省政协副主席赖明勇率督查调研组到永州就《政协湖南省委员会关于政治协商、民主监督、参政议政的规定（试行）》贯彻落实情况进行督查。督查组一行先后察看湖南零陵恒远发电设备有限公司、市政务中心，并召开专题座谈会。市政协主席唐定，市委常委、市政府副市长易佳良，市政协副主席唐运军等参加座谈。

7月2日 市政协负责人听取民主评议教育工作调研组召开的调度会情况汇报。各调研组针对教育收费、学位管理、师德师风等关系民生的问题，以单独面谈、发放问卷、集中座谈等形式分组开展调研，掌握第一手资料，并形成初步意见建议。

7月8日 市政协召开四届四十一次主席会议，审议《关于永州市中心城区文化产业发展情况的调研报告》，会议认为，报告还应补充根据永州城区特点，综合考虑人文传统、文化资源和市场需求，提质城区文化产业。市政协主席唐定主持会议。

8月8日 市政协主席唐定、副主席何明玲、秘书长宋可福一行前往市反腐倡廉警示教育展馆参观。

8月20日 永州市政协召开四届四十二次主席会议。会议集中学习全国政协主席俞正声在全国地方政协工作经验交流会上的讲话，传达全省市州政协工作座谈会议及全省政协宣传工作会议精神，审议通过《关于永州市非物质文化遗产开发利用和保护的调研报告》。会议由市政协主席唐定主持。市政协副主席彭爱华、周秀英、张建亮、唐运军、封金祥、吕斌、田洁，市政协秘书长宋可福等参加会议。

9月18日 市政协由文教卫体委牵头，组织医卫界市政协委员及部分医学专家、医护人员，到东安县川岩乡榴星村为村民义诊。市政协副主席周秀英，秘书长宋可福，市政协文教卫体委主任胡跃平，市中心医院院长、市骨科权威专家肖东民等参加活动。

9月22日 市政协主席唐定主持召开市政协四届四十三次主席会议。审议通过《积极实施生态市战略，加快推进永州生态经济发展》的调研报告。此报告建议实施"发展战略生态化、产业转型绿色化、考评体系差异化"等举措，建议得到市委、市政府领导的重视和采纳。

10月23日 市政协就全市农村饮水安全工作开展专题协商。市政协提案委主任吴金燕代表专题协商组汇报调研，会议协商形成调研报告，提出解决饮水安全的办法和对策。

11月 市政协以宋代理学鼻祖周敦颐1000周年诞辰为契机，由副主席何明玲带队组织调研组赴江西、广东、郴州、衡阳、邵阳等地广泛探寻周敦颐活动踪迹，深化周敦颐史料研究，为弘扬传统理学文化作积极努力。

11月11日 市政协组织召开全市"十三五"规划编制专题协商会。市发改委汇报全市"十三五"规划编制工作进展情况，介绍"十三五"规划纲要内容。市政协委员和专家、学者就“十三五”规划新型城镇化、农业产业化、旅游产业发展、蓝宁道新经济带、贤水流域文化旅游经济带、养老产业转型发展、肉牛产业发展、财政收入目标、依法治市等方面提出意见及建议。中共永州市委书记陈文浩，市委副书记、市长易佳良出席并讲话。市政协主席唐定主持会议。

12 月 市政协组织调研组，对全市社会化养老机构建设情况进行调研，就破解养老机构办证难、用地难、资金筹措难等现实问题研究对策，促进全市养老机构服务能力的提高。市政府采纳政协意见，下发《关于扶持社会力量兴办养老服务机构的意见》。

2016 年

1 月 11—14 日 政协永州市第四届委员会第五次会议在永州会堂召开。出席会议委员 381 人。刘翼平、唐美凤、欧阳德群、文红艳、蒋雯、伍重武等 6 名委员作大会发言。委员们围绕中心城市建设、电商发展、农业科技创新等展开热烈讨论。委员们一致认为，《政府工作报告》总结 2015 年的成绩全面客观，成就令人鼓舞。谋划 2016 年工作思路清晰、重点明确。会议还协商通过市中级人民法院工作报告、市人民检察院工作报告。

3 月 5 日 市政协主席唐定率队到广西田州考察古城建设项目，通过对比调研，提出《文旅融合，市场运作，推进零陵古城发展建议》，中共永州市委书记陈文浩作出批示，要求相关部门“要认真抓好落实。”

4 月 7 日 省政协副主席欧阳斌率省政协文史学习委员会调研组到永州，就历史文化街区保护利用与促进非国有博物馆发展进行专题调研。调研组先后深入零陵区柳子街历史文化街区、宁远县大舜博物馆等地实地调研，详细了解永州市历史文化街区保护利用与促进非国有博物馆发展情况。

6 月 市政协组织调研组，就永州如何建设生态文明示范城市进行调研。提出“上山下乡，进城入园、水天一色”的建议蓝图。中共永州市委书记陈文浩批示：“建议市政府对如何建设生态文明城市开一次专题会议。”

7 月 18 日 省政协党组成员王晓琴带领省政协经科委及湘菜产业促进会企业代表到永州调研精准扶贫战略中的湘菜产业发展情况。市政协副主席、市工商联主席吕斌率市政协经科委陪同调研。调研组先后深入祁阳、双牌、道县、江永、宁远等地实地走访农贸市场、农副产品加工企业、种养殖示范型基地、规模化农业园区、农村专业合作社、电商街、农家乐及特色文化旅游扶贫点等 40 多个调研点，详细了解当地的饮食、农耕文化和湘菜产业发展以及与精准扶贫对接等情况。

8 月初 市政协副主席唐运军率领提案委人员赴部分县区召开座谈会，就永州市拟出台的《永州市政协提案办理协商实施办法》征求意见和建议。

9月7日 市政协组织召开《永州政协志（1996—2016）》编纂工作会议，市政协党组成员、秘书长宋可福出席会议。会议由市政协副秘书长、研究室主任刘翼平主持，各民主党派、工商联修志人员，市政协各专委会副主任及相关修志人员参加会议。

9月8日 市政协副主席魏湘江带领部分市政协委员视察双牌水电站工作，为企业发展建言献策。魏湘江一行先后视察双牌水电站厂房、大坝和双牌灌溉渠道，并听取水电站工作情况汇报。

10月25—27日 市政协副主席张建亮率医卫界别的委员及部分医疗专家，赴江永县勾蓝瑶寨、东安县榴星村开展送医下乡活动，免费为当地群众提供医疗咨询、测量血压血糖、病情诊断、发放药品等医疗服务。送医下乡活动由市政协文教卫体委组织，市中心医院内科、外科、妇科、儿科等十余名医疗专家参加活动。

11月2—3日 唐定主席率队赴河南开封参加襄阳、眉山、临沂、湘潭、镇江、肇庆、黄岗、开封、永州九城市政协书画联谊会第八次会议。

12月 制定下发《关于进一步加强人民政协提案办理工作的实施意见》《市政协提案协商细则》，加强提案办前、办中、办后的协商沟通。截至2016年年底，市政协四届五次会议交办委员提案174件，办案率100%。

第一章　政协委员

1996—2016年，政协永州市委员会历经四届。政协委员会由社会各界委员组成。第一届政协委员共设界别22个，委员总数305名；第二届政协委员共设界别22个，委员总数371人；第三届政协委员共设界别23个，委员总数390名；第四届政协委员共设界别25个，委员总数401名。各界别政协委员围绕会议内容认真履行政治协商、民主监督、参政议政职能，积极为永州经济建设和社会发展建言献策。

第一节　委员产生

委员是政协履职的主体。政协永州市委员会委员的产生，首先由永州市委统战部对整过委员的资源进行调研，然后制定委员名额分配方案。在此基础上经求永州市政协党组和永州市委组织部意见后，将名额按界别、民族、党派分配到各县（区）、市直和中央、省驻永州各单位。

2006年7月，全市县区政协主席、统战部长培训班

经各单位党组研究上报后，中国共产党内委员送永州市委组织部审核，非党委员送永州市委统战部审核。所有推荐的委员名单由永州市委统战部汇总平衡，组成联合考察组对新一届永州市政协委员进行考察、联合审查，征求意见、公示。推荐

的政协委员符合条件后，还要征求永州市政协党组和永州市委组织部的意见，再由永州市委组织部报中共永州市委审定，最后提交永州市政协常务委会议协商决定。每届委员任期5年，委员会每年召开1次全体会议。委员会全体会议职权为选举政协永州市委员会主席、副主席、秘书长和常委，听取和审议常务委会工作报告，讨论政协永州市委有关决议、决定；参与永州市大政方针的讨论，对党和政府工作提出建议和批评。第一届委员会由22个界别305名委员组成；第二届委员会由22个界别371名委员组成；第三届委员会由23个界别389名委员组成；第四届委员会由25个界别395名委员组成。

第二节 委员构成

一、委员界别

1996—2016年政协永州市委员会第一至第四届委员情况统计表

表1-1

界别	届别			
	一届（人）	二届（人）	三届（人）	四届（人）
中共	14	18	20	20
民盟	7	10	10	9
无党派人士	22	28	22	23
工会	11	13	11	12
共青团	8	11	10	11
妇联	9	12	14	14
经济界	28	30	30	32
科协	7	9	10	11
工商联	16	20	22	22
文学艺术界	6	9	6	7
科学技术界	14	19	17	19
社会科学界	4	5	7	7

续表1-1

<table>
<tr><th colspan="3" rowspan="2">界别</th><th colspan="8">届 别</th></tr>
<tr><th colspan="2">一届（人）</th><th colspan="2">二届（人）</th><th colspan="2">三届（人）</th><th colspan="2">四届（人）</th></tr>
<tr><td colspan="3">农林界</td><td colspan="2">16</td><td colspan="2">20</td><td colspan="2">25</td><td colspan="2">23</td></tr>
<tr><td colspan="3">教育界</td><td colspan="2">16</td><td colspan="2">20</td><td colspan="2">25</td><td colspan="2">22</td></tr>
<tr><td colspan="3">新闻出版界</td><td colspan="2">4</td><td colspan="2">8</td><td colspan="2">6</td><td colspan="2">6</td></tr>
<tr><td colspan="3">体育界</td><td colspan="2">3</td><td colspan="2">5</td><td colspan="2">5</td><td colspan="2">5</td></tr>
<tr><td colspan="3">医药卫生界</td><td colspan="2">11</td><td colspan="2">14</td><td colspan="2">16</td><td colspan="2">14</td></tr>
<tr><td colspan="3">少数民族界</td><td colspan="2">16</td><td colspan="2">19</td><td colspan="2">20</td><td colspan="2">18</td></tr>
<tr><td colspan="3">侨联</td><td colspan="2">3</td><td colspan="2">6</td><td colspan="2">10</td><td colspan="2">9</td></tr>
<tr><td colspan="3">宗教界</td><td colspan="2">3</td><td colspan="2">4</td><td colspan="2">5</td><td colspan="2">6</td></tr>
<tr><td colspan="3">社会福利界</td><td colspan="2">4</td><td colspan="2">6</td><td colspan="2">7</td><td colspan="2">10</td></tr>
<tr><td colspan="3">特邀界</td><td colspan="2">53</td><td colspan="2">85</td><td colspan="2">87</td><td colspan="2">72</td></tr>
<tr><td colspan="3">农工民主党</td><td colspan="2"></td><td colspan="2"></td><td colspan="2">7</td><td colspan="2">9</td></tr>
<tr><td colspan="3">民革</td><td colspan="2"></td><td colspan="2"></td><td colspan="2"></td><td colspan="2">8</td></tr>
<tr><td colspan="3">民主促进会</td><td colspan="2"></td><td colspan="2"></td><td colspan="2"></td><td colspan="2">6</td></tr>
<tr><td rowspan="2">合计</td><td colspan="2">总人数</td><td colspan="2">275</td><td colspan="2">371</td><td colspan="2">390</td><td colspan="2">401</td></tr>
<tr><td>男</td><td>女</td><td>228</td><td>47</td><td>280</td><td>91</td><td>277</td><td>113</td><td>261</td><td>140</td></tr>
</table>

二、届中委员变动

第一届

1997年3月7日，政协永州市第一届第五次常委会议通过，增补李宣元、李喜云、袁火林、雷辉、朱元生、张高太、周康生（土家族）、袁养德、刘翠玲（女）、邹吉前、王焕鹏、秦爱林、黄春芳、陈逵、唐颂之、吴攸祥、陈勋、陈建国、罗锡周、胡光日、唐玉其、唐际绍22人为第一届市政协委员。

1997年12月18日，政协永州市第一届第八次常委会议通过，增补王天保、全祖辉、向望东、何团华、张建军、张新国、罗池玉、胡新华、段成雄、郭鎏（女）、唐发运、唐晓健、龚兴智、雷统夏、谭群英（女）15人为第一届市政协委员。同时辞免刘四清、杨日运、陈福元、夏之镜、陶一彬、黄太民、雷丰玉7人的第一届市政协委员职务。

1998 年 3 月 26 日，政协永州市第一届第九次常委会议通过，增补王芳玉（女）、李进清（瑶族）、严俊寿、沈生国、张顺生、陈凤英（女）、唐鑫（瑶族）、盘玉花（女，瑶族）8 人为第一届市政协委员。

1998 年 12 月 29 日，政协永州市第第一届第十二次常委会议通过，增补李绍陶、何水平、何谋云、张羽飞、郁广林、周训凡、郑平、秦坤、徐肇玲（女）9 人为第一届市政协委员。

1999 年 3 月 10 日，政协永州市第第一届第十三次常委会议通过，增补张雪、郑亚辉、唐建国 3 人为第一届市政协委员。同时辞免罗水生、蒋善生 2 人的第一届市政协委员职务。

第二届

2002 年 3 月 22 日，政协永州市二届三次常委会增补谷明光、李文东、刘岳泉、乐才明、李显昌（瑶族）、黄楚政 6 人为第二届市政协委员。

2002 年 12 月 24 日，政协永州市二届六次常委会议增补邓道恒、刘石清、吴起军、陈开明、欧阳维西、葵竹英（女）、蒙长清（瑶族）7 人为第二届市政协委员。

2003 年 3 月 28 日，政协永州市第二届七次常委会议增补杨仕吉、周明礼、罗铧灯、曾金华（女）、王先杰、段奇峰、蒋南林、史一民、李之昭、段绵贵（瑶族）、唐文彬、蒋剑青、颜运民、刘锦坤、李祥红（瑶族）、唐树成、吴芳（女）、蒋遥、周建晶、王明生（瑶族）、费瑶（瑶族）、汪海安、李太福（瑶族）、李先珍、李苏昭、张继云、陈环玉、周晓明、周智亮（瑶族）、秦功远、黄薇（女）、曹桂秀（女）32 人为第二届市政协委员。

2003 年 12 月 30 日，政协永州市第二届十次常委会议辞免王少平、庄建斌、张子瑜、赵云（瑶族）等 4 人的二届市政协委员职务，撤销盘德力政协永州市第二届委员会委员职务，增补万萍（女）、杨小舟、张容、张济意、易萍萍（苗族）、秦山成、徐海英（女）、黄耀武 8 人为第二届市政协委员。

2004 年 2 月 28 日，政协永州市第二届委员会第十八次常委会议增补张爱国为永州市政协委员。

第三届

2007 年 7 月 19 日，政协永州市三届二次常委会议辞去蒋桃生政协永州市三届委员会委员职务，撤销黄昊杰政协永州市第三届委员会委员职务，零陵区政协原主席胡冬春因故去世，其委员职务自然消失。

2007 年 12 月 18 日，政协永州市第三届委员会第五次常委会议辞免邓道恒、龙飞凤（女，瑶族）、刘石清、刘湘军、刘锡平、李恺、吴启旺、何春明、沈生国、陈开明、陈宇永、欧道明、钟上元、唐巍、唐启军、唐树成、黄楚政、蒙长清（瑶族）、魏湘江 19 人政协永州市第三届委员会委员职务。增补邓白梅（女）、田武登、伍少平、刘功元、刘志均、杨蕊、杨绪耀、李星（女）、李白宁、李俊江（瑶族）、李家登（瑶族）、肖幸福、何世平、邱兴华、汪海安、陈继红、唐先强、唐运军、黄亚平、蒋季红（女，瑶族）、谢党政 21 人为政协永州市第三届委员会委员。

2008 年 12 月 8 日，政协永州市第三届委员会第九次常委会议辞去冯东旺（瑶族）、李向阳、李宋元 3 人的政协永州市第三届委员会委员职务，增补王旷生、沈京生、宋可福、陈苏平、周大成 5 人为政协永州市第三届委员会委员。2008 年 12 月 14 日，彭松青委员因病去世，其委员职务自然消失。

2009 年 12 月 18 日政协永州市第三届委员会常务委员会第十五次会议协商通过，撤销陈勋政协永州市第三届委员会委员职务，免去王再兴、王转平、周大成、范昌平、郑会琴、唐小新、谢党政 7 人政协永州市第三届委员会委员职务，增补龙新华、李高峰、张伟、张超红（女）、胡习军、唐柏荣、蒋兴华、蔡斌 8 人为政协永州市第三届委员会委员。

2007 年，三届市政协调研组调研推进新型工业化工作

2010 年 12 月 21 日，政协永州市第三届委员会常务委员会第二十次会议协商决定撤销肖旭亮、胡晓猛、徐波、黄成和 4 人政协永州市第三届委员会委员职务，辞免王伟、王旷生、龙新华、李瑛（女）、李白宁、李亚峰、张继云、秦山成、蒋季红（女，瑶族）、蒋燕飞（女）廖焕新 11 人政协永州市第三届委员会委员职务，增补王俊斌、毛海华、左雅婷（女）、朱云飞、朱江玉（女）、刘中四、李阳春、李爱华、郭金霖、唐建春、黄伟、龚碧舟、蒋蒲英（女）、蒋新祥、谭显光、谭珊娥（女）16 人为政协永州市第三届委员会委员。

第四届

2012 年 12 月 12 日，政协永州市第四届委员会第四次常务委员会议协商通过辞免李京玉（女）、伍少平、汪海安、郭科技、杨丁香（女）、邓年生、龙飞凤（女，瑶族）、刘志均、李星（女）、杨绪耀、李显昌、肖幸福、邱兴华、何世平、张跃斌、陈继红、欧亚雄、欧阳维西、唐建明、盘炳顺、庾庐山、葵竹英（女）、蒋燕飞（女）23人的政协永州市第三届委员会委员职务，增补周生来、汤亚平、蒋陆阳、唐旭（女）、王明求、张国政、李军平（女）、王佑生、尹玉林、龙国庆、刘忠华（女）、李四清、李苏昭、李晓宁、陈军（女）、陈楚、陈海潮、郑弋、秦远林、唐彦、唐志雄、盘贵元、彭俊卿、蒋新祥24人为政协永州市第三届委员会委员。

2014年12月1日，主席唐定督导萍江桥社区城中村创卫工作

2013年12月24日，政协永州市第四届委员会常务委员会第八次会议协商通过，辞免何东华、龚碧舟、熊忠东、颜英俊（女）、唐旭（女）、谭显光、张小青、李玲玲（女）、刘更新、肖波、殷春花（女）11人政协永州市第四届委员会委员职务。增补付德定、陈智斌、贺新国、黄丽琴（女）、唐超学、郭怀玉、宋运清、王臣藏、李旦梅（女）、何林金（女）、孔新平、吕莉平（女）、周英杰、钟安14人为政协永州市第四届委员会委员，补选刘祥华、杨光勇2人为四届市政协特聘委员。

2014年12月23日，政协永州市第四届委员会第十二次常委会议协商通过撤销肖永国、熊幼松2人政协永州市第四届委员会委员资格，辞免吕晓勇、伍春波、李斌、李润志、唐德荣、曾巧玲（女）、谢江南、廖文常8人政协永州市第四届委员会委员职务，增补左军荣、刘灵芝（女）、李社光、汪华明、陈新兰（女）、郑朝晖、周勇、周瑜、姚惠明9人为政协永州市第四届委员会委员。增补王劲松为政协永州市第四届委员会特聘委员。

2015年12月22日，政协永州市第四届委员会第十六次常委会协商通过免去廖秋文政协永州市第四届委员会副主席职务，撤销其政协永州市第四届委员会委员职务。

2015年12月23日，政协永州市第四届委员会第十七次常委会议协商通过撤销毛海华、曹如通2人政协永州市第四届委员会委员职务，辞免王明求、邓白梅（女）、龙国庆、左雅婷（女）、刘庚旺、李长于、李四清、李春燕、李晓宁、何鸣、陈莉（女）、陈智斌、郑增敀、赵宁科、唐志雄、唐柏荣、蒋跃民 17 人政协永州市第四届委员会委员职务，辞免王劲松政协永州市第四届委员会特聘委员职务。增补王小丽（女）、王名扬、王劲松、邓扬中、龙军、龙亮、刘翼平、李中平、李宁（女）、李祥军、邱林、郑文飞（女）、祝立志、秦小国、唐华栋、唐建明、黄建群、黄美华、裴春雷、蔡富强、魏湘江 21 人为政协永州市第四届委员会委员。

第二章 组织机构

1996 年，政协永州市委员会成立，属正厅级行政单位。经永州市编制委员会批准，设办公室、学习文史委、提案委、经济科教委、文教卫体委、民族宗教法制群团三胞联谊委 6 个工作机构，行政工作人员 44 人。后勤人员 5 人。2001 年，政协永州市委员会增设人口资源环境委，委员会共有 7 个工作机构，有工作人员 36 人，后勤人员 5 人。2008 年，政协永州市委员会增设研究室，委员会共有 8 个工作机构，有工作人员 37 人，后勤人员不变。2012 年，政协永州市委员会委室设置不变，另设老干部科。2016 年，政协提案委设立督办工作科、机关设置机关党委专职副书记，共有行政工作人员 40 人。

第一节 零陵地区政协联工委

一、机构沿革

1985 年 1 月，在中共零陵地委统战部设立副处级政协联络员，负责联络县、市政协工作。零陵地区辖永州市（县级市）、冷水滩市（县级市）、祁阳县、东安县、双牌县、道县、江永县、江华瑶族自治县、宁远县、新田县、蓝山县等 11 个县市，“文化大革命”前，只有零陵县有政协组织，其他县均无政协组织。1985 年，随着零陵地委统战部政协联络员的配备，各县市政协工作相继建立，有相应机构、有专人负责。截至 1992 年 12 月，零陵地区 11 个县市共有政协委员 1677 名。

1986 年 4 月，零陵地区政协联络处（正处级机构）设立。联络处在中共零陵地委领导下工作，归口地委统战部管理，业务上受省政协指导。1989 年 10 月，中共湖南省委和省政协决定，将零陵地区政协联络处升格为联工委，属正厅级常设机构。1990 年 3 月，零陵地区联工委正式成立，在湖南省政协的指导和中共零陵地委的领导下进行工作。1995 年 11 月 2 日，国务院批准撤销零陵地区建立地级永州市。1996 年 2 月 29 日，政协永州市第一届委员会筹备工作委员会成立，欧学佳任主任，张中盛、邓香花（女）、沈泗海任副主任，沈根元（女）、朱光钧、朱复圣、何鼎兴、喻美莲（女）、李少雄为委员，张中盛兼任秘书长。筹委会的主要任务是负责做好政协永州市第一届委员会的人事安排，决定市政协一届一次会议召开等重大事宜。1996 年 4 月 19 日，政协永州市第一届全体委员会议召开，中国人民政治协商会议永州市委员会成立。

二、人员编制

1995 年，根据湖南省编委文件精神，零陵地区政协联络员安排 2 名副处级干部。地区政协联络处定编 4 人，配备处长、副处长各 1 名，干事 2 人。地区政协联工委定编 18 人，到 1992 年实有工作人员 24 人，其中主任 1 人，副主任 6 人，处室负责人 4 人，其他工作人员 13 人。联工委机关设置一室一处，即办公室、业务处。办公室下设秘书科，事务科，业务处下设一科、二科。

第二节　市政协委员会

1996 年 4 月 19—21 日，中国人民政治协商会议永州市第一届委员会第一次会议召开。会议选举欧学佳为主席，张中盛、邓香花（女）、沈泗海、沈根元（女）、朱光钧、朱复圣、何鼎兴、赵清茂、喻美莲（女）为副主席，李少雄为秘书长。市政协内设机构为办公室、学习宣传文史委、提案委、经济科技委、文教卫体委、民族宗教法制群团三胞联谊委 6 个正处级工作机构。

市政协第一届委员会组织机构一览表（1996 年 4 月—2001 年 5 月）

表 2-1

届次	委室名称	职务	姓名	任职时间
第一届	办公室	副秘书长	陈晓荣	1998. 3（兼）
		副秘书长	王焕鹏	1998. 9 任
		主任	陈盛华	1996. 4 任
		副主任	王焕鹏	1997. 3 任
		副主任	唐社成	1997. 9 任
	学习宣传文史委	主任	王焕鹏	1996. 4 任
		副主任	陈盛华	1997. 3 任

续表2-1

届次	委室名称	职务	姓名	任职时间
第一届	经济科技委	主任	谢至桢	1999.11 退休 袁火林 2000.9 任
		副主任	何春明	2000.9 任
	提案委	主任	陈晓荣	1996.4 任
		副主任	何水平	1997.9 任
	文教卫体委	主任	黄春芳	1996.4 任
	民族宗教法制群团体三胞联谊	主任	韦代瑛	1996.4 任
		副主任	黄胜利	1996.12 任

2001 年 6 月 20—26 日，政协永州市第二届委员会第一次全体会议召开，会议选举蒋桃生为主席，邓香花（女）、徐肇玲（女）、谢五龙、周忠信、曹小华（女）、何鼎兴、袁火林、彭爱华、戴菊芳（女）、杨雪生为副主席，盘玉花（女）为秘书长。二届市政协内设机构增加人口资源环境委员会，市政协内设机构为办公室、学习宣传文史委、提案委、经科委、文教卫体委、民族宗教法制群团三胞联谊委、人口资源环境委 7 个正处级机构。

市政协第二届委员会组织机构一览表（2001 年 6 月—2006 年 12 月）

表 2-2

届次	委室名称	职务	姓名	任职时间
第二届	办公室	副秘书长	陈盛华	2002.5 任
		主任	盘玉花（兼）	2002.5 任
		副主任	蒋南林	2003.6 任
		副处级纪检	谭珊娥（女）	2002.5 任
		调研员	黄胜利（女）	2002.5 任
		助理调研员	黄耀武	2002.5 任
	学习宣传文史委	主任	唐社成	2002.12 任
		副主任	田武登	2002.12 任
	提案委	主任	何水平	2002.5 任
		副主任	赵云	2002.3 任 2003.10 调出

续表2-2

届次	委室名称	职务	姓名	任职时间
第二届	经济科技委	主任	段锦贵	2002. 12 任
		副主任	何春明	2002. 5 任
	文教卫体委	副主任	尹玉林	2002. 5 任
		副主任	李亚峰	2002. 12 任
	民族宗教法制群团体三胞联谊委	主任	盘德能	2002. 5 任
		副主任	汪海安	2002. 3—2003. 6
		副主任	胡跃平（女）	2004. 3 任
	人口资源环境委	主任	陈晓荣	2002. 5 任
		副主任	蒋南林	2002. 3—2003. 6
		副主任	汪海安	2003. 6 任

2007 年 1 月 19—23 日，政协永州市第三届委员会第一次会议召开，会议选举陈金荣（女）为主席，蒋政平、曹小华（女）、袁火林、彭爱华、刘宏来、盘玉花（女）、廖秋文、余华生、何明伶（女）、周秀英（女）为副主席，秘书长由副主席廖秋文兼任。市政协内设工作机构在二届“七委一室”的基础上增设了“研究室”，为正处级工作机构。即三届政协内设机构为办公室、学习宣传文史委、提案委、经科委、文教卫体委、民族宗教法制群团三胞联谊委、人口资源环境委、研究室 8 个正处级机构。

市政协第三届委员会组织机构一览表（2007 年 1 月—2012 年 1 月）

表 2-3

届次	委室名称	职务	姓名	任职时间
第三届	办公室	副秘书长	蒋南林	2007. 3 任
		副秘书长	吴金燕（女）	2009. 9—2012. 1
		主任	宋可福	2008. 10 任
		副主任	吴金燕	2007—2009. 9
		副处级纪检	谭珊娥（女）	2007. 1—2011. 6
		副处级纪检	徐华慧（女）	2011. 6 任
		调研员	田武登	2008. 10 任
		副调研员	黄耀武	2012. 9 任

续表2-3

届次	委室名称	职务	姓名	任职时间
第三届	办公室	助理调研员	沈京生	2007. 1 任
		助理调研员	蒋朝森	2010. 6 任
		助理调研员	刘竹翠	2008. 10 任
	学习宣传文史委	主任	卢作云	2007. 1 任
		副主任	沈京生	2008. 12 任
	提案委	主任	陈盛华	2007. 1 任
		副主任	唐先强	2007. 3 任
	经济科技委	（原）主任	何水平	2011. 1 退休
		主任	胡跃平	2011. 1 任
		副主任	李亚峰	2007. 1—2010. 7
		副主任	胡新军	2009. 9 任
	文教卫体委	主任	陈晓荣（女）	2007. 1 任
		副主任	杨蕊	2007. 1 任
		副主任	李爱华	2010. 7 任
	民族宗教法制群团体三胞联谊委	主任	段锦贵	2007. 5 任
		副主任	谭珊娥（女）	2011. 6 任
		副主任	胡跃平（女）	2007. 1—2011. 1
	人口资源环境委	主任	唐社成	2007. 1 任
		副主任	汪海安	2007. 1 任
	研究室	主任	蒋南林	2007. 12 任
		副主任	周华民	2007. 10 任

2012 年 1 月 2—6 日，政协永州市第四届委员会第一次会议召开，会议选举唐定为政协永州市第四届委员会主席，廖秋文、彭爱华、何明伶（女）、周秀英（女）、张建亮、唐运军、封金祥、吕斌、田洁（女）为副主席，宋可福为秘书长。市政协内设机构为“六委二室”即办公室、提案委、经济科技委、人口资源环境委、文教卫体委、民族宗教法制群团三胞联谊委、学习宣传文史委、研究室 8 个正处级机构。

市政协第四届委员会组织机构一览表（2012年1月—2016年12月）

表2-4

届次	委室名称	职务	姓名	任职时间
第四届	办公室	副秘书长	蒋南林	2012. 1—2015. 7
		副秘书长	刘翼平	2015. 7 任
		副秘书长	欧阳国川	2012. 1—2015. 12
		副秘书长	李爱华	2012. 1 任
		主任	宋可福	
		副处级纪检员	徐华慧（女）	2012. 1—2013. 9
		副处级纪检员	李宁（女）	2015. 10 任
		调研员	杨蕊	2013. 2 退休
		调研员	田武登	2015. 5 退休
		调研员	王海安	2015. 3 退休
		调研员	陈凯	2016. 9
		副调研员	刘伦超	2015. 3 提前退休
		副调研员	黄耀武	2012. 9 任，2015. 3 退休
		副调研员	刘竹翠（女）	
		副调研员	蒋朝森	2012. 7 退休
		副调研员	唐道清	2013. 8—2015. 7
	提案委	（原）主任	陈盛华	2012. 10 退休
		主任	吴金燕（女）	2012. 1 任
		副主任	陈肆清	2012. 1 任
	经济科技委	主任	唐先强	2016. 9 任正处级干部
		主任	尹玉林	2016. 9 任
		副主任	胡新军（女）	2012. 1 任
	人口资源环境委	主任	张小惠	2012. 1 任
		副主任	汪海安	2012. 1—09
		副主任	徐华慧（女）	2013. 9 任
	文教卫体委	（原）主任	陈晓荣（女）	2013. 11 退休
		主任	胡跃平（女）	2012. 1 任
		副主任	王明兴	2012. 1 任

续表2-4

届次	委室名称	职务	姓名	任职时间
第四届	民族宗教法制群团体三胞联谊委	（原）主任	段锦贵	2013. 11 退休
		主任	谭珊娥（女）	2012. 1 任
		副主任	陈凯	2012. 6—2016. 9
	学习宣传文史委	（原）主任	卢作云	2012. 5 退休
		主任	邓白梅	2012. 1—2015. 3 提前退休
		主任	欧阳国川	2015. 12 任
		副主任	李华丽（女）	2012. 1 任
	研究室	主任	蒋南林	2012. 1—2015. 4
		主任	刘翼平	2015. 4 任
		副主任	周华民	

2005 年 12 月，永州市首届“政协好新闻”作品表彰会

第三节　市政协常委会

市政协常务委员会（以下简称常委会），依据《中国人民政治协商会议章程》，中国人民政治协商会议各级委员会设常务委员会主持会务。常务委员会由主席、副主席、秘书长及常务委员组成，其候选人由参加中国人民政治协商会议各党派、团体、各民族

及各界人士协商提名，经全体会议选举产生。主要职能是召集并主持全体委员会议，执行有关决议，全会闭会期间，处理该次会议工作，决定机构设置以及有关人事任免等。

一届市政协常委会

1996 年 4 月 19—21 日，市政协一届一次会议选举主席 1 名、副主席 9 名、秘书长 1 名、常务委员 50 名，产生第一届常委会。1997 年 3 月 16—20 日，一届市政协二次会议召开，会议增补韦代瑛、王莉君、李宣元、易军 4 名委员为一届市政协常委。1997 年 12 月 27 日—1998 年 1 月 1 日一届市政协三次会议召开，会议补选唐建文、黄青柳为一届市政协常委。1999 年 3 月 20—24 日，一届市政协第四次会议同意张中盛辞去一届市政协副主席职务，同意蒋善生辞去一届市政协常委职务，补选徐肇玲（女）为一届市政协副主席，补选何谋云、陈逵、唐建国为一届市政协常委。2000 年 3 月 18—23 日，一届市政协第五次常委会议，同意李少雄辞去一届市政协秘书长职务，补选王焕鹏为一届市政协秘书长。

一届政协：常务委员 50 名（以姓氏笔画为序）

王文初	王昭武	王建琼	王跃明（女）	王莉君
韦代瑛	邓其平	吕玉朝	吕南生	刘汉云
杨勇虎	李德昭	李宣元	余华生（瑶族）	张泽槐
张建亮（瑶族）	陈华葵	陈昌波	陈　逵	罗峰林
郑建民	赵九昌（瑶族）	秦平生	桂碧林	夏运良
钱华堂	徐大福	唐海波	唐继炳	唐建文
黄平信	黄青柳	黄远镜	黄胜利（女）	黄浩友
崔宏琪（女）	梁杰华	彭爱华	蒋成荣	蒋政强
蒋善生	释琳净（女）	曾佑桥	谢至桢	雷福元
廖为华（女）	戴菊芳（女）			

二届市政协常委会

2001 年 6 月 20—26 日，市政协二届一次会议选举主席 1 名、副主席 10 名、秘书长 1 名、常务委员 61 名，产生第二届常委会。2002 年 3 月 23—27 日，二届市政协二次会议补选刘岳泉、谷明光、欧日旭为二届市政协常委。2004 年 2 月 1—6 日，政协永州市二届四次会议同意邓香花辞去政协永州市第二届副主席职务。同意张子瑜辞去二届市政协常委职务，撤销盘德力二届市政协常委职务。增补邓余平、欧阳树生、段奇峰、盘德能为二届市政协常委。2006 年 2 月 8—12 日政协永州市二届委员会第六次会议补选张爱国为政协永州市第二届委员会副主席。

二届政协：常务委员 61 名（以姓氏笔画为序）

王昭武	王莉君（女）	王培刚	王跃明（女）	尤　慎
邓子云	邓余平	史立忠	伍崇雄	任　霞（女）
刘汉云	刘亚屏	刘岳泉	刘恒魁	杨美兆
李谋韬	谷明光	吴小芳（女）	何水平	何代林
何世胜	何谋云	汪云星	张玉芝（女）	张建军
陈　岩	陈　逵	陈风英（女）	陈晓荣（女）	陈盛华
欧巨烽（女）	欧日旭	欧阳树生	易　军	罗峰林
周钩封	金　祥	赵九昌（瑶族）	赵文复	钟开球（2005.4 病逝）
祝珍明	贺翠莲（女）	段奇峰	秦明镜	桂金玉（女）
夏汉通	高和平	唐建文	唐继炳	黄天佑
黄石保	黄青柳	黄胜利（女）	崔宏琪（女）	盘德能（瑶族）
蒋成荣	蒋政强	蒋陵华	廖信安	黎志凌（瑶族）
檀俊贤（畲族）	魏湘江			

三届市政协常委会

2007 年 1 月 19—23 日，政协永州市第三届委员会第一次会议选举产生主席 1 名、副主席 11 名、秘书长 1 名（兼）、常务委员 66 名，产生第三届常委会。

2007 年 12 月 27—2008 年 1 月 1 日，政协永州市第三届委员会第二次会议同意魏湘江辞去政协永州市第三届委员会常务委员职务，增补唐运军为政协永州市第三届委员会常务委员。2009 年 1 月 4 日政协永州市第三届委员会第十次常委会议廖秋文辞去政协永州市第三届委员会秘书长职务，报政协永州市第三届委员会第三次会议备案。2009 年 1 月 5—8 日，政协永州市第三届委员会第三次会议补选宋可福为政协永州市第三届委员会秘书长。2009 年 7 月 28 日，政协永州市第三届委员会第十二次常委会议曹小华辞去政协永州市第三届委员会副主席职务，报政协永州市第三届委员会第四次会议备案。

2011 年 1 月 9 日，经政协永州市第三届委员会常务委员会第二十一次会议协商决定，何水平辞去政协永州市第三届委员会常务委员职务。2011 年 1 月 9—13 日，政协永州市第三届委员会第五次会议补选朱江玉（女，瑶族）、胡跃平（女）、龚碧舟为政协永州市第三届委员会常务委员。

三届政协：常务委员 66 名（以姓氏笔划为序）

王　伟	王芳玉（女）	王跃明（女）	文干英（女）	文德顺
邓余平	邓国文	邓菊发	龙石佑	卢作云

朱江玉（女，瑶族）		田　洁（女）	吕　斌	吕定先
向望东	刘亚屏	刘轩华	延　藏	杨金砖
花向群（女）	李文东	李谋韬	李喜云	肖　斌
肖余胜	何水平	何谋云	余季平（瑶族）	汪云星
张　容	张秋琳（女）	陈晓荣（女）	陈盛华	欧日旭
欧阳树生	欧阳德群	罗良冬	罗峰林	周明礼
屈晓玲（女，瑶族）		胡跃平	柏曼红（女）	段奇峰
段绵贵（瑶族）	姚芳明	秦新国	龚碧舟	桂金玉（女）
郭远军	唐社成	唐继炳	陶思荣	黄天佑
黄丽晃（女）	黄爱蓉（女）	盘瑶丽（女，瑶族）		韩顺华
蒋业产	蒋南林	蒋剑青	蒋瑶立	雷丰穗
廖信安	廖焕新	魏秋云（女）	魏湘江	

四届市政协常委会

2012年1月2日—6日，政协永州市第四届委员会第一次会议选举产生主席1名、副主席9名、秘书长1名、常务委员64名，产生第四届常委会。2013年12月24日，政协永州市第四届委员会常务委员会第八次会议协商通过，同意龚碧舟辞去政协永州市第四届委员会常务委员职务，补选付德定、李旦梅（女）为政协永州市第四届委员会常务委员。2015年12月22日，政协永州市第四届委员会第十六次常委会协商通过免除廖秋文政协永州市第四届委员会副主席职务。2015年12月23日政协永州市第四届委员会第十七次常委会议协商通过，同意免去何明伶政协永州市第四届委员会副主席职务，同意邓白梅辞去政协永州市第四届委员会常务委员职务。2016年1月14日，政协永州市第四届委员会第五次会议补选魏湘江为副主席，刘翼平、裴春雷为常委。

四届政协：常务委员64名（以姓氏笔划为序）

万　萍（女）	邓白梅（女）	龙石佑	付康成	付德定
吕定先	朱凌冰	朱衡宁	延　藏	刘亚屏
刘轩华	孙锦宇	孙耀梅（女，满族）		李向斌
李忠富	李爱华	李谋韬	李瑞霞（女）	肖东民
吴吓水	吴金燕（女）	何仙风（女）	张　容	张小惠
张树明	张莲秀（女，瑶族）		陈　逵	欧阳德群
罗有生	周云玲（女）	周林舟	周晓芬（女）	郑亚平
郑银芳（女）	赵　颖	胡昕若	胡跃平（女）	段奇峰
袁　风（女，瑶族）		夏　炜（女，瑶族）		高和平

郭远军	唐　羽（女）	唐如元	唐国玉	唐建春
唐晓敏（女）	唐德荣	陶思荣	黄　冰	龚碧舟
梁　军（女）	蒋三立	蒋南林	蒋剑青	蒋瑶立
韩顺华	曾文玉（女）	蔡曜晔（瑶族）	谭珊娥（女）	熊华清（女）
熊金星（女）	潘衡湘（女）	魏秋云（女）		

第四节　市政协主席会议

市政协主席会议组成人员为主席、副主席、秘书长，由委员会全体会议选举产生，任期与委员会、常务委员会相同。主要职权是处理常委会重要日常工作。受常务委员会委托，主持下一届第一次全体会议预备会议。

一届市政协主席会议

1996年4月19—21日，市政协一届一次会议选举欧学佳为主席，张中盛、邓香花（女）、沈泗海、沈根元（女）、朱光钧、朱复圣、何鼎兴、赵清茂、喻美莲（女）为副主席，李少雄为秘书长，产生第一届主席会议。第一届主席会组成人员的构成情况是中共党员5名，非中共人士5名，女性3名。1999年3月20—24日，一届市政协第四次主席会议同意张中盛辞去一届市政协副主席职务，补选徐肇玲（女）为一届市政协副主席。2000年3月18—23日，一届市政协第五次主席会议同意李少雄辞去一届市政协秘书长职务，补选王焕鹏为一届市政协秘书长。

二届市政协主席会议

2001年6月20—26日，政协永州市第二届委员会第一次全体会议选举蒋桃生为主席，邓香花（女）、徐肇玲（女）、谢五龙、周忠信、曹小华（女）、何鼎兴、袁火林、彭爱华、戴菊芳（女）、杨雪生为副主席，盘玉花（女）为秘书长，产生第二届主席会议。2004年2月1—6日，政协永州市二届四次主席会议同意邓香花辞去政协永州市第二届副主席职务。2006年2月8—12日政协永州市二届委员会第六次主席会议补选张爱国为政协永州市第二届委员会副主席。

三届市政协主席会议

2007年1月19—23日，政协永州市第三届委员会第一次会议选举陈金荣（女）

为主席，蒋政平、曹小华（女）、袁火林、彭爱华、刘宏来、盘玉花（女）、廖秋文、余华生、何明伶（女）、周秀英（女）为副主席，秘书长由副主席廖秋文兼任，产生第三届主席会议。2009 年 1 月 4 日，政协永州市第三届委员会第十次常委会议廖秋文辞去政协永州市第三届委员会秘书长职务。2009 年 1 月 5—8 日，政协永州市第三届委员会第三次主席会议补选宋可福为政协永州市第三届委员会秘书长。2009 年 7 月 28 日，政协永州市第三届委员会第十二次主席会议曹小华辞去政协永州市第三届委员会副主席职务。

四届市政协主席会议

2012 年 1 月 2 日—6 日，政协永州市第四届委员会第一次会议选举唐定为政协永州市第四届委员会主席，廖秋文、彭爱华、何明伶（女）、周秀英（女）、张建亮、唐运军、封金祥、吕斌、田洁（女）为副主席，宋可福为秘书长。

1996—2016 年市政协主席、副主席、秘书长一览表

表 2-5

届数	姓名	性别	界别	职务	党派	任职时间	附注
第一届	欧学佳	男	中共	主席	中共	1996. 4—2001. 4	
	张中盛	男	中共	副主席	中共	1996. 4—1999. 4	
	邓香花	女	中共	副主席	中共	1996. 4—2003. 8	
	沈泗海	男	中共	副主席	中共	1996. 4—2001. 10	
	沈根元	女	中共	副主席	中共	1996. 4—2003. 6	
	朱光钧	男	社科	副主席	无党派	1996. 4—2002. 12	
	朱复圣	男	科技	副主席	无党派	1996. 4—2002. 4	
	何鼎兴	男	农林	副主席	无党派	1996. 4—2007. 4	
	赵清茂	男	工商联	副主席	无党派	1996. 4—2001. 6	
	喻美莲	女	科技	副主席	无党派	1996. 4—2002. 4	
	李少雄	男	中共	秘书长	中共	1996. 4—2000. 3	
	王焕鹏	男	社科	秘书长	中共	2000. 4 任	
第二届	蒋桃生	男	中共	主席	中共	2001. 6—2007. 4	
	邓香花	女	中共	副主席	中共	1996. 4—2003. 8	
	徐肇玲	女	中共	副主席	中共	1999. 3—2007. 4	
	谢五龙	男	中共	副主席	中共	2001. 6—2007. 4	
	周忠信	男	教育	副主席	中共	2001. 6—2007. 4	
	曹小华	女	无党派	副主席	无党派	2001. 6—2009. 10	
	何鼎兴	男	农林	副主席	无党派	1996. 4—2007. 4	
	袁火林	男	经济	副主席	民盟	2001. 6—2006. 7	
	彭爱华	男	无党派	副主席	无党派	2001. 6 任	

续表2-5

届数	姓名	性别	界别	职务	党派	任职时间	附注
第二届	戴菊芳	女	医卫	副主席	农工党	2001. 6—2007. 2	
	杨雪生	男	工商联	副主席	无党派	2001. 6—2007. 2	
	张爱国	男	中共	副主席	中共	2005. 12 任	
	盘玉花	女	少数民族	秘书长	中共	2001. 6—2007. 1	
第三届	陈金荣	女	中共	主席	中共	2007. 1—2012. 1	
	蒋政平	男	中共	副主席	中共	2007. 1—2011. 9	
	曹小华	女	无党派	副主席	无党派	2001. 6—2007. 4	
	袁火林	男	经济	副主席	民盟	2006. 7—2012. 1	
	彭爱华	男	无党派	副主席	无党派	2001. 6—	
	刘宏来	男	中共	副主席	中共	2007. 1—2012. 2	
	盘玉花	女	少数民族	副主席	中共	2007. 1—2013. 2	
	廖秋文	男	中共	副主席	中共	2007. 1—2015. 12	
	余华生	男	工商联	副主席	无党派	2007. 1—2015. 6	
	何明伶	女	中共	副主席	中共	2007. 1—2012. 1	
	周秀英	女	教育	副主席	民主促进会	2007. 1—2012. 1	
	廖秋文	男	中共	秘书长（兼）	中共	2007. 1 任	
第四届	唐定	男	中共	主席	中共	2012. 1—2016. 12	
	廖秋文	男	中共	副主席	中共	2012. 1—2015. 12	
	彭爱华	男	无党派	副主席	无党派	2012. 1	
	何明伶	女	中共	副主席	中共	2012. 1—2015. 12	
	周秀英	女	民促会	副主席	民主促进会	2015. 2 退休	
	张建亮	男	经济	副主席	中共	2012. 1—任	
	唐运军	男	中共	副主席	中共	2012. 1 任	
	封金祥	男	民革	副主席	民主	2012. 1 任	
	吕斌	男	工商联	副主席	无党派	2012. 1 任	
	田浩	女	农工	副主席	农工民主党	2012. 1 任	
	魏湘江	男	中共	副主席	中共	2016. 1 任	
	宋可福	男	中共	秘书长	中共	2008. 10—2016. 1	

第五节　市政协工作机构

一、机构设置

根据《中国人民政治协商会议章程》规定，市政协委员会根据工作需要设置专门委员会及相关办事机构，其设置与变更由常务委员会协商决定。专委会的组成，按照有利于联系各界、各方面人士，自愿、协商和便于组织经常性活动的原则，统筹安排。专委会设置和变更，由常委会协商决定。专委会人选从市政协委员中产生。专委会全体会议由主任、副主任和委员组成，委员由主席会议协商决定，主任、副主任由常委会协商决定。按照精简、统一、效能原则设置的办公室、研究室，是由秘书长直接领导处理日常工作的办事机构。办公室、研究室的设置与变更及其主任、副主任人选亦由常委会协商决定。

二、人员编制

1996年，零编办《关于政协永州市机构设置的批复》同意市政协工作机构设办公室和5个正处级的专门委员会，即：学习宣传文史委员会、提案委员会、经济科技委员会、文教卫体委员会、民族宗教法制群团三胞联谊委员会。同年，《中共永州市委办公室关于印发〈中国人民政协商会议湖南省永州市委员会职能配置、机构设置和人员编制方案〉的通知》确定市政协工作机构为“一办五委”，即：办公室，下设秘书科、行政科、政工科（加挂老干科牌子）；学习宣传文史委，下设综合一科；提案工作委员会，下设综合二科；经济科技委员会，下设综合三科；文教卫体委员会，下设综合四科；民族宗教法制群团三胞联谊委员会，下设综合五科。市政协行政编制44名，其中市政协专职正副主席3名，秘书长1名，办公室、各专委会正副主任12名，正副科长12名。机关后勤服务人员核定事业编制5名。

2002年，《中共永州市委关于印发〈中国人民政协商会议永州市委员会机关机构改革方案〉的通知》确定市政协机构设置为“一办六委”，增设了人口资源环境委员会，下设综合六科。市政协机关行政编制为36名。其中秘书长兼办公室主任1名，副秘书长2名，纪检员1名，6个专门委员会正副主任12名，正副科级领导职数13名。市级领导编制单列。离退休人员管理服务编制1名，属于行政性质，管理人员参照公务员管理。机关后勤服务人员编制维持现状（5名）。

2008年，永州市编委行文增加4名行政编制，原核定市政协机关的1名离退休人员管理服务编制予以核销。2011 年，永州市编委行文增加 1 名行政编制。2007 年，根据省编办和市编委行文同意增设正处级研究室机构，核定主任 1 名，副主任 1 名，内设综合科，核定科级领导职数 1 名。2009 年，市编办同意设立委员联络科，增加科级领导职数 1 名。2012 年市编办同意单独设立老干科，增加科级领导职数 1 名。2016 年，市编委同意市政协机关设置正科级机关党委专职副书记 1 名，增加 2 名副科级领导职数。

第一届市政协工作机构

(1996.4—2001.6)

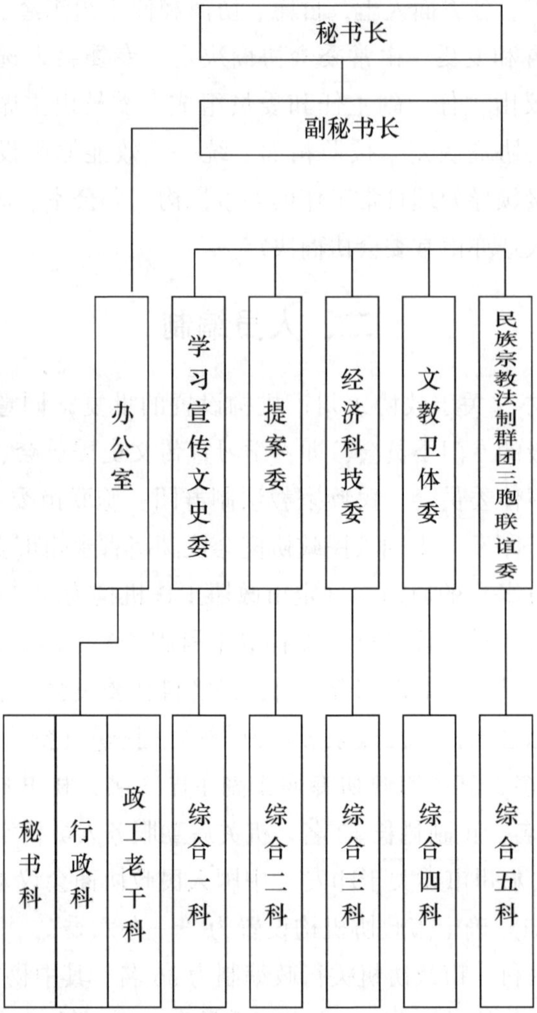

第二届市政协工作机构

（2001.6—2007.1）

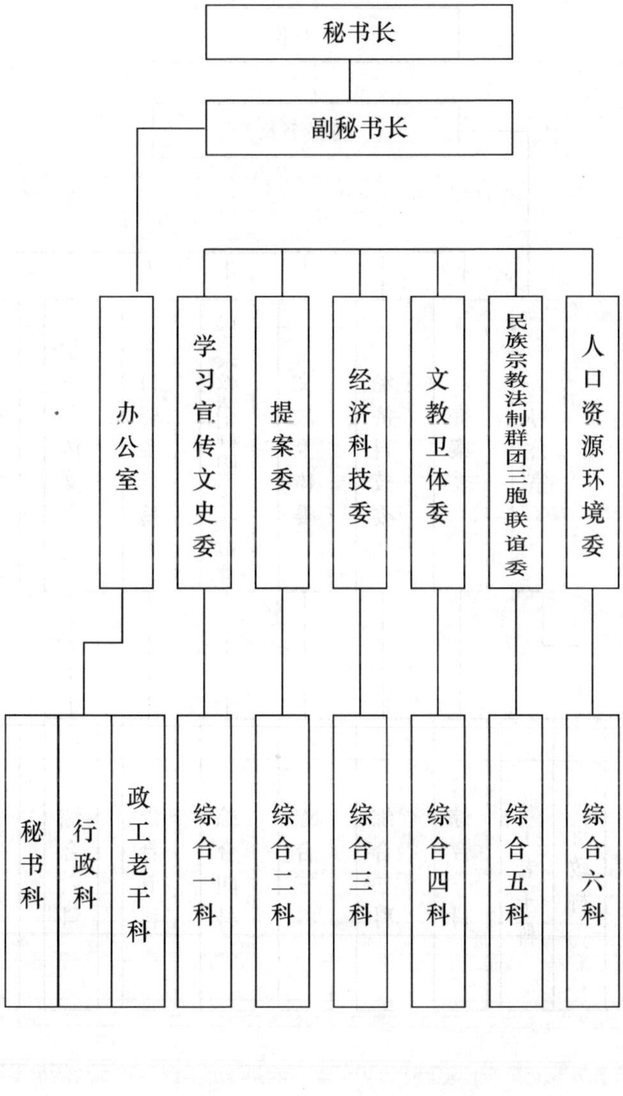

第三届市政协工作机构

（2007.1—2012.1）

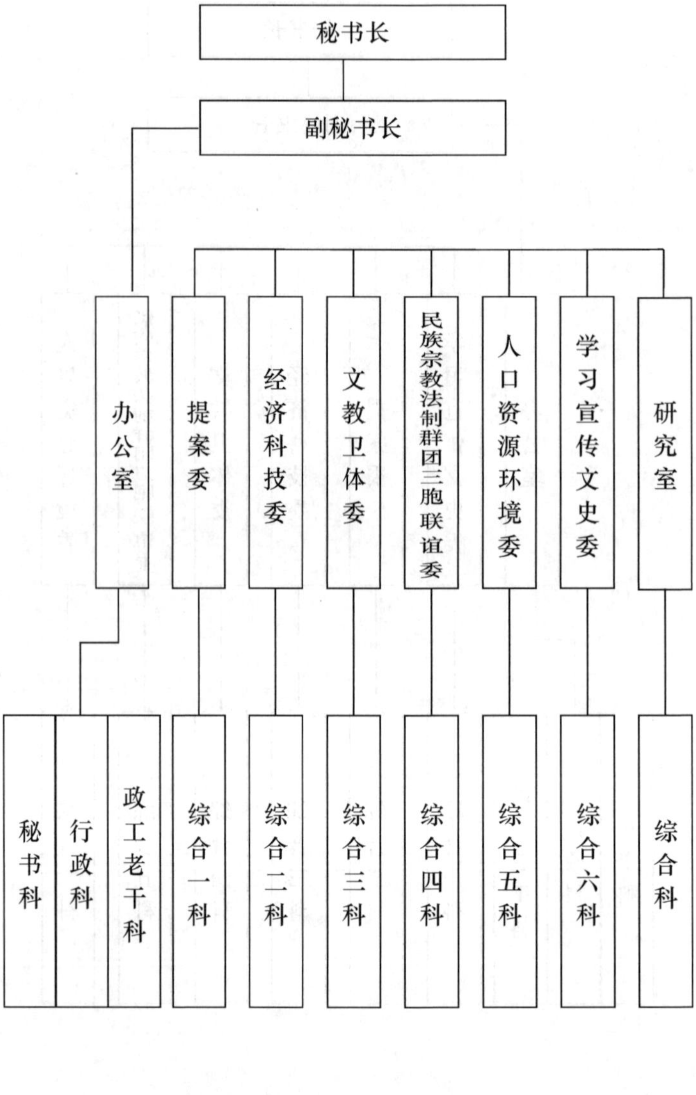

第四届市政协工作机构

（2012.1—2016.12）

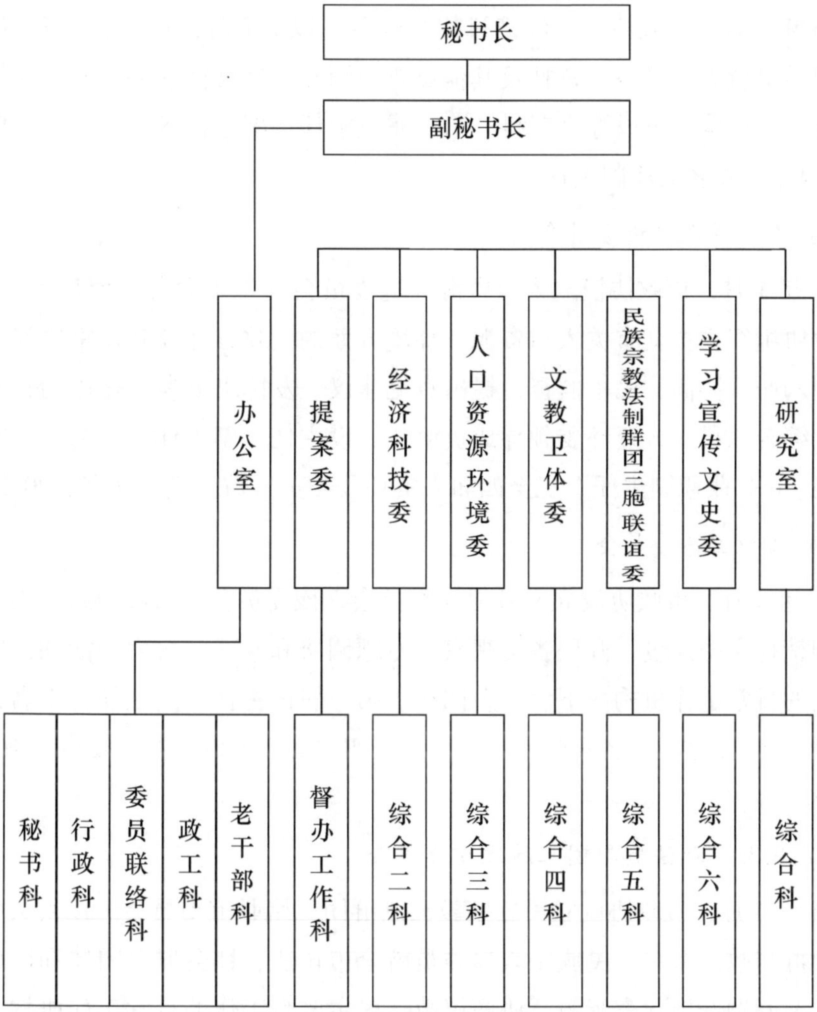

三、市政协专门委员会

（一）提案委员会

1996 年 4 月 21 日，经政协永州市第一届委员会常务委员会第一次会议协商决定，设立提案委员会（以下简称提案委）。每届政协第一次会议成立的提案审查委员会负责全会期间的提案征集、审查和立案工作，闭会后即作为提案委员会列入专门委员会序列，负责届内每次会议与日常提案的审查、督办工作。提案委员会下设综合二科，第三至四届提案委委员人数分别是 6 名、28 名委员。第一届设主任、副主任各 1 名，二至四届分别设 2 名、4 名、8 名兼职副主任。

（二）经济科技委员会

1996 年 4 月，市政协设立经济科技委员会（以下简称经科委）。该委员会是市政协组织委员就有关经济、科技及其他重要问题开展经常性活动，发挥决策咨询作用的日常工作机构。下设综合三科。第一届设主任、副主任各 1 名，二至四届分别设 3 名、4 名、6 名兼职副主任。

（三）人口资源环境委员会

2002 年 1 月，市政协设立人口资源环境委员会（以下简称人资环委）。该委员会是市政协组织委员就有关人口资源、环境方面的大政方针及其他重要问题开展视察、专题调研、协商、民主监督，提出意见建议、发挥决策参考作用的日常工作机构，下设综合六科。人资环委领导成员第二届设主任、副主任各 1 名，三至四届分别设 3 名、6 名兼职副主任。三至四届人资环委委员人数分别是 4 名、20 名。

（四）文教卫体委员会

1996 年 4 月，市政协设立文教卫体委员会。该委员会是市政协组织委员围绕社会事业和精神文明建设，开展各类视察、专题调研和座谈、协商等活动，发挥决策咨询作用的日常工作机构。下设综合四科。第一届设主任、副主任各 1 名，二至四届分别设 3 名、5 名、6 名兼职副主任。三至四届文教卫体委委员委员人数分别是 6 名、42 名。

（五）民族宗教法制群团三胞联谊委员会

1996 年 4 月，市政协设立民族宗教法制群团三胞联谊委员会。该委员会是市政协组织党群与政法系统、民族宗教界委员就全市司法、社会群众团体和民族宗教工作中的重要问题开展建言献策、协商议政、民主监督工作的日常工作机构。下设综合五科。第一届设主任、副主任各 1 名，二至四届分别设 5 名、6 名、9 名兼职副主任。三至四届民族宗教法制群团三胞联谊委委员人数分别是 9 名、36 名。

（六）学习宣传文史委员会

1996 年 4 月，市政协设立学习宣传文史委员会（以下简称学习文史委）。该委员会是市政协计划和组织文史资料征集、整理、出版，组织和推动委员进行政治理论、时事政策学习，并组织委员就有关精神文明建设方面重要问题开展调研视察、协商议政、开展监督等经常性活动的日常工作机构。下设综合一科。第一届设主任、副主任各 1 名，二至四届分别设 3 名、5 名、7 名兼职副主任。三至四届学习文史委委员人数分别是 5 名、17 名。

（七）市政协办事机构

1. 办公室

1996年4月，市政协一届一次常委会议设立市政协办公室。市政协办公室是在市政协常委会和主席会议领导下，为机关、领导和委员服务的综合办事机构，承担信息传递、决策辅助、综合协调、督促检查、运转保障的职能，承担着为政协履行政治协商、民主监督、参政议政职能提供秘书、服务、参谋、协调等各项工作。其主要职责是：负责市政协全体会议、常委会议、主席会议、主席办公室会议、秘书长会议、委员专题协商会议、专题座谈会和其他重要会议、活动的准备、组织和服务工作；加强同省政协、县区政协及市委办、人大办、政府办和各党派团体、市直各部门的联系与协作；负责机关建设与行政事务管理。市政协第一至二届设秘书科、政工科（加挂老干科牌子）和行政科。第二届增设纪检员。第三届增设委员联络科。第四届单独设立老干科，设立机关专职党委副书记一职（人员兼任）。办公室领导成员第一届设办公室正副主任各1名，第二至三届设办公室主任1名，副秘书长兼副主任1名，（第三届设副秘书长2名），副处级纪检员1名，机关党委书记、工会主席由相关领导兼任。

2. 研究室

研究室成立于2007年6月，为市政协组织开展综合研究和宣传工作的职能部门。主要职责是起草市政协重要会议文稿和调研材料，研究和宣传统一战线与人民政协理论、政策，负责收集与反映社情民意信息工作，负责政协宣传工作及机关相关信息化建设。下设综合科。研究室领导成员第三至四届设正副主任各1名。

第六节　其他机构

一、永州市港澳台侨文化交流促进会

1998年9月29日，经永州市民政局批复，永州市台港澳侨胞及亲友联谊会成立大会在市政协召开。大会选举产生名誉会长和会长各1名，副会长5名，理事28名，常务理事22名。市委副书记谢朝月任名誉会长、市政协主席欧学佳任会长。市政府副市长张维，市政协副主席沈泗海、沈根元（女）、喻美莲（女），零陵卷烟厂厂长、党委书记武俊瑶，南华大酒店董事长何谋云，市政协秘书长李少雄为副会长。市政协民族宗教法制群团三胞联谊委主任韦代瑛任秘书长。联谊会旨在加强永州市与海外人士及亲友的联谊工作力度，服务经济建设。

根据湖南省政协港澳台侨和外事委员会要求，经永州市民政局批复同意成立永州市港澳台侨文化交流促进会，旨在充分发挥中华传统文化优势，以文化为纽带，以联谊为桥梁，加强同港澳台侨胞的交流和沟通，增进友谊，促进在文化、教育与科技等方面的交流合作。该机构挂靠在市政协民族宗教法制群团三胞联谊委员会。2004 年 9 月 22 日，永州市港澳台侨文化交流促进会成立大会暨第一届理事会在市政协机关召开。市政协主席蒋桃生出席会议，市政协副主席、市委统战部部长徐肇玲讲话。会议由市政协秘书长盘玉花主持。会议通过《永州市港澳台侨文化交流促进会章程》和第一届理事会名誉会长、名誉副会长、会长、副会长及秘书长名单。市政协主席蒋桃生任名誉会长，市政协副主席徐肇玲、彭爱华任名誉副会长，市政协民族宗教法制群团三胞联谊委主任盘德能任会长，市政协秘书长盘玉花等 9 人任副会长，市政协副秘书长陈盛华任副会长兼秘书长。

2008 年 12 月 9 日，第二届永州市港澳台侨文化交流促进会换届，促进会设顾问 2 名、名誉会长 1 名、会长 1 名、副会长 6 名、常务理事 42 名。市政协主席陈金荣、副主席彭爱华为顾问，市政协副主席盘玉花任名誉会长。市政协民族宗教法制群团三胞联谊委主任盘德能任会长，何谋云、姚芳明、郭远军、黄健伟、周吉长、陈豪德任副会长。

二、永州市人民政协理论研究会

永州市人民政协理论研究会是在政协永州市委员会领导下，从事中国共产党领导的多党合作和政治协商制度、人民政协理论研究与宣传的市级学术团体。2010 年 1 月 13 日，永州市人民政协理论研究会第一次会员代表大会暨理论研讨会召开，市政协主席陈金荣出席会议并作讲话，会议通过《永州市人民政协理论研究会会章程》和第一届理事会会长、副会长、秘书长名单。市政协主席陈金荣为顾问，市委常委、市委宣传部部长董石桂任名誉会长，市政协副主席蒋政平、刘宏来、袁火林、彭爱华、盘玉花、廖秋文、余华生、何明玲、周秀英为名誉会长。市政协秘书长宋可福当选为会长，蒋南林、蒋三立、欧毅凯、唐柏荣、郑文飞、刘亚屏、周华民 7 人当选为副会长，秘书长由周华民兼任。永州市人民政协第一届理论研究会常务理事 35 人。

三、永州市文化产业研究会

2013 年，经永州市民政局批准成立永州市文化产业研究会。2013 年 12 月 13 日，永州市文化产业研究会成立大会在市政协召开，大会选举会长 1 名、副会长 8 名、秘书长 1 名、常务理事 33 名。市政协文教卫体委主任胡跃平当选为会长，张树明、谭显光、徐彦杰、吕绍双、曾巧玲、周海林、刘轩华、王明兴8人为副会长。永州市文化产业研究会是挂靠市政协文教卫体委员会的社团组织，旨在组织永州文化产业的学术研究和开发，开展文化产业调查研究，收集整理永州文化产业资料、信息，推动发展、壮大永州文化产业。

2013年，冷水滩区石塘村农民在村里新建的“农家书屋”阅览农科书籍

四、永州市诗词协会

永州诗词协会编辑出刊《永州诗词》66期，编辑出版《零陵历代诗选》《当代永州诗词选》《当代中华诗词集成·永州卷》

1985年春，由廖奇才、李青、毛寄颖、王建文、吴田民、刘飘然倡议，经零陵地委、行署负责人同意和地区民政局批准，1985年4月16日，在零陵地区文化局三楼会议室召开永州诗社成立大会。首批会员25人，选举李青（时任地区文联主席、著名编辑）为社长（1985年4月—1987年5月），汪竹柏（地区文联办公室主任）任秘书长（1985年4月—1990年5月）。廖奇才（零陵地区副专员）为第二任社长（1987年5月—1990年5月）。按照省里要求和外地市的做法，永州诗社从1990年5月起挂靠政协，归口文联管理，并选举零陵地区联工委副主任王建文为第三任社长（1990年5月—2002年8月），李少雄为秘书长（1990年5月—1998年12月）。2003年8月，选举张泽槐（时任永州市委副秘书长）为第四任社长（2003年8月起），黄春芳（时

任市政协文教卫体委主任）为常务副会长兼秘书长（1999 年 1 月起）。

2012 年 2 月 15 日，永州诗社经市民政局批准更名为永州诗词协会。永州诗社成立后，共出刊《永州诗词》66 期，编辑出版《零陵历代诗选》《当代永州诗词选》《当代中华诗词集成永州卷》。

第三章 会议

1996—2016年，政协永州市委员会共举行三种类型会议即全体委员会议、常务委员会议、政协主席会议。全委会议主要是选举政协主席、副主席、秘书长以及常委，并对政府工作报告提出协商、建议。第一届至第四届共召开全体委员会议21次。常务委员会议主要是讨论决定委员会及常委会工作中的重大问题，审议提交委员会全体会议的文件和重要的建议案、提案、视察、调查报告。第一届至第四届共召开常委会议87次。政协主席会议主要是处理常委会日常工作，受常务委员会委托，主持下一届第一次全体会议预备会议。第一届至第四届共召开政协主席会议205次。

第一节 全体委员会议

一、第一届委员会

第一次会议

1995年11月国务院下达关于撤销零陵地区建立地级永州市的批复，1996年2月29日，成立政协永州市第一届委员会筹备工作委员会，筹委会由地区政协工委、地委统战部的负责人和无党派知名人士等11人组成。经过充分酝酿、推荐提名、协商，政协永州市第一届委员会委员名额为305名，一届一次会议安排275名。1996年4月18—21日，政协永州市第一届委员会第一次会议召开。

该次会议的主要议程：选举政协永州市第一届委员会主席、副主席、秘书长和常务委员；协商永州市人大常委会主任、副主任候选人名单，市人民政府市长、副市长候选人名单，市中级人民法院院长、市人民检察院检察长候选人名单；听取政协永州市第一届委员会提案委员会关于政协永州市一届一次会议提案审查情况的报告；审议通过政协永州市第一届委员会第一次会议政治决议。

18日下午召开预备会议，会议由邓香花主持，会上欧学佳作市政协一届一次会议筹备工作报告。张中盛作关于政协永州市第一届委员会委员安排说明，协商通过市政协一届一次会议主席团成员、秘书长名单。预备会议结束后，举行大会主席团第一次会议，大会主席团成员和秘书长参加会议，会议由欧学佳主持，会上通过大会主席团常务主席名单、市政协一届一次会议议程、日程（草案）、大会执行主席名单、一届一次会议提案委员会成员建议名单、大会副秘书长、大会秘书处工作机构及负责人名单、一届一次会议分组办法及各组召集人名单。

19日上午，中国人民政治协商会议永州市第一届委员会第一次会议开幕，会议由张中盛主持，会上，欧学佳致开幕词，市委书记邹金鹫讲话，省政协领导和省委统战部领导在会上讲话。下午召开中共党员大会。晚上，举行大会主席团第二次会议，大会主席团成员、秘书长参加会议，会议由张中盛主持，听取关于市政协第一届委员会主席、副主席、秘书长、常务委员会候选人建议名单的说明和选举人名单（草案）；协商市政协一届一次会议选举办法（草案）。

20日上午委员分组讨论协商大会主席团第二次会议协商通过的事项。讨论结束后，举行大会主席团第三次会议，会议由沈泗海主持，会议听取小组协商意见，综合小组意见，确定市政协第一届委员会主席、副主席、秘书长、常务委员候选人名单；审议通过市政协一届一次会议政治决议、市政协一届一次会议关于提案审查情况的报告（草案）；20日下午，召开选举大会，会议由欧学佳主持，全体委员审议通过市政协一届一次会议选举办法，协商通过总监票人、监票人名单，经全体委员协商、选举，欧学佳当选为政协永州市第一届委员会主席，张中盛、邓香花、沈泗海、沈根元、朱光钧、朱复圣、何鼎兴、赵清茂、喻美莲当选为政协永州市第一届委员会副主席，李少雄为政协永州市第一届委员会秘书长

21日上午，谢铨、彭爱华、蒋政强12位委员作大会发言，并举行大会主席团第五次会议，会议由邓香花主持，会议协商市人大常委会主任、副主任候选人名单，市人民政府市长、副市长候选人名单，市中级人民法院院长、市人民检察院检察长候选人名单，全体委员对相关人事事项进行分组讨论。21日下午，举行大会主席团第六次会议，会议收集各组协商讨论的情况，并向市委反馈。21日下午政协永州市第一届第一次会议闭幕，会议听取该次会议提案审查情况报告，审议通过市政协一届一次会议政治决议。

会议结束后，举行挂牌仪式，零陵地区政协工委更名为政协永州市委员会。

第二次会议

1997年3月16—20日，政协永州市一届二次会议召开。大会的主要议程是：

听取和审议政协永州市第一届委员会常务委员会工作报告、政协永州市第一届委员会提案委员会关于提案工作报告，列席永州市第一届人民代表大会第二次会议，听取和协商永州市人民政府工作报告；听取和协商永州市 1996 年国民经济和社会发展计划执行情况及 1997 年国民经济和社会发展计划（草案）的报告；听取和协商永州市 1996 年财政预算执行情况和 1997 年财政预算（草案）的报告；协商永州市中级人民法院工作报告、永州市人民检察院工作报告；补选政协永州市第一届委员会常务委员；通过政协永州市第一届委员会第二次会议各项决议。

17 日上午，中国人民政治协商会议永州市第一届委员会第二次会议开幕。会议由欧学佳、朱光钧、喻美莲主持。受政协永州市第一届委员会常务委员会的委托，张中盛向大会作题为《认真履行职能　积极参政议政　为推进我市改革、发展、稳定作出新贡献》工作报告。邓宝林、唐建文、封金祥等 22 名委员作大会发言。当日下午，全体委员分组审议政协永州市第一届委员会常务委员会工作报告。

18 日上午，全体委员列席市一届人大二次会议。听取和协商永州市人民政府工作报告；听取和协商永州市 1996 年国民经济和社会发展计划执行情况及 1997 年国民经济和社会发展计划（草案）的报告；听取和协商永州市 1996 年财政预算执行情况和 1997 年财政预算（草案）的报告；协商永州市中级人民法院工作报告、永州市人民检察院工作报告；当日下午，召开第二次大会，会议听取政协永州市第一届委员会提案委员会关于市政协一届一次会议以来提案工作的情况报告。

19 日上午，委员分组协商市政府工作报告、计划、财政报告，协商补选常务委员候选人名单和总监票人、监票人名单及选举办法。当日上午召开临时主席会议，会议由邓香花主持，听取各组对补选常务委员候选人名单的意见。下午召开第三次会议，会议听取蒋善生关于补选政协永州市第一届委员会常务委员候选人情况说明，审议通过选举办法及总监票人、监票人名单，经全体委员选举，协商决定：同意韦代瑛、王莉君、李宣元、易军 4 名委员为政协永州市第一届委员会常务委员。

20 日上午，委员分组协商协商永州市市长候选人名单，协商永州市中级人民法院工作报告、永州市人民检察院工作报告；审议政协永州市第一届委员会常务委员会工作报告、政协永州市第一届委员会提案委员会关于市政协一届一次会议以来提案工作的情况报告。20 日下午，召开第四次大会。市委书记邹金鹭讲话，审议通过政协永州市第一届委员会第二次会议关于常务委员会工作报告的决议，政协永州市第一届委员会第二次会议政治决议。

第三次会议

1997 年 12 月 27 日—1998 年 1 月 1 日，政协永州市委员会第一届全体会议第三次会议召开。大会的主要议程是：听取和审议政协永州市第一届委员会常务委员会工作报告、政协永州市第一届委员会提案委员会关于提案工作报告，列席永州市第一届人民代表大会第三次会议，听取和协商永州市人民政府工作报告；听取和协商永州市 1997 年国民经济和社会发展计划执行情况及 1998 年国民经济和社会发展计划（草案）的报告；听取和协商永州市 1997 年财政预算执行情况和 1998 年财政预算（草案）的报告；协商永州市中级人民法院工作报告、永州市人民检察院工作报告；补选政协永州市第一届委员会常务委员；通过政协永州市第一届委员会第三次会议各项决议。

12 月 28 日上午，中国人民政治协商会议永州市第一届委员会第三次会议开幕。受政协永州市第一届委员会常务委员会的委托，张中盛向大会作题为《高举伟大旗帜　认真履行职能　努力为我市改革开放和“两个文明”建设作出新贡献》的工作报告。沈根元、唐政国、周建林等 24 名委员作大会发言。下午，全体委员分组审议政协永州市第一届委员会常务委员会工作报告。晚上，举行新委员座谈会。

12 月 29 日上午，全体委员列席市一届人大三次会议。听取和协商永州市人民政府工作报告；听取和协商永州市 1997 年国民经济和社会发展计划执行情况及 1998 年国民经济和社会发展计划（草案）的报告；听取和协商永州市 1997 年财政预算执行情况和 1998 年财政预算（草案）的报告；协商永州市中级人民法院工作报告、永州市人民检察院工作报告；当日下午，委员分组审议常委会工作报告和协商补选常务委员候选人名单，总监票人、监票人名单及选举办法。先后召开各组召集人会议，听取召集人对常委会工作报告的审议意见和补选常委的协商情况。

12 月 30 日上午举行第二次大会。会议听取副主席邓香花作政协永州市第一届委员会提案委员会关于一届二次会议以来提案工作情况的报告；听取蒋善生关于增补谭群英、段成雄、王天保、张新国等 15 名为政协永州市第一届委员会委员。当日下午，委员分组协商讨论政府工作报告、计划财政报告，审议提案工作报告和一届三次会议政治决议、常务委员会工作报告的决议。召开临时常委会议，听取各组召集人关于对政府工作报告和其他报告协商意见的汇报。

12 月 31 日上午委员分组协商讨论法院、检察院工作报告，举行县（区）政协主席座谈会。下午举行少数民族委员联谊活动、妇女委员联谊活动、三胞及其亲属座谈会、非公有制经济人士座谈会、文教卫体委员座谈会。

1998 年 1 月 1 日上午举行第三次大会，市委副书记谢朝月在会上讲话，市政协主席欧学佳致闭幕词。会议审议通过政协永州市第一届委员会第三次会议关于常务委员会工作报告的决议、政协永州市第一届委员会第三次会议政治决议。

第四次会议

1999年3月20—25日，政协永州市委员会第一届全体会议第四次会议召开。大会的主要议程是：听取和审议政协永州市第一届委员会常务委员会工作报告、政协永州市第一届委员会提案委员会关于一届三次会议以来提案工作报告，列席永州市第一届人民代表大会第四次会议，听取和协商永州市人民政府工作报告；听取和协商永州市1998年国民经济和社会发展计划执行情况及1999年国民经济和社会发展计划（草案）的报告；听取和协商永州市1998年财政预算执行情况和1999年财政预算（草案）的报告；协商永州市中级人民法院工作报告、永州市人民检察院工作报告；补选政协永州市第一届委员会副主席和常务委员；协商通过政协永州市第一届委员第四次会议各项决议。

21日上午，中国人民政治协商会议永州市第一届委员会第四次会议在永州会堂开幕。受政协永州市第一届委员会的委托，沈根元向大会作题为《认真总结经验 充分发挥政协优势 为加快永州经济发展和社会进步作出新贡献》工作报告，何鼎兴、何水平、刘春洪等22名委员作大会发言。21日下午委员分组讨论市政协一届委员会常委会工作报告，晚上举行委员座谈会。

3月22日上午，全体委员列席市一届人大四次会议，下午分组审议市政协一届委员会常委会工作报告、补选市政协副主席和常务委员候选人名单与总监票人、监票人名单及选举办法。讨论结束后，召开各组召集人会议，听取分组讨论协商情况汇报。

3月23日上午举行第二次会议，听取邓香花作政协永州市第一届委员会提案委员会关于一届三次会议以来提案工作情况的报告。下午委员分组讨论协商政府工作报告、计划、财政报告、“两院”工作报告、提案工作报告、政治决议、常务委员会工作报告的决议。

3月24日上午举行第三次会议，会议协商通过选举办法及总监票人、监票人名单，协商通过罗水生、蒋善生二人不再担任政协永州市第一届委员会委员，增补徐肇玲、唐建国、盘玉花等22人为政协永州市第一届委员会委员，同意张中盛辞去政协永州市第一届委员会副主席职务。经过全体委员选举，选举徐肇玲为政协永州市第一届委员会副主席，何谋云、陈逵、唐建国为政协永州市第一届委员会常务委员。会上还对优秀市政协委员进行表彰。下午召开临时常委会议，听取协商关于对政府工作报告和其他报告的意见。在召集人会议上，各组召集人对各组审议提案工作报告和其他三个决议情况进行汇报。

3月25日上午，政协永州市第一届第四次会议完成各项议程闭幕。中共永州市委书记邹金鹭在会上讲话，大会审议通过政协永州市第一届委员会第四次会议政治决议；审议通过政协永州市第一届委员会第四次会议关于常务委员会工作报告的决议。

第五次会议

2000 年 3 月 18—23 日，政协永州市委员会第一届全体会议第五次会议召开。大会的主要议程是：听取和审议政协永州市第一届委员会常务委员会工作报告、政协永州市第一届委员会提案委员会关于一届四次会议以来提案工作报告，列席永州市第一届人民代表大会第五次会议，听取和协商永州市人民政府工作报告；听取和协商永州市 1999 年国民经济和社会发展计划执行情况及 2000 年国民经济和社会发展计划（草案）的报告；听取和协商永州市 1999 年财政预算执行情况和 2000 年财政预算（草案）的报告；协商永州市中级人民法院工作报告、永州市人民检察院工作报告；协商市政府重要人事安排；协商市政协有关人事辞免和补选；通过政协永州市第一届委员会第五次会议各项决议。

19 日上午，中国人民政治协商会议永州市第一届委员会第五次会议在永州会堂开幕。受政协永州市第一届委员会的委托，沈根元向大会作题为《迈向新世纪　开创新局面　为加快永州经济发展和社会进步作出新贡献》工作报告。下午举行第二次大会，副主席邓香花作市政协一届四次会议以来的提案工作情况的报告。市委书记曾庆炎在大会上讲话。何鼎兴、徐肇玲、赵清茂、张建亮等 20 名委员作大会发言。20 日，委员分组进行讨论，审议政协永州市第一届委员会常务委员会工作报告、政协永州市第一届委员会常务委员会关于一届四次会议以来提案工作情况的报告。21 日上午，全体委员列席市一届人大五次会议，下午分组协商市人民政府工作报告、市计划工作报告、市财政工作报告、“两院”工作报告，协商市政协有关人事任免。讨论后，由邓香花主持召开各组召集人会议，听取各组协商市政协有关人事任免的意见。22 日上午，大会审议通过政协永州市第一届委员会第五次会议选举办法，协商通过政协永州市第一届委员会第五次会议总监票人、监票人名单。经政协永州市一届五次会议协商决定，同意李少雄辞去政协永州市第一届委员会秘书长职务，同意王焕鹏为政协永州市第一届委员会秘书长。选举大会结束后，委员分组讨论、协商“两院”工作报告、政协永州市一届五次会议政治决议、常务委员会工作报告的决议。下午，全体委员分组协商市政府重要人事安排。23 日下午政协永州市第一届第五次会议完成各项议程，在永州会堂闭幕。市委书记邹金鹭在会上讲话，大会审议通过政协永州市第一届委员会第五次会议政治决议；审议通过政协永州市第一届委员会第五次会议关于常务委员会工作报告的决议。

二、第二届委员会

第一次会议

2001 年 6 月 20—27 日，政协永州市委员会第二届全体会议第一次会议召开。会议主要议程：听取和审议政协永州市第一届委员会常务委员会工作报告；听取和审议政协永州市第一届委员会常务委员会关于提案工作情况的报告；列席永州市第二届人民代表大会第一次会议，听取并协商永州市人民政府工作报告以及其他报告；协商永州市国民经济和社会发展“十五”计划纲要（草案）；选举政协永州市第二届委员会主席、副主席、秘书长和常务委员；协商市人大常委会领导、市人民政府领导、市中级人民法院院长、市人民检察院检察长候选人名单；审议和通过政协永州市第二届委员会第一次会议政治决议、常委会工作报告决议和其他决议。

6 月 22 日下午，召开永州市第二届委员会第一次会议的预备会议，会议听取主席欧学佳作政协永州市第二届委员会第一次会议筹备工作情况报告；听取副主席徐肇玲作政协永州市第二届委员会委员安排情况的说明；审议通过市政协二届一次会议主席团成员、主席团会议主持人和秘书长名单。当日下午，召开主席团第一次会议，会议推选市政协二届一次会议主席团常务主席名单；审议通过市政协二届一次会议议程、日程（草案）；审议通过市政协二届一次会议各次全体会议执行主席名单；审议通过政协永州市二届一次会议提案审查委员会成员建议名单；审议通过市政协二届一次会议分组办法及各组召集人名单。预备会议第二阶段，协商通过大会主席团第一次会议通过的事项。

6 月 23 日上午，政协永州市第二届委员会第一次会议召开。开幕式由蒋桃生、周忠信、曹小华主持。副主席徐肇玲作政协永州市第一届委员会常务委员会工作报告；副主席邓香花作政协永州市第一届委员会常务委员会关于提案工作情况的报告，市委书记曾庆炎在会上讲话。何鼎兴、封金祥等 7 名委员作大会发言。23 日下午，委员分组进行讨论，审议政协永州市第一届委员会常务委员会工作报告、政协永州市第一届委员会常务委员会关于提案工作情况的报告；学习领会市委书记曾庆炎的讲话。

6 月 24 日上午，全体委员列席市二届人大一次会议。下午委员们分组协商市人民政府工作报告、市计划工作报告、市财政工作报告。讨论结束后，召开主席团第二次会议，听取各组对市人民政府工作报告、永州市“十五”计划纲要、市计划、财政报告的协商情况汇报。

6 月 25 日上午委员继续分组讨论政协永州市第一届委员会常务委员会工作报

告、提案工作情况汇报。讨论结束后，召开主席团第三次会议，听取各组讨论一届政协常委会的两个工作报告的汇报，协商通过政治决议、常委会工作报告决议、提案工作情况报告的决议；听取唐松成作关于市政协第二届委员会主席、副主席、秘书长、常务委员人选安排的说明；协商通过市政协第二届委员会主席、副主席、秘书长、常务委员候选人建议名单；协商通过政协永州市第二届委员会第一次会议选举办法（草案）；当日下午，委员分组讨论主席团第三次会议通过的相关事项。讨论结束，继续召开主席团第四次会议，会上听取各组讨论的情况汇报，确定市政协第二届委员会主席、副主席、秘书长、常务委员候选人建议名单，总监票人、监票人名单。

6月26日上午，召开选举大会，会上协商通过市政协二届一次会议选举办法、总监票人、监票人名单，选举蒋桃生为政协永州市第二届委员会主席，邓香花、徐肇玲、谢五龙、周忠信、曹小华、何鼎兴、袁火林、彭爱华、戴菊芳、杨雪生为副主席，盘玉花为秘书长，王昭武、王莉君、王培刚等58人为政协常委。下午举行委员联谊活动。

6月27日上午，委员分组讨论“两院”工作报告，协商通过市二届人大常委会主任、副主任，市政府市长、副市长，市中级人民法院院长、市人民检察院检察长候选人建议名单。讨论结束后，召开主席团第五次会议，听取各组协商讨论情况汇报。

6月27日下午，政协永州市第二届委员会第一次会议完成各项议程，在永州大会堂闭幕。大会审议通过政协永州市第二届委员会第一次会议政治决议（草案）；审议通过政协永州市第二届委员会第一次会议关于常务委员会工作报告的决议（草案）；审议通过政协永州市第二届委员会第一次会议关于市政协一届会议以来提案工作情况报告的决议；审议通过政协永州市第二届委员会提案委员会关于市政协二届一次会议提案审查情况的报告。

第二次会议

2002年3月23—27日，政协永州市第二届委员会第二次会议召开。大会的主要议程是：听取和审议政协永州市第二届委员会常务委员会工作报告、政协永州市第二届委员会提案委员会关于二届一次会议以来提案工作报告，列席永州市第二届人民代表大会第二次会议，听取和协商永州市人民政府工作报告；听取和协商永州市2001年国民经济和社会发展计划执行情况及2002年国民经济和社会发展计划（草案）的报告；听取和协商永州市2001年财政预算执行情况和2002年财政预算（草案）的报告；协商永州市中级人民法院工作报告、永州市人民检察院工作报告；

补选政协永州市第二届委员会常务委员；审议通过政协永州市第二届委员会第二次会议政治决议及其他各项决议；报告政协永州市第二届委员会提案委员会关于政协永州市二届二次会议的提案审查情况（书面）。

3月23日下午，召开全市政协提案工作会议。会议由邓香花主持，会上对优秀提案办理单位、办理个人、优秀提案进行表彰。24日上午，中国人民政治协商会议永州市第二届委员会第二次会议在永州会堂开幕。开幕式由蒋桃生、谢五龙、何鼎兴、戴菊芳主持。受政协永州市第二届委员会的委托，邓香花向大会作工作报告。曹小华作市政协二届一次会议以来的提案工作情况的报告。市委书记曾庆炎在大会上讲话。何鼎兴、杨雪生、廖毅等24名委员作大会发言。25日上午，委员分组进行讨论，审议政协永州市第二届委员会常务委员会工作报告、政协永州市第二届委员会常务委员会关于二届二次会议以来提案工作情况的报告。26日上午，全体委员列席市二届人大二次会议，下午分组协商市人民政府工作报告、市计划工作报告、市财政工作报告，“两院”工作报告以及协商补选常务委员会候选人名单。27日下午召开选举大会，大会审议通过政协永州市第二届委员会第二次会议选举办法，协商通过政协永州市第二届委员会第二次会议总监票人、监票人名单。选举刘岳泉、谷明光、欧日旭3名委员为政协永州市第二届委员会常务委员。27日下午，政协永州市第二届第二次会议完成各项议程，在永州会堂闭幕。会议由邓香花、周忠信、袁火林、杨雪生主持，大会审议通过政协永州市第二届委员会第二次会议政治决议；审议通过政协永州市第二届委员会第二次会议关于常务委员会工作报告的决议；审议通过政协永州市第二届委员会第二次会议关于市政协二届一次会议以来提案工作情况报告的决议；审议通过政协永州市第二届委员会提案委员会关于市政协二届二次会议提案审查情况的报告。

第三次会议

2003年1月1—6日，政协永州市第二届委员会第三次会议在冷水滩召开。大会的主要议程是：听取和审议政协永州市第二届委员会常务委员会工作报告、政协永州市第二届委员会提案委员会关于二届二次会议以来提案工作报告，列席永州市第二届人民代表大会第三次会议，听取和协商永州市人民政府工作报告；听取和协商永州市2002年国民经济和社会发展计划执行情况及2003年国民经济和社会发展计划（草案）的报告；听取和协商永州市2002年财政预算执行情况和2003年财政预算（草案）的报告；协商永州市中级人民法院工作报告、永州市人民检察院工作报告；审议通过政协永州市第二届委员会第三次会议各项决议；报告政协永州市第二届委员提案委员会关于政协永州市二届三次会议的提案审查情况。

1月2日上午，中国人民政治协商会议永州市第二届委员会第三次会议在永州会堂开幕。受政协永州市第二届委员会的委托，徐肇玲向大会作工作报告。中共永州市委书记曾庆炎在大会上讲话。曹小华作市政协二届二次会议以来的提案工作情况的报告。邓余平、赵文复等18名委员作大会发言。2月2日下午，委员分组进行讨论，审议政协永州市第二届委员会常务委员会工作报告、政协永州市第二届委员会常务委员会关于二届二次会议以来提案工作情况的报告。2月3日下午，全体委员协商市人民政府工作报告、市计划工作报告、市财政工作报告。2月4日上午，召开市政协工作表彰大会，表彰优秀市政协委员54人、先进政协活动小组6个、办理提案先进单位10个、办理提案先进个人15人、优秀提案16件。4日下午，委员分组协商讨论“两院”工作报告。2月5日上午，全体委员视察冷水滩区重点工程项目建设情况，5日下午，委员分组讨论协商“一府两院”工作报告和计划、财政工作报告，6日上午，政协永州市第二届第三次会议完成各项议程，在永州大会堂闭幕。会议由周忠信、徐肇玲、何鼎兴、彭爱华、杨雪生主持，大会审议通过政协永州市第二届委员会第三次会议政治决议；审议通过政协永州市第二届委员会第三次会议关于常务委员会工作报告的决议；审议通过政协永州市第二届委员会第三次会议关于市政协二届二次会议以来提案工作情况报告的决议；审议通过政协永州市第二届委员会提案委员会关于市政协二届三次会议提案审查情况的报告。

第四次会议

2004年2月1—6日，政协永州市第二届委员会第四次会议在永州会堂召开。会议的议程：听取和审议政协永州市第二届委员会常务委员会工作报告；听取和审议政协永州市第二届委员会常务委员会关于二届三次会议以来提案工作情况的报告；列席永州市第二届人民代表大会第四次会议，听取并协商政府工作报告及其他报告；协商通过有关人事任免事项；审议通过政协永州市第二届委员会第四次会议政治决议；审议通过政协永州市第二届委员会第四次会议关于常务委员会工作报告的决议；审议通过政协永州市第二届委员会第四次会议关于二届三次会议以来提案工作情况报告的决议；报告政协永州市第二届委员会提案委员会关于二届四次会议的提案审查情况。

2月3日上午，中国人民政治协商会议永州市第二届委员会第四次会议在永州会堂开幕。受政协永州市第二届委员会的委托，蒋桃生向大会作工作报告。中共永州市委书记曾庆炎在大会上讲话。曹小华作市政协二届三次会议以来的提案工作情况的报告。2月3日下午，委员分组进行讨论，审议政协永州市第二届委员会常务委员会工作报告；审议政协永州市第二届委员会常务委员会关于二届三次会议以来提案工作情况的报告。2月4日上午，列席永州市第二届人民代表大会第四次会议，下午全体委员协商市人民政府工作报告、市计划工作报告、市财政工作报告。2月5日上午，委员分组讨论协商“一府两院”工作报告和计划、财政工作报告，审议通过本次会议各项决议、协商人事任免事项和总监票人、监票人名单及选举办法等。2月6日上午，全体委员视察冷水滩区重点工程项目建设情况，6日下午，召开选举大会，大会审议通过政协永州市第二届委员会第四次会议选举办法，协商通过同意邓香花辞去市政协二届委员会副主席职务，张子瑜辞去政协永州市第二届委员会常务委员职务，撤销盘德力政协永州市第二届委员会常务委员职务，补选邓余平、欧阳树生、盘德能、段奇峰4名委员为政协永州市第二届委员会常务委员。下午，政协永州市第二届第四次会议完成各项议程，在永州大会堂闭幕。大会审议通过政协永州市第二届委员会第四次会议政治决议；审议通过政协永州市第二届委员会第四次会议关于常务委员会工作报告的决议；审议通过政协永州市第二届委员会第四次会议关于市政协二届三次会议以来提案工作情况报告的决议；审议通过政协永州市第二届委员会提案委员会关于市政协二届四次会议提案审查情况的报告。

第五次会议

2005年1月15—19日，政协永州市第二届委员会第五次会议在永州会堂召开。会议的议程：听取和审议政协永州市第二届委员会常务委员会工作报告；听取和审议政协永州市第二届委员会常务委员会关于二届四次会议以来提案工作情况的报告；列席永州市第二届人民代表大会第五次会议，听取并协商政府工作报告及其他报告；审议通过政协永州市第二届委员会第五次会议政治决议；审议通过政协永州市第二届委员会第五次会议关于常务委员会工作报告的决议；审议通过政协永州市第二届委员会第五次会议关于二届四次会议以来提案工作情况报告的决议；报告提案委员会关于二届五次会议的提案审查情况。

1月16日上午，中国人民政治协商会议永州市第二届委员会第五次会议在永州会堂开幕。受政协永州市第二届委员会的委托，蒋桃生向大会作工作报告。曹小华作市政协二届四次会议以来的提案工作情况报告。中共永州市委书记曾庆炎在大会上讲话。冯东旺、何春明等13名委员在会上作大会发言。

1月16日下午，委员分组进行讨论，审议政协永州市第二届委员会常务委员会工作报告；审议政协永州市第二届委员会常务委员会关于二届四次会议以来提案工作情况的报告。

1月17日上午，全体委员列席市二届人大五次会议，听取市人民政府工作报告、永州市2004年国民经济和社会发展计划执行情况与2005年国民经济和社会发展计划草案的报告、永州市2004年全市及市本级财政预算执行情况与2005年全市及市本级财政预算草案的报告。17日下午，委员分组协商市人民政府工作报告、市计划工作报告、市财政工作报告。1月18日上午，委员分组协商“一府两院”工作报告和计划、财政工作报告。18日下午，召开政协常委会议，听取各组对市人民政府工作报告、市政协常委会工作报告和其他报告以及各项决议协商讨论情况的综合汇报。1月19上午，全体委员视察冷水滩区重点工程项目建设情况；下午召开二届五次会议提案工作表彰大会，市委宣传部、市政府办等八个单位被评为办理委员提案先进单位，胡浩、齐小玉、黄大文等15名委员被评为先进个人，《关于提高永州市城区客运车辆质量的建议》《加大依法整顿交通力度，压缩事故，确保人民生命财产安全》等15件提案被评为优秀提案。

19日下午，政协永州市第二届委员会第五次会议闭幕，会议审议通过市政协二届五次会议政治决议；审议通过市政协二届五次会议关于常委会工作报告的决议；审议通过市政协二届五次会议关于提案工作情况报告的决议；报告政协永州市第二届委员会提案委员会关于二届五次会议的提案审查情况（书面）。

第六次会议

2006年2月8—12日，政协永州市第二届委员会第六次会议在永州会堂召开。会议议程：听取和审议政协永州市第二届委员会常务委员会工作报告；听取和审议政协永州市第二届委员会常务委员会关于市政协二届五次会议以来提案工作情况的报告；列席永州市第二届人民代表大会第六次会议，听取关于永州市国民经济和社会发展第十一个五年规划纲要的报告，协商讨论永州市国民经济和社会发展第十一个五年规划纲要及其他报告；补选政协永州市第二届委员会副主席；协商市人民政府市长，市中级人民法院院长、市人民检察院检察长候选人名单；审议通过政协永州市第二届委员会第六次会议政治决议；审议通过政协永州市第二届委员会第六次会议关于常务委员会工作报告的决议；审议通过政协永州市第二届委员会第六次会议关于市政协二届五次会议以来提案工作情况报告的决议；报告政协永州市第二届委员会提案委员会关于市政协二届六次会议提案审查情况（书面）。

2月8日上午，政协政永州市第二届委员会第六次会议在永州会堂开幕。受政协永州市第二届委员会的委托，蒋桃生向大会作工作报告。曹小华作市政协二届五次会议以来的提案工作情况报告。下午，委员分组进行讨论，审议政协永州市第二届委员会常务委员会工作报告、政协永州市第二届委员会常务委员会关于二届五次会议以来提案工作情况的报告。

2月9日，全体委员列席市二届人大六次会议，听取关于永州市国民经济和社会发展第十一个五年规划纲要的报告，协商讨论永州市国民经济和社会发展第十一个五年规划纲要；2 月 10 日，协商“十一五”规划纲要草案和计划、预算报告，市中级人民法院和市人民检察院工作报告；2 月 12 日上午，召开政协永州市二届六次会议选举大会，大会审议通过政协永州市二届六次会议关于补选副主席的选举办法。经全体委员选举，张爱国当选为政协永州市第二届委员会副主席。

三、第三届委员会

第一次会议

2007 年 1 月 18—23 日，政协政永州市第三届委员会第一次会议在冷水滩召开。会议主要议程：听取和审议政协永州市第二届委员会常务委员会工作报告；听取和审议政协永州市第二届委员会常务委员会关于提案工作情况的报告；列席永州市第三届人民代表大会第一次会议，听取并讨论永州市人民政府工作报告以及其他报告；选举政协永州市第三届委员会主席、副主席、秘书长和常务委员；协商市人大常委会、市人民政府领导，市中级人民法院院长、市人民检察院检察长候选人名单；审议和通过政协永州市第三届委员会第一次会议政治决议和其他决议。

18 日下午，召开永州市第三届委员会第一次会议的预备会议，会议听取政协永州市第三届委员会第一次会议筹备工作情况报告；听取政协永州市第三届委员会委员安排情况的说明；审议通过市政协三届一次会议主席团成员、主席团会议主持人和秘书长名单。当日下午，召开主席团第一次会议，会议审议通过市政协三届一次会议主席团常务主席名单和常务主席会议主持人名单；审议通过市政协三届一次会议议程、日程（草案）；审议通过市政协三届一次会议各次全体会议执行主席和主持人名单；审议通过政协永州市三届一次会议提案审查委员会成员建议名单；审议通过市政协三届一次会议副秘书长、市政协三届一次会议秘书处工作机构及负责人名单；审议通过市政协三届一次会议分组办法及各组召集人名单。

1 月 19 日政协永州市第三届委员会第一次会议召开。会上蒋桃生作政协永州市第二届委员会常务委员会工作报告；曹小华作政协永州市第二届委员会常务委员会关于提案工作情况的报告，中共永州市委书记曾庆炎在会上讲话。黄丽晃、唐翔、田洁、邓余平、杨金砖 5 名委员作大会发言。19 日下午，委员分组进行讨论，审议政协永州市第二届委员会常务委员会工作报告；审议政协永州市第二届委员会常务委员会关于提案工作情况的报告；讨论领会市委书记曾庆炎的讲话。1 月 20 日上午，列席人大三届一次会议听取《政府工作报告》，下午委员们分组协商市人民政府工作报告；协商市计划工作报告；协商市财政工作报告。1 月 21 日，委员分组审议政协永州市第二届委员会常务委员会工作报告、政协永州市第二届委员会常务委员会关于提案工作情况的报告，协商通过政协永州市第三届委员会第一次会议选举办法（草案）；审议通过政协永州市第三届委员会第一次会议政治决议（草案）；审议通过政协永州市第三届委员会第一次会议关于常务委员会工作报告的决议（草案）；审议通过政协永州市第三届委员会关于市政协三届一次会议以来提案工作情况报告的决议（草案）。1月22日上午，召开选举大会，审议通过政协永州市三届一次会议选举办法；选举陈金荣为政协永州市第三届委员会主席，蒋政平、曹小华、袁火林、彭爱华、刘宏来、盘玉花、廖秋文、余华生、何明伶、周秀英为副主席，秘书长由廖秋文兼任，田洁、龙石佑、吕斌等63人为政协常委。1月23日上午，政协永州市第三届第一次会议完成各项议程，在永州大会堂闭幕。大会审议通过政协永州市第三届委员会第一次会议政治决议；审议通过政协永州市第三届委员会第一次会议关于常务委员会工作报告的决议；审议通过政协永州市第三届委员会第一次会议关于市政协二届会议以来提案工作情况报告的决议；审议通过政协永州市第三届委员会提案委员会关于市政协三届一次会议提案审查情况的报告。

第二次会议

2007年1月22日，市政协三届一次会议选举大会现场

2007年12月28日—2008年1月1日，政协永州市第三届委员会第二次会议在冷水滩召开。会议的主要议程：听取和审议政协永州市第三届委员会常务委员会工作报告；听取和审议政协永州市第三届委员会常务委员会关于三届一次会议以来提案工作情况的报告；列席永州市第三届人民代表大会第二次会议，听取和协商政府工作报告及其他报告；协商通过有关人事事项；审议通过政协永州市第三届委员会第二次会议政治决议；审议通过政协永州市第三届委员会第二次会议关于常务委员会工作报告的决议；审议通过政协永州市第三届委员会第二次会议关于市政协三届一次会议以来提案工作情况报告的决议；审议通过政协永州市第三届委员会提案委员会关于市政协三届二次会议提案审查情况的报告。

12月28日上午，政协永州市第三届委员会第二次会议召开。受政协永州市第三届委员会的委托，陈金荣向大会作工作报告。市政协副主席蒋政平向大会报告三届一次会议以来的提案工作情况。中共永州市委书记曾庆炎在大会上讲话。蒋刚生、刘轩华、杨金砖、彭松青、王再兴5名委员作大会发言。28日下午，政协委员对两个工作报告进行审议讨论，并认真学习领会市委曾庆炎书记的讲话精神。12月30日上午委员分组讨论，协商政府工作报告和计划、预算报告；协商人事事项；协商政协永州市第三届委员会第二次会议选举办法（草案）；审议政协永州市第三届委员会第二次会议政治决议（草案）；审议政协永州市第三届委员会第二次会议关于常务委员会工作报告的决议（草案）；审议政协永州市第三届委员会关于市政协三届一次会议以来提案工作情况报告的决议（草案）。2008年1月1日上午，大会审议通过政协永州市第三届委员会第二次会议选举办法（草案）；协商通过魏湘江辞去政协永州市第三届委员会常务委员职务，同意增补唐运军为政协永州市第三届委员会常务委员。1月1日上午，政协永州市第三届第一次会议完成各项议程，在永州大会堂闭幕。大会审议通过政协永州市第三届委员会第二次会议政治决议；审议通过政协永州市第三届委员会第二次会议关于常务委员会工作报告的决议；审议通过政协永州市第三届委员会第二次会议关于市政协三届一次会议以来提案工作情况报告的决议；审议通过政协永州市第三届委员会提案委员会关于市政协三届二次会议提案审查情况的报告。

第三次会议

2009年1月4—8日，政协永州市第三届委员会第三次全体会议在冷水滩召开。会议的主要议程：听取和审议政协永州市第三届委员会常务委员会工作报告；听取和审议政协永州市第三届委员会常务委员会关于政协三届二次会议以来提案工作情况的报告；列席永州市第三届人民代表大会第三次会议，听取并协商政府工作报告，协商计划、财政、市中级人民法院和市人民检察院的报告；协商通过有关人事事项；审议通过政协永州市第三届委员会第三次会议政治决议；审议通过政协永州市第三届委员会第三次会议关于常务委员会工作报告的决议；审议通过政协永州市第三届委员会第三次会议关于政协永州市三届二次会议以来提案工作情况报告的决议；审议通过政协永州市第三届委员会提案委员会关于政协三届三次会议提案审查情况的报告。

1月4日上午，中国人民政治协商会议永州市第三届委员会第三次会议在永州会堂开幕。受政协永州市第三届委员会的委托，陈金荣向大会作工作报告。中共永州市委书记黄天锡在大会上发表讲话。刘宏来作市政协三届二次会议以来的提案工作情况的报告。廖信安、胡昕若等7名委员作大会发言，其他10名委员作书面发言。

1月8日上午，市政协三届三次会议举行选举大会。大会审议通过政协永州市第三届委员会第三次会议选举办法（草案），经全体委员会议选举，宋可福当选为三届市政协秘书长。8日上午，政协永州市第三届第三次会议完成各项议程，在永州大会堂闭幕。大会审议通过政协永州市第三届委员会第三次会议政治决议；审议通过政协永州市第三届委员会第三次会议关于常务委员会工作报告的决议；审议通过政协永州市第三届委员会第三次会议关于市政协三届二次会议以来提案工作情况报告的决议；审议通过政协永州市第三届委员会提案委员会关于市政协三届三次会议提案审查情况的报告。

第四次会议

2010年1月13—17日，市政协三届四次会议在冷水滩召开。会议的主要议程：听取和审议政协永州市第三届委员会常务委员会工作报告；听取和审议政协永州市第三届委员会常务委员会关于三届三次会议以来提案工作情况的报告；列席永州市第三届人民代表大会第四次会议，听取并协商政府工作报告，协商计划、财政、市中级人民法院和市人民检察院工作报告；审议通过政协永州市第三届委员会第四次会议政治决议；审议通过政协永州市第三届委员会第四次会议关于常务委员会工作报告的决议；审议通过政协永州市第三届委员会第四次会议关于三届三次会议以来提案工作情况报告的决议；审议通过政协永州市第三届委员会提案委员会关于政协永州市第三届委员会第四次会议提案审查情况的报告。

1月14日上午，政协永州市第三届委员会第四次会议在永州会堂开幕。受政协永州市第三届委员会的委托，陈金荣向大会作工作报告。中共永州市委书记黄天锡在大会上讲话。市政协副主席彭爱华作市政协三届三次会议以来的提案工作情况的报告。唐柏荣、李亚峰、郭远军、唐玉龙、唐继炳、邓国文6名委员在会上建言献策。11名委员作书面发言。下午，市政协委员学习讨论市委书记黄天锡的讲话、市政协常委会工作报告和提案工作情况报告。

1月15日下午，委员们联组讨论政府工作报告。17日，市政协三届四次会议闭幕。会议审议通过政协永州市第三届委员会第四次会议政治决议；审议通过政协永州市第三届委员会第四次会议关于常务委员会工作报告的决议；审议通过政协永州市第三届委员会第四次会议关于政协三届三次会议以来提案工作情况报告的决议；审议通过政协永州市第三届委员会提案委员会关于政协三届四次会议提案审查情况的报告。

第五次会议

2011年1月9—13日，政协永州市第三届委员会第五次会议在冷水滩召开。本会议的议程：听取和审议政协永州市第三届委员会常务委员会工作报告；听取和审议政协永州市第三届委员会常务委员会关于政协三届四次会议以来提案工作情况的报告；列席永州市第三届人民代表大会第三次会议，听取并协商政府工作报告，协商计划、财政、市中级人民法院和市人民检察院的报告；协商通过有关人事事项；审议通过政协永州市第三届委员会第五次会议政治决议；审议通过政协永州市第三届委员会第五次会议关于常务委员会工作报告的决议；审议通过政协永州市第三届委员会第五次会议关于政协永州市三届四次会议以来提案工作情况报告的决议；审议通过政协永州市第三届委员会提案委员会关于政协三届四次会议提案审查情况的报告。

1月10日上午，政协永州市第三届委员会第五次会议在永州会堂开幕。受政协永州市第三届委员会的委托，陈金荣向大会作工作报告。中共永州市委书记黄天锡在大会上讲话。市政协副主席彭爱华作市政协三届四次会议以来的提案工作情况的报告。姚如男、张淑芳、邓小英、莫顺斌、周建晶5名委员围绕全市“十二五”发展大计做大会发言。

1月11日下午，市委书记黄天锡出席政协三届五次会议的民盟、教育、工商联、侨联界讨论，与委员们一起协商《政府工作报告》。

1月12日，参加市政协三届五次会议的政协委员继续分组讨论黄天锡书记讲话精神；审议市政协工作报告、提案工作报告；协商讨论市中级人民法院、市人民检察院工作报告；协商人事事项；审议选举办法等。

1月13日，举行选举大会，大会审议通过政协永州市第三届委员会第五次会议选举办法（草案）、经全体委员举手表决，朱江玉、胡跃平、龚碧舟3人当选为政协永州市第三届委员会常务委员。

市政协三届五次会议于1月13日闭幕。大会通过政协永州市第三届委员会第五次会议政治决议；通过政协永州市第三届委员会第五次会议关于常务委员会工作报告的决议；通过政协永州市第三届委员会第五次会议关于三届四次会议以来提案工作情况报告的决议；通过政协永州市第三届委员会提案委员会关于三届五次会议提案审查情况的报告。

四、第四届委员会

第一次会议

2012 年 1 月 2—6 日，政协永州市第四届委员会第一次会议在冷水滩召开。

1 月 2 日下午，政协永州市四届一次会议召开主席团第一次会议。会议由唐定主持。刘湘凌在会上作主席团常务主席候选人建议名单说明。会议推选产生政协永州市四届一次会议主席团常务主席；通过政协永州市四届一次会议日程（草案）；通过政协永州市四届一次会议各次大会执行主席名单（草案）；决定政协永州市四届一次会议副秘书长、秘书处工作机构及负责人名单（草案）；通过政协永州市四届一次会议分组办法及各组召集人名单（草案）。

1 月 2 日下午，召开 2011 年度先进表彰大会，对 14 件优秀提案、20 篇优秀调研报告、6 篇优秀大会发言、11 篇优秀理论文章进行表彰。

1 月 3 日上午，政协永州市第四届委员会第一次会议在永州会堂开幕。受政协永州市第四届委员会的委托，陈金荣向大会作工作报告。中共永州市委书记张硕辅在大会上讲话。大会听取市政协副主席彭爱华作三届市政协常委会提案工作报告。会上，蒋南林、秦新国、延藏、姚如男 4 名委员围绕全市未来五年发展大计作大会发言。

1 月 4 日下午，政协永州市四届一次会议召开主席团第二次会议。会议听取市委常委、组织部部长、统战部部长刘湘凌作的关于四届市政协主席、副主席、秘书长和常务委员候选人建议名单的说明；协商通过市政协永州市四届一次会议选举办法（草案）；报告大会秘书长指定的总计票人、计票人名单。

1 月 5 日下午，政协永州市四届一次会议召开主席团第三次会议。市委常委、常务副市长周德睿代表市委、市政府到会听取各组委员对政府工作报告和其他报告协商讨论情况的综合汇报。市委常委、组织部部长、统战部部长刘湘凌会上作关于市四届人大常委会主任、副主任，市人民政府市长、副市长，市中级人民法院院长和市人民检察院检察长候选人建议名单的说明；听取各组协商四届市政协主席、副主席、秘书长和常务委员候选人情况的汇报；通过市政协四届一次会议政治决议（草案）；通过市政协四届一次会议关于三届市政协常委会工作报告的决议（草案）；通过市政协四届一次会议关于三届市政协提案工作情况报告的决议（草案）。

1 月 6 日下午，市政协四届一次会议举行第二次大会，选举政协永州市第四届委员会主席、副主席、秘书长和常务委员。大会通过市政协四届一次会议选举办法；选举产生政协永州市第四届委员会主席、副主席、秘书长和常务委员：唐定当选为政协永州市第四届委员会主席，廖秋文、彭爱华、何明伶、周秀英、张建亮、唐运军、封金祥、吕斌、田洁当选为副主席，宋可福当选为秘书长。万萍、邓白梅等64名委员当选为四届市政协常务委员。下午，在永州会堂闭幕。大会通过政协永州市四届一次会议政治决议；通过政协永州市四届一次会议关于三届五次会议市政协常委会工作报告的决议；通过政协永州市四届一次会议关于三届市政协提案工作情况报告的决议；通过政协永州市四届一次会议提案审查委员会关于四届一次会议提案审查情况的报告。

第二次会议

2012年12月25—29日，政协永州市四届二次会议在冷水滩召开。会议主要议程：听取和审议政协永州市第四届委员会常务委员会工作报告；听取和审议政协永州市第四届委员会常务委员会关于市政协四届一次会议以来提案工作情况的报告；列席永州市第四届人民代表大会第二次会议，听取并协商永州市人民政府工作报告及计划、财政、市中级人民法院和市人民检察院的报告；审议通过政协永州市第四届委员会第二次会议政治决议；审议通过政协永州市第四届委员会第二次会议关于常务委员会工作报告的决议；审议通过市政协四届一次会议以来提案工作情况报告的决议；审议通过关于市政协四届二次会议提案审查情况的报告。

12月26日上午，政协永州市第四届委员会第二次会议在永州会堂开幕。受政协永州市第四届委员会的委托，唐定向大会作工作报告。中共永州市委书记张硕辅在开幕大会上讲话。市政协副主席唐运军作关于政协四届一次会议以来提案工作情况的报告。市政协副主席何明玲在会上宣读表彰决定，表彰市政协四届一次会议以来委员优秀提案、优秀调研报告、优秀大会发言、优秀理论文章、社情民意信息优稿和“政协好新闻”。市政协副主席彭爱华向大会报告《市政协四届一次会议委员大会发言意见建议办理落实情况》。

市委常委、常务副市长周德睿在大会上作《市政协四届一次会议委员大会发言意见建议督办落实情况》的说明。黄玉芳、刘勇、陈军、陈彦等6名委员作大会发言。

12月28日上午，市委书记张硕辅出席政协永州市四届二次会议的民盟界、教育界、民主促进界、工商联界、新闻出版界联组讨论组，与政协委员们一起协商《政府工作报告》。市领导唐定、朱映红、舒平，市政协秘书长宋可福参加讨论。

12月28日上午，市委副书记、市长魏旋君出席政协永州市四届二次会议的经济界、民革界、少数民族界、侨联界联组协商，与委员们一起协商《政府工作报告》。市领导蒋善生、廖秋文、唐运军等一同参加讨论。政协委员们在会上畅所欲

2016年9月9日，市政协召开四届五次全会大会发言督查座谈会

言，围绕争取项目、发展现代工业、做强旅游产业、创优发展环境、加大信贷投入等提出许多意见和建议。

12月29日上午，在完成各项议程后，政协永州市第四届委员会第二次会议在永州会堂闭幕。大会通过政协永州市第四届委员会第二次会议政治决议；通过政协永州市第四届委员会第二次会议关于常务委员会工作报告的决议；通过政协永州市第四届委员会第二次会议关于政协四届一次会议以来提案工作情况报告的决议；通过政协永州市第四届委员会提案委员会关于政协四届二次会议提案审查情况的报告。

第三次会议

2014年1月10—14日，政协永州市第四届委员会第三次会议在冷水滩召开。会议主要议程：听取和审议政协永州市第四届委员会常务委员会工作报告；听取和审议政协永州市第四届委员会常务委员会关于四届二次会议以来提案工作情况的报告；听取和审议市政府关于市政协四届二次会议委员大会发言意见建议督办情况的说明；听取和审议市政协关于四届二次会议委员大会发言意见建议办理落实情况的报告；列席永州市第四届人民代表大会第四次会议，听取和协商政府工作报告；协商计划、财政报告和市中级人民法院、市人民检察院工作报告；协商通过有关人事事项；审议通过政协永州市第四届委员会第三次会议政治决议；审议通过政协永州市第四届委员会第三次会议关于常务委员会工作报告的决议；审议通过政协永州市第四届委员会第三次会议关于四届二次会议以来提案工作情况报告的决议；审议通过政协永州市第四届委员会提案委员会关于政协永州市第四届委员会第三次会议提案审查情况的报告

1月11日上午，政协永州市第四届委员会第三次会议在永州会堂开幕。受政协永州市第四届委员会的委托，唐定向大会作工作报告。中共永州市委书记陈文浩在开幕大会上讲话。大会还听取市政协副主席唐运军所作的关于政协四届二次会议以来提案工作情况的报告。市委常委、常务副市长易佳良在大会上作《市政协四届二次会议委员大会发言意见建议督办落实情况》的说明。市政协副主席彭爱华向大会报告《市政协四届二次会议委员大会发言意见建议办理落实情况》。市政协副主席何明玲在会上宣读表彰决定，表彰市政协四届二次会议以来优秀政协委员、优秀提案、优秀调研报告、优秀大会发言、优秀理论文章、社情民意信息优稿和“政协好新闻”。袁凤、陈凯、唐柏荣、伍重武、唐美凤、李家登、陈莉、胡建辉8名委员作大会发言。

1月14日上午，政协永州市第四届委员会第三次会议举行选举大会。会议通过政协永州市第四届委员会第三次会议选举办法，补选政协永州市第四届委员会常务委员。经全体委员会议选举，付德定、李旦梅（女）当选为第四届市政协常务委员。

1月14日上午，大会通过政协永州市第四届委员会第三次会议政治决议；通过政协永州市第四届委员会第三次会议关于常务委员会工作报告的决议；通过政协永州市第四届委员会第三次会议关于政协四届二次会议以来提案工作情况报告的决议；通过政协永州市第四届委员会提案委员会关于政协四届三次会议提案审查情况的报告。在完成各项议程后，中国人民政治协商会议永州市第四届委员会第三次会议闭幕。

第四次会议

2015年1月19—23日，政协永州市第四届委员会第四次会议在冷水滩召开。会议主要议程：听取和审议政协永州市第四届委员会常务委员会工作报告；听取和审议政协永州市第四届委员会常务委员会关于四届三次会议以来提案工作情况的报告；听取和审议市政府关于市政协四届四次会议委员大会发言意见建议督办情况的说明；听取和审议市政协关于四届三次会议委员大会发言意见建议办理落实情况的报告；列席永州市第四届人民代表大会第四次会议，听取和协商政府工作报告；协商计划、财政报告和市中级人民法院、市人民检察院工作报告；协商通过有关人事事项；审议通过政协永州市第四届委员会第三次会议政治决议；审议通过政协永州市第四届委员会第四次会议关于常务委员会工作报告的决议；审议通过政协永州市第四届委员会第四次会议关于四届三次会议以来提案工作情况报告的决议；审议通过政协永州市第四届委员会提案委员会关于政协永州市第四届委员会第四次会议提案审查情况的报告。

1月20日上午，政协永州市第四届委员会第四次会议在永州会堂开幕。受政协永州市第四届委员会常务委员会的委托，唐定向大会作工作报告。中共永州市委书记陈文浩在会上讲话。市政协副主席唐运军作关于政协四届三次会议以来提案工作情况的报告，市委常委、常务副市长易佳良作市政协四届三次会议委员大会发言意见建议督办落实情况的说明，市政协副主席彭爱华作市政协四届三次会议委员大会发言意见建议办理落实情况的报告，市政协副主席何明玲宣读优秀政协委员、优秀提案、优秀调研报告、优秀大会发言等表彰决定。会上，唐柏荣、郑银芳、胡忠林8名委员作大会发言。23日上午，会议在永州会堂闭幕。大会审议通过政协永州市第四届委员会第四次会议政治决议；审议通过政协永州市第四届委员会第四次会议关于常务委员会工作报告的决议；审议通过政协永州市第四届委员会第四次会议关于政协四届三次会议以来提案工作情况报告的决议；审议通过政协永州市第四届委员会提案委员会关于政协四届四次会议提案审查情况的报告。

第五次会议

2016年1月11—14日，政协永州市第四届委员会第五次会议在冷水滩召开。会议主要议程：听取和审议政协永州市第四届委员会常务委员会工作报告；听取和审议政协永州市第四届委员会常务委员会关于四届四次会议以来提案工作情况的报告；听取和审议市政府关于市政协四届四次会议委员大会发言意见建议督办情况的说明；听取和审议市政协关于四届四次会议委员大会发言意见建议办理落实情况的报告；列席永州市第四届人民代表大会第五次会议，听取和协商政府工作报告；协商计划、财政报告和市中级人民法院、市人民检察院工作报告；协商通过有关人事事项；审议通过政协永州市第四届委员会第五次会议政治决议；审议通过政协永州市第四届委员会第五次会议关于常务委员会工作报告的决议；审议通过政协永州市第四届委员会第五次会议关于四届四次会议以来提案工作情况报告的决议；审议通过政协永州市第四届委员会提案委员会关于政协永州市第四届委员会第五次会议提案审查情况的报告。

11日上午，政协永州市第四届委员会第五次会议在永州会堂开幕。受政协永州市第四届委员会常务委员会的委托，唐定向大会作工作报告。中共永州市委书记陈文浩在会上讲话。市政协副主席唐运军作政协永州市第四届委员会常务委员会关于市政协四届四次会议以来提案工作情况的报告；市政协副主席彭爱华作市政协四届四次会议委员大会发言意见建议办理落实情况的点评报告。会上，刘翼平、唐美凤、欧阳德群、文红艳等6名委员作大会发言。会议表彰市优秀政协委员、优秀提案、优秀调研报告、优秀大会发言、优秀理论文章、社情民意信息优稿和“政协好新闻”。1月12日，出席市政协四届五次会议的政协委员分组讨论、协商《政府工作报告》。大家围绕中心城市建设、电商发展、农业科技创新等展开了热烈讨论。委员们一致认为，《政府工作报告》总结2015年的成绩全面客观，成就令人鼓舞。谋划2016年工作思路清晰、重点明确。讨论中，委员们还建议推进城市公交发展、加强电商与农业的融合发展，认真打造湘江两岸城市风光，强化环境污染治理，让永州的山更美、水更清、环境更好。

1月14日上午，政协永州市第四届委员会第五次会议举行选举大会。大会审议通过政协永州市第四届委员会第五次会议选举办法；审议通过总监票人、监票人名单；大会补选魏湘江为政协永州市第四届委员会副主席，补选刘翼平、裴春雷为政协永州市第四届委员会常务委员。

1月14日上午，政协永州市第四届委员会第五次会议在完成各项议程后，在永州会堂闭幕。大会审议通过《政协永州市第四届委员会第五次会议政治决议》；审议通过《政协永州市第四届委员会第五次会议关于常务委员会工作报告的决议》；审议通过《政协永州市第四届委员会第五次会议关于政协四届四次会议以来提案工作情况报告的决议》；审议通过《政协永州市第四届委员会提案委员会关于政协四届五次会议提案审查情况的报告》。

第二节　常委会议

一、第一届常委会

一届一次常委会议　1996年3月19日召开，听取各组召集人关于对《政府工作报告》和其他报告协商意见的汇报。

一届二次常委会议　1996年6月21日召开。会议的主要议题是协商通过市人民政府组成人员名单、市政协1996年工作要点和在全市各级政协和政协委员中开展“献爱心、争光彩”活动的决议。会上，市委组织部副部长徐肇玲向市政协常委会通报市委对市政府组成人员提名情况。

一届三次常委会议　1996年9月25日召开。会议学习江泽民在纪念中国共产

1997 年 12 月 28 日，一届三次会议市政协主席欧学佳带头募捐

党成立七十五周年座谈会上的讲话；协商通过《政协永州市委员会常务委员会工作规则》；市人民政府副市长张维通报有关情况，协商通过《市政协关于加强城市规划建设管理的建议案》和《永州市政协常委会关于改善我市投资软环境的建议案》。

一届四次常委会议 1996 年 12 月 19 日召开。会议学习中共六中全会精神和中共永州市委贯彻六中全会的意见，并就如何加强全市精神文明建设进行协商讨论；听取市政府副市长谢梦阳关于永州市农村经济工作的通报，协商通过市政协关于林业产业化建设和民族地区经济发展问题两个建议案；协商决定黄胜利任市政协民族宗教群团法制三胞联谊委副主任；市政协秘书长李少雄作市政协成立以来的工作报告。

一届五次常委会议 1997 年 3 月 7 日召开。会议审议通过政协永州市一届二次会议议程、日程（草案）；审议通过政协永州市一届委员会常务委员会工作报告（草案）；协商决定增补王焕鹏、朱元生、刘翠玲等二十二人为政协永州市一届委员会委员；协商通过政协永州市一届二次会议其他有关事项。

一届六次常委会议 1997 年 4 月 28—30 日在宁远县召开。学习李鹏的《政府工作报告》和李瑞环在全国政协八届五次会议闭幕式上的讲话；协商通过《政协永州市委员会关于政治协商、民主监督、制度化建设的规定》，总结交流政协工作规范化、制度化建设的经验。

一届七次常委会议 1997 年 9 月 18—19 日召开。会议学习中共十五大会议精神；学习李瑞环在全国政协八届二十一次常委会议闭幕时的讲话和刘正在省政协七届十九次常委会上的学习发言；与市政府协商全市水果产业化问题；协商通过有关人事任命。市委副书记谭政应邀出席会议。

一届八次常委会议 1997 年 12 月 18 日召开。审议通过政协永州市一届三次会议议程、日程（草案）；协商通过政协永州市一届委员会常务委员会工作报告（草案)；协商决定增补和调整政协永州市一届委员会委员、补选常务委员会候选人等人事事项；协商通过政协永州市一届三次会议其他有关事项。

一届九次常委会议 1997年12月19日召开。学习李鹏在九届全国人大一次会议上所作的《政府工作报告》、李瑞环在全国政协九届一次会议闭幕会上的讲话和省政协八届一次会议精神；协商通过市政协常委会《关于争取涔天河水库扩建工程尽早立项的建议案》；协商通过市政协常委会1998年度调研视察活动安排；协商通过增补委员和有关人事任免。

一届十次常委会议 1998年6月22—23日召开。会议学习胡锦涛在纪念真理标准讨论二十周年座谈会上的讲话；围绕第三产业与旅游资源开发和个体私营经济发展这两个问题进行协商讨论。副市长蒋桃生、邓三龙和市计委、建委、财委、经委、外经委、体改委、乡经委、教委、工商局、文化局、旅游局等部门负责人应邀参加协商和听取意见；安排部署下段工作。

一届十一次常委会议 1998年9月27—28日召开。协商讨论永州市财源建设问题和中心城市功能配套问题；传达、学习、讨论中共湖南省委七届六次全体会议精神；安排部署下阶段工作。

一届十二次常委会议 1998年12月28—29日召开。学习中共十五届三中全会精神和江泽民在纪念党的十一届三中全会召开二十周年大会上的讲话，以及中共永州市委一届六次全会精神；总结市政协1998年度工作，研究1999年工作意见；协商通过一届四次会议常务委员会工作报告；协商通过市政协一届四次会议议程、日程、工作机构及其他准备工作；协商决定增补李绍陶、何水平等9人任政协永州市第一届委员会委员；协商通过有关人事任免。

一届十三次常委会议 1999年3月10日召开。传达省政协八届二次会议精神；听取政协秘书长李少雄关于政协永州市一届四次会议筹备工作汇报；协商通过市政协一届四次会议议程、日程；协商通过选举办法、总监票人、监票人名单；协商通过补选副主席、常委建议名单；协商通过市政协委员人事任免及有关事项。

一届十四次常委会议 1999年5月27日召开。会议学习江泽民同志在欢迎我国驻南斯拉夫联盟共和国工作人员大会上的讲话；听取市政府关于市场建设情况的汇报，并进行协商讨论，副市长邓三龙列席会议并讲话，市建委、计委、外经委、财委、市公安局、市检察院、法院等单位主要负责人应邀参加会议。

一届十五次常委会议 1999年9月20日召开。参加中共永州市委召开的全市政协工作会议暨人民政协成立50周年庆祝大会；学习中共永州市委书记邹金鹭在全市政协工作会议暨人民政协成立50周年庆祝大会上的讲话，讨论如何在新时期更好发挥政协的职能作用；协商通过有关人事安排。

一届十六次常委会议 1999年12月28日召开。传达市委经济工作会议精神；总结1999年度市政协常委会的工作及2000年的工作安排；协商讨论进一步加强政协工作规范化、制度化建设和《中国人民政治协商会议永州市委员会常务委员会工作规则》及其补充规定；协商通过市政协一届五次会议的各项筹备工作。

一届十七次常委会议 2000年3月10日召开。协商通过市政协常务委员会工作报告；协商通过市政协一届五次会议议程、日程；协商通过市政协秘书长的任免并向市政协一届五次会议提名；协商通过市政协一届五次会议选举办法和监票计票人。

一届十八次常委会议 2000年6月28日召开。学习“三个代表”的重要思想；传达省政协八届十二次常委会议精神；协商通过我市市属国有工业企业的改革和解困情况，邀请市政府市长、常务副市长、分管副市长以及市计委、市经委、市农委、市财委、市建委等单位主要负责人参加会议并听取意见；协商通过人事安排。

一届十九次常委会议 2000年9月28—29日召开。协商讨论加入WTO对我市农业的影响及对策，总结一届市政协五年来的工作；协商通过四季度工作安排。

一届二十次常委会议 2000年12月22日召开。学习江泽民在全国统战工作会议上的讲话精神；传达省政协工作会议精神；会议表彰了近年来涌现的先进典型，其中优秀市政协委员61名，全市先进政协工作者28名，优秀提案先进单位8个，提案办理先进个人8人，优秀提案10件；协商通过政协2001年工作思路。

一届二十一次常委会议 2001年3月27日召开。会议学习朱镕基《关于国民经济和社会发展第十个五年计划纲要》、李瑞环《在全国政协九届四次会议闭幕上的讲话》和《中共湖南省委关于进一步加强政协工作的意见》。

一届二十二次常委会议 2001年6月12日召开。协商决定政协永州市第二届委员会的参加单位、委员名额和人选；协商通过市政协二届一次会议日程、议程；协商通过二届一次会议主席团成员及秘书长建议名单、主席团常务主席名单、各次大会执行主席建议名单、提案审查委员会成员建议名单；协商通过市政协二届一次会议副秘书长、大会秘书处工作机构及其负责人名单；协商通过市政协二届一次会议邀请人员、列席人员名单；协商通过常委会工作报告和提案工作报告；协商“两院”工作报告。

二、第二届常委会

二届一次常委会议 2001年9月2—4日召开。会议听取市委宣传部学习江泽民总书记“七一”讲话的辅导报告，学习《中国人民政治协商会议章程》和《中共湖南省委关于进一步加强政协工作的意见》；协商通过《政协永州市委员会常委会工作规则》和二届一次会议闭会期间工作要点；听取市委常委、市委组织部部长唐松成关于市直部门机构改革方案和市政协工作部门人事安排的情况汇报；通报二届市政协主席、副主席、秘书长的工作分工；协商决定陈晓荣为二届市政协副秘书长、办公室主任；市政协副主席徐肇玲、秘书长盘玉花还分别传达市委统战工作会议精神和省政协工作会议精神。

二届二次常委会议　2001 年 12 月 24—25 日召开。会议传达学习中共湖南省第八次代表大会精神和市委工作会议精神；通报中共永州市委、市政府《关于贯彻落实中共湖南省委、省人民政府关于大力推进工业化进程的决定的实施意见》；协商通过《政协永州市委员会关于加强自身建设的若干规定》《政协永州市委员会关于加强委员联系工作的暂行规定》《政协永州市委员会委员持证视察办法》；听取市政府副市长刘新普及市规划建设局、市重点工程办负责人关于中心城市城建规划和重点工程建设的情况通报；协商决定盘德能同志为政协永州市第二届委员会民族宗教法制群团三胞联谊委员会副主任；通报市政协二届二次全会大会发言材料的准备情况。

二届三次常委会议　2002 年 12 月 24—25 日召开。协商通过市政协二届二次会议议程、日程、大会秘书处工作机构负责人名单、各组召集人名单、增补委员和常委候选人名单；协商通过市政协常委会工作报告、提案工作报告；协商通过市政协有关人事安排事项。

二届四次常委会议　2002 年 5 月 30 日召开。会议通报市政协 2002 年度工作要点和市政协机关机构改革情况；协商决定市政协有关人事任免事项；举办 WTO 知识讲座；听取市公安局关于年初以来全市公安工作情况的通报。

二届五次常委会议　2002 年 9 月 28 日召开。会议学习江泽民、朱镕基、吴邦国同志在全国再就业工作会议上的重要讲话；通报永州与“两广”省际边界乡镇经济发展调研情况；协商决定市政协有关人事任免事项；协商通过《关于推进我市城市社区建设的问题向中共永州市委、市人民政府的建议案》。

二届六次常委会议　2002 年 12 月 24 日召开。会议学习中共十六大精神；协商通过市政协二届三次会议议程、日程、大会秘书处工作机构负责人名单、各组召集人名单；协商通过市政协常委会工作报告、提案工作报告。

二届七次常委会议　2003 年 3 月 28 日召开。听取市政协副主席、十届全国人大代表戴菊芳关于全国“两会”盛况和全国政协十届一次会议精神的传达报告；听取和审议市地税局关于全市地方税务工作情况的通报，常委们针对当前永州市地税工作存在的困难和问题，就如何加强地方税源建设，扩大地方税收规模，转变工作作风，提高服务水平，强化协税护税力度，增加地方税收收入等方面提出意见和建

2004年3月29日，市政协主席蒋桃生率市政协常委视察永州中心城市建设

议；协商通过市政协各专门委员会兼职副主任名单；协商通过辞免和增补二届市政协委员名单。

二届八次常委会议 2003年6月30日召开。会议协商通过《政协永州市委员会关于加强自身建设的补充规定》；协商通过市政协有关人事任免事项；听取市卫生局关于全市防治"非典"工作情况和市工商局关于全市工商行政管理工作情况通报，并就这两项工作进行协商。

二届九次常委会议 2003年9月29日召开。会议听取和审议市中级人民法院关于全市法院工作的情况通报；协商通过《中共永州市委关于进一步加强政协工作的决定》；传达贯彻省政协九届三次常委会议和宣传工作会议精神；视察潇湘百里平湖开发情况。

二届十次常委会议 2003年12月28日召开。会议听取和审议市人民检察院关于全市检察工作的情况通报；协商通过有关人事任免事项；审议通过政协永州市第二届委员会常务委员会第十次会议关于召开政协永州市第二届委员会第四次会议的决定（草案）；审议通过政协永州市第二届委员会第四次会议议程、日程（草案）；审议通过政协永州市第二届委员会常务委员会工作报告（草案）；审议通过政协永州市第二届委员会常务委员会关于政协永州市二届三次会议以来提案工作情况的报告（草案）；审议通过政协永州市第二届委员会第四次会议大会秘书长、副秘书长和各组召集人名单（草案）。

二届十一次常委会议 2004年3月29日召开。蒋桃生传达全国政协十届二次会议精神；戴菊芳传达全国人大常委会副委员长王兆国"关于《中华人民共和国宪法修正案（草案）》的说明"；彭爱华传达全国政协秘书长郑万通"关于中国人民政治协商会议章程修正案（草案）的说明"；听取和协商市质量技术监督局工作通报；协商通过《市政协2004年工作要点》；协商通过市政协有关人事任免事项。

二届十二次常委会议 2004年7月27日召开。会议听取市人民政府关于全市上半年经济工作情况通报，并进行协商；审议通过市政协调研组《关于我市县域经济发展》调研情况报告；协商通过《政协永州市委员会专门委员会组织通则（试行）》（草案）；协商通过《政协永州市委员会提案工作实施办法》（草案）。

二届十三次常委会议　2004年10月13日召开。学习中共十六届四中全会精神；听取市教育局关于全市教育工作情况通报，并就此项工作进行协商；观看“永州市首届人民政协知识大奖赛”决赛。

二届十四次常委会议　2004年12月27日召开。会议传达中共湖南省委政协工作会议精神；传达中共永州市委常委会议研究政协工作的有关精神；审议通过政协永州市第二届委员会常务委员会第十四次会议关于召开政协永州市第二届委员会第五次会议的决定（草案）；审议通过政协永州市第二届委员会第五次会议议程、日程（草案）；审议通过政协永州市第二届委员会常务委员会工作报告（草案）；审议通过政协永州市第二届委员会常务委员会关于政协永州市二届四次会议以来提案工作情况的报告（草案）；审议通过政协永州市第二届委员会第四次会议大会秘书长、副秘书长和各组召集人名单（草案）。

二届十五次常委会议　2005年3月30日召开。会议传达贯彻全国政协十届三次会议精神；学习中华人民共和国《反分裂国家法》；学习《中共中央关于进一步加强中国共产党领导的多党合作和政治协商制度建设的意见》；协商通过《市政协2005年工作要点》；协商通过组织市政协委员视察、考察的有关事项。

二届十六次常委会议　2005年7月28日召开。听取市人民政府关于全市上半年经济工作情况通报，并就此进行协商；听取副主席徐肇玲关于《中共中央关于进一步加强中国共产党领导的多党合作和政治协商制度建设的意见》的辅导报告。

二届十七次常委会议　2005年9月25日召开。会议听取市政府办关于政府部门办理政协提案的情况通报；听取和评议永州国税工作情况汇报。

二届十八次常委会议　2005年12月30日召开。会议表彰全市首届“政协好新闻”获奖人员；传达贯彻中共永州市委二届八次全会精神；协商通过2005年市政协工作总结和2006年政协工作打算；协商通过增补市政协委员；协商通过召开市政协二届六次全会有关事项。

二届十九次常委会议　2006年1月20日召开。会议审议通过政协永州市第二届委员会第六次会议议程、日程（草案）；审议通过政协永州市第二届委员会常务委员会工作报告（草案）；审议通过政协永州市第二届委员会常务委员会关于政协二届五次会议以来提案工作情况的报告（草案）；审议通过政协永州市第二届委员会第六次会议秘书长、副秘书长和各组召集人名单（草案）；协商通过撤销市政协委员事项；协商通过补选市政协副主席有关事项；市委常委、组织部部长唐松成作关于补选市政协第二届委员会副主席的说明；协商通过关于补选市政协第二届委员会副主席的决定；协商通过市政协二届六次会议关于补选市政协副主席的选举办法

(草案);协商通过市政协二届六次会议选举大会总监票人、监票人名单(草案)。

二届二十次常委会议 2006年3月29日召开。学习《中共中央关于加强人民政协工作的意见》,传达贯彻全国政协十届四次会议精神;听取市农业局关于全市农业工作的情况通报,并就此项工作进行协商讨论。

二届二十一次常委会议 2006年7月19日召开。听取市委讲师团蒋星珉关于"学习胡锦涛同志在庆祝中国共产党成立85周年暨总结保持共产党员先进性教育活动大会上的重要讲话"辅导;听取市委常委、常务副市长崔永平关于全市上半年经济工作情况通报,并就此进行协商;参加全市县区政协主席、统战部长培训班学习。

二届二十二次常委会议 2006年10月31日召开。会议学习中共十六届六中全会精神;传达贯彻中共永州市第三次代表大会精神;协商市政协换届筹备工作有关事项。

二届二十三次常委会议 2006年12月31日召开。会议协商通过政协永州市三届一次会议召开的时间、地点;协商通过政协永州市三届一次会议的议程、预备会议议程、日程;协商通过政协永州市第三届委员会的参加单位及界别设置;协商通过政协永州市第三届委员会的委员名额和人选;审议通过二届市政协常委会工作报告(草案);审议通过二届市政协常委会关于提案工作情况的报告(草案);表彰优秀市政协委员。

三、第三届常委会

2007年12月18日,市政协主席陈金荣率市政协常委视察邵永高速公路建设工地

三届一次常委会议 2007年3月9日召开。会议传达省政协九届五次会议精神;学习《中共中央关于加强人民政协工作的意见》和《中共湖南省委关于贯彻落实〈中共中央关于加强人民政协工作的意见〉的实施意见》;学习《中国人民政治协商会议章程》;协商通过市政协有关人事任免事项;通报三届市政协主席、副主席、秘书长的分工;协商通过市政协2007年工作要点。

三届二次常委会议 2007年7月19日召开。会议学习胡锦涛总书记在中央党校省部级干部进修班上的重要讲话;听取市人民政府关于上半年经济工作情况通报；审议通过关于在加速推进永州新型工业化进程中破解融资、用地、发展环境治理难题的调研报告；协商决定辞免、撤销市政协委员有关事项；协商决定市政协各专门委员会兼职副主任人选；协商通过市政协有关工作制度和规则。

三届三次常委会议 2007年10月10日召开。传达省政协九届二十次常委会议精神；听取市政府关于政府系统办理政协提案情况的通报，并组织委员就此项工作进行分组讨论，最后听取各组召集人关于小组讨论情况的汇报；协商决定市政协有关人事安排事项；审议通过《彰显历史文化，建设名城永州》建议案；审议通过《农村矛盾纠纷的防范与化解》的调研报告。

三届四次常委会议 2007年11月8日召开。举办学习中共十七大精神专题讲座；交流学习十七大精神体会。

三届五次常委会议 2007年12月18日召开。会议协商通过政协永州市第三届委员会第二次会议议程（草案）；协商通过政协永州市第三届委员会第二次会议日程（草案）；协商通过市政协机关有关人事任免事项；协商通过辞去和增补市政协第三届委员会委员、常委的有关事项；协商通过政协永州市第三届委员会第二次会议选举办法（草案）；协商通过政协永州市第三届委员会第二次会议各次大会执行主席名单（草案）；协商通过政协永州市第三届委员会第二次会议秘书长、副秘书长名单（草案）；协商通过政协永州市第三届委员会部分委员界别调整建议名单；协商通过政协永州市第三届委员会委员活动组负责人名单（草案）；通过政协永州市第三届委员会常务委员会工作报告（审议稿）；通过政协永州市第三届委员会常务委员会关于政协三届一次会议以来提案工作情况的报告（审议稿）。

三届六次常委会议 2008年3月20日召开。会议听取劳动合同法、就业促进法等法律知识讲座；学习全国“两会”精神；协商通过市政协2008年工作要点。

三届七次常委会议 2008年7月14日召开。会议听取市政府上半年全市经济社会发展情况通报；节能减排知识讲座；传达贯彻中共中央政治局委员、全国政协副主席王刚来湘视察时的讲话精神；学习《中共永州市委关于贯彻落实中发〔2006〕5号和湘发〔2006〕15号文件精神的实施意见》，协商关于做大做强农产品加工业的调研报告。

三届八次常委会议 2008年9月23日召开。会议举行城乡规划法法律知识讲座；听取全市社会综合治理情况通报；协商通过《赴广东学习考察产业转移的调研报告》；学习省委书记张春贤关于全省开展解放思想大讨论活动的重要讲话精神，学习市委关于“解放思想、科学发展、富民强市”大讨论活动实施方案，并进行解放思想大讨论；听取和审议市政府关于提案办理工作的通报。

三届九次常委会议 2008年12月7日召开。会议协商通过政协永州市第三届委员会第三次会议议程（草案）；协商通过政协永州市第三届委员会第三次会议日程（草案）；协商通过政协永州市第三届委员会第三次会议秘书处秘书长、副秘书长名单（草案）；协商通过市政协机关有关人事任免事项；协商通过辞去和增补政协永州市第三届委员会委员的决定（草案）；通过政协永州市第三届委员会常务委员会工作报告（审议稿）；通过政协永州市第三届委员会常务委员会关于政协三届二次会议以来提案工作情况的报告（审议稿）

三届十次常委会议 2009年1月7日召开。会议听取对政府工作报告和其他报告协商讨论情况的综合汇报；听取对人事事项、选举办法（草案）以及各项决议（草案）；协商讨论情况的综合汇报。协商通过宋可福为三届市政协秘书长候选人，提请三届市政协三次全会选举。

三届十一次常委会议 2009年5月27日召开。会议听取如何应对金融危机及当前经济形势分析讲座；学习湖南省政协主席胡彪来永州调研时的讲话精神；学习永发〔2009〕1号文件；协商通过《加快我市林权制度改革》的调研报告。

三届十二次常委会议 2009年7月28日召开。会议听取和审议市政府关于上半年全市经济社会发展情况通报；学习全国政协主席贾庆林来湖南考察时的重要讲话精神；审议通过《关于我市返乡农民工就业创业情况》的调查报告；审议通过《关于市政协委员履行职责的办法（试行）》；协商通过同意曹小华辞去政协永州市第三届委员会副主席职务。

三届十三次常委会议 2009年12月7日召开。会议学习全国政协主席贾庆林来湖南考察时的讲话精神；协商决定吴金燕任永州市政协副秘书长，免去其永州市政协办公室副主任职务，胡新军任永州市政协经济科技委员会副主任。

三届十四次常委会议 2009年11月24日召开。举办行政法知识讲座；听取和审议市综合治理委员会关于全市社会治安综合治理情况汇报；听取和审议市政府关于办理提案工作情况报告。

三届十五次常委会议 2009年12月18日召开。审议通过关于召开政协永州市第三届委员会第四次会议的决定（草案）；审议通过三届四次会议的议程、日程（草案）；协商通过三届四次会议大会秘书长、副秘书长及大会秘书处各组负责人名单；审议通过政协永州市三届委员会常务委员会工作报告；审议通过政协永州市第三届委员会常务委员会关于政协三届三次会议以来提案工作情况的报告及协商决定优秀提案；审议通过市政协各专门委员会2009年工作总结和2010年工作计划；协商通过有关人事事项。

三届十六次常委会议 2009年12月30日召开。会议审议通过《关于提前召开政协永州市第三届委员会第四次会议的决定》（草案）；审议通过政协永州市第三届委员会第四次会议日程（草案）；听取省政协经科委主任吴金明作学习中央经济工作会议精神辅导讲座。

三届十七次常委会议　2010年3月30日召开。会议传达学习全国政协十一届三次会议精神；通报永州市委关于转发《政协永州市委员会2010年工作要点》；邀请市财政局党组书记龚跃林就省直管县财政体制改革进行专题讲座。

三届十八次常委会议　2010年7月13日召开。会议学习中共湖南省委书记周强在省委常委会听取全省政协督查情况汇报时的讲话；市政府市长通报上半年全市经济社会发展情况；审议通过"关于依托北部湾经济区加快对接东盟的调查与建议"调研报告；审议通过《关于全市政协工作督查情况的通报》；协商决定李爱华任永州市政协文教卫体委员会副主任。

三届十九次常委会议　2010年9月29日召开。会议听取省社科院区域经济系统研究所所长史永铭教授关于低碳经济知识辅导讲座；听取市政府副秘书长蒋明清关于市政府提案办理工作的情况通报；审议协商通过《关于我市转变经济发展方式的调研报告》。

三届二十次常委会议　2010年12月21日召开。会议审议通过《关于召开政协永州市第三届委员会第五次会议的决定》（草案）；审议通过政协永州市三届委员会第五次会议议程、日程（草案）；协商通过政协永州市第三届委员会第五次会议大会秘书长、副秘书长和各组召集人名单；协商通过有关人事事项；审议通过市政协各专门委员会2010年工作总结和2011年工作计划。

三届二十一次常委会议　2011年1月9日召开。会议听取市委领导作关于人事事项的说明；审议通过政协永州市第三届委员会第五次会议选举办法（草案）；协商决定胡跃平任永州市政协经济科技委员会主任。

三届二十二次常委会议　2011年12月29日召开。会议听取对政府工作报告、"十二五"规划纲要草案和其他报告协商讨论情况的综合汇报；审议通过政协永州市第三届委员会第五次会议政治决议（草案）；审议通过政协永州市第三届委员会第五次会议关于常务委员会工作报告的决议（草案）；审议通过政协永州市第三届委员会第五次会议关于三届四次会议以来提案工作情况报告的决议（草案）；通过政协永州市第三届委员会提案委员会关于三届五次会议提案审查情况的报告（草案）。

三届二十三次常委会议　2011年6月24日召开。会议学习中共中央办公厅转发《中共政协全国委员会党组关于〈中共中央关于加强人民政协工作的意见〉贯彻落实情况的报告》的通知；审议通过永州市政协关于《中部七市承接产业转移的调研报告》；协商决定谭珊娥任永州市政协民族宗教法制群团三胞联谊委员会副主任。

三届二十四次常委会议 2011年9月28日召开。会议听取市委常委、市政府常务副市长周德睿关于全市经济社会发展情况的通报；听取市政府关于提案办理工作的情况通报；审议通过《关于我市电子商务发展的调查与建议》调研报告。

三届二十五次常委会议 2011年12月20日召开。会议审议通过关于召开政协永州市第四届委员会第一次会议的决定（草案）；审议通过四届一次会议议程（草案）；审议通过四届一次会议日程（草案）；协商通过政协永州市第四届委员会第一次会议秘书长、副秘书长、秘书处工作机构及负责人名单（草案）；审议通过《政协永州市第三届委员会常务委员会工作报告》（审议稿）；审议通过《政协永州市第三届委员会常务委员会关于提案工作情况的报告》（审议稿）；审议通过政协永州市第四届委员会参加单位、委员名额和委员人选，政协永州市第四届委员会委员共395名，界别25个；审议通过市政协各专门委员会五年工作总结。

四、第四届常委会

四届一次常委会议 2012年1月6日召开。会议审议通过《关于人事变动的表决办法（草案）》；审议通过《关于市政协办公室、各专门委员会、研究室设置的决定（草案）》，政协永州市第四届委员会设置一办六委一室；审议通过《关于任命市政协办公室主任、市政协副秘书长的决定（草案）》，任命宋可福为市政协办公室主任，任命蒋南林、欧阳国川、李爱华为市政协副秘书长；审议通过《关于任命各专门委员会主任、副主任的决定（草案）》；审议通过《关于任命市政协研究室主任、副主任的决定（草案）》。

四届二次常委会议 2012年6月20日召开，协商通过各专委会兼职副主任人选。

四届三次常委会议 2012年9月19日召开，会议听取市政府关于全市经济发展情况通报；听取市政府关于提案办理工作情况通报；审议通过《关于做大做强做美生态新城的调查与建议》《关于壮大产业集群加快工业发展的调研》两篇调研报告；审议通过《关于进一步完善大会发言制度的实施细则（草案）》；协商有关人事事项。

四届四次常委会议 2012年12月12日召开。会议学习中共“十八大”精神；审议通过关于召开政协永州市第四届委员会第二次会议的决定（草案）；审议通过政协永州市第四届委员会第二次会议议程、日程（草案）；审议通过政协永州市第四届委员会常务委员会工作报告（草案）；审议通过政协永州市第四届委员会常务委员会关于政协永州市第四届委员会第一次会议以来提案工作情况的报告（草案）；

协商通过政协永州市第四届委员会第二次会议大会秘书长、副秘书长，大会秘书处各组负责人及各组召集人名单（草案）；协商通过政协永州市第四届委员会第二次会议各次大会执行主席名单（草案）；协商通过有关人事事项（草案）；审议通过《政协永州市委员会提案工作实施办法》（修订稿）；审议通过市政协各专门委员会2012年工作总结和2013年工作计划。

四届五次常委会议　2012年12月26日召开。会议听取各组召集人对政府工作报告和其他报告、决议、协商讨论情况的汇报；审议通过政协永州市第四届委员会第二次会议政治决议（草案）；审议通过政协永州市第四届委员会第二次会议关于常务委员会工作报告的决议（草案）；审议通过政协永州市第四届委员会第二次会议关于市政协四届一次会议以来提案工作情况报告的决议（草案）；审议通过政协永州市第四届委员会提案委员会关于市政协四届二次会议提案审查情况的报告（草案）。

四届六次常委会议　2013年6月26日召开。会议协商通过《政协永州市委员会委员服务管理办法》（草案）；听取市委党校副校长黄燕的专题讲座：地缘政治与国家安全。

四届七次常委会议　2013年9月29日召开。会议听取市政府关于全市经济发展情况通报；听取市政府关于提案办理工作情况通报；审议通过《关于我市农业科技创新工作的调研》《加强市本级财源建设　促进可持续财力增长》两篇调研报告；协商有关人事事项。

2016年9月23日，市政协四届二十次常委会民主测评大会发言办理情况

四届八次常委会议　2013年12月24日召开。审议通过关于召开政协永州市第四届委员会第三次会议的决定（草案）；审议通过政协永州市第四届委员会第三次会议议程、日程（草案）；审议通过政协永州市第四届委员会常务委员会工作报告（草案）；审议通过政协永州市第四届委员会常务委员会关于政协永州市第四届委员会第二次会议以来提案工作情况的报告（草案）；审议通过市政协四届二次会议委员大会发言意见建议办理落实情况的报告；协商通过政协永州市第四届委员会第三次会议各次大会执行主席名单（草案）；协商通过政协永州市第四届委员会第三次会议大会秘书长、副秘书长，大会秘书处各组负责人及各组召集人名单（草案）；

协商通过有关人事事项（草案）；审议通过政协永州市第四届委员会第三次会议选举办法（草案）；协商通过政协永州市第四届委员会第三次会议选举大会总监票人、监票人名单（草案）；审议通过市政协各专门委员会2013年工作总结和2014年工作计划。

四届九次常委会议 2014年1月13日召开。会议听取各组召集人对政府工作报告和其他报告、决议协商讨论情况的汇报；听取对人事任免事项、选举办法（草案）；审议通过政协永州市第四届委员会第三次会议政治决议（草案）；审议通过政协永州市第四届委员会第三次会议关于常务委员会工作报告的决议（草案）；审议通过政协永州市第四届委员会提案委员会关于四届三次会议提案审查情况的报告（草案）。

四届十次常委会议 2014年7月17日召开。会议由中共永州市委常委、常务副市长易佳良代表市政府通报全市上半年经济形势和下半年经济工作情况。会议听取并审议通过《政协永州市委员会关于民主评议工作的实施办法（试行）》（草案）。

四届十一次常委会议 2014年9月29日召开。会议由中共永州市委常委、常务副市长易佳良代表市政府作永州市人民政府2014年政协提案办理工作情况通报。市政府系统2014年共收到提案224件，交由46个单位办理，委员的满意率和基本满意率达98%；会议审议通过《关于我市市直机构编制资源配置情况的调研报告》；审议通过《关于创建“诚信永州”的调研报告》；审议通过《关于进一步加强人民政协提案办理工作的实施意见》（代拟稿）。

四届十二次常委会议 2014年12月23日召开。会议审议通过关于召开政协永州市第四届委员会第四次会议的决定（草案）；审议通过政协永州市第四届委员会第四次会议议程、日程（草案）；审议通过政协永州市第四届委员会常务委员会工作报告（草案）；审议通过政协永州市第四届委员会常务委员会关于政协永州市第四届委员会第三次会议以来提案工作情况的报告（草案）；审议通过市政协四届三次会议委员大会发言意见建议办理落实情况的报告；协商通过政协永州市第四届委员会第四次会议各次大会执行主席名单（草案）；协商通过政协永州市第四届委员会第四次会议秘书长、副秘书长名单，大会秘书处工作机构及负责人名单，各组召集人名单（草案）；协商通过有关人事事项；审议通过市政协各专门委员会2014年工作总结。

四届十三次常委会议 2015年1月22日召开。会议听取各组召集人对政府工作报告和其他报告、决议，以及市中级人民法院院长候选人建议名单协商讨论情况的汇报；通过政协永州市第四届委员会第四次会议政治决议（草案）；通过政协永州市第四届委员会第四次会议关于常务委员会工作报告的决议（草案）；通过政协永州市第四届委员会第四次会议关于四届三次会议以来提案工作情况报告的决议（草案）；通过政协永州市第四届委员会提案委员会关于四届四次会议提案审查情况的报告（草案）。

四届十四次常委会议 2015 年 7 月 16 日召开。会议由中共永州市委常委、常务副市长易佳良通报全市上半年经济社会发展情况。会上，常委们分组对当前经济形势发展情况进行讨论。唐定在讲话中指出，政协履职，靠协商，靠话语权。必须要增强学习意识，通过专题讲座、政情通报、座谈研讨、集中学习和个人自学等方式学习充电，不断提高履职能力和水平；会议听取吴金明博士关于经济形势的讲座；协商通过有关人事事项。

四届十五次常委会议 2015 年 9 月 25 日召开。市人民政府常务副市长通报市政协四届四次会议委员提案办理工作情况。市政府系统承办的提案共 194 件，分别由 49 个单位承办，已全部在规定时限办理完结，办复率为 100%，从收到提案者的反馈意见看，满意（或基本满意）率达到 98%。会议审议通过《积极实施生态市战略　加快推进永州生态经济发展》的调研报告。

四届十六次常委会议 2015 年 12 月 22 日召开。通报有关人事事项。

四届十七次常委会议 2015 年 12 月 23 日召开。会议审议通过关于召开政协永州市第四届委员会第五次会议的决定（草案）；协商通过有关人事事项；审议通过政协永州市第四届委员会第五次会议议程、日程（草案）；审议通过政协永州市第四届委员会常务委员会工作报告（草案）；审议通过政协永州市第四届委员会常务委员会关于政协永州市第四届委员会第四次会议以来提案工作情况的报告（草案）；审议通过市政协四届四次会议委员大会发言意见建议办理落实情况的点评（草案）；协商通过政协永州市第四届委员会第五次会议各次大会执行主席名单（草案）；协商通过政协永州市第四届委员会第五次会议秘书长、副秘书长名单，大会秘书处工作机构及负责人名单，各组召集人名单（草案）；审议通过政协永州市第四届委员会第五次会议选举办法（草案）；审议通过市政协各专门委员会 2015 年工作总结。听取市委宣讲团主任周勇作中共十八届五中全会精神专题讲座。

四届十八次常委会议 2016 年 1 月 13 日召开。会议听取各组召集人对《政府工作报告》和其他报告、决议协商讨论情况的汇报；听取对人事任免事项、选举办法（草案），总监票人、监票人名单（草案）协商情况的综合汇报；审议通过政协永州市第四届委员会第五次会议政治决议（草案）；审议通过政协永州市第四届委员会第五次会议关于常务委员会工作报告的决议（草案）；审议通过政协永州市第四届委员会第五次会议关于四届四次会议以来提案工作情况报告的决议（草案）；审议通过政协永州市第四届委员会提案委员会关于四届五次会议提案审查情况的报告（草案）。

四届十九次常委会议 2016年4月6日召开。会议传达《全国政协十二届四次会议精神传达提纲》和《湖南省政协十一届四次会议精神传达提纲》；协商通过有关人事事项；邀请湖南科技学院教授张京华作“湘学与永州文化”专题讲座。

四届二十次常委会议 2016年9月23日召开。听取并协商通过永州市人民政府副市长刘鹏作市人民政府2016年政协提案办理工作情况通报；协商通过《强力构筑创建国家生态文明示范市的“永州路径”》调研报告；协商有关人事事项；对大会发言落实办理情况进行测评。

四届二十一次常委会议 2016年12月12日召开。会议协商通过五届市政协委员人选，审议通过《关于召开政协永州市第五届委员会第一次会议的决定》（草案）、《政协永州市第五届委员会第一次会议议程、日程》（草案）、《政协永州市第四届委员会常务委员会工作报告》（草案）、《政协永州市第四届委员会常务委员会关于提案工作情况的报告》（草案）、《市政协四届五次会议委员大会发言意见建议办理落实情况的点评》（草案）、市政协各专门委员会五年工作总结，协商通过《政协永州市第五届委员会第一次会议秘书长、副秘书长、秘书处工作机构及负责人名单》（草案）及有关人事事项。市政协主席唐定在会上强调全面总结第四届市政协的工作，进一步强化换届工作纪律，细致做好五届一次会议各项准备工作。

第三节 主席会议

2012年3月21日，市政协四届三次主席会议召开，审议《中共永州市委贯彻落实〈中共湖南省委政治协商规程〉（试行）》

政协主席会议组成人员为主席、副主席、秘书长，由委员会全体会议选举产生，任期与委员会、常务委员会相同。主要职权是处理常委会重要日常工作。受常务委员会委托，主持下一届第一次全体会议预备会议。政协永州市第一届永州市委员会共召开57次主席会议，二届49次，三届52次，四届47次。

政协永州市委一届至四届主席会议主要协商、审议、决定一览表

表 3-1

届别	会次	内容
第一届	1	会议协商通过市政协成立以后的政协工作要点。主要有六个方面：围绕市委中心工作组织委员开展调研视察活动；认真抓好提案、建议案的产生和落实；努力抓好学习、宣传和文史活动；组织委员开展“献爱心、争光彩”活动；加强政协机关自身建设；加强同县（区）政协和社会各界及有关方面的联系。会议还研究了主席的分工问题
	2	研究 1996 年下半年调研视察活动；协商通过兼职副主席待遇问题；协商通过市政协委员学习活动安排
	3	会议组织主席会成员学习李铁映在湖南省经济体制改革工作会议上的讲话精神，协商通过就改善我市投资软环境和加强永州城区环境保护、绿地建设，形成建议案
	9	学习李鹏所作的《政府工作报告》、李瑞环在全国政协八届五次会议闭幕式上的讲话；协商通过《政协永州市委员会关于政治协商、民主监督、参政议政的规定》
	14	座谈庆祝中共十五大的召开，协商通过市政协一届七次常委会日程和议程；协商通过水果产业化调查报告
	17	协商讨论政协永州市一届三次会议的日程、议程、常委会工作报告；听取大会秘书处筹备工作情况汇报；协商调整增补市政协委员有关事宜
	19	协商讨论市政协一届九次常委会议议程；协商通过“永州市三胞及其亲友联谊会”有关事宜
	24	学习《中共中央关于在全党深入学习邓小平理论的通知》和《中共湖南省委、湖南省人民政府关于批转省计委〈关于加大投入、扩大需求，开拓市场，保持国民经济持续快速健康发展的报告〉》的通知，以及省委办公厅《关于进一步改进工作作风力戒形式主义的几点意见》；研究安排下一段工作，要求下一步政协工作思路要围绕全市经济建设与发展中带战略性的重大事项来考虑，着重对中心城市配套情况开展调研视察，对个体私营经济发展、农业产业结构调整、扶贫开发等方面跟踪调查，促使落实
	29	审议通过增补市政协委员；安排布置政协永州市一届四次会议的有关准备工作
	30	协商通过关于征编出版《永州文史》第二辑—旅游资源开发专辑的工作方案
	32	通报政协永州市一届四次会议筹备工作情况；协商辞补市政协委员；协商通过市政协一届十三次常委会会议议程
	33	学习省政协领导班子成员“三讲”教育学习情况；协商通过关于市场建设情况的调研报告；安排部署 1999 年度市政协的各项调研视察活动
	34	学习江泽民在欢迎我国驻南斯拉夫联盟共和国工作人员大会上的讲话；协商通过一届十四次常委会议日程、议程
	37	学习中央 12 号文件精神；协商通过永州市科技兴农的调查报告；研究关于人民政协成立 50 周年庆祝活动的有关事项；协商通过一届十五次常委会议日程、议程
	40	协商通过市政协工作的规范化、制度化建设

续表3-1

届别	会次	内容
第一届	41	协商通过市政协一届十次常委会议日程、议程；协商通过《中国人民政治协商会议永州市委员会常委会工作规则》；总结 1979 年度市政协常委会工作及 2000 年的工作安排
	43	协商讨论政协常务委员会工作报告和一届十七次常委会日程、议程
	44	学习朱镕基总理所作的政府工作报告；协商通过落实市政协一届五次会议精神；协商通过市政协 2000 年重要活动安排
	47	协商讨论市政协调查组关于国有企业解困情况的报告；协商通过市政协一届十八次常委会议日程、议程
	49	协商讨论面对入世全市的农业发展及对策问题，研究市政协五年工作总结
	53	学习中共十五届五中全会精神，协商讨论市政协一届委员会向市委的汇报材料
	55	协商通过《关于表彰优秀市政协委员、先进政协工作者，办理提案先进单位、先进个人和优秀提案的决定》
	55	学习中共中央国务院《关于做好 2001 年农业和农村工作的意见》，传达了省委经济工作会议精神和市委十次全会的重要精神，协商研究市政协 2001 年工作要点
	57	协商通过一届二十二次常委会议日程、议程和各种会议发言材料；安排布置常委会会议各项筹备工作
第二届	1	学习江泽民总书记“七一”讲话、中共湖南省委《关于进一步加强政协工作意见》以及政协有关知识；协商通过《关于加强委员联系工作的规定》；协商二届市政协主席、副主席的工作分工；听取市政协各办委工作汇报；协商通过市政协二届一次常委日程、议程及其他事项
	2	协商讨论修订《政协永州市委员会常务委员会工作规则》和《政协永州市委员会关于加强自身建设的若干规定》；协商市政协二届一次会议闭会期间工作要点；协商通过市政协二届一次常委会会议议程、日程
	3	协商通过《政协永州市委员会关于加强自身建设的若干规定》；协商讨论《政协永州市第一届委员会持证视察试行条例》和《永州市人民政府关于加强同市政协及其专门委员会联系的通知》
	4	学习中共十五届六中全会和省委七届十二次全会精神；协商讨论市政协二届二次会议委员大会发言题目；协商讨论市政协二届二次常委会议程、日程
	5	视察我市城市建设的几个重点项目，听取市城市规划局的情况汇报，并就相关问题进行了协商讨论
	6	协商通过市政协二届二次常委会会议议程、日程；协商讨论市政协 2001 年工作总结和 2002 年工作思路
	7	协商研究向市委汇报政协工作的有关事项
	8	协商讨论市政协二届常委会工作报告、提案工作报告，以及市政协二届二次会议筹备事项
	9	协商通过二届二次会议的日程、议程；协商通过委员分组办法和各组召集人名单、邀请人员名单；协商通过市政协常委会工作报告；协商通过增补委员和常委候选人名单、选举办法等有关事项

续表3-1

届别	会次	内容
第二届	11	协商通过市政协有关人事任免事项；协商通过市政协领导督办重点提案的分工；
	13	传达学习省政协副主席李贻衡在全省维护稳定工作会议上的讲话；协商讨论经济发展环境、省际边界乡镇经济和社会发展、社区服务与建设、社会保障与再就业、民营经济发展等专题调研工作；协商研究市政协委员培训班有关筹备工作相关事项
	14	听取市政府部门办理市政协二届二次会议以来市政协委员提案的情况汇报；协商研究市政协二届三次会议的有关事项
	16	协商通过市政协二届常委会工作报告和提案工作报告；协商研究市政协二届三次会议筹备工作
	18	学习中组部、中宣部《关于开展学习郑培民同志活动的通知》；协商通过市政协委员第二期培训班有关事宜；协商通过《政协永州市委员会关于加强自身建设的补充规定》；通报市政协二届一次至七次常委会议考勤情况
	19	学习中共永州市委、永州市人民政府《关于认真学习贯彻中共中央政治局会议精神，切实做好当前几项重要工作的意见》；听取和审议市政协各位主席督查各县区防非典、防汛工作情况的通报；审议通过《关于工商行政执法和市场管理调查问题》；协商通过市政协二届八次常委会议议程等
	21	审议通过《中共永州市委关于进一步加强政协工作的决定》；协商通过市政协二届九次常委会议有关事项
	22	学习中共十六届三中全会精神；听取和审议市物价局工作情况；协商通过市政协二届四次会议委员大会发言材料的准备工作
	23	学习贯彻中共永州市委二届五次全会精神；听取和审议市政协调查组《关于全市招商引资工作情况的调查报告》
	26	协商通过重点提案的督办工作；协商通过《市政协提案工作条例》（草案）；协商通过《市政协专门委员会组织通则》（草案）；听取和审议市交通局工作情况汇报。
	29	协商通过市国税局关于对全市国税系统暂缓评议的申请；协商通过市政协2004年各调研课题分工落实情况；考察金洞漂流旅游项目开发情况，听取和审议金洞林场工作情况汇报
	30	传达省、市委巡视工作会议精神；协商通过市政协二届十三次常委会议议程、时间有关事项；通报永州市首届人民政协知识大奖赛筹备工作情况；协商通过举办市政协委员培训班有关事宜
	31	传达中共永州市委二届七次全会精神；听取和审议市财政局关于全市财政工作情况报告；听取和审议市政府关于政府系统办理政协委员提案的情况报告；协商通过市政协二届五次全会委员大会发言材料的组织筹备工作；协商通过督查各县（区）贯彻落实中共永州市委〔2004〕3号文件精神情况
	32	协商通过市政协二届五次会议的有关事项；传达全省政协提案工作座谈会精神；协商通过办理提案先进单位、先进个人和优秀提案名单（草案）；协商通过市政协二届十四次常委会议的议程
	34	视察零陵、祁阳、宁远县的宗教场所，听取和审议市民宗委关于全市宗教工作情况报告
	36	视察曲河水厂二泵房搬迁建设、市公安局垃圾中转站建设、垃圾处理场建设、污水处理厂，听取和审议市公用事业管理局工作情况报告

续表3-1

届别	会次	内容
第二届	37	视察珊瑚供电所、曲河220千伏变电站、竹塘110千伏变电站、永州电业局调度中心、永州电业局通讯中心，听取和审议永州电业局工作情况报告
	39	协商通过举办全市乡镇政协联工委主任培训班有关事项；听取和审议提案委关于今年委员提案的办理情况汇报；审议全市食品药品质量安全情况汇报
	41	传达市委主要领导在市委常委研究政协工作会议上的讲话；协商通过筹备召开市政协二届六次会议有关事项；协商通过市政协二届十八次常委会议议程和召开的时间；协商通过增补市政协委员事宜；协商通过与郴州市政协联合举行联谊活动有关事项；协商通过“送温暖、解难题”募捐事宜
	45	听取和审议市城市管理行政执法局承办《关于严厉打击城市“牛皮癣”的建议》等重点提案的情况汇报；听取和审议市政协调研组关于中心城区社会治安综合治理调研情况的汇报；协商通过市政协二届二十一次常委会议召开的时间和议程等
	46	学习《中共湖南省委关于贯彻落实〈中共中央关于加强人民政协工作的意见〉的实施意见》；听取市政协调研组关于永州中心城市功能配套建设课题调研情况的汇报
第三届	1	会议传达省政协九届五次会议精神；学习《中共中央关于加强人民政协工作的意见》（中发〔2006〕5号）文件精神；协商三届市政协主席、副主席、秘书长分工和有关人事安排；协商决定市政协三届一次常委会议议程及召开的时间等
	3	会议学习《全国政协关于加强和改进提案工作的意见》、《全国政协关于加强和改进委员视察工作的意见》；决定了政协永州市第三届委员会各专门委员会委员人选；协商通过各专门委员会兼职副主任人选和市政协领导督办重点提案分工
	4	会议协商通过《政协永州市委员会全体会议工作规则》、《政协永州市委员会常务委员会规则》、《政协永州市委员会主席会议规则》、《政协永州市委员会专门委员会通则》、《政协永州市委员会提案工作实施办法》、《政协永州市委员会委员视察工作规定》、《政协永州市委员会反映社情民意工作》；听取和审议了全市电业工作
	5	协商辞免、撤销市政协委员和增补市政协委员有关事项，协商通过市政协有关工作制度和规则
	6	协商通过市政协三届二次常委会议议程及召开的时间；协商决定市政协委员培训班的时间和内容；传达全省政协提案工作座谈会议精神；协商辞免、撤销市政协委员的有关事项
	13	学习贾庆林同志在全国政协十一届一次会议上的讲话精神；审议通过市政协三届六次常委会议议程及召开的时间；审议通过提案委关于重点提案督办的分工安排；听取和审议市商务局关于全市开放型经济发展情况的汇报
	15	传达市委常委会议精神；审议通过市政协常委外出学习考察方案
	23	协商通过召开全市政协主席座谈会的有关事项；审议通过提案委《关于市政协领导督办重点提案的分工安排》；审议通过《市政协关于与各民主党派、工商联、秘书长联席会议制度》
	24	协商通过市政协三届十一次常委会议的议程及召开的时间；审议通过《市政协常委考察方案》；听取和审议全市劳动和社会保障工作

续表3-1

届别	会次	内容
第三届	26	审议通过《关于永州市政协委员履行职责的办法（试行）》；协商通过有关人事事项
	34	审议通过《全市投资环境进行民主评议的实施方案》（讨论稿）；审议通过《2010年市政协常委外出考察方案》；协商通过《永州市文化强市战略实施纲要》《永州市文化产业振兴实施规划》
	36	学习省委书记周强在省委常委会听取全省政协工作督查情况汇报时的讲话；协商通过《关于依托广西北部湾经济区加快对接东盟的调查与思考》调研报告；协商通过《关于全市政协工作督查情况的通报》；协商通过有关人事事项
	38	审议通过《政协永州市三届委员会优秀委员评选方案》；学习传达了市委三届七次全会精神；审议通过《关于我市经济发展方式转变情况的调查报告》
	39	会议听取规划部门关于永州市城市总体规划修改工作的情况汇报，并就总体规划的期限和城市规模、宋家洲用地性质、火车货运站规划搬迁至河西新火车站片区、空军雷达站搬迁、给排水重要工程设施规划等具体问题进行协商讨论，提出建议和意见。实地视察永州四中、永华中学、正在建设中的菱角山实验小学，听取和审议市教育局关于全市教育工作的情况汇报
	40	审议通过《永州市“十二五”规划纲要》
	42	会议审议通过市政协三届二十一次常委会议议程、日程；协商通过有关人事事项；审议通过市政协三届五次会议大会发言
	46	学习《中共政协全国委员会党组关于〈中共中央关于加强人民政协工作的意见〉贯彻落实情况的报告》的通知（中办发〔2011〕16号）；协商通过市政协三届二十三次常委会议议程及召开时间；协商通过市政协主席、副主席率政协常委外出考察有关事项；审议通过永州市政协关于《中部七市承接产业转移》调研报告；协商通过有关人事事项
	48	对涔天河水库大坝、沱江镇白鹤亭移民安置点进行实地考察。听取江华瑶族自治县工作情况汇报和涔天河水库扩建工程情况汇报，并围绕水库扩建、移民安置、征地补偿、发电灌溉等工作进行协商讨论
	49	审议通过《关于我市电子商务发展的调查与建议》调研报告
第四届	1	审议通过《政协永州市第四届委员会常务委员会关于人事变动的表决办法》
	3	审议《中共永州市委贯彻落实〈中共湖南省委政治协商规程（试行）〉的实施意见（代拟稿）》；视察市质量技术监督工作
	4	学习中共中央关于加强新形势下党外代表人士队伍建设的意见（中发〔2012〕4号）；协商确定市政协领导领衔重点提案分工；协商政协永州市委员会各专门委员会对口联系单位；审议通过《关于就“实施行政中心搬迁，加快生态新城建设”向市委、市政府建言的设想》
	8	学习《关于进一步加强人民政协提案办理工作的意见及传达全省市州政协提案工作座谈会精神；审议通过市政协对湖南有线永州网络有限公司民主评议报告；审议通过《政协永州市委员会关于完善大会发言制度的实施细则（草案）》
	9	审议通过《关于做大做强做美生态新城的调查与建议》、《关于壮大产业集群加快工业发展的调研》、《关于加快我市农民专业合作社发展的调研》的调研报告

续表3-1

届别	会次	内容
第四届	11	学习中共十八大精神；审议通过《政协永州市四届二次会议筹备工作方案》
	14	审议通过《关于认真做好市政协全体会议委员大会发言意见建议办理工作的通知》（代拟稿）
	16	审议通过《政协永州市第四届委员会委员管理办法（试行）》；审议通过《政协永州市委员会特聘委员聘任工作实施办法（草案）》；协商通过《政协永州市第四届委员会特聘委员提名推荐名册》
	18	审议通过四届六次常委会议议程及召开的时间
	19	审议通过《加强林地保护　建设绿色永州》、《关于永州市农村卫生改革发展情况的调研》、《创新法律援助机制　切实保障农民工合法权益》3个调研报告
	21	审议通过市政协四届七次常委会议议程和召开时间；审议通过《关于我市农业科技创新体系建设的调研》、《加强市本级财源建设　促进可持续财力增长》调研报告。
	23	学习中共十八届三中全会精神；审议通过政协永州市四届三次会议筹备工作方案；讨论通过《政协永州市四届三次会议秘书处工作机构职责》
	27	传达全国“两会”精神；协商确定市政协领导领衔督办重点提案分工；审议通过《政协永州市委员会办公室关于四届市政协驻县区委员异地视察活动方案》（草案）。
	28	审议通过《政协永州市委员会关于统一委派民主监督员的实施意见》
	29	审议通过《政协永州市委员会关于民主评议工作的实施细则（试行）》（草案）；审议通过《关于全市农业产业化龙头企业发展现状的调研》、《关于永州市中心城区幼儿教育发展情况的调研》的调研报告
	30	审议通过《关于对永州大道中央隔离带绿化改造的建议案》（草案）；审议通过《关于我市落实残疾人“两个体系”建设情况的调研》、《关于永州名人故居保护与利用的调研》两个调研报告；审议通过《市政协四届三次会议委员大会发言领衔督办领导及参与督办委室建议名单》
	32	审议通过《关于进一步加强人民政协提案办理工作的实施意见》（代拟稿）；协商通过提名增选四届市政协特聘委员名单
	33	学习中共十八届四中全会精神；学习总书记习近平在庆祝人民政协成立65周年大会上的讲话；学习全国政协主席俞正声在庆祝人民政协成立65周年理论研讨会上的讲话；审议通过政协永州市四届四次会议筹备工作方案；传达全省政协提案工作座谈会议精神
	35	审议通过《政协永州市委员会“专题协商”实施办法》
	36	学习《习近平关于党风廉政建设和反腐败斗争论述摘编》
	37	学习全国“两会”精神；协商确定市政协领导领衔督办的重点提案；协商确定市政协领导督办的市政协四届四次会议委员大会发言；协商有关人事事项
	40	协商通过《关于政协协商、民主监督、参政议政的规定（试行）》；听取市住建局对永州市中心城区控制性详细规划修改情况进行汇报
	43	学习全国政协主席俞正声在全国地方政协工作经验交流会上的讲话；审议通过《关于永州市非物质文化遗产开发利用和保护的调研报告》
	45	会议组织学习中共十八届五中全会精神；学习《中国共产党廉洁自律准则》和《中国共产党纪律处分条例》，协商通过优秀政协委员名单

第四章　履行职责

政协永州市委员会按照政治协商、民主监督、参政议政三大职能开展工作。1996—2016年，市政协共召开四届全委会议，其间，委员利用大会发言、书写提案、提交调查报告以及深入基层视察等形式，进行民主监督、参政议政。市政协一至四届全委会议，委员们围绕中共永州市委、市政府中心工作和人民群众关心的热点、难点问题，在调查研究的基础上，书写提案、调查报告和建议案达3450多条，成为市委、市政府及相关部门决策依据或改进工作的重要参考。永州市各级党政部门对政协委员提出的建议、提案相当重视，并付诸实践，截至2016年，已经实施1800多条。

第一节　政治协商

一、全委会议协商

1996—2000年，政协永州市第一届全体委员会会议期间，先后召开五次全委会议。1996年4月18日，一届一次全委会，听取和协商永州市人民政府《工作报告》及法院、检察院工作报告。协商永州市人大常委会主任、副主任候选人名单，市人民政府市长、副市长候选人名单，市中级人民法院院长、市人民检察院检察长候选人名单。1997年3月，一届二次全委会，听取和协商永州市人民政府工作报告；听取和协商永州市1996年国民经济和社会发展计划执行情况及1997年国民经济和社会发展计划（草案）的报告；听取和协商永州市1996年财政预算执行情况和1997年财政预算（草案）的报告；协商永州市中级人民法院工作报告、永州市人民检察院工作报告。1998—2000年，一届三次至五次全委会，本着“协商于决策之前”的精神，围绕本届政府提出的“紧紧围绕经济建设这个中心，深化改革，实施‘大郊区战略’，加速经济体制和经济增长方式的转变”这一主题，进行重点协商，并召开8个专题协商会，就“调整农业结构，坚持科技兴农”“加大改革力度，搞活国有企业”“重点扶持大户，促进乡镇企业和个体私营经济上规模”“加强基础设施和城镇建设，拉动投资需求增长”“努力搞活流通，发展第三产业”“扩大招商引资，发展外经外贸”“抓好财税工作，努力实现财政收支平衡”“推进科技进步，进一步实施科技兴市”等8个专题进行协商。特别是对永州建设“大郊区”战略的重要措施——永州—连州（广东）公路扩建工程建设，委员积极协商，提出协商建议30余条。

2001—2006年，政协永州市第二届全体委员会会议期间，先后召开六次全委会议。2001年6月20日，市政协二届一次全委会召开，听取协商永州市人民政府工作报告以及其他报告；协商永州市国民经济和社会发展“十五”计划纲要（草案）；协商市人大常委会、市人民政府市长，市中级人民法院院长、市人民检察院检察长候选人名单。永州市第二届人民政府工作报告提出，“十五期末，全市实现社会、经济、人口、环境协调发展，逐步形成生态环保效益型经济格局。市政协二届全体委员会议1~6次会议，政协委员紧紧围绕建设生态环保效益型经济格局，促进全市经济社会的全面发展这一主题协商。重点对5个专题展开讨论协商：农村经济结构调整，着力提高优质农产品比重、农产品加工比重；产业结构调整，突出加快工业化进程，提高二、三产业比重；城乡结构调整，提高城市化水平，增加城市经济在区域经济中的比重；区域经济结构调整，全市构建特色鲜明、功能互补的“一点三区”的经济发展格局（一点，即以冷水滩、零陵两区为重点，相向发展，连成一体，强化聚集、辐射功能。三区就是由冷水滩、零陵、祁阳、东安四县区构成城市经济区，由道县、江永、江华、双牌四县构成绿色经济区，由宁远、蓝山、新田三县构成面向沿海的外向型经济区）；创生态环保效益型经济特色，在“特色”二字上做文章。尤其来自农村的政协委员，对改善农村环境、提高农村居住质量提出很多协商建议。城建、环保部门政协委员协商发言50多人次，协商意见30余条，总的协商意见是：把经济建设与把生态环境建设融合起来，依靠先进的科学技术和优良的生态环境取得经济发展，依靠经济发展为生态环境提供保护和支持，最终实现经济持续健康发展、环境与资源永续利用。使永州成为名副其实的“锦绣潇湘”。

2007—2011年，政协永州市第三届全体委员会会议期间，先后召开五次全委会议。2007年1月18日，市政协三届一次全委会，听取协商永州市人民政府工作报告以及其他报告；协商市人大常委会、市人民政府市长，市中级人民法院院长、市人民检察院检察长候选人名单。第三届市人民政府《工作报告》提出“十一五”期间，地方生产总值年均增长11.5%的具体工作指标，要求“全市上下抓住机遇，为建设‘三个永州’（速度永州、和谐永州、活力永州）而努力。”市政协1~5次全委会，紧紧围绕《政府工作报告》的核心内容协商，重点组织“推进工业新型化”、“推进新农村建设”、“推进基础设施建设”三个专题协商。来自工业战线的政协委员在协商中提出，推进工业新型化，结合永州实际可以在培植先进机械制造、农产品加工、矿产品资源深加工和外向型加工贸易等五大集群方面下功夫。来自农村的政协委员，在协商中发言认为，推进新农村建设，要注重用现代物资条件装备农业，用先进科技改造农业、用先进产业体系提升农业、用培养新型农民发展农业，提高农业水利化、机械化和信息化水平，提高土地产出率、资源利用率和劳动生产率，提高农业质量和效益竞争力。来自城建、环保以及其他界别的委员，对推进基础设施建设，做出积极协商，认为推进零（陵）、冷（水摊）两区一体化，是做大做强中心城市，壮大市域经济发展的重头戏；实行经、管并重，加强城市管理，推进提质扩容，强化文化内涵，是带动永州城市经济发展的特色戏。

2011 年 1 月 9 日，参加市政协三届五次会议的委员报到

2012—2016 年，政协永州市第四届全体委员会会议期间，先后召开五次全委会议。2012 年 1 月 2 日，市政协四届一次全委会，听取协商永州市人民政府工作报告以及其他报告；协商市人大常委会、市人民政府市长，市中级人民法院院长、市人民检察院检察长候选人名单。第四届市人民政府工作报告提出“十二五”期间，未来五年全市经济社会发展总体要求，“以建设承接产业转移示范区为总抓手，着力强基础、兴产业、建新城、重环保、惠民生，努力打造现代工业城市、湘粤桂省际区域中心城市、生态宜居城市、知名旅游目的地城市。主要预期经济目标是，地方生产总值年均增长 13%以上”。市政协四届 1~5 次会议，委员们紧紧围绕市政府工作报告提出的总体思路协商，并重点对五个专题分组讨论协商：发展大工业，加快产业转型；推动大开放，构筑承接高地；培育大城市，打造宜居之都；主攻大交通，强化基础支撑；促进大和谐，建设幸福永州。工商企业界委员对构筑承接产业示范区，协商尤其踊跃，认为搞活永州承接产业转移，必须以体制机制创新为动力，拓展开放领域，创优承接环境，其目的就是要把永州建成产业承接新平台、区域合作引领区、加工贸易集聚区、转型发展试验区。非中共人士委员对“促进大和

谐，建设幸福永州”专题，进行广泛协商，认为政府工作要顺应全市人民过上美好生活的期待，各行各业要为落实城乡居民增收计划，全民社会保障体系等项社会福利做出应有努力，让全市人民学有优教，劳有多得，病有良医，老有善养，住有宜居，共建共享幸福永州。

二、常委会议协商

第一届

1996 年 3 月至 2001 年 6 月，一届政协永州市委员会共召开常委会议 22 次。会议协商内容主要分为两大部分：一部分为会议常规协商，一部分为政务要事协商。

一届常委会议共常规协商会议 45 个，主要协商内容有：协商政协永州市第一届委员会的参加单位、委员名额和人选；协商通过一届 1~5 次会议主席团成员及秘书长建议名单、主席团常务主席名单、各次大会执行主席建议名单、提案审查委员会成员建议名单，大会秘书处工作机构及其负责人名单；协商通过会议邀请人员、列席人员名单；协商《政府工作报告》、“两院”工作报告，协商市政府组成人员名单。

一届常委会议共协商政务要事 36 件，主要有：

1996 年 9 月 25 日，一届三次常委会议协商通过《市政协关于加强城市规划、建设、管理的建议案》和《永州市政协常委会关于改善我市投资软环境的建议案》。

1996 年 12 月 19 日一届四次常委会议，认真学习中共六中全会精神和永州市委贯彻六中全会的意见，并就如何加强永州市精神文明建设进行协商讨论；协商通过市政协“关于林业产业化建设”和“民族地区经济发展问题”两个建议案。

1997 年 12 月 18 日一届九次常委会议，协商通过市政协常委会《关于争取涔天河水库扩建工程尽早立项的建议案》。与市政府协商永州市水果产业化问题。分析永州的气候、土壤条件，水果品种结构，综合利用情况及存在的主要问题，并从合理布局，优化品种结构，加大资金及技术投入，加强采后商品化处理，提高贮藏、加工技术水平及改革现有水果生产体制等方面入手，提出加速永州市水果产业发展步伐的对策。

1998—1999 年，一届十次常委会，围绕市政府提出的第三产业与旅游资源开发和个体私营经济发展这两个问题进行协商讨论。尤其对个体私营经济发展，常委会提出，过来一段永州民营经济在发展中受到不公正待遇，政策落实不到位、融资渠道不畅通等五个问题困扰。建议落实政策待遇，制订实施民营投资产业指导目标，强化行业自律组织作用，拓宽政府与民营企业沟通渠道。副市长蒋桃生、邓三龙和市计委、建委、财委、经委、外经委、体改委、乡经委、教委、工商局、文化局、旅游局等部门负责人应邀参加协商和听取意见。一届十一次常委会议，协商讨论永州市财源建设问题和中心城市功能配套问题。一届十四次常委会议，听取市政府关于市场建设情况汇报，并进行协商讨论。

2000—2001年，一届十八次常委会议，协商永州市市属国有工业企业的改革和解困情况。一届十九次常委会议协商讨论加入WTO对永州市农业的影响及对策。常委们经过热烈议论，一致认为，中国加入WTO既为永州农业发展提供了良好的机遇，同时也使永州面临严峻的挑战，永州是农业大市，可以从提高农产品质量、优化农业区域布局次等上面做文章。常委会还邀请市政府市长、常务副市长、分管农业副市长以及市计委、市农委、市财委等单位主要负责人参加会议并听取意见。一届二十次常委会议协商通过政协2001年工作思路。一届二十二次常委会议协商通过常委会工作报告和提案工作报告；协商“两院”工作报告。

第二届

2001年6月至2007年1月，二届政协永州市委员会共召开常委会议23次。会议协商内容主要分为两大部分：一部分为会议常规协商，一部分为政务要事协商。

二届常委会议共协商常规会议43个，主要协商内容有：协商政协永州市第二届委员会的参加单位、委员名额和人选；协商通过二届1~6次会议主席团成员及秘书长建议名单、主席团常务主席名单、各次大会执行主席建议名单、提案审查委员会成员建议名单，大会秘书处工作机构及其负责人名单；协商通过会议邀请人员、列席人员名单；协商《政府工作报告》、“两院”工作报告，协商市政府组成人员名单。

二届常委会议共协商政务要事47件，主要有城市园林化建设、生态化养殖模式等。

2001年，二届一次至三次常委会议，协商通过《政协永州市委员会关于加强自身建设的若干规定》《政协永州市委员会关于加强委员联系工作的暂行规定》《政协永州市委员会委员持证视察办法》。

2002年9月28日，二届五次常委会议协商通过《关于推进我市城市社区建设向中共永州市委、市人民政府的建议案》。建议案提出，永州市的社区工作从制度安排、人员配置、设施完善、功能健全等方面有较好的管理模式。但随着城市化的不断发展，社区管理中存在的瓶颈问题凸显，亟待解决。应从理顺体制、增加投入、完善功能、激发内生动力等方面不断增强社区管理工作实效，构建和谐社区。

2003 年 3 月 28 日，二届七次常委会议召开。听取和审议市地税局关于全市地方税务工作情况的通报，常委们针对当前永州市地税工作存在的困难和问题，就如何加强地方税源建设，扩大地方税收规模；转变工作作风，提高服务水平；强化协税护税力度，增加地方税收收入等方面提出一些好的协商意见；6 月 30 日，二届八次常委会议召开。会议协商通过《政协永州市委员会关于加强自身建设的补充规定》；听取永州市卫生局关于全市防治“非典”工作情况和市工商局关于全市工商行政管理工作情况通报，并就这两项工作进行协商。

2004 年 7 月 27 日，二届十二次常委会议，听取市人民政府关于全市上半年经济工作情况通报，并就此项工作进行协商；协商通过《政协永州市委员会专门委员会组织通则（试行）》(草案)；协商通过《政协永州市委员会提案工作实施办法》(草案)。10 月 13 日，二届十三次常委会议，听取市教育局关于全市教育工作情况通报，并就此项工作进行协商，常委会讨论协商认为，搞好学校、家庭、社会三结合做好青少年教育工作，这是社会和时代给我们提出的崭新课题。

2005—2006 年，二届十六次常委会议，听取市人民政府关于全市上半年经济工作情况通报，并就此进行协商；二届十七次常委会议，听取市政府办关于政府部门办理政协提案的情况通报，并就此进行协商；听取永州国税工作情况汇报，并就有关国税问题进行协商。二届十八次常委会议协商通过 2005 年市政协工作总结和 2006 年政协工作打算。二届二十次常委会议，听取市农业局关于全市农业工作的情况通报，并就此项工作进行协商讨论。二届二十一次常委会议，听取市委常委、常务副市长崔永平关于全市上半年经济工作情况通报，并就此进行协商，常委会认为，要加大永州下半年经济发展速度，要从五个方面下功夫：加大招商引资力度，大力发展外向型经济；因地制宜，把永州的优势资源用够用足；以工业为核心，优化产业结构；强化农业基础地位，切实解决“三农”问题。

第三届

2007 年 1 月至 2012 年 1 月，三届政协永州市委员会共召开常委会议 25 次。会议协商内容主要分为两大部分：一部分为会议常规协商，一部分为政务要事协商。

三届常委会议共协商常规会议 48 个，主要协商内容有：协商政协永州市第三届委员会的参加单位、委员名额和人选；协商通过三届 1~5 次会议主席团成员及秘书长建议名单、主席团常务主席名单、各次大会执行主席建议名单、提案审查委员会成员建议名单，大会秘书处工作机构及其负责人名单；协商通过会议邀请人员、列席人员名单；协商《政府工作报告》、“两院”工作报告，协商市政府组成人员名单。

三届常委会议共协商政务要事 47 件，主要有推进工业新型化、推进新农村建设等。

2007 年，市政协三届一次至四次常委会议，协商通过市政协 2007 年工作要点；协商决定市政协各专门委员会兼职副主任人选；协商通过市政协有关工作制度和规则等。

2008 年，市政协三届五次至六次常委会议，听取市政府上半年全市经济社会发展情况通报，并协商。协商《关于做大做强农产品加工业的调研报告》，把加快推进农业产业化作为实施“三化”战略的重要举措、作为农村工作的突出任务、作为县域经济发展的重要部分来抓，发挥资源优势培育龙头企业，依托龙头企业建设生产基地，面向国内外市场打造农业品牌，带动永州千家万户农民调整种养结构，发展优质高效农业。

2009 年，市政协三届十次至十二次常委会议，协商通过《我市返乡农民工就业创业情况》课题调研；协商通过《加快我市林权制度改革》的调研报告。

2016 年 4 月 5 日，市政协视察电子商务发展情况

2010 年，市政协三届十八次至十九次常委会议。协商通过《关于依托北部湾经济区加快对接东盟的调查与建议》调研报告；协商通过《关于全市政协工作督查情况的通报》。协商通过《关于我市转变经济发展方式的调研报告》。

2011 年，市政协三届二十三次至二十四次常委会议，协商通过《中部七市承接产业转移的调研报告》；协商通过《关于我市电子商务发展的调查与建议》调研报告。常委协商一致认为：面对当前蓬勃兴起的“互联网+”，我们要用移动互联网线上思维抓发展，用时不我待的紧迫感抢占先机，抢占制高点。

第四届

2012 年 1 月至 2016 年 2 月，四届政协永州市委员会共召开常委会议 21 次。会议协商内容主要分为两大部分：一部分为会议常规协商，一部分为政务要事协商。

四届常委会议共协商常规会议 49 个，主要协商内容有：协商政协永州市第四届委员会的参加单位、委员名额和人选；协商通过四届 1~5 次会议主席团成员及秘书长建议名单、主席团常务主席名单、各次大会执行主席建议名单、提案审查委员会成员建议名单，大会秘书处工作机构及其负责人名单；协商通过会议邀请人员、列席人员名单；协商《政府工作报告》、“两院”工作报告，协商市政府组成人员名单。

四届常委会议共协商政务要事48件，主要有承接产业转移、加快农业科技创新步伐等。

2012年9月19日，市政协四届三次常委会议，协商通过《关于做大做强生态新城的调查与建议》，协商通过《关于壮大产业集群加快工业发展的调研》的调研报告。常委会议对壮大永州产业集群提出三点协商意见：一、统筹规划引导。统筹规划发展一批具有地方优势和特色的产业集群，各县（区）根据各自产业特色，明确重点产业集群，科学编制产业集群发展规划，制定产业集群发展实施方案，提出发展思路、目标和主要措施，加快形成特色突出、关联性强的产业集群。二、培育龙头企业。以资产为纽带，引导龙头企业利用资金、研发、销售等优势，按照“1+N”方式对小企业进行兼并重组，组建企业集团，实现做强做大、抱团发展；鼓励龙头企业将部分工艺流程分离到配套企业，做好服务外包。三、推进重大项目。定期筛选重大工业项目，建立专门项目库，实行联席会议、专题会议、调度会议制度，加快推进项目建设。在继续弘扬永州猎豹汽车、零陵卷烟厂、南岭民爆、福嘉综环、熙可罐头、金浩茶油、凯盛鞋业、江华九恒数码、恒惠集团、康都药业等10大重点工业发展的同时，加快新型工业的发展。

2013年9月29日，市政协四届七次常委会，协商《关于我市农业科技创新工作的调研》，会议分析永州市农业科技推广现状及存在的问题，并找到相应的解决对策，如提出明确农业推广工作的职能、建立和完善农业科技推广体系、加强政府对农业推广的保障和支持等。协商《加强市本级财源建设　促进可持续财力增长》的调研报告。常委们讨论认为，应充分发挥资源、能源、区位优势，在继续巩固现有财源的基础上，加大后续财源的培植力度，做到“做实一产、做大二产、做优三产”，增强财政增收的后劲，如强化工业园区、重要商贸中心、新兴的服务业区等。

2014年9月29日，市政协四届十一次常委会议，协商通过《关于进一步加强人民政协提案办理工作的实施意见》（代拟稿）。协商通过《关于创建“诚信永州”的调研报告》，常委会讨论一致认为，构建以信用为核心的新型市场监管体制，对于推动简政放权和政府职能转变，提高社会治理能力，都将发挥重要的支撑作用，并就守信激励和失信惩戒机制提出补充意见。“诚信永州”调研报告，得到市委、市政府重视并采纳，随后市政府行文下发《关于建立完善守信联合激励和失信联合惩戒制度，加快推进社会诚信建设实施方案》

2016年9月23日，市政协四届二十次常委会。协商通过《强力构筑创建国家生态文明示范市的“永州路径”》调研报告。常委会议对建设生态文明永州协商意见较为集中，一致认为，强化永州生态文明建设，切实抓好三个方面工作：抓减排项目整治，防治重金属污染；突出湘江源头保护治理，以“保证水质、优化水质、改善生态、畅通河道”为目标，全面落实湘江治理规划；严守生态保护红线底线，加大环保执法力度。

三、主席会议协商

第一届

1996—2000年，政协永州市第一届委员会共召开57次主席会议，围绕市委、市政府中心工作，积极组织开展协商。

1996—1997年，为缓解永连公路建设的财力负担，市政协一届三次、四次主席会议，对如何建设永连公路开展协商，提出“财力不足，发动群众集资”建议。并召开政协全体员工大会，开展为建设永连公路做贡献活动。市政协的协商建议和率先动员群众集资支持永连公路建设的做法，得到市委市政府的肯定。随后，市委书记主持召开“全市集资建设永连公路动员大会”。通过群策群力，永连公路建设终于如期竣工。

1998年，围绕市政府关于“国有企业解困暨再就业工作，”积极开展协商。市政协主席欧学佳与市委市政府领导人一道，先后深入16家困难企业调研。随后于一届十九次、二十次主席会议提出“抓好基本生活费的发放、实施再就业工程、完善社会保障制度、深化企业改革”四条协商意见。

1999年，围绕市政府关于改善投资软环境和城市规划、建设、管理组织调研组开展调查，并就此项工作于市政协一届三十一次至三十七次主席议，提出协商意见，一是继续做好清理整顿对外商投资企业的税外收费。二是提高行政效率，强化服务意识，对外商投资项目从申报立项、合同审批、注册登记、领取证书等各种手续都力争在一幢楼内办完或指定专人及时办理。三是加强对公务人员的教育，树立良好的服务意识，对“吃、拿、卡、要”等不良行为要严肃处理。

2000年，围绕市政府提出的“依靠科技进步，促进农业增产，农民增收和农村经济全面发展。”的科技兴农战略开展协商。市政协四十九次、五十次、五十四次主席会议对“科技兴市战略”提出协商意见，认为：要实践“科技兴市战略”，首先是要加大科技创新和体制创新的力度。要以引进先进技术改造传统产业和推进科技成果的转化为重点，努力提高永州市科技含量。要改革和完善科技人员的收入分配制度，对有突出贡献的科技人员要实行重奖。常委协商还认为，科技的基础是教育。教育方面，要逐步增加教育投入，努力改善办学条件，鼓励和规范社会力量办学，使之形成政府办学为主，公办学校和民办学校共同发展的新格局。

第二届

2001—2006 年，政协永州市第二届永州市委员会共召开 49 次主席会议。围绕市委、市政府中心工作，积极组织开展协商。

2001 年，一次～四次主席会议，主要协商通过《关于加强委员联系工作的规定》；协商讨论修订《政协永州市委员会常务委员会工作规则》和《政协永州市委员会关于加强自身建设的若干规定》等。

市政协三届五十一次主席会议视察物价工作

2002—2003 年，七次～十六主席会议，紧紧围绕永州市二届《政府工作报告》提出的“从现在起，三年创建全国卫生城市，五年创建全国文明城市，十年建成集交通枢纽、商贸中心、工业基地、文化名城和旅游胜地于一体的生态型园林城市”城市建设战略开展协商。市政协组织三个调查小组，分别由主席、副主席带队。一个小组深入蓝山、道县等农村基层，对农业生产进行调研；一个小组到城建项目调研，先后视察永州市滨江公园、潇湘大道、中心城区学位建设、宋家洲综合整治等重大项目建设，听取市城市规划局相关情况汇报；一个小组由政协主席蒋桃生带队到国有骨干企业进行调研，并写出《市属国有轻纺及农产品加工鞋业的调查报告》。随后召开政协主席会议协商，在农业方面，常委会协商认为“做大扶强农产品加工龙头企业是我市当务之急”；在城建方面，常委会协商认为“市建设部门，要转变思想观念、加大工作力度，努力做好‘引、借、贷、抵、卖、筹、股’融资文章，解决建设资金缺少的问题”。在工业、商贸方面，常委会协商认为，产业结构调整，要突出加快工业化进程，提高二、三产业比重，商贸方面要加大招商引资力度。把经济建设与把生态环境建设融合起来，使永州成为名副其实的“锦绣潇湘”。

2004—2006 年，十七次～四十九次主席会议，围绕市政府《工作报告》提出的招商引资、社区服务与建设、社会保障与再就业、民营经济发展、发展旅游事业等专题开展协商。尤其在发展旅游事业方面，市政协组织调研队伍，对芝山区做全面的旅游资源考察，与有关部门研究协商，提出以历史文化名城为依托，重点开发潇水一线旅游景点，拓展“三山”（九嶷山、阳明山、舜皇山），把芝山区建设成为永州市旅游中心，以旅游业为龙头，带动永州市第三产业的发展，进而拉动一、二产业发展的构想和建议。这些协商意见，得到市党政领导和有关部门的重视。

第三届

2007—2011 年，政协永州市第三届永州市委员会共召开 52 次主席会议。围绕市委、市政府中心工作，积极组织开展协商。

2007—2008 年，一次主席会议，主要协商三届市政协主席、副主席、秘书长分工和有关人事安排；协商决定市政协三届一次常委会议议程及召开的时间等。二次至二十次主席会议，紧紧围绕“一府两院”工作报告和财政预决算开展协商。根据《政府工作报告》提出的“推进工业新型化”部署，为准确提出协商意见，市政协组织专门调研队伍，由主席或副主席带队，深入到全市 11 个县区的工业园和 56 家企业，与企业负责人进行座谈、讨论，历时三个多月，收集各方面意见。然后召开主席协商会议，邀请市委、市政府有关方面负责人参加，协商会议上提出加速推进工业化进程中，破解融资、用地和环境治理三大难题的协商意见。这些协商意见得到市委、市政府的高度重视，督促有关部门尽快解决，不到半个月时间，有关职能部门便拿出整改意见和治理措施。

2009—2010 年，二十一次至三十次主席会议，围绕《政府工作报告》提出的“推进新农村建设”部署开展协商。市政协牵头，组织市农办、市水利局、市司法局等单位，联合开展对农村建设开展调查。在调查研究的基础上，召开常委会，在总结成绩的基础上，协商提出“用现代物资条件装备农业，用先进科技改造农业、用先进产业体系提升农业、用培养新型农民发展农业，提高农业质量和效益竞争力”的协商意见。协商意见形成报告送市委领导，中共永州市委书记曾庆炎在报告上批示：“此报告很好，既肯定成绩又提出存在的问题和解决的办法，请市政府认真研究解决存在的问题，真正惠及人民群众。”三十六次至四十一次主席会议，还协商《全市林权制度改革》《返乡农民再就业问题》以及《关于依托广西北部湾经济区加快对接东盟的调查与思考》调研报告等，特别是对接东盟的调研报告对信息流、物流、资金流的控制等方面提出很多协商意见。

2011 年，四十二次至五十次主席会议，围绕市政府《工作报告》提出的“推进和谐永州建设”开展协商。会议多次就农村劳动力转移、社会保险覆盖、五项保险落实、企业退休人员基本养老金、农村危房改造、城镇居民收入等民生具体问题提出协商意见。8 月 28 日，市政协陈金荣主席在江华瑶族自治县主持召开三届四十八次主席会议，先后视察江华县火车站广场、海螺水泥项目、冷链物流园等项目现场。对涔天河水库大坝、沱江镇白鹤亭移民安置点进行实地考察。听取江华瑶族自治县工作情况汇报和涔天河水库扩建工程情况汇报，并围绕水库扩建、移民安置、征地补偿、发电灌溉等工作进行协商讨论。

第四届

2012—2016 年，政协永州市第四届委员会共召开 58 次主席会议，围绕市委、市政府中心工作，积极组织开展协商。

2012 年，一次至二次主席会议，主要协商协商通过市政协四届一次常委会议议程、日程；协商通过《政协永州市第四届委员会常务委员会关于人事变动的表决办法》；协商通过市政协机构设置及其市政协办公室主任、副秘书长人选、专门委员会和研究室主任、副主任人选。协商通过《政协永州市委员会 2012 年工作要点》。三次至十二次主席会议，紧紧围绕市政府提出的“建设承接产业转移示范区，着力强基础、兴产业、建新城、重环保、惠民生，努力打造现代工业城市、湘粤桂省际区域中心城市”的工作部署，开展协商建言。先后提出《做大做强做美生态新城》、《壮大产业集群，加快工业发展》《加快我市农民专业合作社发展》三个调研报告进行协商建言。

2013—2014 年，市政协十三次至三十四次主席会议。围绕中共永州市委副书记、市长魏旋君在《政府工作报告》阐述的永州市“十二五”发展战略开展协商。先后就《发展大工业，加快产业转型》《推动大开放，构筑承接高地》《培育大城市，打造宜居之都》三个专题提出协商意见。市政协主席、副主席带队深入基层调研，召开主席办公会议，就“实施行政中心搬迁，加快生态新城建设”“做好基层水利服务体系改革”“加快永州市基层文化事业发展”“加强社区管理和建设”等事项积极向市委、市政府协商建言。

2015—2016 年，市政协三十五次至五十八次主席会议。专题协商更加规范，组织开展“双月协商”，不断提高协商选题的计划性、协商程序的规划性和协商落实的时效性。围绕市政府提出的“十三五”战略，选择城区闲置土地处置和小区整治、社会化养老、禁毒工作、农村饮水安全、小微型企业发展和“十三五”规划编制等重点难点和民生问题组织深入调研，与党委政府广泛互动，有效协商。特别是对“十三五”规划编制，组织专门力量开展调研，对永州市“十三五”期间的生态保护、城市提质、产业融合、企业发展、园区产业链配套、重点项目建设、依法治市等进行专题研讨协商，向市政府及相关部门提出前瞻性、针对性协商意见。

第二节 民主监督

1996—2000年，永州市政协一届全委会议期间，坚持“突出重点、注重精品、量力而行”原则，选择经济社会发展中具有综合性、全局性、前瞻性的课题，通过大会发言，提出问题，进行民主监督。或深入调查研究，提出建议，以及相关报告，有效地实施民主监督。如一届四次常委会提出的《关于林业产业化建设》《永州市民族地区经济发展》，一届九次常委会议提出的《关于争取涔天河水库扩建工程尽早立项》《关于改善我市投资软环境》等。在改善永州市投资软环境的监督意见里，直接指出过来一段，永州市有关部门存在乱收费、乱设卡、乱摊派的“三乱”现象。这一监督意见的提出，引起市政府和有关部门高度重视，立即着手整改，不少部门从轻商、怠商改为重商、亲商，日益增强“部门围绕企业转，企业需求我服务”的观念，增强服务意识。市政协还支持民盟参与社会调查和民主监督，当了解到冷水滩蔡市镇老埠头村一带乱采滥挖锰矿资源、严重污染湘江河流情况时，便支持民盟组织委员深入实地调查，走访，形成“湘江在哭泣”的调查报告。引起市委、市政府领导高度重视，责成市环保部门、市国土资源管理部门和冷水滩区政府作出专项整治，最终乱采滥挖现象得到遏制。

2001—2006年，市政协二届二次全委会议，政协委员何鼎兴、杨雪生等26人，通过大会发言，就“做好永州市工业污染排放”“发展旅游事业振兴永州经济”“推进永州农业产业化进程”等工作提出监督意见。尤其是在“推进永州农业产业化进程”发言中，直言指出目前永州农产品加企业工薄弱、组织措施亟待加强，认为“做大扶强农产品加工龙头企业是我市当务之急”。市委、市政府领导高度重视委员的发言，市长刘爱才在发言材料上作出批示，组织有关部门召开专题会议，对委员的合理建议予以吸收、采纳。2002年，除了利用大会发言进行民主监督外，委员们深入农村、企业、社区基层调研，及时收集社情民意，监督对市委中心工作部署的落实情况。二届全委会期间，共向市委和政府反映社情民意200余条，帮助解决一些群众反映的社会热点、难点问题。如市政协副主席彭爱华根据个体工商户和私营企业主反映税外费过重的问题，会同市财政局、工商局深入祁阳、芝山等县（区）70多家私营企业和个体工商户了解情况。发现一些地方确实存在乱收费、乱摊派、乱吃喝、乱作为现象。对于召开有关部门负责人会议，对制止“四乱”问题进行协商解决，同时就整治“四乱”问题形成书面报告，向市委、市政府提出建议。市委、市政府予以高度重视，在全市整治经济环境会议上，对一些地方的“四乱”行为予以通报批评，并将有关问题列入整治重点。

2007—2011 年，市政协根据市委的统一安排，由市政协主席、副主席带队，市委督查室参与，分五个组赴全市 11 个县（区），就各县区贯彻落实中央和省市委关于加强人民政协工作的有关文件和会议精神情况，开展全面督查。督查期间，各县区委主要负责人对落实文件和会议精神情况作专题汇报，督察组针对县区政协反映的诸如工作经费、人员编制、干部交流以及兼职副主席待遇等困难和问题与所在县（区）委反馈交换意见，党委政府主要负责人高度重视，有的问题很快得到解决。督查结束后，市委常委会议专题听取情况汇报，市委书记黄天锡讲话，对进一步搞好政协工作提出更明确的要求。市政协三届全委会期间，市政协还组织专门调研组深入农村、厂矿企业、城镇社区，对“推进新型工业化”“建设山水园林城市”“搞好承接产业转移”“推进农业现代化”“重视文化旅游”5 个方面进行督查调研，推动各项工作的落实。为强化民主监督，市政协通过编发内部刊物《社情与民意》，先后共收集群众反映的热点、难点问题 300 余件，及时向市委、市政府和有关部门做出反映。比如通过对零陵区实地考察文化古迹和病危古建筑，发现存在问题。通过《社情民意》刊登反应，相关单位立即引起高度重视，着手解决。与此同时，制定《政协永州市委员会特邀监督员工作简则》，规范市政协委员担任特邀监督员的条件、程序、工作内容和要求，提高政协委员的监督积极性和监督水平。

2012—2016 年，注重发挥专委会在民主监督中的重要作用，充分发挥专委会职能，加强与党政部门对口联系单位的协商与沟通。市政协四届全委会期间，先后对网络公司、住建局、教育局三个单位开展民主评议，其中以提案委员会和人口资源环境委员会为主的评议工作小组，对市建设局履职工作情况展开调查评议。先后对局机关、服务对象、工作成效等方面开展调查，在深入调研、广泛征求群众意见的基础上，向建设局集中交换完善城市规划、精简行政审批、规范行政执法、加强人员队伍建设等 5 大类 17 个方面的整改意见。在评议领导小组的督促指导下，市住建局创新举措抓整改，履职工作有新进步。与此同时，为提高人民幸福指数、推动党政重点工作落到实处，市政协还组织专门委员会牵头，就城市园林化建设、中心城区公共事业建设、名优产业发展、人防工作、教育事业、“创国卫”等项工作，组织调研，查摆问题、交换意见、提出整改措施，并投票进行民主测评。

第三节 参政议政

一、调研报告

1996年，为贯彻落实中共永州市委、市人民政府提出的“科教兴市”战略决策，尽快把传统的应试教育转化为素质教育。政协永州市委员会于10月初至11月中旬，组织市政协相关常委联合市教委（现教育局），由市政协副主席朱光钧带队，对宁远、东安两县的素质教育进行考察调研，形成调查报告《永州市开展素质教育的调查报告》。这是永州市政协成立后向中共永州市委、市人民政府写出的第一份调查报告。永州市委、市政府对这份调查报告很重视，市长办公会议很快对这一问题进行研究，并从转变教育观念、加大教育资金投入、加强师资队伍建设等方面具体付诸实施。

1997—1999年，永州市政协围绕永州市政府第一届《政府工作报告》提出的实现“五个三”工作目标〔突出三大重点（交通、农业、城市）〕，〔培植三大支柱产业〕（机械、食品、建材），开发〔三大资源（土地、水利水电、矿业）〕，〔建设三大工程〕（洛湛铁路永州段、涔天河水库、中等城市），实现“九五”经济翻三番，由市政协主席欧学佳主导，组织市政协委室负责人，深入基层开展调研。写出《关于我市中心城市功能配套情况的调查报告》《关于减轻农民负担的调查报告》《关于我市科技兴农的调查报告》等，这些调查报告，反映问题具体，涉及内容全面，得到市委、市政府领导的重视。尤其对“减轻农民负担”调查报告反映的农民依然存在负担过重的问题，市政府召开办公会议进行认真研究，制定相关政策支持农村经济发展，减轻农民负担与实现“九五”经济翻三番一起抓。

2001年，年初按照市委开展工业情况调查的部署，市政协主席蒋桃生率领市政协委室负责人及政府有关部门负责人，到国有骨干工业企业以及农产品加工企业进行调查研究，写出《关于市属国有轻纺及农产品加工企业的调查报告》，同年10月，对全市旅游业的发展进行调研，写出《关于永州旅游业发展的调查报告》。调研报告提出以永州历史文化名城为主，重点开发潇水一线旅游景点，拓展“三园”（九嶷山、阳明山、舜皇山国家森林公园），把芝山区建设成为永州市旅游中心的构想，以旅游为龙头，带动永州第三产业的发展。此外，市政协各委室还就永州市的科技、教育卫生、生态环保、经济发展等方面组织委员进行专题调研。这些调研报告得到市党政领导和有关部门的重视。

2002—2004年，围绕永州市第二届政府工作报告提出的“形成生态环保效益型经济格局”的战略要求，市政协着重抓住四个专题开展调研。一是关于永州与“两广”（广东、广西）省际边界乡镇经济发展的调研。通过对永州市与“两广”边界乡镇在20世纪90年代前后发展差异的比较，客观分析桂北、粤北边境乡镇后来居上的原因，提出高度重视省际边界乡镇经济发展，加快公路交通改造，加快小城镇生态环保建设步伐，加大产业结构调整力度，加大财政转移支付力度等意见。中共永州市委、市政府领导充分肯定这份《省际边界乡镇经济发展的调研》，并就乡镇边境经济发展问题、城市生态环保效益型经济发展问题向中共湖南省委写出专题报告，省委书记杨正午在报告上做出重要批示。二是关于城市社区建设问题的调研。2002年3月，市政协委员赵文复收集整理群众意见，在市政协二届二次会议上就社区服务问题作大会发言，引起反响。为进一步推进城市社区文明建设，是年7月，市政协组织部分市政协委员深入芝山、冷水滩两区和凤凰园经济开发区70多个办事处、居委会进行广泛深入调研，同时赴长沙、岳阳、株洲三市进行社区建设的学习考察，形成《关于推进城市社区建设的调研报告》。市委、市政府领导认为这个调研报告非常及时，并指示有关部门在未来工作中采纳运用政协的调研成果。三是关于永州市投资环境的调研。2003年，市政协发动全市各县区政协配合开展投资环境方面的调研活动，形成报告《永州市投资环境的调研》，客观地指出永州市投资环境存在的一些问题，如服务意识比较差，乱收、乱罚的现象屡禁不止；诚信意识比较差，承诺不兑现的事屡屡出现；社会治安比较差，交通不便、水电不足状况还没有彻底解决等等。市委、市政府高度重视这一调研报告，召开相关部门负责人会议，对存在问题逐一进行落实解决。四是开展下岗职工再就业的调查。市政协联合市经济委员会、市总工会、市劳动和社会保障局有关部门，深入到市木材总厂、化工集团、万利集团观音滩煤业公司以及江永、道县、祁阳等县区开展调查，在掌握大量的第一手资料基础上，形成调研报告《下岗职工再就业现状调查》，调查报告分析一些深层次的问题和原因，提出一些切合永州实际的意见和建议。报告得到市委、市政府领导的重视。

2005—2007年，根据中共永州市委主要领导的指示精神，市政协由主席蒋桃生带队组织部分政协委员和市直单位负责人，分为16个子课题，对永州市“三林”（林区、林农、林业）问题进行一次较大规模的调研。向市委、市政府写出《加大政策扶持力度，提高林农生活水平》的调研报告。市委、市政府根据调研报告提出的问题进行认真研究、决策。推选永州籍省政协委员在省政协九届四次会议上作大会发言，引起中共湖南省委、省政府的高度重视。这个调研报告获得省政协“全省政协系统优秀调研报告”一等奖。针对冷水滩蔡市镇老埠头村一带乱采滥挖锰矿资源，政协委员还收集群众反映，写出《湘江在哭泣》；针对永州市当前城市垃圾与污水处理存在的问题和困难写出《城市垃圾与污水处理的调研报告》等，对市委、市政府改善城市建设，提高人居环境水平的决策起到重要的参谋作用。

2015 年 4 月 17 日，唐定率主席会议成员调研创建森林城市工作

2008—2009 年，市政协根据永州市人民政府高度重视，人民群众普遍关注的问题开展三个方面的专题调研。一是围绕社会主义新农村建设开展调研，组织以政协委员为主和相关部门参与的调研组，深入全市农村和农口部门实地了解情况，听取关于新农村建设的意见，经充分协商酝酿形成《建设新农村科技要先行》调研报告，引起中共永州市委、市政府高度重视，召开专门会议进行研究。与此同时，该报告还被收入湖南省政协编辑出版的《新农村建设调研报告专辑》。二是开展永州中心城区社会治安综合治理的调研，根据《政府工作报告》提出的建设“三个永州”（速度永州、和谐永州、活力永州）工作部署，市政协组织部分政协委员和民主党派人士分成四个调研小组，分头深入零陵、冷水滩两区和有关单位，采取听汇报、召开座谈会、问卷调查、明察暗访等形式，对零陵、冷水滩两城区的社会治安综合治理情况进行深入调研，分析城区社会治安形势比较严峻的原因，提出加强城区社会治安综合治理工作的建议。市委主要领导对这一调研报告很快作出明确批示，并召开有关部门负责人参加的专题会议进行研究。三是就永州中心城市功能配套建设问题开展专题调研。成立以政协主席蒋桃生为组长、副主席周忠信、曹小华为副组长的总课题调研组，组织部分市政协委员和零冷两区、市规划建设局等 18 个部门和单位，分为 18 个子课题，进行为期 4 个多月的调查研究，形成《永州中心城市功能配套建设调研报告》，调研报告概括列举永州撤地建市十年来中心城市基础设施功能配套建设初具规模的八大亮点，客观反映市民群众认为当前中心城市基础设施功能配套建设方面存在的八项缺失，并提出“十一五”期间中心城市基础设施功能配套建设急需解决的七个方面问题。这一报告为实现“三个永州”部署，加快永州城市建设起到重要的推动作用。

2010 年，根据中共永州市委、市政府提出的“承接沿海产业转移”工作部署，市政协组织精干队伍由主席陈金荣带队赴广州东莞、韶关、清远、惠州等市以及本市蓝山、宁远、道县、凤凰园经济开发区进行为期 10 天的调查研究，在多方收集广东各地政策文件、产业工作信息的基础上，撰写《赴广东学习考察产业转移的报告》。报告对广东省“双转移”的最新态势、特点，以及永州市现状进行分析，就今后永州市在承接沿海产业转移中调整思路、积极应对提出五个方面的工作建议，包括财政收入、园区用地、金融扶持、招商引资、人才引进等方面要加大工作力度。市委、市政府对这个调研报告非常重视，召开会议进行研究，并在《中共永州市委关于推进产业转移工作的决定》文件中得到体现。

2011—2013 年，根据中共永州市委主要领导意见，市政协对承接产业转移进行跟踪调研，在对永州市重点县区深入调研的基础上，选择有可比性的同属中部地区加工贸易重点承接地江西赣州、安徽芜湖、河南信阳、湖北荆门、宜昌、襄阳等进行实地调研。在全面调查充分听取意见的基础上，形成《中部七市承接产业转移的调研报告》，为市委、市政府决策起到重要参谋作用。2012 年，中共永州市委书记张硕辅将“如何加快新城建设”这一课题交给市政协进行重点调研。4~5 月，市政协专题调研组，深入冷水滩、零陵两区，察看市容、访问民众、走访社区，经过一段深入的调研工作，撰写关于《做大做强做美生态新城的调研报告》，报告建议以大战略汇聚生态新城活力，大力度落实生态新城建设规划，大智慧破解生态新城建设瓶颈，大开放谋划生态新城产业项目，大责任推进生态新城幸福民生。调研报告得到中共永州市委、市政府重视，市委召开常委会议专门研究生态新城建设问题，并开展拆除城区违章建筑行动。此外，市政协还组织市政协委员联合有关部门开展农田水利污染整治、乡级财政管理改革、农村垃圾处理等问题的调研，所形成的调研报告，均得到市委、市政府领导重视。

2014—2015 年，围绕中共永州市委副书记、市长魏旋君在四届人大一次会议《政府工作报告》中提出的永州市“十二五”发展战略“五大”举措（发展大工业，推动大开放，培育大城市，主攻大交通，促进大和谐），永州市政协组织委员、专家进行广泛调研，形成《工业园区配套功能及设施建设调研》《农业科技的调研》《推动文化旅游产业发展的调研》《创建“诚信永州”的调研》等 20 余件，这些调研报告，得到市委、市政府领导重视，责成有关部门落实，助推“十二五”发展战略的落实。与此同时，各民主党派也围绕人民群众普遍关心的问题积极开展调研，提出问题，向市委、市政府献计献策，撰写各类调研报告 10 余件。民进界别完成 4 个调研报告，《关于促进我市文化旅游发展的调研报告》《关于全市农村低保工作情况的调查报告》《关于我市融资平台公司未来发展思路的调查报告》《推动餐厨垃圾资源化利用和无害化处理，提高城市生态文明水平的调研报告》。其中《关于促进我市文化旅游发展的调研报告》由主委周秀英在市政协四届三次会议上做大会发言，受到市政府领导高度评价。

2016年，市政协组织《加快冷水滩和零陵连城步伐的调研》《民族地区村级党组织带头人培养和使用情况调研》等，得到市委、市政府重视，特别是零、冷连城步伐的调研，从规划、政策、资金、项目、土地提出许多建议，为政府决策起到参谋作用。

二、建议案

1996年，永州市政协围绕市人民政府第一届《政府工作报告》提出的建设“大郊区、大市场、大产业”的构想，通过调研，写出《关于改善我市投资环境向中共永州市委和市政府的建议案》。就改善招商引资环境、优化治安环境、优化人文环境等问题提出建议。建议案得到市委、市政府领导高度重视，市委书记邹金鹭主持召开有关部门负责人会议，就改善永州投资环境做出部署。

1997—2000年，永州市政协围绕第一届市政府工作报告提出的科技兴市、科教兴农战略，先后组织写出《关于加快我市少数民族地区经济发展向中共永州市委、市人民政府的建议案》《关于大力发展第三产业促进永州经济快速增长的建议案》《关于实现我市个体私营经济“第二次”创业建议案》等，得到永州市委市人民政府领导的重视，特别是“发展第三产业的建议案”，得到市委、市政府的高度重视，市政府召开办公会议，结合永州实际，对搞活流通、加快永州旅游业发展做出部署。

2001年，围绕推进永州农业产业化进程，增加农民收入问题，市政协分三个组深入各县（区）和市直属单位开展调查研究，在此基础上形成《做大扶强农产品加工龙头企业的建议案》，并在市政协二届一次会议上作大会发言。发言材料受到市委书记曾庆炎、市长刘爱才的重视。市长刘爱才当场在发言材料上作出重要批示，“组织相关部门召开专题会议，对委员的合理建议予以吸收和采纳。”同年12月，市政协副主席彭爱华根据个体工商户和私营企业主反映税外负担“四乱”（乱拿、乱要、乱吃喝、乱设卡）严重的问题，会同市财政、市工商部门深入县区对70多家私营企业和个体工商户调查了解情况，并就“四乱”向市委、市政府提出整治意见。市委市政府引起高度重视，在全市政治经济环境会议上对“四乱”行为予以通报，将有关问题列入重点整治。

2002—2004年，市政协围绕2002年5月13日永州市长刘爱才在全市个体私营业主、民营企业家代表座谈会上关于“要下大力气为民营经济的发展创造一个良好环境”的讲话精神，组织市政协委员积极提出意见和建议，市政协委员杨雪生代表市工商联写出《对发展我市民营经济的几点建议》，提出要壮大永州民营经济“必须在彻底解放思想、切实转变观念上下决心；必须在提升民营经济品位上做文章；

必须在加大扶持力度上做文章。"建议案在市政协二届二次会议上发言。中共永州市委书记曾庆炎、市长刘爱才对这一建议高度重视，听完大会发言，曾庆炎在发言材料上批示"杨雪生委员的发言很深刻，很有见地，对我市民营经济发展问题提出的具体意见值得全市各级各部门负责同志认真研究，高度重视，抓好民营经济的发展。"市长刘爱才批示"我市经济的弱势在民营经济、发展的潜力也在民营经济，今年要下决心为民营经济的发展创造一个良好的环境，市政府将专题研究如何加快民营经济发展的问题。"2004 年 12 月，市政协委员围绕中共永州市委、市政府贯彻中共十五届六中全会精神，切实转变干部作风的议题，委员何鼎兴建言提出"现在交通发达了，为什么有的干部反而离群众远？干部的文化水平高了，为什么做群众工作的办法反而少了？群众的生活条件好了，为什么对干部的意见反而多了？"建言引起中共永州市委、市政府领导的高度重视。市委书记曾庆炎在建言材料上批示："何鼎兴委员对我们认真深入地贯彻落实党的十五届六中全会精神，转变干部作风所提的意见和建议一针见血、十分中肯，必须引起我们的高度重视，切实加以解决。"市长刘爱才在建言材料上批示："'三问'切中当前干部作风中的要害问题——干部与群众的关系疏远了。我们各级政府及其工作人员一定要摆正自己同人民群众的关系，牢固树立公仆意识"。

2005 年，市政协组织政协委员将县域经济发展作为重点调查研究课题之一，组织政协委员先后深入全市 11 个县区就经济发展问题进行调研，同时还到毗邻的广东连州市、广西贺州市进行比较调研，向中共永州市委、市人民政府提出《关于促进我市县域经济发展的建议案》。市委、市政府对发展县域经济问题高度重视，把壮大县域经济列入全面建设小康社会的重要日程进行研究和部署。与此同时，市政协委员赵文复、彭松青等提出 30 多件建议案，其中《关于在机关事业单位中开展狠刹赌博之风的建议》《关于在党政机关工作日限酒的建议》，引起市委书记曾庆炎的重视，对禁赌作出批示，市纪委就此下发了专门禁赌通知。

2006 年，市政协委员围绕中共永州市委、市政府提出的建设"三个永州"（速度永州、和谐永州、活力永州）工作部署，积极整理写出各类建议案达 28 件。委员赵文复撰写的《建设社会主义新农村，必须加大农村禁赌力度》《百姓燃眉之急，亟盼政府解困》，引起市委书记曾庆炎高度重视，批示要有关部门落实解决。委员彭松青撰写的《加强党风建设要加大对一把手的问责力度》，不仅得到中共永州市委的重视，而且被中共湖南省委纪检部门采纳。

2007—2009 年，市政协委员围绕市政府的重要决策和人民群众关注的热点问题撰写建议案 120 多件，得到中共永州市委、市政府的重视，为推动永州社会发展与经济建设发挥积极作用。如李显昌委员提出的《关于永州市设立进出口海关的建议》、奉起富委员提出的《关于进一步加强农村公路建设的建议》、唐运军委员提出的《切实解决特困企业职工医疗保障问题的建议》等，关乎经济发展大计、关乎民生问题改善，都得到市委的重视，责成有关部门落实。有的还转化为“大会发言”，产生良好的社会反响。如民革政协委员唐翔在三届三次会议上的发言《加强农产品质量安全监管的建议》，得到市委书记黄天锡的批示；封金祥撰写的《高度重视林区、林业、林农问题的建议》，被列为湖南省政协十届二次会议发言材料之一。政协民革委员在三届一次会议上的发言《加强城市管理，坚决遏制违法建筑的建议》，荣获永州市政协2007—2008年度大会发言三等奖。

2010年，市政协组织调研组赴广西北海、防城、南宁、柳州以及云南边境地区调查了解其对东盟贸易合作的情况，形成《依托北部湾经济区加快对接东盟的调查与建议》，提出“向南向东抓承接，面向东盟抓对接”的建议，得到市委、市政府采纳。同年，市政协还组织农工党、民进委员，赴重庆学习考察森林城市建设的先进经验，形成《永州市城市建设知行合一的建议》，从城市建设思路、规划，到具体措施，为永州中心城市美化、绿化献策。

2011—2013年，市政协组织委员围绕重点企业解困、社区建设管理、中心城区供水、城市公交等社会民生问题，深入群众，了解情况，开展调研，撰写建议达150余条。市政协民革集体撰写的《创新职业教育和技能培训机制，破解企业用工难题的建议》，被市政府采纳，并获市政协优秀集体建议案奖；市政协民盟委员朱衡宁撰写的《建立农产品流通体系的建议》，在市政协四届二次会议上做大会发言，得到市委书记、市长的重视，在发言材料上签署意见，责成有关部门落实。朱衡宁还撰写《关于我市房地产市场健康发展的建议》《关于推进湘江风光带建设的建议》等，都被市委、市政府采纳。

2014—2016年，彰显政协“智库”优势，开展各种形式的调研活动190多次。针对群众反映强烈的永州大道安全问题，市政协组织调研组进行调查研究，经过多方调查论证，向中共永州市委、市政府提交《关于对永州大道进行安全改造的建议案》。市委、市政府领导对这一建议案高度重视，随后市委书记陈文浩即主持召开永州大道建设完善工作座谈会议，就永州大道建设成为永州人民心中的连接大道、绿化大道、发展大道提出明确的要求。与此同时，市政协各专委会、各界别，围绕市委、市政府工作部署、人民群众最关心的问题，深入基层调查，积极撰写建议。市政协人口资源环境委以“加强林地保护、建设绿色永州”为题，开展调查走访，在保护林地资源、维护林农利益等方面向市委、市政府提出建议；民族宗教法制群团三胞联谊委针对如何开展法律援助、为农民工维权问题进行调查走访，建议提出创新法制援助机制，切实保障农民工合法权益；文教卫体委着眼于农村卫生改革发展，开展调研活动，提出重视“三农”与重视农村卫生改革发展的建议；提案委围绕做好农村房屋改造工作深入基层调查问计，提出建设新农村应把房屋改造放到首要位置的建议。这些建议案，分管副市长均作出批示，要求相关部门认真吸纳建议，办好落实，惠及于民。

2015 年 11 月 23 日，驻永省政协委员视察零陵古城项目建设

1996—2016 年政协永州市委员会重点调研报告统计表

表 4-1

调研类别		时间	调研内容	调研人
经济建设与资源环境的调研	工业经济	1996 年 8 月	投资软环境调研	欧学佳
		1998 年 9 月	个体私营经济第二次创业的调研	赵茂清
		2001 年 4 月	治理经济发展环境的调研	治理经济发展环境办公室
		2001 年 8 月	轻纺及农产品加工企业调研	袁火林
		2002 年 4 月	省际边界乡镇经济发展的调研	蒋桃生、谢五龙
		2002 年 10 月	关于推进城市社区建设的调研报告	市政协集体
		2003 年 4 月	永州投资环境调研	市政协集体
		2008 年 7 月	承接沿海产业转移调研	陈金荣
		2010 年 6 月	对接东盟贸易区调研	陈金荣、张建亮

续表4-1

调研类别		时间	调研内容	调研人
经济建设与资源环境的调研	工业经济	2013 年 9 月	加强本级财源建设的调研	市政协集体
		2015 年 3 月	电子商务发展的调研	市政协集体
		2015 年 5 月	工业园区配套功能及设施建设调研	市政协集体
		2015 年 8 月	小微企业发展状况调研	市政协集体
	农业与新农村建设	1997 年 8 月	农业产业化调研	黄春芳
		1998 年 5 月	加快水果产业化调研	市政协集体
		1999 年 6 月	科技兴农的调研	邓香花
		2000 年 5 月	“入世”对永州农业发展的影响及对策的调研	邓香花、何鼎兴
		2000 年 7 月	巩固农村定权发证和加强农村工作的调研	市政协办公室
		2005 年 2 月	林区群众脱贫的调研	谢五龙
		2013 年 5 月	农业科技创新情况的调研	唐定
		2014 年 6 月	永州温氏畜牧有限公司发展情况的调研	唐运军
	人口资源与环境保护	2005 年 3 月	湘江流域水污染及治理的调研	市政协集体
		2012 年 3 月	创建国家森林城市的调研	周秀英
		2012 年 8 月	乡镇水利站建设情况的调研	唐运军
		2013 年 4 月	林地保护的调研	唐运军
		2014 年 5 月	矿产资源合理开发与利用的调研	市政协集体
		2015 年 8 月	积极实施生态战略调研	唐定
		2016 年 5 月	推动生态补偿脱贫的调研	市政协集体
		2016 年 9 月	创建国家生态文明示范城市的调研	市政协集体
	城市建设管理与旅游产业开发	1996 年 8 月	城市特色与管理的调研	沈泗海
		1998 年 5 月	以潇水一线为核心的旅游调研	欧学佳
		2002 年 5 月	城市管理及优化经济环境的调研	蒋桃生
		2013 年 5 月	加强中心城市社区建设的调研	唐定
		2014 年 4 月	潇湘城市群建设的调研	市政协集体
		2014 年 8 月	创建“诚信永州”的调研	市政协集体
		2015 年 5 月	社会化养老工作的调研	市政协集体
		2015 年 7 月	中心城区文化产业园的调研	周秀英

续表4-1

调研类别		时间	调研内容	调研人
文化教育与医卫体育事业方面的调研	教育与发展	1996年9月	素质教育的调研	朱光钧
		2003年6月	义务教育的调研	市政协集体
		1997年9月	社会办学的调研	市政协集体
		2005年3月	永州市学校布局的调研	周忠信
		2009年5月	永州市义务教育合格学校情况的调研	刘宏来
		2014年3月	关于幼儿教育的调研	周秀英
	文化体育事业	1997年5月	旅游文化的调研	欧学佳
		2004年9月	群众体育事业的调研	市政协集体
		2007年9月	古民居文化保护与利用的调研	市政协集体
		2009年8月	女书文化的调研	市政协集体
		2010年8月	公共文化服务体系的调研	市政协集体
		2012年3月	基层文化事业的调研	周秀英
		2012年4月	公益文化事业发展的调研	市政协集体
		2012年9月	古玩艺术品收藏市场调研	市政协集体
		2014年9月	名人故居保护与开发利用调研	市政协集体
		2014年3月	传统村落文化保护与利用的调研	市政协集体
		2014年12月	文化产业的调研	周秀英
		2015年3月	推动文化旅游产业发展的调研	唐定
		2011年6月	公共体育设施建设的调研	刘宏来、袁火林
	医疗卫生事业	2001年5月	农村医疗卫生工作调研	戴菊芳
		2004年8月	乡镇卫生院建设的调研	戴菊芳
		2007年8月	新农合运行情况的调查	刘宏来、
		2008年4月	社区卫生服务的调研	刘宏来、
		2013年4月	农村卫生改革发展的调研	周秀英
		2013年4月	农村医疗卫生工作的调研	省市政协联合调研
社会法制与民族宗教类	法制与法治建设	2005年12月	社会治安状况和稳定问题的调研	市政协集体
		2005年12月	中心城区社会治安情况的调研	市政协集体
		2013年17月	创新法律援助机制，切实保障农民工合法权益	何明玲
		2015年3月	禁毒工作的调研	何明玲
		1998年3月	下岗职工再就业调研	市政协集体

续表4-1

调研类别		时间	调研内容	调研人
社会法制与民族宗教类	社会群团	2001 年 6 月	全市经济发展软环境调研	市政协集体
		2001 年 6 月	三资企业投资环境调研	市政协集体
		2007 年 12 月	有效化解农村矛盾纠纷，构建和谐新农村的调研	市政协集体
		2007 年 12 月	企业用工情况调研	市政协集体
		2009 年 5 月	返乡农民工就业情况调研	陈金荣
		2013 年 5 月	进城务工妇女权益保障的调研	市政协集体
		2014 年 7 月	出生缺陷情况调研	何明玲
		1996 年 12 月	科技扶贫，加快民族地区经济发展调研	市政协集体
		2004 年 12 月	民族经济发展情况调研	市政协集体
		2005 年 12 月	散居少数民族经济发展调研	市政协集体
		2007 年 12 月	少数民族和民族地区税收优惠政策落实情况调研	市政协集体
		2010 年 4 月	贯彻落实民族政策法规，加快民族地区基础设施、基础产业发展情况调研	盘玉花
		2010 年 4 月	少数民族人才队伍比例偏低的调研	市政协集体
		2015 年 12 月	民族工作调研	市政协集体
		2015 年 12 月	民族地区村级党组织带头人培养和使用情况调研	市政协集体

1996—2016 年政协永州市委员会重点建议案统计表

表 4-2

类别	时间	专题内容	建议人
经济建设和城市发展	1996 年 9 月	关于我市城市建设和管理几个问题向市委、市政府的建议案	市政协一届三次常委会
	1996 年 12 月	关于加快少数民族地区经济发展向市委市政府的建议案	市政协一届四次常委会
	1996 年 12 月	关于我市林业产业化向市委、市政府的建议案	市政协一届四次常委会
	1998 年 6 月	关于大力发展第三产业促进永州经济快速增长的建议案	市政协一届十次常委会
	1998 年 6 月	关于实现我市个体私营经济“第二次创业”的建议案	市政协一届十次常委会
	2000 年 9 月	关于面对“入世”加快永州农业发展的建议案	市政协一届十九次常委会
	2007 年 10 月	关于彰显历史文化，建设名城永州的建议案	市政协三届三次常委会

续表4-2

类别	时间	专题内容	建议人
文化建设和社会事业发展	1997 年 12 月	关于争取涔天河水库扩建工程尽早立项向市委市政府建议案	市政协一届九次常委会
	2012 年 5 月	关于在生态新城兴建市民中心的建议案	市政协四届二次常委会
	2014 年 7 月	关于永州大道中心隔离带绿化改造的建议案	市政协四届十次常委会
	2016 年 8 月	关于加快建设永州文化创意产业园的建议案	市政协四届五十四次常委会
优化环境和民生保障	1996 年 9 月	关于改善我市投资环境问题向市委、市政府的建议案	市政协一届三次常委会
	2002 年 10 月	关于推进永州市城市社区建设的建议案	市政协二届五次常委会
	2015 年 9 月	关于积极实施生态市战略，加快推进永州生态经济发展的建议案	市政协四届十五次常委会

第四节　提案工作

一、审查与立案

（一）提案的准备工作

1996 年 4 月，永州市政协一届一次全体会议期间，大会秘书处向委员们做提案征集发动工作，从提案的提出形式、提出时间、提出内容、书写形式等方面作出具体说明。

2001 年，市政协二届二次全体会议开始，每次全体会议召开前 2 个月，向委员发出征集提案的预约函。预约函包括三个方面内容：围绕国家大政方针、地方重要事务和群众普遍反映强烈的“热点”“难点”“盲点”问题做提案选题；围绕中共永州市委、市人民政府的中心工作，拟定提案供委员参考选题；摘编“撰写提案须知”寄给每位委员，阐明书写提案的基本知识，使委员们能够写出有情况、有分析、有解决问题的高质量提案。

2002 年，市政协提案委编辑出版《提案工作集锦》一书发给各位委员，为委员提出高质量的提案做好服务。全书包含党和国家领导人对政协提案工作的重要论述，永州市领导有关提案工作的重要讲话，先进单位和先进个人办理委员提案的经验，提案工作的基本知识和市政协二届一、二次会议提案范例 40 篇并加以点评。同年 8 月，市政协在市委党校举办首期委员培训班。对人民政协提案工作的历史，提案的性质、地位和作用以及撰写提案的基本要求进行具体讲述。

2009 年，市政协提案委员会本着“保量提质”的要求，在委员提案数量得到保证的同时，注重把提案征集作为提案质量的重要环节来抓。一是提前介入，引导提案者精心选题。市政协三届三次会议召开前，提案委根据市委、市政府 2009 年的工作重点，以及人民群众普遍关注的热点、难点问题，编印提案参考题目发送全体委员，为委员提供撰写提案的范围和内容，让委员能够早选题、早思考、早安排、早调研。同时，以市政协办公室的名义，向市政协各专门委员会、各参加单位、各位委员下发提案征集通知，对提交提案提出具体要求。二是突出重点，切实抓好集体提案征集。党派、团体、界别（小组）、政协专委会集体提案在政协提案工作中具有举足轻重的地位。政协全会前，专门召开党派、团体提案征集座谈会，通报提案办理工作情况，研究提案征集工作。对政协各专委会和界别（小组）提案的征集，采取走访的方式，普遍进行预约。三是加强指导，注重参政议政成果转化为提案。政协全会的大会发言材料、各民主党派、工商联的调研报告、各专委会的视察材料等，都是通过深入调查，深思熟虑，认真研究出来的精品，本身就具备选题准、立意新、起点高、建议好的特点，具有较强的宏观性、前瞻性和现实针对性，将这些参政议政成果，按照提案的要求经过再加工、再提炼，形成质量高、份量重的精品提案。提案围绕全市改革发展稳定的大局，围绕人民群众关注的热点、难点问题，为促进永州市经济平稳较快发展积极建言献策。

（二）提案的审查立案

自 1996 年 4 月市政协一届一次全体会议开始，提案提出后，经市政协每届第一次全体会议期间成立的提案审查委员会或提案委逐一审查，并向市政协主席会议、常委会报告审查意见。对涉及党和国家秘密的，国家明令禁止的，中共党员对党内有关组织、人事安排等方面有意见的，民主党派成员反映本组织内部问题的，进入民事、刑事、行政诉讼程序或者行政复议、仲裁程序尚未结案的，属于学术研讨的，为本人或亲属解决个人问题的，宣传、推介具体产品、作品的，指名举报的，执纪执法机关正在审查的违纪违法问题，内容空泛、没有具体建议的，超出永州市工作范围的提案，不予立案。对不予立案的提案，由提案委告知提案人不予立案的理由，并作为委员来信转有关部门参考。一至四届市政协共审查不予立案提案 269 件，部分退交提案者本人，有的则在向提案人说明情况后以来信、建议等不同方式转交有关部门处理。对审查立案的提案，由提案委按时间进行登记和整理。

坚持标准，严把提案审查立案关。市政协提案委按照《提案工作条例》的要求，严格立案标准，对征集的每件提案进行严格审查，严格把关。对不符合立案条件的，及时与委员进行沟通，采取“补、并、修、转”的办法予以处理，即对选题重要而内容不充实、建议不具体而未予立案的，商请提案人补充完善，力求达到立案标准，再次进行提交；对选题一致、内容雷同的提案，商请提案人作并案处理；对书写不规范而不便立案的提案，及时找到有关单位或委员重新进行整理，为承办单位方便办理和进行联系打好基础；明确规定不能立案的提案，提案委和提案人协商后作为委员来信转送有关单位或领导处理和参阅。

2013 年，按照新修订的《提案工作实施办法》的要求，严格审查程序和立案标准，坚持会中初审，会后复审的“二审”制度，对征集的每件提案进行严格审查把关。除规定不予立案的十二种情况外，在实际操作中，有的提案既难以送交承办单位办理，又不属于不立案范围，针对这些问题，严格立案标准，对那些涉及部门利益，涉及需要大量资金投入才能解决问题而目前又没有条件解决的，以及属于政府部门日常工作范围通过加强联系和沟通就可以解决的问题，这三类均不纳入立案范围，从制度和程序上把住提案的质量关口，以解决提案数量多，品质不够高的问题。

2007 年 4 月 15 日，三届市政协主席会议专题听取市经信委办理提案工作情况

市政协一届期间收到提案 809 件，立案 787 件。内容涉及经济建设方面 314 件；科技、教育、文化、卫生、体育方面 156 件；统战、政法、劳动、人事和其他方面 182 件；社情民意方面 135 件。

市政协二届期间收到提案 1277 件，立案 1229 件。内容涉及经济建设方面 617 件；城建管理方面 113 件；科教文卫方面 205 件；社会法制方面 192 件；新农村建设 102 件。

市政协三届期间收到提案 1059 件，立案 1007 件。内容涉及经济建设方面 358 件；城市建设与管理方面 270 件；科技文卫体方面 219 件；社会法制方面 160 件。

市政协第四届任内收到提案 1281 件，立案 1134 件。内容涉及经济建设方面 471 件；政治建设方面 90 件；文化建设方面 105 件；社会建设方面 347 件；生态文明建设方面 121 件。

二、提案办理

（一）提案交办与承办

1996 年市政协一届一次会议开始至 2016 年市政协四届五次会议，市政协全体会议期间立案的提案，均在全体会议闭会后集中交给承办单位办理。由中共党委工作部门和政府工作部门承办的提案，由提案委会同市委办、市政府办召开会议，集中交办，市委领导、市政府分管领导及市政协主席、分管副主席出席提案交办会议，对提案办理工作提出要求。全体会议闭会后的提案，由提案委根据提案内容分别直接交给承办单位办理。

提案承办工作按全国政协《提案工作条例》的要求进行。提案一经交办，承办单位须在 3 个月内办复；如需延期要向提案委说明情况并征得同意，最迟不超过 6 个月办复完毕。提案内容应当办理且能办理落实的，要负责办理落实；提案内容需进一步研究或创造条件逐步实施的，由有关部门研究处理；提案内容带参考性的，供有关部门工作中研究参考。一件提案涉及两个或两个以上单位承办的，办理时分别明确主办方与会办方。会办单位主动将办理意见函告主办单位，主办单位积极与会办单位沟通协商，做好意见汇总工作并及时答复提案人；主办单位与会办单位意见不一致的，经协商一致后再答复提案人。

1997 年，市政府制定下发《关于办理人大代表建议和政协委员提案工作暂行规定》，就办理的范围、原则、职责、程序和要求作了 15 条规定，进一步完善了承办工作的责任制，明确对委员的提案实行检查、催办、联系、信息反馈等。一届政协在认真贯彻落实《提案工作条例》的基础上，不断总结经验，建立和完善提案工作各项制度，制定《关于加强和改进政协提案工作的意见》。

2002 年，提案委会同市委办、市政府办工作人员对每件提案认真研究，确定承办单位，并于 4 月先后两次召开交办会，对市政协二届二次全体会议期间立案的提案进行交办。在市政府召开的全市办理人大代表建议和政协委员提案工作会议上，市人大、市政府、市政协的主要领导出席会议并作重要讲话。市政协主席蒋桃生在讲话中强调，做好政协提案工作必须要提高三个认识：一是提高对提案工作的认识；二是提高对提案办理工作的认识；三是提高对提案办理结果的认识。交办会后，对各单位的承办人员进行如何办理好委员提案的业务知识培训。领导的高度重视，提案的圆满交办，为促进提案的办理落实，打下良好的基础。

2005 年，提案委根据全国政协和省政协新的提案工作条例，研究制定《永州市政协提案工作实施办法》和相关的工作制度，使提案工作进一步规范化。

2007 年年初，根据《中国人民政治协商会议章程》及全国政协修改后的《提案工作条例》，重新修订《政协永州市委员会提案工作实施办法》，从提案征集、提出、审查、交办、督办、答复、考核等作出明确规定。在此基础上，根据《中共中央关于加强人民政协工作的意见》和《全国政协关于加强和改进提案工作的意见》精神，提案委商请中共永州市委办公室、市人民政府办公室，以“两办”联合行文的形式下发《关于认真做好政协提案办理工作的通知》。

2012 年，根据全国政协和省政协《提案工作条例》修订情况，永州市政协及时修订《政协永州市委员会提案工作实施办法》。

2014 年，结合贯彻落实中共中央办公厅《关于进一步加强人民政协提案办理工作的意见》和湖南省委办公厅有关文件精神，永州市政协商请市委、市政府联合下发《关于进一步加强人民政协提案办理工作的实施意见》，出台《提案办理协商实施细则》，修订《永州市政协提案工作实施办法》，规范提案集中归口交办制度。

2015 年，市教育局，市经信委、市卫计委主要负责人主持提案内部交办会，市交通局、市水利局主要负责人选择重要提案负责办理，市民政局对办理难度大的提案召开局务会议讨论研究落实，市公安局、市文体广新局、市商粮局、市城管执法局、市财政局、市环保局、市人社局、市房产局、市旅游局成立主要负责人任组长的办理工作领导小组，市住建局将办理工作作为公务员考评的重要内容，全年承办 23 件提案，做到件件有沟通，有落实，有回音，市农业委、发改委坚持上门沟通，现场办理，促进整体办理效果。

2016 年，市政协进一步商请市委、市政府办明确提案办理的要求。承办的提案复文一律采用复文单位公函，按照统一规定的行文格式，加盖单位公章，并附上单位的联系电话、经办及审签人姓名、答复时间；答复件首页右上角注明发文单位代号、发文类别、发文序号；承办单位根据提案办理的不同情况，在复文的右上角作出不同类别的标记。联名提出的提案，答复件上标明领衔的政协委员；党委、人大、法院、检察院、群众团体及政府系统有关单位办理的提案回复件，须分别寄送市委办或政府办，所有复文须抄送市政协提案委，同时连同《提案办理征求意见表》寄送提案人。年内办理 3 件（含 3 件）以上提案的，9 月底以前写出办理工作书面总结，报送市委办或市政府办和市政协提案委。承办单位在办理过程中，不断创新方式方法，通过走访提案人，采取开座谈会、办案现场会、登门或用信函、电话联系等方式，征求提案人的意见，提高提案办理实效。委员对承办单位办理结果不满意的提案，提案委收到反馈意见表后，通知承办单位在 1 个月内认真研究，重新办理答复，直至委员满意。

三、提案督办

（一）领导督办

市政协一届会议期间，中共永州市委、市政府主要领导亲自过问或部署提案交办工作，对“舜帝陵修复亟待解决的问题”等38件重点提案作了重要批示，并身体力行，亲自督办，有力地促进了提案的办理落实。市委常委、常务副市长蒋桃生对“潇水河污染严重，亟待治理”的提案作重要批示，还带领环保、水利、交通等部门的负责人沿河进行调查，此后，要求有关部门拍摄《爱我潇湘水，拯救母亲河》的电视专题片，制定相应的整改措施，使潇湘河水质得到改善。主席欧学佳对一届五次全会1号提案“关于加快零陵北路工程建设”亲自进行督办。

从市政协二届全会开始，提案委员会都从委员提案中遴选20余件提请主席会议协商决定，作为重点提案报请市级领导批办或领衔督办。市政协主席、副主席、秘书长坚持每年领衔督办1件提案，亲力亲为。主席会议将提案办理纳入视察市直部门工作的重要内容。主席会议还专门对市经委的提案办理工作进行督办。市政府将提案办理工作纳入对部门工作考核的目标管理。对一些重要的提案，政府常务会议予以专题研究，认真采纳落实。政协送请市长、副市长阅批的提案，都及时批示相关部门办理。

2007年，提案委从委员提案中遴选出谢平清、罗爱民委员提出的“关于建设森林城市的建议”，欧阳慧委员提出的“我市中心城区‘入厕难’何时能缓解”，张敏等3名委员提出的“关于在永州市冷水滩区和零陵区适量增加出租车数量，进一步淘汰‘黑摩的’的提案”，陈开明等6位委员提出的“关于解决凤凰园供水不足问题的建议”，李显昌委员提出的“关于再三提出解决道县四个少数民族乡人畜饮水问题的提案”等5个提案，书记、市长十分重视，对这5个提案都分别作明确的批示。市委书记曾庆炎在批示中强调：“请荣燕明同志组织有关部门专题研究，提出解决问题的具体措施和办法。市规划建设局、公用事业局、林业局研究城市绿化的物种问题及布局；规划建设局、公用事业局、冷水滩区政府研究公厕问题；公用事业局、城管执法局研究出租车问题。望抓紧研究，重点解决，限期到位。”依据领导批示的要求，提案委员会积极进行督促办理，并于8月10日就其中3个提案在市公用事业局召开现场办案会，使领导批示得到较好的落实。

2009—2010年，市政府副市长对所分管部门承办的提案，分别作出批示，提出办理要求。市委书记黄天锡领衔督办的《关于在干部队伍中深入开展读书活动的建议》起到很好的示范带动作用。市政协主席、副主席各领衔督办一件重点提案，亲力亲为，率政协有关专委会和提案人到承办单位一起研究、座谈，调研办理工作。

2014年，中共永州市委书记黄天锡领衔督办关于《突破劳动力瓶颈，加快承接产业转移的提案》，市政协主席领衔督办《关于进一步加强农产品质量安全监管的提案》，市政府3名相关副市长、市政协9名副主席和秘书长都领衔督办重点提案，有力推动提案办理落实。

（二）集中督办

1999—2001年，为加大对重点提案的督办力度，坚持四个方面的提案必须督办（即市委、市政府领导批办的提案必须督办，主席会议成员领衔督办的提案必须督办，民主党派、工商联、界别和政协专委会提出的集体提案必须督办，年度承办提案在5件以上的办理单位必须督办），每年提案交办会后，提案委从4月开始，集中3个多月的时间，采取走访调研、现场办案会、协商座谈会、办理工作汇报会等方式，主动到各承办单位开展提案督办活动，通过重点带动一般，推动整个办理工作。提案委按照“围绕中心，突出重点，发挥优势，讲求实效”和“少而精”的原则，每年从大量的提案中认真筛选若干件有分量、有影响的提案，上报主席会议研究决定，作为市政协领导领衔督办、政协委室协办的重点提案，分别以现场办案、座谈会、跟踪办理为活动形式，推动办理，促进落实。在办理重点提案的工作中，提案委注重做好上下联系、协调关系、材料组织等服务性工作，使办案活动顺利开展。如委员提案所提的凤凰园某食品罐头厂的污水排放、翠竹路与沿江路交叉路口的拉通、潇湘大桥收费站的拆除等问题，通过专题督办和相关部门的努力，使久拖未决的难题得到解决。

2002年7月24日，市政协会同有关部门在市水利局召开办理政协委员提案现场会，对邓宝林委员在市政协二届二次会议提出的“关于保护母亲河，整顿在潇湘河段乱采乱挖砂石的建议”进行现场办理。副主席谢五龙、曹小华和有关部门的领导出席会议。市水利局收到提案后，局党委非常重视，采取积极措施，加大办理力度，认真采纳委员意见，使提案中提出的完善组织机构、出台管理办法、加强河道执法、疏通排洪河道等问题得到较好的解决，基本上遏制非法采砂现象的蔓延。

2005年，将12件提案作为办理工作的重点，通过抓重点提案的办理，带动提案办理工作整体质量的提高，收到较好的效果。2007年对《永州军分区“长城大酒店”烟尘污染亟待解决》的提案，在重点办理下，酒店投入20多万元新购进一台锅炉，同时配套安装除尘设备，使问题得到较好解决。

2013年，提案委从6月开始，先后对市委宣传部、市文广新局、发改委、城管执法局、食品药品监督局、教育局、人社局、商务局、国土局、环保局、园林局、零陵区、冷水滩区等13个单位的提案办理工作进行协商督办，召开提案办理协商座谈会13场次，推动提案办理工作。

（三）联合督办

在提案督办中，注重与市委办督查室、市政府办、社会发展室、督查室以及工作综合部门密切配合，联手督办，每年选择3~5个部门的办理工作进行现场点评。

2005年，有7件反映撤销和规范管理交通规费收费站的提案，委员们在提案中提出许多好的意见和建议，但由于历史体制等诸多原因，问题一直难以解决。市政协提案委与市政府办联合赴承办单位进行督办，了解办理工作进度及存在的问题与困难。市交通局根据市委的指示，制定具体方案上报省里，采取“撤有形为无形”的方式，即撤销潇湘大桥收费站，采用年票制收费的方案，以便于市区内车辆的通行，缓解交通阻塞状况，同时对规范和管理收费站作出相应的规定。

2009 年，联合市委办督查室、市政府办及其社会发展室、督查室、民主党派市委，对市财政局、市交通局、市民政局等部门的办理现场工作进行点评。

（四）跟踪督办

由于受条件和环境等多种因素的限制，有的提案当年难以落实到位，问题的解决需要较长时间。提案委每年选择一批提案跟踪落实办理情况，防止办理复文流于形式。2001 年的芝山日升大道硬化，冷水滩的朱家山路水泥铺面等问题，市政协提案委深入实地督办，直至工程完工。

2009 年，选择 16 件委员反复提出，办理难度大，需要大量人力、财力，人民群众又迫切需要解决的提案。如凤凰园生产生活用水困难问题、中心城市城区入厕难问题和中心城区主干道增设“电子警察”疏导交通的问题，进行跟踪督办，回头问效，促使提案尽早落实。

（五）评议督办

2009 年，市政协提案委员会全体成员在主席陈金荣的带领下，对市交警支队的提案办理工作进行评议，肯定他们的工作成绩，指出存在的问题和不足。2012 年，把提案办理工作与政协民主监督结合，以问卷的方式对 58 家承办单位采纳落实提案意见进行测评和评议。据统计，表示满意的为 86.3%。委员们对市林业局、市卫生局、市住建局等部门的办理工作给予好评，对个别承办单位提出改进意见。通过评议，调动委员和承办单位的积极性，促进相互支持和密切配合。

2012 年 8 月 5 日，市政协召开提案办理协商会

2012—2016 年，市政协进一步完善办理工作考评机制，连续四年对承办单位进行民主评议、测评工作。测评结果作为党政部门绩效考核评分的依据，并在政协全会和新闻媒体进行通报，扩大提案工作社会影响力，并实行重点提案网上公布与查询。

1996—2016 年永州市政协历届提案办理情况一览表

表 4-3

届次	收到提案数量（件）	立案提案数量（件）	办复情况（件）			办复率（%）
			已实施	纳入计划实施	因各种原因不能实施	
一届	809	787	321	406	60	100
二届	1277	1229	537	607	85	100
三届	1059	1007	416	520	71	100
四届	1281	1134	495	561	78	100

1996—2016 年永州市政协重点提案办理情况一览表

表 4-4

全会届次		年份	提案名称	提案人	承办单位	办理结果
一届	一次	1996	关于加快我市小城镇规划和建设速度的提案	易军	市建委	已答复
			加强芝山至冷水滩客车营运费及治安管理	罗峰林	市交通局	已答复
	二次	1997	加大政府工作力度促进涔天河水库扩建工程尽快立项	王瑶东	市水利水电局	已答复
	三次	1998	把调整农业产业结构的重点放到淘汰劣质产业上来	吕南生	市农经委	已答复
		1998	加大服务力度，搞活商品流通，引导农民进入市场	欧学勤	市农委	已答复
		1998	加强水土保持，促进经济发展	李俊峰	市水利水电局	已答复
		1998	发展私营经济必须创建良好的环境	工商界	市工商局	已答复
	四次	1999	保护有地方特色的人文环境，发展文化旅游事业	王孟义	市文化局	已答复
		1999	要重视并切实解决少数民族地区学生辍学问题	赵文复	市教委	已答复
	五次	2000	加大科技兴农的政府行为，加快农业产业化发展步伐	邓其平	市农委	已答复
		2000	农业综合开发成果辐射带动作用亟待加强	欧桐生	市农业综合开发办	已答复
			重视总结推广本地国有企业改革成功经验	何维庭	市经委	已答复
			从严整治我市医疗和药品电视广告	彭爱华	市工商局	已答复

续表4-4

全会届次		年份	提案名称	提案人	承办单位	办理结果
二届	一次	2001	充分发挥知识分子在科技兴教战略中的作用	刘爱玉	市委组织部	已答复
			应当重视和加强农村医疗事业的改革和发展	李逢庆	市卫生局	已答复
	二次	2002	用生态经济提升永州传统工业经济	邓宝林	市经委	已答复
	三次	2003	加大永州旅游资源的开发宣传	杨金砖	市旅游局	已答复
三届	一次	2007	关于尽快拓宽永州大道的提案	唐纯玉	市交通局	已答复
			冷水滩区、零陵区应适量增加出租车数量，进一步淘汰黑摩的	张敏	市公用事业管理局	已答复
			完善永州长丰汽车配套工业园基础设施促进永州工业化进程	邓菊发	长丰汽车配套开发有限公司	已答复
			关于加强网吧管理的提案	桂惠	市文化局	已答复
三届	一次	2007	关于加强历史民居保护的提案	卢作云	市文化局	已答复
			调整永州市高等教育布局整合高等教育资源	市政协集体	市教育局	已答复
			关于进一步推进科技创新的提案	农工党集体	市科技局	已答复
			加大中心城区创建省级卫生城市力度	熊发清	市公用事业管理局	已答复
			以舜文化为主题，打造永州经济社会发展的核心竞争力	刘轩华	市委宣传部	已答复
四届	一次	2012	湘江流域综合治理与环境保护	社科界集体	市环保局	已答复
			创新职业教育和技能培训机制，破解企业用工难题	民革集体	市教育局	已答复
			加快建设湘粤桂边界民族经济区	李家登	市民宗委	已答复
			培育壮大龙头企业带动油茶产业快速发展	刘勇	市林业局	已答复
	二次	2013	优化组合永州旅游资源，做大做强旅游产业	段奇峰	市旅游局	已答复
			关于中心城区创建园林城市的建议提案	周红平	市园林局	已答复
			充分利用闲置教育资源，解决零陵城区义务教育阶段学校学位紧张状况	文红艳	零陵区政府	已答复
			关于加快发展永州现代物流的建议	党外知识分子联谊会	市商务局	已答复
	三次	2014	进一步加强农产品质量安全监管	市政协环资委	市农业局	已答复
	四次	2015	推进民族教育扶贫阻隔贫困“代际传递”	少数民族界	市教育局	已答复

续表4-4

全会届次		年份	提案名称	提案人	承办单位	办理结果
四届	五次	2016	科学设置冷水滩城区公交线路	汪华明	市交通局	已答复
			尽快构建湘江源头治理体系	民盟集体	市环保局	已答复
			进一步加强冷水滩和零陵两区连城步伐	宋可福	市住建局	已答复
			加快永州健康养老产业	民革集体	市卫计委	已答复
			进一步加强永州供给侧改革	张胜广	市旅游局	已答复
			鼓励非公有企业参与“精准扶贫”	市工商联集体	市扶贫办	已答复
			加强我市中心城区棚户改造	民进集体	市房产局	已答复
			创建全国文明城市务必兴文明除陋习	周勇	市委宣传部	已答复
			申报设立国家级永州潇湘湿地公园	人资环境委	市林业局	已答复

第五节　委员视察

一、经济建设与资源环境类视察

（一）农业与新农村建设

1996—1997年，1996年5月，湖南省政协副主席范多富一行20余人，从衡阳出发到永州市视察丘岗开发，先后视察祁阳县的农业开发、芝山区的田园经济、蛇场、江永县的香柚基地开发。中共永州市纪委书记伍华安、市政协副主席沈泗海、委室主任陈晓荣、谢至桢陪同视察。7月，永州市政协主席欧学佳、副主席邓香花参加中共永州市委组织的考察团赴江西、福建、广东、广西等地考察乡镇企业、农业开发，学习外地先进经验。同年，政协主席欧学佳和副主席邓香花分别率部分省、市政协委员赴祁阳、双牌、新田、蓝山4县，就国土管理和耕地保护进行专题视察。委员们通过实地察看，走访座谈，听取汇报，认为4县的国土管理和耕地保护工作卓有成效，同时，也发现在耕地保护方面存在的一些问题。委员们同县负责人交换意见，建议党委和政府进一步加强对中央11号文件的学习宣传，牢固树立土地的基本国策观念和社会经济的可持续发展观念，采取切实可行的管理和保护措施，充分利用土地资源，促进永州市经济快速发展。1997年，市政协主席欧学佳、文教卫体委主任黄春芳等，视察宁远县“远大农牧发展中心”，欧学佳鼓励并同发展中心主人李运雪和他的青岛籍妻子安心创业，再创佳绩，为家乡的经济发展做出更大贡献。同年7—8月，政协主席欧学佳率市委统战部、市工商局、市农业发展银行、道县白马渡镇等单位负责人赴道县水淹区建整扶贫点考察。政协副主席何鼎兴、喻美莲率11名省、市政协委员和特邀农业科技专家，赴东安县视察大庙口镇西岭工业白果示范场、紫溪龙口、麻里元、井头圩等白果基地，并与中共东安县委、县政府负责人交换意见。

1998—2000年，市政协主席欧学佳、副主席沈泗海、邓香花率领部分市政协委员和机关干部，赴祁阳县视察县综合开发区及椒山村，听取有关部门和单位的汇报。市政协副主席何鼎兴的率部分政协委员赴涔天河水库管理局开展涔天河水库扩容前景视察，提出争取该工程尽快立项上马建议。在考察中，委员们还对涔天河水库管理局近几年坚持改革发展所取得的成绩，给予充分肯定。2000年5—12月，市政协主席欧学佳、秘书长王焕鹏率机关委室干部到市种子公司视察，听取种子公司经理蒋德祥的工作汇报。欧学佳认为种子公司在推介良种良法，增加农业科技含量方面作了大量工作，但也存在一些困难和问题。他要求市种子公司继续努力，为永州的农业发展做出应有的更大的贡献。副主席邓香花、何鼎兴率部分市政协委员分两组对永州市农业面对“入世”的机遇和挑战问题进行调查视察。两组分别到冷水滩区、双牌县、江永回龙圩农场及市属有关涉农部门，通过走访、座谈、实地察看等形式进行深入细致的调查考察，并提出一些意见和建议。

2001—2002年，市政协主席蒋桃生、副主席袁火林率政协委室干部视察芝山区百旺科技实业有限公司水晶梨示范基地。蒋桃生在听取芝山区委书记唐定和芝山区富家桥镇党委书记陈宇荣的汇报后，对建设生态农业、开发水晶梨基地的做法给予充分肯定，并鼓励他们要按照中共永州市第二次党代会精神，进一步做好农业产业结构调整这篇文章。2002年9月，全国政协副主席毛致用到永州考察工作。中共永州市委书记曾庆炎，副书记、市长刘爱才，政协主席蒋桃生，市委常委李良铁，退休人员唐盛世等陪同到各县区，对农业产业结构调整、民营经济发展、城镇建设、文化旅游产业开发等方面进行全面考察。其间，毛致用还专程到受灾严重的道县柑子园乡黄金村看望慰问受灾群众。

2003—2006年，市政协主席蒋桃生、副主席张爱国率市烤烟办、烟草公司等部门有关负责人赴江华、道县、江永县了解烤烟种植、生产情况，并到政协扶贫点江华大路铺镇八洞村视察农民生产生活情况。市政协二届四十三次主席会议召开，其间，视察东安县端桥铺、祁阳八宝镇农业开发项目和湖南金浩植物油有限公司，听取市农业综合开发办关于全市农业综合开发工作情况的汇报。湖南省政协关于推进全省社会主义新农村建设视察调研组到永州进行视察调研，永州市政协副主席张爱国陪同视察江永、江华、蓝山等县，并对这些地方的新农村建设提出建议。2006年6月，湘潭市政协主席殷正海率队到永州视察农业产业化建设。永州市政协主席蒋桃生陪同视察。视察组分别到祁阳县的湖南省金浩植物油有限公司、湖南银利来粮油实业有限公司实地了解情况。随后听取永州市政府常务副市长崔永平有关永州市情和农业产业化建设情况介绍。

2008—2009年，市政协主席陈金荣率扶贫联系点单位负责人，到新田县高山乡邝家村建整扶贫联系点视察并现场办公，认真听取乡村干部和群众的意见，并解决一些具体问题。市政协主席陈金荣到祁阳县就返乡农民工就业问题进行视察调研。陈金荣先后到祁阳县白水镇、湘妹食品、宏宇制衣厂进行考察，听取县委、县政府的工作汇报，召集返乡农民工代表座谈，详细了解农民工的就业情况。她强调，要有深厚的感情、发展的眼光、改革的办法、坚韧的决心，切实解决好返乡农民工就业难题。

2010—2015年，衡阳市政协组织部分在衡阳的全国、省、市政协委员由副主席王雄飞带队到永州就外向型农业科学发展进行考察，考察团一行在永州市政协副主席盘玉花、秘书长宋可福及市农办有关负责人的陪同下，考察永州熙可公司、山香油脂公司、希尔公司，并进行座谈交流。市政协经科委、市政协办公室组织对全市肉牛产业发展情况视察，访农户、进牛栏，对肉牛产业扶持政策、肉牛品种改良、养殖资金贷款、技术推广服务、标准化生产等方面的情况做深入了解。2015年年底，市政协联合市商务局、农业局、发改委、经信委等单位负责人赴株洲、湘潭和江西、浙江，就“发展电子商务”课题进行实地考察。针对永州属农业大市、经济欠发达的特点，调研组重点学习研究湘潭、遂昌等地发展农村电商的模式，借鉴当地促进电子商务发展的思路方法、具体政策和措施。

2016年5月4—6日，湖南省政协副主席、民盟湖南省委主委杨维刚率“湖南省农村电子商务市场体系建设”调研组到永州调研。4日下午，调研组与永州市政府进行座谈。5日下午，调研组一行到江永县调研农村电子商务发展情况。6日上午，调研组与江永县政府进行座谈。永州市政协主席唐定，市人大常委会副主任、民盟永州市委主委袁火林参加相关活动。

（二）工业经济

1996—1997年，永州市政协主席欧学佳和中共永州市委常委、市纪委书记伍华安率队，一行12人赴广东东莞、顺德、韶关等地考察国有企业改革情况。市政协主席欧学佳一行8人前往东安县调查了解企业体制改革情况，《湘声报》记者张白云随同采访。市政协副主席邓香花、秘书长李少雄率部分省政协委员赴祁阳县进行下岗职工再就业情况的视察。

1998 年 5 月，永州市政协副主席沈根元率部分省、市政协委员对蓝山县发展个体私营经济情况进行视察。视察组认为，近几年来蓝山县个体私营经济发展较快，但也面临不少困难和问题，如结构趋同、生产经营档次较低、市场适应能力较弱等。针对这些问题和困难，委员们提出一些意见和建议。8 月，湖南省政协常委、经济科技委员会主任廖长发、经科委副主任陈建军及有关部门负责人一行 7 人到永州考察经济科技工作。考察组先后到永州市农科所、林科所、零陵卷烟厂、建华机械厂、富家桥异蛇山庄、祁阳宏泰铝合金厂、楚天机电有限责任公司等科研单位和国营、私营企业访问了解情况。永州市政协副主席邓香花、市政协经科委主任谢至桢陪同考察。11 月，市政协副主席张中盛、朱光钧率部分驻永州省政协委员、市政协委员视察市交警支队、交通局、规费征稽处、卫生防疫站整治经济发展环境的情况。12 月，市政协副主席邓香花、朱复圣率部分省、市政协委员，视察市规划局、市政管理局、建工局、环保局和城监支队 5 个单位的整治经济发展环境的工作情况。

1999—2001 年，永州市政协主席欧学佳、副主席沈泗海率部分政协委员，就道县 1998 年财政收入突破亿元大关进行视察。主席欧学佳、副主席沈泗海、徐肇玲、朱复圣偕同部分省、市政协委员，到市计委视察全市重点建设情况。市计委主任谭明顺等负责人汇报全市重点建设工作取得的成绩，面临的困难和今后的打算。听完汇报后，视察组对重点建设工作给予充分肯定，并提出意见和建议。2000 年 1 月，湖南省政协主席刘夫生、省政协原主席刘正率在湘全国政协委员一行 22 人，对永州贯彻中央、省委经济工作会议精神的有关情况进行为期 4 天的视察。视察团在中共永州市委书记邹金鹭、代市长刘爱才、市政协主席欧学佳等陪同下视察祁阳、冷水滩、芝山、双牌、道县、江永、宁远等县（区），实地察看凤凰园开发区、长丰集团、宋家洲电站、湘南罐头厂、芝山异蛇村、道县大棚蔬菜、桃川洞香柚基地、九嶷山舜帝陵等地。同年 11 月 28 日，市政协召开一届五十二次主席会议。会议期间，视察正在建设中的永连公路，听取永连公路建设指挥部办公室负责人的汇报。

2003 年 9 月 8 日，湖南省政协主席胡彪到永州视察。胡彪一行在冷水滩考察百草制药、熙可罐头、嘉丰竹木和明达实业等民营企业；考察阳明山生态环境。永州市政协副主席邓香花、秘书长盘玉花陪同视察。

2004—2006 年，永州市政协主席蒋桃生应市政协常委、市梅尼企业集团有限公司董事长蒋政强邀请，赴安徽滁州、南京、上海等地考察，重点考察安徽滁州长丰扬子汽车制造有限公司的生产经营情况。2005 年 4 月，永州市一季度经济形势分析大会在祁阳县召开，市政协副主席谢五龙出席会议。会议期间，视察冷水滩、祁阳、东安等地工业园区。2006 年 5 月 18 日，怀化市政协由副主席廖景云率队的“市本级工业”调研组一行 10 人到永州考察，18 日上午听取市经委关于本级工业情况介绍，下午参观长丰、湘纸、熙可等企业，永州市政协主席蒋桃生、市政协经科委负责人参加情况介绍并陪同考察。同年 9 月，驻永州市省政协委员在市政协主席蒋桃生的带领下，赴湘潭市视察工业园建设情况，委员们视察湘潭市恒盾集团、湘钢宽厚板工程、湘潭市政中心、湖南工程学院，听取关于湘潭市经济和社会发展情况的介绍，永州市政协副主席徐肇玲、谢五龙、周忠信、曹小华、彭爱华、杨雪生参加视察。

2009 年 1 月，长沙市政协副主席李克俭、谢明德一行 10 人到永州学习交流港澳台侨工作及社情民意工作经验，李克俭一行参观考察柳子庙、高山寺、舜帝陵等。永州市政协副主席盘玉花、秘书长宋可福陪同考察。2 月，中共湖南省委常委、副省长徐宪平到永州调研金融和承接产业转移等工作，中共永州市委书记黄天锡，市委常委、常务副市长唐松成陪同视察调研。3 月，省政协经科委主任吴金明一行在永州市政协副主席何明玲的陪同下，考察蓝山县承接产业转移的情况，为中心企业的发展排忧解难提供政策服务。湖南省政协主席胡彪赴蓝山、宁远、道县和冷水滩区，就如何应对金融危机，加快承接产业转移进行视察调研。永州市政协主席蒋桃生陪同视察。

2010—2012 年，永州市政协主席陈金荣率主席会议成员视察东安科技工业园。市政协经科委组织专委会成员视察市建行、工商局、物价局等部门的工作，听取关于价格调节基金管理办法修订意见，实施商标品牌战略情况等方面工作的情况汇报，并形成《关于加快推进永州市商标品牌战略的建议》视察报告。

2007 年 1 月，三届市政协委员视察全市经济适用房和廉租房建设情况

2013—2015 年，2013 年 11 月 7 日，永州市政协主席唐定到新田县视察指导重点项目建设工作，唐定一行察看德力重工、林丰木业、华泰家私、秀峰蔬菜等重点项目生产、建设现场，与各企业、项目建设负责人进行交谈。

2015—2016 年，2015 年市政协经科委安排 18 名委员参与政协主席会议，

2003 年，市政协引进的招商引资项目举行签字仪式

随后视察住建局工作，召开小微企业专题协商会、相关部门的听证会、征求意见会等，积极扩大委员在政协各项活动的参与面，为委员搭建知情问政的平台。2016 年 7 月，根据永州市政协部署，零陵区政协委员主席尹玉林带领区政协委员深入在建的 207 国道零陵至双牌一级公路零陵段、朝阳大道、南津中路改造三个项目现场，实地视察工程进展情况。

（三）城市建设与环境资源开发

1996—1997 年，湖南省政协副主席、省委统战部部长石玉珍一行 14 人到永州视察精神文明和思想道德建设。听取中共永州市委宣传部、文明办、纠风办、教委、财委、建委、卫生局、交通局、交警队、工商局负责人的汇报，视察调查市邮电局、冷纸、电业局、人民医院、零陵烟厂、冷水滩百货公司等单位。中共永州市委书记邹金鹭、副书记谢朝月，永州市政协主席欧学佳、副主席沈泗海、张中盛、邓香花分别陪同视察。湖南省政协旅游文化建设视察团一行 17 人在省政协副主席邓有志带领下视察永州旅游文化建设。视察团在永州市政协主席欧学佳、副市长钱荣棠的陪同下，分别视察祁阳浯溪碑林、陶铸纪念馆，芝山柳宗元纪念馆、文庙、法华寺、武庙、怀素公园、回龙塔、道县月岩、玉蟾岩、寇公楼、红军渡、东洲草堂、宁远文庙、舜帝陵和九嶷山风景区等开发建设情况。还视察冷水滩宋家洲电站和零陵卷烟厂企业文化建设。市政协主席欧学佳、副主席邓香花、沈泗海，秘书长李少雄及各委室负责人，视察道县城市建设和蔬菜生产情况，并与当地党委、政府交换意见，对加快城市建设和蔬菜产业化步伐提出一些有价值的建设性意见。

1998—1999 年，市政协主席欧学佳到芝山区富家桥镇考察旅游资源开发情况，观看何仙观及水上大世界等处，提出意见和建议。市政协主席欧学佳、副主席喻美莲率部分省市政协委员就东安县旅游资源开发及第三产业发展开展调查视察活动，听取中共东安县委、县政府关于旅游资源的开发及第三产业发展情况的汇报，并在中共东安县委书记、县政协主席的陪同下，对舜皇山国家森林公园进行实地考察。视察组还与中共东安县委和政府有关部委办局负责人就如何加快第三产业发展的问题进行座谈会讨论。同年 9 月，市政协主席欧学佳、副主席沈泗海率部分省、市政协委员，就中心城市功能配套情况，赴芝山区、冷水滩区和凤凰园经济开发区进行调查视察活动。1999 年 4 月，市政协主席欧学佳，副主席邓香花、赵清茂，秘书长李少雄率领30名省、市政协委员，分三个调查组赴冷水滩、芝山区和祁阳县就市场建设情况开展调查视察。

2000—2003年，市政协主席欧学佳、秘书长王焕鹏到双牌县视察旅游资源开发情况。在中共双牌县委书记邓荣卿、县政协主席严俊寿及双牌县有关负责人的陪同下，实地察看双牌县青龙洞等旅游区。市政协主席欧学佳对青龙洞旅游区的开发情况表示满意，并建议要进一步加快配套工程及设施的建设，开发好阳明山旅游资源，使之与芝山、冷水滩、道县连成一片，形成旅游带，以带动双牌经济的发展。市政协人口资源环境委组织开展“保卫绿色，关注森林”视察和宣传活动。市政协副主席邓香花、秘书长盘玉花参加。

2004年2月2日，市政协二届四次会议期间市政协委员视察文化建设和中心城市建设

2004—2006年，市政协组织驻永州省政协委员、永州市政协委员开展“保卫绿色，关注森林”视察和宣传活动，市政协主席蒋桃生担任组委会主任。先后视察东安舜皇山、双牌阳明山以及永州城区等，并与有关负责人交换意见。2006年11月6日，市直属机关在市体育馆举办《关注生态、保护环境》宣传活动，市政协主席蒋桃生、政协秘书长盘玉花出席。蒋桃生在宣传会上讲话。

2007—2012年，市政协副主席蒋政平、刘宏来、何明玲等到双牌阳明山考察大黄江源旅游资源开发，并与双牌县政府负责人交换意见。永州市政协副主席吕斌偕同环保部门视察湘江纸业污水处理现场，他要求，环保部门要进一步加大力度，加强环境治理。正确处理好经济发展与保护环境之间的关系，坚持开发利用和节约保护并重，抓好水污染防治工作。市政协经科委组织经济界的委员视察市潇湘农商银行的工作。参加活动的委员就如何进一步做大做强中心城区地方银行、破解建设资金难题、促进永州经济发展进行了座谈，开展讨论，提出较好的建议。

2013—2016年，永州市政协围绕“建设生态永州”课题，成立以市政协主席唐定任组长的专题调研组，先后深入东安、双牌、江华、蓝山等县，开展“关注生态，保护环境”视察活动，并形成专题调研报告。2015年，永州市政协主席唐定到零陵调研新商城·春天广场项目，并现场就相关问题进行指导和督办。永州副市长、区委书记严兴德陪同调研。新商城 · 春天广场是一座新型的城市商业综合体，是市、区商贸物流重点建设项目，编入永州市“十二五”规划，是零陵区的商业标志性建设项目。

2000 年 3 月 20 日，市政协一届五次会议期间，政协委员视察南津渡水电站

2016 年，市政协副主席彭爱华、田洁率政协视察组对中心城区体育设施建设情况进行视察，视察组先后实地察看冷水滩区凌云社区活动广场、多功能球场、各类宣传橱窗、宣传栏和市体育中心新建的室外灯光篮球场、笼式足球场、建设中的五环羽毛球馆、改扩建中的市体育中心体育场等群体设施建设情况，听取市文体广新局相关情况汇报，并进行座谈。

2016 年 6 月 14 日，座谈会现场

二、文化教育与医疗卫生体育类视察

（一）教育事业

1997—1999 年，由湖南省政协副主席龙禹贤任团长的“省政协社会办学考察团”到永州考察，听取市教委社会办学主管部门的情况介绍，实地考察学校，与中共永州市委、市政府负责人交换意见，永州市政协主席欧学佳陪同考察。市政协主

席欧学佳、副主席沈泗海等9名政协委员到零陵师专进行视察。委员认为零陵师专提升本科院校是永州经济社会发展的迫切需要，也是永州文化教育发展的迫切需要。并形成视察调研报告《零陵师专升本科的工作机不可失，建议市政府抓紧上报，争取列入2000年国家计划》。

2001—2003年，市政协文教卫体委组织冷水滩、芝山、祁阳三县（区）政协对口专委会的负责人，视察三县（区）共7所有代表性的民办学校，对加速发展全市的民办教育进行深入思考和研究，并由市政协委员、永州市湘南旅游学校校长唐湘旗在市政协二届四次会议以《依法促进我市民办教育事业健康发展》为题作发言。

2004—2010年，市政协组织市政协委员对农村基层中小学进行两次视察，对农村学校的基础建设和人才资源建设提出建议。组织教育部门对县（区）学校教育进行三次视察，特别是对江华少数民族地区教育进行重点视察，与当地政府部门交换意见，形成调研报告4个，强调把抓好教育作为建设新农村的大事抓紧抓好。

2011—2015年，市政协副主席周秀英率文教卫体部分委员视察中心城区幼儿教育发展工作。政协委员先后到零陵区机关幼儿园、阳光天使幼儿园，市委市政府机关幼儿园、冷水滩区金色童年幼儿园等地视察。在市教育局召开座谈会听取情况汇报，详细了解各园办学的软硬件环境及存在的困难和问题。委员们建议，解决永州市学前教育问题要在扩总量、调结构、建体制、提质量上下功夫，要扩大公办和普惠性幼儿园区建设，把学前教育纳入公共服务网格化管理模式。根据永州市政协部署，宁远县政协组织部分政协委员视察哈弗中学和莲花小学，县政协主席李苏昭，副主席李春茂、邓小英，秘书长黄志钢参加视察活动。委员们先后参观哈弗中学、莲花小学两所学校教学、学生生活场所，以及莲花小学学生课间操活动。之后与学校负责人交换意见。

2016年6月4日，永州市政协四届52次主席会组织政协委员视察中心城区创交模“五车”整治情况

2015—2016年，市政协联合市教育局等单位组成视察组，到蓝山县调研视察教育工作，视察组先后到县民族中学、职业中专、二中、总市学校、总市中心幼儿园、楠市中心小学，实地察看并了解学校教学设施配备、教师队伍建设、贫困学生资助等情况，仔细询问学校在教育扶贫上的工作举措，并

与相关负责人交流意见。根据市政协部署，零陵区政协对徐家井小学、七里店小学等学校进行视察，对如何办好社区小学提出建议。

（二）文化体育事业

1998年，湖南省政协副主席邓有志率考察团一行16人，对永州旅游文化资源进行实地视察。在永州察看30来个景点和设施，主要有：祁阳浯溪碑林，芝山柳子庙、朝阳岩、文庙、武庙、绿天庵、怀素公园，道县月岩、寿雁蛤蟆洞、寇公楼、东洲草堂，宁远文庙、九嶷山、舜庙、紫霞岩、乐家状元楼、路亭云龙牌坊等。永州市政协主席欧学佳陪同视察。随后，中共永州市委书记邹金鹭做情况汇报。考察团建议：扩大宣传，统筹规划，突出重点，加大投入，加强管理，把永州旅游文化开发推上新水平。

2001—2005年，市政协文教卫体委组织部分市政协委员对芝山、冷水滩两区的旅游资源开发及发展进行视察。通过视察，发现永州市的旅游文化存在着宣传力度不够、思想认识陈旧，管理混乱，开发旅游业资金投入少，景点分散，缺乏核心景区，旅游配套设施跟不上等问题。市政协委员向中共永州市委、市政府建议：加强领导，解放思想，增加旅游投入，形成核心景区，完善旅游配套设施，以芝冷两城之间的潇湘水势为轴线，以宋家洲大坝建设为契机，实施江上造湖，湖区建园，园中建城，融山、水、洲、园、城于一体，把永州建设成为生态园林式城市，提高中心城市的品位。永州市政协主席蒋桃生、副主席周忠信率部分政协委员，视察东安县舜皇山的旅游资源开发。通过听取汇报和实地考察旅游景点，政协委员们对进一步开发舜皇山的旅游文化提出意见和建议，并直接促成湖南省美术家协会将东安县舜皇山定为湖南省美术家创作基地。

2006—2008年，市政协组织对三届十四次主席会议《关于严格保护和加快建设永州历史文化名城的建议案》的办理情况，进行专题视察。通过视察发现，市、区两级政府高度重视历史文化名城保护建设，加大工作力度，取得新的进展。但还存在不少困难和问题，建议：加大领导力度，市委、市政府建立一个保护和建设永州历史文化名城强有力的领导机构和工作班子，由一名副市级领导专抓；严格规划建设；研究制定出台保护和建设永州历史文化名城的相关管理办法。

2009—2012年，市政协副主席刘宏来率文教卫体委及部分市政协委员对零陵、冷水滩两区城市公共文化设施建设情况进行视察。发现公共文化设施存在严重不足，与有关部门交换意见，提出建议。市政协副主席周秀英、田洁率文教卫体方面的委员视察全市教育、卫生、文化、体育工作。先后视察永州市中医院住院部大楼、永州爱尔眼科医院（民营医院）、永州市群众艺术馆、零陵区杨梓塘社区、永州市博物馆、冷水滩区梧桐社区银海体育健身俱乐部、永州市体育馆、田径场、永州市体育学校等基层单位；召开座谈会，听取有关部门工作情况汇报，委员们充分肯定教育、卫生、文化、体育等工作取得的成绩，提出进一步做好工作的建设性意见和建议，形成《关于市政协委员视察文教卫体工作的情况报告》呈报中共永州市委、市政府。

2013—2016年，永州市政协副主席彭爱华率市政协调研组赴零陵区、祁阳县、东安县、江华县、江永县、宁远县进行“推进全市非物质文化遗产的传承和开发利用”专题调研，并与相关单位负责人交换意见。彭爱华强调，要制定政策，扶持非物质文化遗产；加大投入，保障“非遗”；强化培育，展示“非遗”。

（三）医疗卫生

1998年10月，市政协副主席朱光钧带队，组织部分市政协委员，就卫生改革与发展，对江永、宁远两县进行调查视察。视察了解到两个县的卫生事业虽然有较大的改观，取得一定的成绩，但存在不少亟待解决的问题。针对问题，向中共永州市委、市政府写出《加强领导，探索路子，努力推进卫生改革与发展》的视察报告。视察报告所提及的建议，受到各级党政领导的重视。

2004年2月，市政协主席蒋桃生、副主席周忠信率政协委员视察市人民医院和市疾病预防控制中心，对全市卫生工作近年来取得的成绩给予充分肯定，对全市卫生事业的进一步发展提出希望和要求。

2013年10月，市政协副主席周秀英带领文教卫体委员会委员视察创“国卫”饮用水卫生工作。先后到冷水滩区伊塘镇中学、潇湘景城小区、南华大酒店等地，实地查看中心城区公共场所与生活饮用水的卫生情况。随后召开的座谈会，委员们充分肯定南华大酒店二次供水设施定期进行清洗消毒和维护、水质卫生监测达标的好做法，严厉指出冷水滩区伊塘镇中学的水源地不合格，其周围10米内有猪圈等污染源存在，潇湘景城小区居民小区二次供水未办理卫生许可证、卫生管理不规范等问题。针对存在的问题，委员们提出整改意见，要求各级政府及各有关部门、商品房生活小区物业管理公司等社会各方面都要高度重视，严格按照饮用水的卫生监管要求，抓好落实，整改到位。同时加强水源保护、供水设备清洗、设施管理维护，加大监管力度，确保饮用水的卫生安全。

2014—2016年，永州市政协副主席彭爱华率部分政协委员和卫生部门工作人员到祁阳调研视察公立医院综合改革工作。调研组到县人民医院、妇幼保健院、文明铺镇中心卫生院、新塘角村卫生室实地察看，并走访部分大病互助对象。祁阳县自2012年被列为全国首批县级公立医院综合改革试点县以来，紧紧围绕“资源得优化、医院得发展、群众得实惠、政府得民心”的改革目标，分级诊疗就医格局逐步形成，基层医疗服务能力迅速提升。县级公立医院综合医疗服务能力不断增强。县域医疗诊断同质化逐步实现。“看病难、看病贵”的问题初步得到缓解。彭爱华要求，要进一步深化改革，突出公立医院姓公的特色，建立应保尽保机制，尽快探索出公立医院改革的发展道路。

三、社会法制与民族宗教类视察

（一）法制建设方面

1996—1998年，市民族宗教法制群团三胞联谊委组织部分省、市政协委员赴新田、蓝山两县视察国土管理、耕地保护情况。视察中针对个别乡镇乱占滥用耕地现象，个别乡镇领导重资产轻资源管理、集体土地流转不规范等现象，指出要认真学习贯彻中央系列文件精神，不断增强干部国策意识；加大宣传力度，切实让保护耕地家喻户晓，自觉维护；加大服务力度，引导领导干部为群众办好事、办实事；加强国土管理基础工作，稳定壮大专业队伍；进一步做好农村用地清理工作，加大查处力度；认清县情、乡情、村情，仔细研究，大胆探索国土管理、保护耕地的新思路和新举措。民族宗教法制群团三胞联谊委配合省政协视察政法队伍教育整顿情况。视察中针对仍然存在的少数干警思想素质、业务水平、工作作风等方面问题，建议将教育整顿常抓不懈，着力提高政法干警的思想、业务素质和执法水平；严格把好进人用人关，确保队伍思想素质的纯洁性；坚持秉公执法、公正执法，文明执法，坚决杜绝人情案、关系案、金钱案。各单位对委员们的建议高度重视，并召开党组会议研究落实。

1999—2001年，永州市政协主席欧学佳、副主席沈泗海、秘书长李少雄等一行视察全市交警工作。视察中对交警工作给予充分肯定，对面临的问题和困难，表示理解和关注，提出需要社会各部门齐抓共管，需要社会参与、支持和配合。强调要通过加大交通法规宣传力度、严格规范交警执法、正确引导交警热情服务等多种手段共同发力，全面促进全市交警工作迈上新的台阶。同时，表示全市各级政协和政协委员要一如既往地关心和支持交警工作。市民族宗教法制群团三胞联谊委与办公室联合组织部分政协委员，对市公安局、交警支队和市中级人民法院的工作情况进行视察。视察肯定近些年公安、交警、法院专项教育整顿取得的成效，同时指出存在的司法不公、暴力执法、执行难等各类问题，提出要严把进人关，确保队伍纯洁性；“三项教育”常态化，对各项制度规定狠抓落实；从严治警、依法治警，赏罚分明；大力推进政法各项改革，建立公开、公正、高效、廉洁的工作机制等建议，确保政法工作公平与效率兼顾。

2002—2005年，2002—2004年，市民族宗教法制群团三胞联谊委与办公室组织部分政协委员赴市司法局、零陵监狱和长茅坪劳教所视察监狱管理工作情况。视察肯定以上单位为确保司法公正所做的大量工作，同时也对各单位反映的问题及存在的困难形成视察报告向市委、市政府及时反馈，取得市委、市政府的重视。湖南省政协副主席范多富率省中共永州公安公正执法视察组到永州视察。民族宗教法制群团三胞联谊委配合省政协视察组对全市公安部门公正执法进行视察和监督。交换意见会上，省政协调研组表示形成报告向省委、省政府反映，确保公安队伍建设稳定、执法规范。2005年，市政协主席蒋桃生率正副秘书长，部分委员到市中级法院视察法院的执行工作。通过视察，了解到法院“执行难”问题是全党、全社会都十分关注的问题。市政协为大力支持法院开展执行工作，督促解决好“执行难”问题，更好地为永州经济、社会发展进步服务，特以“致市政协委员的一封信”的形式让委员们充分了解法院“执行难”的问题，同时呼吁广大委员们积极主动对这一问题进行重视和监督。

2011—2012年，市政协主席唐定、副主席何明伶率市政协民族宗教法制群团三胞联谊委和部分委员对法院庭审工作进行视察。通过深入冷水滩人民法院岚角山法庭了解基层法庭建设情况、旁听一起离婚纠纷案件庭审、组织召开驻地基层干部座谈会等方式，让委员们对庭审程序、法官的庭审能力、庭审形象等方面进行认真的评议。接着走访参观市中级人民法院立案信访大厅、审判庭、调解室等工作区了解法院文化建设有关情况、听取中级法院的工作情况汇报等方式让委员们对法院工作如何服务、如何服从于经济社会发展大局进行认真学习和讨论，对如何解决法院工作中存在的困难和问题积极献计献策。增强政协对法院工作的民主监督力度，对促进法院司法公正起到一定的积极作用。

民族宗教法制群团三胞联谊委组织该委全体委员视察市人防工程，并现场召开座谈。委员们对近年来永州市人防指挥通信建设、人防工程建设、人防行政执法、人防宣传教育、人防队伍建设、人防机关建设等方面取得的成效给予充分肯定，并对当前要给予解决的困难与问题提出意见和建议。

2015年4月，市政协调研座谈会现场

2013—2016年，市政协副主席何明玲带领民族宗教法制群团三胞联谊委组织委员对市公安工作进行视察。视察组一行参观市公安局、两区公安局部分办公场所，并召开座谈。视察组充分肯定规范执法、信息化建设、维护社会稳定等方面的成绩，同时，对当前公安工作面临的编制紧张、任务繁重、队伍建设中存在的困难与问题提出有针对性、前瞻性的建议。2015 年 4 月，市政协副秘书长、研究室主任刘翼平率 8 名政协委员对祁阳县社会化养老机构建设情况进行调研，先后察看永和养老中心、寿星老年公寓等养老机构现场，并召开调研座谈会。市政协调研组组长刘翼平肯定祁阳社会化养老的做法，特别对在全市首创公建民营医养结合养老模式作充分肯定，就存在的问题提出建设性意见，并表示作为人民政协一定为社会化养老工作鼓与呼，还将对全市社会化养老机构建设情况进行认真调查研究，为加快全市社会化养老机构建设发挥积极作用。

（二）社会群团方面

2008 年 9 月 12 日，民族宗教法制群团三胞联谊委组织部分委员视察冷水滩渡假村社区、凤凰路社区的社会保障、社会治安、再就业和社会福利等情况，听取工作情况汇报，并走访、看望福利院孤残孩子。视察对加快推进社会福利事业发展、推进民政工作和民政事业开拓创新等方面提出切实可行的意见和建议。

2012 年 4 月 12 日，民族宗教法制群团三胞联谊委与市侨联组织港澳台侨界委员，围绕“优化发展环境建设，促进企业健康发展”为主题，先后视察市侨商联合会和奥都混凝土公司，并进行座谈。大家就侨联如何搭建平台、创新服务手段、开展引智助业，尽力打造侨界委员及侨商联合会成员在永创业展开热烈讨论，纷纷就如何为侨界委员、台资企业及海创业人员牵线搭桥、排忧解难和营造创业环境积极建言献策。

（三）民族宗教方面

1999 年 11 月 8 日，市政协主席欧学佳带领民族宗教法治群团三胞联谊委和部分委员对芝山区观音山寺旅游资源进行视察。视察发现，观音山寺周围是两省三县交界处，地理位置优越，岩洞密布、形态各异、栩栩如生，宛如仙境；但是其中有多数景点还不为人知或开发不够。针对这一现象，视察组指出，要用战略眼光和经济头脑规划、布局和开发，按照旅游“六要素”规划景点建设和配套设施，吸引更多游客游览观音山，推动永州市旅游业进一步发展。

2005 年 3 月 28—29 日，市政协主席蒋桃生率 11 名副主席、正副秘书长和各委室主任对永州市宗教工作开展视察活动。先后到祁阳天主教堂、甘泉寺、观音堂、零陵区高山寺、基督教南堂、宁远的永福寺等寺庙和教堂，视察和座谈。并与当地党委、政府部门负责人座谈，引起大家对宗教工作更深层次的理解和认识。

2009—2012 年，市政协副主席盘玉花、秘书长宋可福陪同长沙市政协副主席李克俭、谢明德一行考察市港澳台侨和外事委、港澳台侨经济文化交流促进会工作情况，并参观考察柳子庙、高山寺、舜帝陵。市民族宗教法治群团三胞联谊委组织部分委员，赴双牌阳明山万寿寺佛教场所视察，详细了解宗教教职人员的社保情况及寺庙教堂建设与管理情况。委员们就加快解决宗教教职人员的社保问题及宗教场所规划与建设等方面进行建言献策。

2013—2015 年，民族宗教法治群团三胞联谊委组织部分委员就全市落实宗教教职人员社保政策情况开展专项视察。视察组视察冷水滩文昌阁、零陵基督教堂等宗教活动场所，看望宗教界人士，并进行座谈。针对极少数宗教教职人员参保积极性不高、部分宗教场所财力有限，养老保险补缴费用高等方面的问题，建议县（区）民宗部门进一步向相关部门反映宗教教职人员的特殊情况和困难，争取理解和支持。视察组将收集的意见和建议向相关部门沟通，帮助呼吁进一步推动这项工作全面完成。市民族宗教法治群团三胞联谊委陪同湖南省政协副主席葛洪元率领的部分省政协委员，赴阳明山万寿寺开展“永州市宗教活动场所管理与和谐寺观教堂创建”的视察。市民族宗教法制群团三胞联谊委组织宗教界委员督办“关于合理布局中心城区宗教活动场所”“加强宗教活动场所管理的建议”等提案，并邀请市政府的分管负责人、市民宗委、国土局、住建局等部门负责人实地察看和督办。提案中关于冷水滩文昌阁重建、道教协会建址的土地落实以及冷水滩潇湘公园宗教活动场所环境污染等问题，经过协商研究均得到解决。

第六节　文史资料征编

一、抢救“三亲”史料

永州市不仅山水秀丽，而且人文资源丰富，文化底蕴深厚，素有“永州是本书”之赞誉。为弘扬先进历史文化，传承先辈光荣传统，政协永州市委员会于1996—2016 年，强化对文史资料的征集整理工作，突出“三亲”（亲历、亲见、亲闻）特色，重点征集政协委员及其所联系的各方面人士对重要历史事件和历史人物的记述，历史当事人、见证人和知情人亲历、亲见、亲闻的第一手资料。

1996 年 4 月，市政协设立学习宣传文史委员会（简称文史委），在市政协主席会议的领导下，负责对文史资料的征集、整理、编辑、出版工作。文史委按照“征集为主、抢救为先、充分利用、服务社会”的要求，组织政协委员、文史专家和社会各界人士，根据文史工作特点和永州实际，发掘整理永州各个历史时期的重要任务和重大事件史料。同年 9 月，市政协办公室下发《关于征集永州市文史资料的通知》，对征集范围、征集方式、征集要求等进行明确规定。

1997—1998 年，市政协文史委启动第一次文史资料征集工作，征集的课题为私营经济相关史料。共征集到稿件 46 篇、图片或照片 83 幅、文字约 25 万字。同年，市政协文史委与江华、江永、道县、宁远、新田、蓝山等六县政协共同推进《湖南瑶族百年》史料的征集工作。

1999 年，市政协文史委以“旅游”为课题，与各县区政协和市直有关部门合作，征集全市文物古迹、风景名胜史料，共征集到稿件 90 多篇、图片或照片 79 幅、文字约 30 万字。同年，还与江华、江永、道县、宁远、新田、蓝山等六县政协合作，继续抓好《湖南瑶族百年》史料征集，共征集瑶族史料 67 篇、图片或照片 20 余幅、文字约 27 万字。并配合湖南省政协文史委完成《民营企业之路》史料的征集任务。

2000 年，市政协文史委与各县区政协和市直有关部门合作，围绕永州县区解放、剿匪反霸、名人与教育、地方文化等内容进行资料征集，共征集到稿件 50 余篇、图片或照片 30 多幅、文字约 25 万字。

2001 年，市政协文史委运用专题征集、合作征集和特约征集等多种方式，先后征集到 18 位永州籍国民党起义将领、国民党政府官员的史料 34 篇、图片或照片 30 余幅、文字约 25 万字。

2002 年，文史委根据市政协主席会议部署，围绕中共永州市第二次党代会提出的创建环保效益型经济的构想，为促进永州环境保护工作，着手征集永州文史环保专辑史料。

2003 年，江永县政协计划编纂地方文化特色“女书”文史资料，市政协主席蒋桃生听完工作汇报，当即决定整合市、县两级资源，合作征集女书文史资料，先后共收集女书文史资料近 30 万字、图片或照片 50 余幅。同年，市政协还与市史志办合作征集《永州之最》文史资料，从建制沿革、自然地理、重要历史人物、重大历史事件、旅游资源、文化、教育、卫生、体育、民情风俗等 16 个方面，按照从古至今，从远至近的原则，收集永州有史以来最突出、最有影响、最有成就的人、物、事文史资料近 20 万字。

2006 年，市政协文史委配合湖南省政协文史委落实《湖南百年老照片》《名人故居博览》文史资料的征集工作。

2007 年 4 月，市政协启动永州市古楹联的征集工作，制定《关于征集编印〈永州古楼亭寺庙楹联〉（暂用名）的工作方案》。各县区政协予以大力支持配合，组织专业人员征集资料，市内楹联研究、爱好者热情参与，历经一年多时间，共征集古楹联 1000 余副，图片或照片 300 多幅，说明、注释等文字材料 10 多万字。同年 4 月，市政协办公室下发《关于征集建国后永州文史资料的通知》，征集新中国成立后各个重要历史阶段的政治、经济、军事、科技、文化、教育、卫生、体育、社会等诸方面的历史资料，特别是五、六十年代亲历、亲见、亲闻的历史资料，包括有历史价值的回忆录、照片、日记、遗稿、函电、书信、手迹等。征集到文稿15篇、图片或照片30多幅、文字9万多字。同年，市政协文史委配合湖南省政协文史委编辑《湖南百年老照片》征集老照片30多幅，采用17幅。为省政协文史委编辑《湖南历史文化名村与古民居》征集13处史料，图片或照片100多幅，文字说明近1万字。

2009年，文史资料征集重点放在新中国成立后史料，加强与市直单位、各民主党派、工商联，特别是离退休老领导、老同志的联系与沟通。共收集整理文史资料40多万字。同年5月，市政协办公室下发《关于开展“改革开放亲历记”征文活动的通知》。稿约三个方面内容：一是约请参与改革开放重大决策、重大建设、重大活动的亲历者，回首往事，记录历史，形成唯真唯实的第一手资料；二是约请众多改革开放参与者、见证者、感悟者积极热忱撰稿，沧桑纪事，秉笔直书；三是约请阅历丰富退下来的老领导老同志书写回忆录，记叙改革开放时期亲历的事件、变化、故事等。通过多种形式征集，共征集稿件120多篇，40多万字。是年，市政协文史委还配合全国政协、省政协做好关于开展文史资料工作的摸底调查和《人民政协文史资料工作50年》画册、《纵横春秋五十年——我与文史资料》一书的征稿工作。

2010年9月，市政协办公室转发省政协文史委《〈大美潇湘〉一书的征集、编辑、出版方案》(后改名《芙蓉国里——湖南历史文化巡礼》)，配合省政协文史委落实征集工作，在江永召开全市文史工作座谈会进行部署，制定永州部分征集编辑方案，拟定征编条目。完成永州部分的全部资料和图片征集任务，包括市县区概况、永州名胜、名人、非物质文化遗产、老字号、特产等共计10余万字，图片或照片230多幅。

2010年年底，市政协主席会议决定征集编辑一本反映政协委员的文史资料。2011年1月，市政协办公室下发《关于开展“我是政协委员”征文活动的通知》，安排部署《永州文史》第九辑——《我是政协委员》一书的征编工作。市政协三届五次会议上又向全体市政协委员发出“我是政协委员”的征文通知，要求全市范围的省市县区政协委员参与这一活动。共收到稿件103篇、图片或照片70多幅、文字约30万字。

2012年5月，市政协制定关于编辑出版《永州文史》第十辑——《红军长征在永州及永州抗日战争》的工作方案。

2013年，重点征集1900年以来，在全省、全国、世界做出重要贡献、具有重大影响的永州人。2 月 18 日，市政协办公室下发了《关于征集出版〈百年永州名人〉（暂定）工作方案的通知》，明确指导思想、征集范围、组织领导、工作步骤和分工。是年，在原有《锦绣潇湘》初稿的基础上，继续征集《美丽潇湘》文史专辑资料，多次与有关部门联系，并登门求证，共补充征集文稿 20 多篇、图片或照片 60 多幅。是年，配合省政协文史委落实《湖南名人故居》征集工作。向省政协文史委报送名人故居 34 处，图片或照片 130 余幅，撰写资料 68 篇。

2014 年 5 月，市政协办公室下发《关于开展文史资料征集工作的通知》，要求各县区政协加强对文史资料征集工作的组织和领导，把文史资料工作纳入政协工作的重要议事日程。在继续做好新中国成立以前史料征集的基础上，广泛征集中华人民共和国成立以来政协委员及其所联系的各方面人士的“三亲”史料。要按照“征集为主、抢救优先、充分利用、服务社会”的要求，重点开展对重大历史事件亲历者和重要代表人物的史料征集工作。具体征集范围：抗日战争时期史料、解放战争时期史料以及土地改革、人民公社、大跃进、文革、知青、农业文化遗产等八个方面的史料。各县区政协积极配合，征集一大批有价值文史资料存档。

2015 年，继续加大《二十世纪永州名人》文史资料的征集力度，累计征集党政军卷、科教文体卷文稿近 100 万字。是年，为了全面体现永州古今名人的风貌，又补充征集《二十世纪前永州名人》文史资料，征集文稿 30 余万字。是年，配合省政协文史委落实名人故居、农业文化遗产、知青以及“文化革命”等 4 个方面的文史资料征集任务，征集文稿 132 篇、图片或照片近 200 幅、文字 60 多万字。

2016 年，配合省政协文史委落实“老字号”文史资料征集工作以及湖南农业文化遗产文史资料补充征集工作，征集“老字号”文史资料 8 万字，农业文化遗产资料按要求补充完善。

二、为名人立传

永州文明历朝历代可谓群彦竞雄，群星璀璨。政协永州市委员会从浩瀚的文献史料中撷取精华，精心剪裁，从政治、军事、科学、文史、民间艺术等不同角度选编一批永州名人。2014—2016 年先后编辑出版《二十世纪前永州名人》《二十世纪永州名人·党政军卷》《二十世纪永州名人·科教文体卷》等著述，共收集永州籍各类名人 253 人。其中 20 世纪前永州名人 80 人，20 世纪党政军永州名人 84 人，20 世纪科教文体永州名人 80 人。

三国时期至中华人民共和国永州名人一览表

表 4-5

朝代	姓名	籍贯	官职（社会名位）	主要社会名望
三国	黄盖	零陵区黄田铺	东吴名将	赤壁战，献苦肉计破曹兵
	周不疑	零陵	诗人	有《文论》四首传世
唐朝	怀素	零陵	僧人，书法家	书法名家
	何坚	道县	德宗年间（742—805）进士	有诗作传世
	李郃	宁远县	大和二年（828 年）状元	有诗作传世
	周鲁儒	宁远县	大和六年（832 年）进士	有诗作传世
	何庾	道县	农民起义首领	曾与黄巢起义军结盟
宋朝	陶岳	祁阳	太平兴国五年（980）进士	著有《五代史补》等
	路震	祁阳	官至福州巡抚	抗辽英雄
	何仲举	道县	诗人	号称“天策府”十八学士之一
	黄守弼	新田县	祥符三年（1011）进士	开办学院，传道授业
	周尧卿	江永县	天圣二年（1024）进士	著有《诗说》《春秋说》等
	陶弼	祁阳	官至忠州刺史	军事家
	周敦颐	道县	官至广州转运判官	理学开山鼻祖
	陈遘	零陵区	靖康元年（1126）兵马元帅	抗金名将
	邓三凤	东安县	礼部尚书	民族英雄
	雷生接	蓝山县	翰林学士	忧国忧民
	义太初	道县	淳熙年（1174）进士	著有《鼓角楼记》
	杨齐贤	宁远县	庆元五年（1199 进士）	善于谏议
	乐雷发	宁远县	保祐元年（1253）特科状元	有《乌乌歌》传世
	吴必达	道县	淳祐元年（1241）特科状元	善诗文
明朝	李文卿	宁远县	武略将军	善于治理地方
	雷复	宁远县	官至礼部右侍郎	为官清廉
	何乔新	江永县	官至刑部尚书	为人刚直不阿
	熊绣	宁远县	成化二年（1466）进士	著有《均徭法纪》
	荆茂	宁远县	官至浙江按察使	为官清正
	赵朝胜	蓝山县	瑶族英雄	乐于助人
	周鹏	江永县	官至云南左参政	为官清正
	胡节	零陵县	光禄寺少卿	著有《同庵疏稿》传世
	郑秀峰	新田县	禅师	谥号曰“七祖佛爷”

续表4-5

朝代	姓名	籍贯	官职（社会名位）	主要社会名望
明朝	邓球	祁阳县	嘉靖三十八年（1559）进士	教育家。建文昌塔于祁阳
	周希圣	零陵富家桥	户部尚书	其故居“周家大院”至今保持完好
	何朝宗	道县	万历三十八年（1610）进士	为官清廉，在道县建有“石牌楼”
	蒲秉权	江永县	万历四十二年（1614）进士	任建昌县令时留有诗作
	李荆楚	蓝山县	旷工起义首领	曾聚众3000余人，起义反对官商
	刘兴秀	零陵	天启五年（1625）进士	惩治贪官深得民心
	易三接	零陵	学者	有《永州野史略》等传世
清代	欧阳畹	祁阳县	教育家	曾主讲衡州石鼓书院
	复亭上人	永州	峨眉山僧人	精于手药之术
	奉有纬	江华	乾隆三十七年（1772）进士	在江华创办《三宿书院》
	蒋云宽	江永县	嘉庆四年（1799）进士	书法家
	何凌汉	道县	嘉庆十年（1805）一甲第三名（探花）	朝廷重臣，书法家
	赵金龙	江华	瑶民起义首领	曾率众攻克宁远、新田等县城
	石光陛	宁远县	诗人、书法家	著有《经史日钞》等文集
	唐知铣	东安县	官至宝丰知县	为官清廉
	席居正	东安县	光禄大夫	著有《重游九龙岩洞》等
	唐李杜	祁阳县	道光十六年（1836）进士	教育家
	杨季鸾	宁远县	诗联名家	于黄鹤楼、祁阳浯溪、柳子庙均留有诗联
	何绍基	道县	诗人、书法家	以“回腕悬书”技法，在清代名噪一时
	何绍业	道县	书画家	何绍基之弟
	何绍祺	道县	书画家	何绍基之三弟
	何绍京	道县	书画家	何绍基之四弟
	赵文凤	新田县	瑶族起义首领	曾与赵金龙联合，杀富济贫
	张荣祖	新田县	曾任苍梧知县	著有《六经存汉》等
	周凤山	道县	建威将军（一品官衔）	曾与曾国藩一道镇压大平军
	罗澍昀	东安县	书法家、诗人	著有《养何斋诗集》
	叶兆兰	东安县	清将曾国藩幕僚	参与镇压太平军
	朱希广	道县	副将	参与镇压太平军 有“湘军第一悍将”之称
	朱洪英	东安县	天地会首领	曾攻克永明、道县、蓝山等县

续表4-5

朝代	姓名	籍贯	官职（社会名位）	主要社会名望
清代	何庆涵	道县	书法家	曾主讲湖南求忠书院
	肖得龙	蓝山县	武官	御赐“骠勇巴图鲁”称号
	李蕊	祁阳县	学者	有编著《兵镜类编》传世
	周岐山	道县	武官“振威将军”	参与镇压太平军
	蒋南枝	东安县	文人（席宝田幕僚）	著有《冬青园文集》传世
	欧阳利见	祁阳县	武官	抗法名将
	贺元瑶	祁阳县	书画收藏家	珍藏书画300余件
	肖玉春	蓝山县	文人	著有《酒经录》《股本大学解》等
	席宝田	东安县	武官	誉称“湘军悍将”，曾镇压贵州苗民起义
	何绍彩	道县	武官	湘军大将，参与镇压太平军
	陈飞熊	宁远县	武官	参与镇压太平军
	周崇傅	零陵	同治七年（1868）进士	擅书法
	石焕章	宁远县	湘军将领	参与镇压贵州苗民起义
	何贱苟	道县	湘南天地会首领	参加过太平军反清活动
	唐仁廉	东安县	武官	参与镇压太平军
	王德榜	江华	抗法名将	参与抗法战争
	荣维善	东安县	湘军名将	参与镇压太平军
	秦宝珊	江西瑞州，辞官后定居永州	永州刺史	曾与太平军作战
	黄立均	宁远县	武官	在抗法战争中以身殉职
民国时期	李韫洐	宁远县	国民党中将	曾参加上海会战，打击日军
	卿三定	零陵	潇湘农乐先驱	组织零陵县农民运动
	黄岱	祁阳县	曾任广西革命军总司令	参加过孙中山领导的辛亥革命
	钟才宏	蓝山县	民国元年参议员	与蒋介石有交往
	欧阳振声	宁远县	资产阶级革命家	武昌起义领导者之一
	萧志仁	宁远县	教育家	参加过辛亥革命
	冯天柱	零陵	同盟会成员	参加过辛亥革命
	蒋先烈	新田县	民主革命先驱	曾与刘少奇组织过水口山工人罢工
	刘兴	祁阳县	国民党高级将领	参加过抗日时期南京保卫战
	蒋毓华	祁阳县	中共早期活动家	组织过祁阳农运和工运
	席楚林	东安县	国民党市长	发动火烧长沙

续表4-5

朝代	姓名	籍贯	官职（社会名位）	主要社会名望
民国时期	姜爱林	宁远县	同盟会会员	参加过黄兴领导的广州起义
	李达	冷水滩区	中共创始人之一	组织领导过中共第一次全国代表大会
	唐生智	东安县	国民党上将	组织领导南京保卫战
	欧冠	宁远县	国民党起义将领	曾经在宁远县一带组织“清乡剿共”，也组织过抗日
	陈士虎	蓝山县	国民党啊爱国将领	积极拥护中国共产党
	韦汉	江华	农民运动领袖	系中共江华党组织创始人
	李盖凡	蓝山县	革命烈士	组织过蓝山县农运
	陈光保	宁远县	农民自卫队首领	镇压土豪劣绅
	罗霖	零陵县	国民党中将	参加过对中共苏区的围剿
	周希洪	道县	国民党起义将领	参加过“国大”代表竞选
	陈云	零陵	中共零陵党组织最早组织之一	在零陵一带开展农运活动
	周文	祁阳县	农民自卫军首领	拥有自卫队员 3000 多人
	唐海荣	东安县	唐生智得力助手	参加过唐生智组织的“反蒋”活动
	李清瓛	宁远县	国民党起义将领	参加过淞沪会战
	肖明	新田县	工人运动先驱	领导过“二七”大罢工
	芦望屿	江永县	国民党起义将领	1949 年起义投诚归顺中国人民解放军
	李启汉	江华县	早期工运领导人	参与领导上海工人大罢工
	柏忍	宁远县	大革命时期宁远县农运领导人	组织宁远、江华一带农民运动
	欧阳烈	宁远县	国民党起义将领	1949 年起义投诚
	雷晋坤	祁阳县	湘南农运领袖	在祁阳组织农民革命运动
	陈为人	江华县	中央文库的“红色管家”	为保护“中央一号机密”献出了宝贵生命
	李可才	宁远县	国民党起义将领	1949 年 10 月起义投诚归顺中国人民解放军
	王茂斌	东安县	老红军	1928 年随朱德上井冈山
	成铁侠	宁远县	国民党起义投诚将领	1949 年投诚归顺中国人民解放军
	唐皓、舒翼	江华	中共零陵县党组织主要创始人	1926 年，在零陵县创建第一个党小组
	张南雄	双牌县	革命烈士	为贯彻湖南省委暴动计划，不幸被捕牺牲
	阮贞	蓝山县	革命烈士	策划组织蓝山县武装暴动

续表4-5

朝代	姓名	籍贯	官职（社会名位）	主要社会名望
民国时期	曹茂琮	新田县	国民党起义将领	1949年率部起义归顺人民解放军
	雷攻	东安县	国民党起义将领	1949年率部起义归顺人民解放军
	何宝珍	道县	革命烈士	曾为刘少奇夫人
	蒋先云	新田县	中共早期活动家	于第二次北伐战争中牺牲
	郑作民	新田县	抗日名将	参加过昆仑山战斗
	欧阳耿	宁远县	国民党起义将领	1950年，在贵州率部起义
	厥汉骞	宁远县	黄埔军校毕业	抗日名将，参加过淞沪战役
	利运洁	蓝山县	革命烈士	在宜章暴动中被捕牺牲
	唐克	零陵	革命烈士	1930年，在龙州起义中牺牲
	唐鉴	宁远县	中共早期党员	学生运动领袖
	杨怀超	新田县	革命烈士	1949年遭国民党特务杀害
	王文	江永县	革命烈士	在湘南组织过农工运动
	唐铁成	零陵县	国民党高级将领	参加远征军在印度身亡
	廖龄奇	祁阳县	抗日名将	参加过长沙会战
	吕研蒙	零陵县	抗日名将	在桂林参加过狙击日军战斗
	唐仁玙	东安县	国民党军队团长	参加过台儿庄、上海、南京等抗日战役
	王涛	江华县	中共闽西特委书记	政协闽西开展党的足迹活动，1941年牺牲
	欧阳立	双牌县	道县农运开拓者	1926年加入中共，在道县一带组织农运活动
	张琦	祁阳县	国民党军队抗日英烈	曾获英国银星丰功勋章
中华人民共和国成立后（健在的名人未列）	何明珍	双牌县	湖南省参议员	曾任道县县长。积极支持中共地下党活动。1950年去世
	周玉成	祁阳县	开国中将	1955年去世
	义明道	江永县	沙基惨案烈士	组织过广州香港工人大罢工
	蒋治英	新田县	湖南省参事室参事，省政协委员	国民党起义投诚将领
	陈同生	零陵	曾任上海市统战部部长	1968年因病去世
	唐生明	东安县	国民党投诚将领	二、三、四、六届全国政协委员
	唐继禹	江华县	湖南省参事室参事	国民党起义将领
	唐守治	零陵	台湾“国防部”总政治作战部主任	1975年4月5日去世
	江华	江华县	无产阶级革命家、最高人民法院院长	1925年加入中国共产主义青年团，1926转为中国共产党

续表4-5

朝代	姓名	籍贯	官职（社会名位）	主要社会名望
中华人民共和国成立后（健在的名人未列）	陶铸	祁阳县	无产阶级革命家、国务院副总理	1926 年加入中共。1967 年“文化革命”受迫害去世
	乐天宇	宁远县	农业专家	1924 年加入中共。系毛泽东友人
	李鹤	宁远县	湖北省政府参事	国民党起义投诚将领 1996 年病逝
	刘金轩	祁阳县	开国中将	1933 年加入中共，1984 年在北京去世
	李治安	宁远县	湖南省政府参事	国民党起义投诚将领 1980 年于长沙病逝
	廖明政	蓝山县	正军级干部	解放军桂林陆军学院副院长。1997 年病逝桂林
	邓有志	江华县	湖南省政协副主席	2006 年病逝长沙

三、文史著述编辑出版

1997—2016 年，市政协学习宣传文史委员会根据征集文史资料的内容，分专辑或综合辑进行编辑出版发行，共编辑出版发行文史书籍 15 辑，其中向新闻出版部门申请内部准印书号 10 辑、向出版社申请公开出版书号 5 辑。15 辑文史书籍，均在全国政协系统内部和相关单位进行交流，向全体市政协委员和社会各界有关人士赠阅。以公开书号出版发行的 5 辑文史书籍，还向社会公开发行。第一辑至第五辑采用 32 开本印刷，其他均采用 16 开本印刷。

1997 年 2 月 23 日，市政协办公室下发《关于成立〈永州文史〉——民营经济专辑编委会的通知》（民营经济后改为私营经济）。是年 5 月 28 日，市政协办公室向编委会成员发出邀请函。

1998 年 3 月 10 日，市政协召开《永州文史》第一辑——《私营经济专辑》组稿工作会议，研究部署私营经济专辑组稿有关事项，编委会成员及各县区政协文史委主任参加会议。10 月 22 日，市政协组织召开私营经济专辑编委会议，研究该书的编辑出版问题。11 月，《永州文史》第一辑——《私营经济专辑》正式出版。该专辑征集 45 位私营企业主艰苦创业的史料，收录稿件 46 篇、图片或照片 61 幅、文字 20 万字。时任市政协主席欧学佳作序，指出：“党的十一届三中全会以来，尤其小平同志 1992 年南方谈话以后，我市的个体经济、私营经济如雨后春笋，与国有企业竞相发展，占有经济总量的客观份额，已经达到了三分天下有其一的境地。

每一家都有一本难念的经，每个企业都有一段艰辛的历程，然而，他们仍然上去了，壮大了，并且涌现出一批佼佼者。”“这是政协永州市委员会成立以来编辑、出版的第一辑文史资料，可喜可贺。”

1999 年 1 月 16 日，市政协拟定《关于征编出版〈永州文史〉第二辑——旅游资源开发专辑的工作方案》。1 月 21 日，市政协召开一届三十次主席会议，协商讨论关于征集出版《永州文史》第二辑——《旅游专辑》的工作方案。4 月 8 日，市政协召开《永州文史》第二辑——《旅游专辑》组稿工作会议。11 月，《永州文史》第二辑——《旅游专辑》正式印刷出版。该专辑共收录文稿 62 篇、图片或照片 51 幅、文字 20 万字，分春风无限潇湘意、闻道浯溪水亦香、九嶷更在云深处、秀峰奇洞似仙境、天设湖南第一峰、濂溪风月浩无边、江永女书瑶家情七个篇章，展示永州发展旅游业的丰厚资源条件，展现永州之美。

2000 年 4 月 6 日，市政协召开《永州文史》第三辑组稿工作会议，对组稿工作进行全面安排部署。12 月，《永州文史》第三辑正式出版。这是市政协第一部综合文史资料，全书共收录文稿 44 篇、图片或照片 32 幅、文字 20 万字，分县区解放、剿匪反霸、史海钩沉、名人与教育、地方文化五个篇章，记载永州县区解放、剿匪反霸等历史事实，反映永州名人与教育、永州地方文化的业绩和辉煌。

2002 年 1 月，《永州文史》第四辑正式出版，这是政协永州市第二届委员会征编出版的第一个文史资料集子。全书共收录文稿 34 篇、图片或照片 7 幅、文字 20 万字，收录唐生智等 18 名永州籍起义将领或国民党政府官员的事迹。该书的编辑出版还得到省政府参事室、郴州市桂阳县政协以及部分起义将领亲友的大力支持。

2004 年 9 月 22 日，市政协发出《关于〈永州文史〉——女书专辑评审的通知》，邀请十多名业内人士评审。编审过程中，国内外众多专家学者提供了宝贵资料，中共江永县委宣传部、县档案局给予大力支持和帮助，本土专家学者和女书传人花费大量时间和精力，评审人员提出珍贵的编辑意见。2005 年 9 月，《永州文史》第五辑——《女书专辑》正式出版。全书共收录文稿 42 篇、图片或照片 38 幅、大事记 50 条、文字 23 万字，分女书发掘篇、女书传人篇、女书救护篇、女书作品选、大事记、女书与习俗、女书字汇表等 7 个篇章。被世人誉为“世界之奇”的女书，流行于永州市江永县境内，是一种特殊的女性专用文字。其基本字符有 1000 个左右，最常用的约 600 个。女书这一文化瑰宝，不仅属于永州，属于湖南，属于中国，而且属于全世界。

2007 年 8 月，市政协制定《〈永州文史〉第六辑——古楹联资料编辑方案》，提出“全面展现，图文并茂，联、史、文合一”的指导思想。市政协将征集到的永州亭塔、寺庙、楼阁、宅第、衙馆、书院、戏台、宗祠等古楹联 1000 余副，精心编辑，略加评注。2008 年 9 月，《永州文史》第六辑——《永州古楹联》正式出版。全书分亭塔联、寺庙联、楼阁联、宅第联、衙馆联、书院联、戏台联、宗祠联、先贤外地题联、其他联、附录 11 个篇章，收录图片或照片 33 幅。该书特别聘请三位楹联作家担任特邀审稿，并为一些佳联作注点评。周进隆为该书题写书名。

2009 年，市政协从征集到和库存的近 100 万字的文史稿件中，精选精编 55 篇文稿 24 万字，从近 200 幅图片中精选 48 幅图片作书中插图，编辑出版《永州文史》第七辑。是年 11 月，《永州文史》第七辑正式出版。这一辑文史书籍是新中国成立后的文史资料，内容丰富，资料翔实，主要包括党和国家领导人视察永州、闪光的足迹、土地改革、知青岁月、对外交往等五大类材料。本书收集的胡耀邦、乔石等党和国家领导人到永州视察的珍贵史料和新中国成立后不同时期特别是土地改革、知识青年上山下乡的亲历、亲见、亲闻的文史资料，一些场景和细节是一般文献、档案中难于见到的。是年，根据年初由中共永州市委批准的永州政协年度工作安排、将《永州文史》第六辑——《永州古楹联》公开出版的要求，着眼打造历史文化精品，对《永州古楹联》进行修编，更名为《永州楹联集锦》，删除数十副对仗不工或平淡或俗气不雅的楹联，增加永州楹联的评析赏析文字，特别是添加 140 副中国古今名联及赏析作为附录，增强这本书的知识性、艺术性和可读性。2010 年 2 月，《永州楹联集锦》由中国社会出版社公开出版发行，这是市政协第一本公开发行的文史书籍。全书分亭塔联、寺庙联、楼阁联、宅第联、衙馆联、书院联、戏台联、宗祠联、其他联、先贤外地题联、附录等 11 个篇章，其中附录古今名联赏析分名胜类、题赠类、行业类、庆贺类、哀挽类、谐趣类等 6 类。全书共收录古今楹联 1169 副，其中市内楹联 1029 副（包括永州名人在外地所作名联），图片或照片 35 幅。湖南省出版局原局长刘鸣泰为该书题写书名。

2010 年，中国改革开放走过 32 个年头。市政协从征集到的 120 多篇稿件中遴选 53 篇 24 万多字，编辑成《永州文史》第八辑——《亲历改革开放专辑》。全书分回眸改革开放、见证永州发展、感悟民本民生三个篇章，从不同视角真实记录永州改革开放历史、永州经济社会发展进程和永州人民的生活。

2011 年 10 月，市政协从“我是政协委员”征文活动中征集到的 103 篇稿件、70 多幅图片或照片中遴选文稿 62 篇、图片或照片 65 幅，编辑出版《永州文史》第九辑，书名为《荣誉与责任——我是政协委员征文选编》。全书分建言篇、责任篇、耕耘篇、人文篇四个篇章。这是一本以政协委员“亲历、亲见、亲闻”为鲜明特色的史料专辑，彰显政协委员是一种荣誉，更是一份责任。

2013 年，从征集到和库存的 100 万字的文史稿件中，精选文稿编辑出版《永州文史》第十辑——《抗日战争专辑》。10 月，该专辑正式出版。全书分日军暴行、唤醒民众、奋起抗敌、先贤杀倭和大事记等 5 个篇章，共收录文稿 88 篇、“大事记” 161 条、文字 29 万字。记录日军在永州犯下的滔天罪行，再现永州人民英勇抗战的英雄事迹，进一步激发永州人民铭记历史、热爱祖国、维护祖国领土完整的爱国情怀。

2013 年，在《锦绣潇湘》的基础上，编辑出版《美丽潇湘——永州历史文化巡礼》。全书共 18 万字，收录图片或照片 285 幅，以县区为单位，编写市县概况，自然景观、人文景点、名胜古迹等 76 处，1949 年前政治、军事、经济、文化领域有重大影响的历史名人 108 人，拥有世代传承的产品或技艺 4 个，非物质文化遗产项目 35 个，名特产品 61 个。给人们提供一个领悟永州文化真谛、感受永州文化魅力的窗口，更好地了解永州的历史，永州的文化，永州的民俗风情，永州的自然风光。该书由中国长安出版社公开出版发行。

2014—2015 年，将征集到的《二十世纪永州名人》资料，精心编辑《二十世纪永州名人 · 党政军卷》，由湖南人民出版社出版发行。全书收录文稿 89 篇、图片或照片 86 幅、文字 40 万字，收录党政军界永州名人 90 人。所列名人按出生时间的先后排序，出生年月相同的按姓氏笔画排序，两人合传的按第一人出生年月排序。其记叙文体形式不强求一致，视具体情况大致分为小传、传略、简历等。

2015 年，编辑《二十世纪永州名人 · 科教文体卷》。

2016 年，加大与出版社对接力度，协调《二十世纪永州名人 · 科教文体卷》出版工作。编辑《二十世纪前永州名人》。8 月，《二十世纪永州名人 · 科教文体卷》《二十世纪前永州名人》同时由民主与建设出版社公开出版发行。《二十世纪永州名人 · 科教文体卷》收录文稿 84 篇、图片或照片 100 幅、文字 41 万字，收录科教文体界永州名人 85 人。所列名人按出生时间的先后排序，出生年月相同的按姓氏笔画排序，两人合传的按第一人出生年月排序。其记叙文体形式不强求一致，视具体情况大致分为小传、传略、简历等。《二十世纪前永州名人》收录文稿 80 篇、图片或照片 49 幅、文字 28 万字，收录 20 世纪前永州籍思想家、文学家、史学家、艺术家、科学家、朝廷大臣、地方大员、著名军事将领以及重要的农民起义的领袖 80 人，其中东汉 2 人、唐朝 5 人、宋朝 14 人、明朝 16 人、清朝 43 人。所列名人按出生时间的先后排序，其记叙文体形式不强求一致，视具体情况大致分为小传、传略等。

第七节　学习宣传与理论研讨

一、学习

政协永州市委员会积极投身中共中央、中共湖南省委、中共永州市委部署的专题教育活动，通过开展集中培训、竞赛活动抓好委员的学习教育。并通过政协内刊、网站以及向国家、省、市主流媒体投发稿件做好宣传工作。

2001年6月第二届市政协成立后，出台《关于加强市政协委员理论学习的意见》，要求委员把理论学习作为参政议政的一件大事来抓，成立24个学习活动小组，每半年组织本组委员开展一次学习活动，每次集中学习都要向市政协宣传文史委报送学习情况。

2002年8月22日，第二届市政协举办委员培训班。市政协主席蒋桃生主持，学习期间，市政协副主席邓香花、周忠信等就如何提高参政议政水平、如何做好调查研究等业务知识为政协委员作辅导讲课。

2003—2004年，市政协机关开展学习“十六大”精神、全国“两会”精神演讲比赛；开展以“三个代表在我心中”为主题的演讲比赛；开展以“提高执政能力，促进贴心为民、促进求真务实、促进勤政清廉”为主要内容的“一提高三促进”活动。为庆祝人民政协成立55周年，2004年7月举行永州市首届人民政协知识竞赛，11个县区政协和民主党派市委、市工商联共12个代表队参加。经过激烈角逐，东安县政协代表队、芝山区政协代表队、江永县政协代表队分获冠军、亚军、季军。市政协主席蒋桃生，市人民政府副市长荣燕明分别为获得前三名的代表队颁奖。

2005年11月，市政协举办全市乡镇政协工委主任培训班，全市208名乡镇政协工委主任及相关人员参加培训班。市政协副主席谢五龙作培训动员讲话，市政协副主席周忠信作“了解政协工作常识　增强做好新时期人民政协工作的能力”辅导课，市政协提案委主任何水平作“掌握提案工作知识　切实履行政协职能”辅导课。

2007年1月，市政协注重抓好《中共中央关于加强人民政协工作的意见》和《中共湖南省委关于贯彻落实〈中共中央关于加强人民政协工作的意见〉的实施意见》精神的贯彻落实。随后，组织各县（区）政协和部分市政协委员召开学习座谈会。7月，举办市政协委员培训班，386名委员参加培训。其间，中共永州市委常委、常务副市长唐松成作动员讲话，市政协主席陈金荣作人民政协基本理论辅导课，市政协副主席作《提高素质不负重任　做一名合格的政协委员》辅导课，市政协提案委主任陈盛华作《掌握提案知识，发挥提案作用》辅导课，市委党校文锦菊作《和谐社会与人生智慧》辅导课，市委党校刘少兵作《中华人民共和国物权法》专题讲座。10月，中共十七大召开，永州市各级政协组织，认真学习宣传贯彻中共十七大精神。就如何深入贯彻落实科学发展观，继续解放思想，坚持改革开放，推动科学发展，促进社会和谐展开学习讨论。

2012年1月，结合市政协换届（第四届）工作，市政协组织全体机关干部集中学习《中共湖南省委政治协商规程（试行）》。5月初，中共永州市委制定下发《关于贯彻落实〈中共湖南省委政治协商规程（试行）〉的实施意见》，为换届选举奠定良好的政治基础。2月，为全面贯彻落实《中共永州市委关于全面开展“四深入两结对一测评”活动切实改进干部作风密切党群干群关系的意见》文件精神，市政协在全体市政协委员中开展“察民情、集民智、聚民心、解民难”活动。活动分动员部署、走访调查、全面开展工作和检查测评四个阶段进行。市政协成立“四民”活动领导小组，唐定任组长，各驻会副主席为副组长，各界别委员活动组长、各界别常委为执行组长，各界别委员为组员。领导小组下设办公室，由宋可福任办公室主任，欧阳国川任办公室副主任，委室相关人员为工作人员。7月，市政协举办第四届市政协委员培训班，417名政协委员和机关干部参加培训。其间，省政协研究室主任毛学军作政协理论知识讲座，省政协提案委主任作提案工作知识讲座，省政协信息中心主任李国雄作社情民意信息工作知识讲座，湘潭大学国际关系学教授李广就“当前国际国内形势”作讲座，各界别进行分组讨论，唐柏荣、余文芳、徐海英、林运华、张容、左雅婷6名委员作典型发言。

2014年3—5月，市政协机关开展“理想信念大家谈”主题征文活动。

二、专项教育

2003年4月，市政协在处级领导干部中深入开展以“增强党性观念，增强群众观念，增强发展观念，创建先进班子”为主要内容的“三增一创”教育活动。市政协机关成立以市政协秘书长、党总支书记盘玉花为组长，党总支副书记陈盛华、陈晓荣为副组长，其他各专委会主任为成员的“三增一创”活动领导小组，领导小组下设办公室，由市政协副秘书长陈盛华兼办公室主任，办公室负责“三增一创”活动日常工作。在“三增一创”活动中，处级领导干部受到一次比较全面、系统和深刻的马克思主义教育。理论上有新的收获，思想上有新的认识，政治上有新的提高，促进政协各项工作的开展。

2005年1月，根据《中共永州市委关于在全市开展以实践“三个代表”重要思想为主要内容的保持共产党员先进性教育活动的实施意见》，永州市政协机关开展先进性教育活动。活动时间半年，从1月25日开始，6月下旬基本结束。活动分学习动员、分析评议、整改提高三个阶段。市政协机关成立活动领导小组，蒋桃生为组长，邓香花为副组长。在学习活动中，全体中共党员结合自己工作实践，进一步提高认识、端正作风，把实现好、维护好、发展好最广大人民的根本利益作为一切工作的出发点和落脚点。

2009年3月至8月下旬，根据中央、省委和市委的统一安排部署，市政协深入开展学习实践科学发展观活动。成立“市政协深入学习实践科学发展观领导小组”，由陈金荣任组长，蒋政平、刘宏来任副组长，盘玉花、何明伶、宋可福为成员。领导小组下设办公室，宋可福兼任办公室主任，蒋南林任办公室副主任。抓好学习调研、分析检查、整改提高三个阶段各个环节的工作。

2014年3月，按照中央、省委、市委的统一部署，市政协开展党的群众路线教育实施活动，成立市政协机关党的群众路线教育实践活动领导小组。组长由唐定担任。副组长为何明玲、张建亮、唐运军、宋可福。领导小组下设办公室，宋可福兼任办公室主任。

活动紧紧围绕保持和发展党的先进性和纯洁性，以“为民、务实、清廉”为主题，按照“照镜子、正衣冠、洗洗澡、治治病”的总要求，自上而下在政协系统开展。

2015年5—12月，根据中央、省委要求和市委《关于在全市县处级以上领导干部中深入开展“三严三实”专题教育的实施方案》的安排，在市政协党组和处以上干部深入开展“三严三实”专题教育。5—6月，围绕严以修身，加强党性修养，坚定理想信念，把牢思想和行动的“总开关”开展专题学习研讨。7—8月，围绕“严以律已”，严守党的政治纪律和政治规矩，自觉做政治上的“明白人”开展专题学习研讨。9—10月，围绕“严以用权，真抓实干，实实在在谋事创业做人，树立忠诚、干净、担当的新形象”开展学习研讨。11月下旬至12月上旬召开市政协党组民主生活会，并抓好整改落实和立规执纪。专题教育在市政协党组领导下进行，由市政协机关党委牵头组织实施，具体由办公室、各委室有关科室承办。

2016年5月—2016年年底，按照中央、省市委的统一部署，市政协开展“两学一做”学习教育。整个学习教育过程紧紧围绕“四讲四有”四个专题进行。5月，以“讲政治、有信念”为主要内容组织专题研讨；6—7月，以“讲规矩、有纪律”为主要内容组织专题研讨；8—9月，以“讲道德、有品行”为主要内容组织专题研讨；10—11月，以“讲奉献、有作为”为主要内容组织专题研讨。12月，召开“两学一做”专题组织生活会、民主评议党员会和领导班子专题民主生活会。

三、宣传

政协永州市和宣传主要是通过电视新闻和政协内刊、网站，以及向全国、省、市期刊宣传政协履职工作和委员风采。

1997年1月，《永州政协》创刊，时任中共永州市委书记邹金鹭为刊物题名，作为全市各级政协和政协委员参政议政、展示风采、互相学习、交流体会的园地来打造。杂志为季刊，欧学佳、张中盛、邓香花、沈泗海、沈根元、朱光钧、朱复圣、何鼎兴、赵清茂、喻美莲为顾问，程光秀为特邀顾问；编委会成员为李少雄、谢至桢、陈盛华、黄春芳、王焕鹏、韦代瑛、陈晓荣、唐社成、何春明、李爱华、汪海安、李亚峰、尹玉林、赵云、沈京生，第一期责任编辑为黄春芳、何春明。

2001年，人民政协报编辑的《2001中国政协委员》大型系列丛书第一期出版，经市政协党组研究，推荐唐继炳、曹政军、王莉君3名委员入编。

2001年3月，市政协办公室编发《永州政协简报》，每年4至5期，报道政协重大会议和活动。3月29日第一期简报宣传市政协一届二十一常委会议。11月13日，全国政协副主席杨汝岱视察祁阳浯溪碑林和柳宗元纪念馆，并接见市政协机关的同志，挥毫题写“围绕中心、服务大局”，勉励政协工作者尽职尽责做好本职工作。湖南省政协副主席范多富，中共永州市委书记刘爱才、市委副书记邓三龙，市政协主席蒋桃生，副主席邓香花、徐肇玲、谢五龙、周忠信、曹小华、袁火林、戴菊芳、杨雪生，秘书长盘玉花等出席。以上内容在《永州政协简报》第二期做了编发。

2004年11月25日，中共永州市委宣传部、市林业局、市广电局、市绿化委、市政协人口资源环境委联合开展表彰活动，对2003年下半年开展的“保卫绿色、关注森林”视察宣传活动的优秀新闻作品进行专项表彰，评出报刊新闻作品一等奖1篇，二等奖2篇，三等奖3篇；电视广播作品一等奖1篇，二等奖1篇，三等奖2篇。其中，永州日报何继凤《哭泣的桫椤》和永州电视台新闻综合频道张爱民《民情直通车“保卫绿色、关注森林”活动系列报道》分别获一等奖。同年，市政协办和中共永州市委宣传部联合发文（永协办发〔2004〕4号)，举办宣传中国共产党领导的多党合作和政治协商制度好新闻评选活动。

2005年，市政协办公室联合中共永州市委宣传部举办首届永州市“政协好新闻”评选活动。经过市直新闻单位和各县（区）政协初评、推荐，评委会办公室复评，评委会定评，评出“政协好新闻”作品一等奖2件、二等奖4件、三等奖7件、优秀奖9件。一等奖作品分别是《东安县政协服务经济建设有为有位》（永州日报社彭楚彬、张雄，东安县政协唐光华）、《潇湘处处皆绿荫》（永州电视台新闻综合频道张华雨、张莉、陈柱荣）。12 月 30 日，在市政协机关会议室举行表彰会，市政协领导为获奖作品的作者颁奖。

2001—2005 年，市政协机关干部在《人民政协报》、《湘声报》、《永州日报》和湖南省政协《信息与参考》投发稿件 34 篇。

2001—2005 年市政协干部在新闻媒体刊发稿件统计表

表 4-6

作品标题	刊发媒体	刊期及版面	字数
学习讲话精神　开创工作新局面	永州日报	2001 年 7 月 19 日（总第 2812 期）1 版	600
蒋桃生在零耐检查指导“三个代表”学教活动	永州日报	2001 年 12 月 3 日（总第 2927 期）1 版	700
十五份委员大会发言获批示	湘声报	2002 年 4 月 10 日（总第　期）1 版	600
永州发展文化旅游产业大有可为	永州日报	2002 年 5 月 20 日 1 版	1000
打造“古文化”特色的永州品牌	湘声报	2002 年 5 月 22 日 1 版	1200
永州市政协建整扶贫三年办了十件实事	湘声报	2002 年 5 月 29 日 1 版	300
市政协召开二届十二次主席会议	永州日报	2002 年 6 月 27 日 1 版	500
湖南永州市政协积极为抗洪救灾献计出力	人民政协报	2002 年 7 月 9 日 A2 版	600
永州市政协积极参与指导抗洪救灾	湘声报	2002 年 7 月 11 日 1 版	400
永州市政协让“锦绣潇湘”更迷人	湘声报	2002 年 7 月 18 日 1 版	700
唐生智与耀祥中学	永州日报	2002 年 7 月 20 日	2000
书记市长深入灾区解决村民困难	湘声报	2002 年 8 月 1 日（总第 1024 期）1 版	700
永州市政协委员喜获“充电”	湘声报	2002 年 8 月 29 日（总第 1032 期）1 版	400
走进村民家　宣讲防非典	湘声报	2003 年 5 月 1 日（总第 1106 期）1 版	180
永州市政协委员既当指挥员又当战斗员	湘声报	2003 年 5 月 15 日（总第 1107 期）1 版	250
中共永州市委召开政协工作会议	信息与参考	2004 年 2 月 12 日（总第 145 期）	1000
永州市政协传达学习全国“两会”精神	信息与参考	2004 年 4 月（总第 151 期）	800

续表4-6

作品标题	刊发媒体	刊期及版面	字数
永州市政协主席会议开到水电建设工地	湘声报	2004年7月8日（总第1228期）1版	600
永州市政协让“锦绣潇湘”更迷人	湘声报	2004年9月18日（总第1236期）1版	700
加强民主监督　积极参政议政	永州日报	2004年12月31日（总第3873期）1版	600
永州市政协督查县区政协工作	湘声报	2005年1月6日（总第1276期）1版	600
湖南永州市政协为旅游开发建言	人民政协报	2005年5月16日（第4139期）A2版	500
永州市政协努力促进宗教工作与构建和谐社会相适应	信息与参考	2005年5月16日（总第183期）	700
永州市政协主席会议提出 促进宗教工作与构建和谐社会相适应	湘声报	2005年5月26日（第1320期）1版	700
永州市政协建议加快处理城市垃圾与污水	湘声报	2005年6月2日（第1322期）1版	600
永州市政协为破解林农“四难”支招	湘声报	2005年7月7日（第1332期）1版	600
寻找破解农民增收难题的金钥匙	人民政协报	2005年8月2日（第4206期）A2版	700
委员提案被采纳　芝山恢复古地名	主席参考	2005年第2期（总第20期）P29	650
永州市政协为教育均衡发展建言	湘声报	2005年8月11日（第1342期）1版	600
永州市政协围绕教育公平与均衡开展调研	人民政协报	2005年8月25日（第4226期）A2版	300
永州市办理提案实行“责任制”	湘声报	2005年11月17日（第1366期）1版	500

2006年，永州政协举办第二届“政协好新闻”评选活动，对2005年7月1日—2006年9月市新闻单位、各县（区）政协报送的新闻作品进行评选。共评出“政协好新闻”71件，其中《永州日报》8件，永州广播电台5件，永州电视台新闻综合频道7件，永州电视台公共频道6件，永州电视台都市频道6件，永州广播电视报4件，永州新闻网2件，冷水滩区政协3件，零陵区政协3件，祁阳县政协3件，东安县政协3件，双牌县政协3件，道县政协3件，江永县政协3件，江华县政协3件。

2007年11月，市政协门户网站成立，由永州市政协主办，市政协研究室主管，永州易科互联公司承建。共设有通知公告、政协动态、县区政协、民主党派工商联、重点提案、委员风采等栏目。永州政协网致力于广泛宣传中国共产党领导的多党合作和政治协商制度，宣传党的统一战线和新时期人民政协理论，宣传人民政协的性质、地位和作用，宣传政协工作所取得的经验和成效，宣传广大政协委员在各自岗位上发挥的积极作用，在推动和促进政协更好地履行职能、不断开拓创新的同时，积极扩大政协影响，提高政协的地位和声誉，以赢得社会各方面对政协工作的重视、关心和支持，为政协工作不断开创新局面营造良好的社会舆论氛围。网站即时发布市政协通知公告，整合信息资源，建立政协委员履职平台。根据政协工作需要，及时推出政协专栏，努力将其办成服务中心工作的平台、宣传政协工作的窗口、委员参政议政的园地、联系各界群众的桥梁。作为宣传政协工作的主阵地，市政协门户网站反映各界人士的意见、建议和社情民意，成为政协委员和社会各届知情明政、反映意见的平台，也成为领导听取舆情、了解民意的窗口。

2007年11月7—12日，市政协开展“关注生态，保护环境”集中视察和宣传采访，重点对祁阳、新田、金洞等县区的森林资源保护开发与利用、速丰林建设、生态环保、生态旅游进行视察、采访、报道。

2008年，市政协研究室成立后对于学习宣传更加重视，在《中国政协》第6期发表文章1篇（《政协干部履职“四为”》作者：廖秋文），《湖南日报》发表文章2篇（《坚持三个第一，促进和谐发展》作者：陈金荣；《政协要着力促进社会和谐发展》作者：陈金荣）；在《湘声报》《永州日报》发表文章和信息76篇。

2009年3月，一度停办的《永州政协》复刊。杂志为双月刊，由陈金荣、蒋政平、刘宏来、袁火林、彭爱华、盘玉花、余华生、何明玲、周秀英任顾问，编委会主任为宋可福，主编蒋南林，副主编周华民，责任编辑万汝青、王勇。刊名题字为刘鸣泰。

2015年3月，《永州政协》改成全彩版印刷，杂志为双月刊，由唐定、彭爱华、何明玲、周秀英、张建亮、唐运军、封金祥、吕斌、田洁为顾问，编委会主任为宋可福，主编刘翼平，副主编周华民，责任编辑万汝青、陈敏、谢加超。

2009—2016年，市政协在全国、省、市媒体推出新闻宣传稿件365篇，编辑《永州政协》37期，评选表彰“政协好新闻”42件。

四、人民政协理论研究

市政协成立以来，每年积极参加省政协组织的理论征文活动。1997—2011年共组织和推荐上报理论征文73篇，获一等奖7篇，二等奖21篇，三等奖29篇。其中，市政协主席陈金荣《试论协商民主发展的内力和外力》《新时期发挥政协委员作用的实践与思考》分别获获 2010 年和 2011 年度全省政协政协系统理论征文一等奖。

2010 年 1 月 13 日，永州市人民政协理论研究会成立。会长为宋可福；副会长蒋南林、蒋三立、欧毅凯、唐柏荣、郑文飞、刘亚屏、周华民。秘书长由周华民同志兼任；常务理事 35 人，分别是黄天佑、蔡自新、吴金燕、卢作云、陈盛华、何水平、陈晓荣、段绵贵、唐社成、唐先强、肖幸福、李星、刘志钧、杨绪耀、何世平、李显昌、陈继红、李家登、欧阳维西、邱兴华、葵竹英、郭远军、姚芳明、刘轩华、邓余平、李华清、蒋刚生、蒋俊、王晨辉、潘剑锋、李国春、杨金砖、李经济、周勇、唐玉龙；副秘书长为李勇、万汝青、王勇、陈丽萍。

2012—2016 年，推荐上报省政协理论征文 56 篇，获一等奖 4 篇，二等奖 13 篇，三等奖 19 篇，每年开展政协理论征文比赛，收到征文共 122 篇，评选一等奖 10 篇，二等奖 20 篇，三等奖 30 篇。其中，市政协主席唐定《政协委员角色定位及履责举要》获 2012 年度全省政协政协系统理论征文二等奖；市政协主席唐定《政协大会发言制度改革探析》获 2013 年度全省政协政协系统理论征文一等奖；市政协主席唐定《以协商民主的广泛多层制度化推进国家治理体系和治理能力现代化》获 2014 年度全省政协政协系统理论征文一等奖；市政协主席唐定《互联网形势下的人民政协工作创新》获 2015 年度全省政协政协系统理论征文一等奖。

2016 年，永州市政协研究室承办省政协重点理论课题《互联网+政协研究》，形成 20000 多字的理论研究成果，获省政协重点理论课题优秀奖，为省政协云建设提供理论支持。是年，市政协办公室、研究室汇编第四届政协以来市、县（区）政协，各党派界别和政协委员的理论文章共 41 篇出版《政协新论》一书。

第八节　其他活动

一、对外联谊

1989 年，由江华、连县（广东）、临武（郴州）、宜章（郴州）4 县政协发起倡议成立粤湘桂三省（区）毗邻县（市、区）政协工作联系协作会。

1999 年开始，永州市政协组织“老主席联谊会”，由县区政协轮流作东，活动每年组织一次，参加会议人员为市政协离退休副处级以上干部、县区政协离退休正副主席。截至 2016 年，共举办市、县（区）政协老主席联谊会（文体活动）

24 次。

2005 年 10 月，永州市政协参加长征沿线政协第一次联谊会。长征沿线政协联谊会是由江西赣州、贵州遵义、陕西延安三市政协共同发起，目的是宏扬长征精神、推动和促进长征沿线革命老区经济社会共同发展。

2005 年 12 月 25—28 日，永州、郴州两市政协举办联谊活动。

2006 年 7 月，永州市政协参加长征沿线政协第二次联谊会。会议在贵州举行，沿线 11 个省（自治区）25 个市（州、地）会员单位 120 余名代表参加会议。

2009 年 11 月 16—18 日，湘桂粤三省（区）毗邻县（市、区）政协工作协作会第 40 次会议在江永县召开。永州市政协副主席刘宏来出席会议。

2013 年 6 月 24—25 日，湘桂粤三省（区）毗邻县（市、区）政协工作联系协作会第 47 次会议在江华瑶族自治县召开。湖南省永州市、郴州市、株洲市，广西壮族自治区贺州市，广东省清远市、韶关市共 39 个会员县（市、区）的党政有关领导、政协领导、政协机关办委（科）领导共 200 余人出席会议。永州市政协主席唐定、副主席周秀英应邀出席会议。

2015 年下半年，永州市政协参加九城市政协书画交流会。2016 年上半年参加在黄冈市举办的第七次会议；下半年参加在开封承办的第八次会议。

2000—2016 年，市政协共接待全国省市政协单位到永调研考察 680 余批次，交流政协工作，宣传永州。

二、招商引资

1999 年，市政协投资 90 余万元从阳明山管理局购买一所小学改建成点红山庄宾馆。拟利用阳明山旅游基地创造招商引资条件。宾馆占地面积 2298 平方米。

2003 年，市政协招商引资工作由政协主席蒋桃生挂帅，组织政协系统工作人员加强对外联系工作，先后引进外资项目 2 个，意向性项目 1 个。外资项目 2 个是：日本平凡株式会社的“嘉丰（中国）竹木制品有限公司”；由澳门华瑞实力发展有限公司投资的汽车平衡装置生产项目——重力托玛科技实业有限公司。意向性项目 1 个是，洽谈金鹰果酒厂项目。该项目拟投资 3000 万人民币，需建设用地 60 亩，新建厂房 30000 平方米，在永州市八县（区）建立八个上规模的优质水果基地，并购置一套世界最先进的意大利果酒生产线进行新型果酒的生产与开发。

2005 年 3 月，市政协着手修建阳明山点红山庄综合楼。2007 年 1 月承包给阳明山管理局经营，经营期为 5 年（2007 年 1 月—2011 年 12 月），承包费每年 7 万元。2012 年，点红山庄财产作为国有资产统一收归市财政。

2014—2016 年，市政协成立以主席唐定为队长，副主席吕斌、秘书长宋可福为副队长的招商小分队。先后引进崧顺电子产业园项目，总投资 8 亿元；引进新型建材生产线项目，总投资 1.2 亿元；引进永州华威福田 100 兆瓦光伏电站项目，总投资 8.92 亿元。

三、建整扶贫

2002—2003 年，市政协机关牵头赴江永县香花井村开展扶贫工作，市工商局、市药品监督局、市商业行管办、市化工行管办为扶贫后盾单位。扶贫工作组从实际需要出发，努力为村里办好事实事。先后筹资 11.8 万元修建 9.6 公里的村道，同时壮大该村烤烟和养殖产业。2002 年该村集体收入实现零的突破，达到 10000 元，人均可支配收入 1354.18 元，比往年增加 854.18 元。2002 年，市政协机关评为建整扶贫工作先进牵头单位。

2004—2008 年，市政协牵头对江华大路铺镇八洞村开展扶贫。八洞村是一个瑶族山村，全村共三个自然村 10 个村民小组，总人口 1206 人，总面积 10340 亩、耕地面积 1011 亩。市政协组织后盾单位市烟草专卖局、市农业开发办、市民政局、市商业行管办、市政协对扶贫村的经济发展认真调查研究，制定建整扶贫方案，分阶段组织落实，多次深入扶贫点，召开协调会议，帮助解决实际问题。到 2008 年，共筹集资金 97.9 万元，先后为该村建设小学校园一座，修建村道水泥路 2 公里，铺设村道沙石路 6 公里，整修山塘水库 8 口，兴建沼气池 66 个，修建烤烟房 15 座，安装太阳能 30 户，实施“三改”30 户。积极发展林园经济，组织村民将 1600 亩国外松对外承包割脂，为集体经济增收 1 万多元，还开辟果园，种植果树 230 亩，为集体经济注入强大活力。通过建整扶贫，该村每年增收近 2 万元，改变村集体经济为“零”的状况，人平均增收 400 元左右。

2008—2009 年，市政协牵头联系新田县高山乡邝家村开展建整扶贫，后盾单位分别是市工商局、市科协、市药监局、市建行、市商业办、市化工办。新田县高山乡邝家村是全省有名的贫困村，全村只有一个自然村，10 个作业组，356 户，1198 人。受自然条件的限制，2007 年人均年收入只有 890 元，村级集体经济收入几乎为零。扶贫工作组认真为该村办好事实事，共投入扶贫资金 239.8 万元，做好通畅工程、人畜饮水工程、防洪灌溉渠维修、两委活动室改造、技能培训、村容村貌、产业结构调整等 13 个扶贫项目。

2009—2011 年，市政协牵头联系东安县端桥铺镇汉寿村开展扶贫工作。该村共 10 个村民小组，253 户，980 人，其中五保户 12 人，低保户 55 人。三年来，工作组认真为村民办好事实事：修复张家塘及配套引水沟渠和元塘等 6 口山塘的维修改造，确保该村 1000 余亩稻田的旱涝保收；帮助该村调整产业结构，大力发展养殖业和花木苗种生产，提高经济效益；修建敬老院，解决五保户的后顾之忧。

2012—2016年，市政协牵头联系东安县榴星村开展扶贫工作。榴星村是东安县川岩乡的一个汉瑶杂居的偏远林区村，村民以经营楠竹为主，收入来源单一。五年来，市政协与后盾单位市畜牧水产局、市人寿保险公司等单位积极做好该村精准扶贫工作。先后修建上川公路至榴星村7、9、10组瑶族自然村村口主干道路3.7公里，实施人畜安全饮水项目，解决1、2、3、7组存在饮水困难问题，大力发展舜皇山土猪、竹林土鸡养殖等特色养殖产业，每年为该村增加集体收入4万多元。

第五章 民主党派 工商联 知联会

永州市有中国民主同盟（简称“民盟”）、中国国民党革命委员会（简称“民革”）、中国农工民主党（简称“农工党”）、中国民主促进会（简称“民进”）4个民主党派以及工商业联合会（简称“工商联”）。共有党派党员（会员）1292人，其中民盟123人，民革124人，农工党116人，民进65人，工商联864人。民主党派和工商联是人民政协的主要组成单位之一。各民主党派与市政协互相协商，团结合作，围绕中共永州市委、市政府各个时期的中心工作积极开展参政议政活动。

第一节 中国国民党革命委员会

中国国民党革命委员会（简称民革）由原中国国民党民主派和其他爱心人士所创建，是具有政治联盟特点的致力于建设中国特色社会主义事业的参政党。截至2016年11月，永州市共有8个民革基层支部委员会，124名民盟党员。党员中，本科以上学历的占79%，有博士1人、硕士19人。高级职称的占28%。有省政协委员1人、市人大常委会委员1人、市政协委员15人（其中副主席1人、常委3人），县（区）人大代表2人、县区政协委员8人。有厅级干部1人，处级干部6人，科级干部29人。市委机关设办公室和参政议政科，机关编制4名，设专职副主委1名，办公室主任1名。有退休党员4人。

一、组织沿革

1996年4月，时任民革湖南省委副主委黄伟民（系黄兴长孙）介绍黄胜利加入民革，至此，永州开启民革组织发展的的征程。2000年12月8日，民革湖南省委直属永州支部成立，选举黄胜利为支部主委，段奇峰为副主委，郑定明为支部委员。2005年8月24日，民革永州市委会筹委会成立，选举封金祥、段奇峰、唐翔、

2016年5月，永州市政协民革界别成立省、市、区三级政协委员工作室

蒋小平、魏秋云等五人为筹备委员会委员，其中封金祥任主任委员、段奇峰任副主任委员，时有党员54人。2008年4月19日召开民革永州市第一次代表大会暨民革永州市委成立大会，选举产生民革永州市第一届委员会，主委封金祥，专职副主委兼秘书长唐翔、副主委段奇峰。2013年7月26日，民革永州市第二次代表大会召开，选举产生民革永州市第二届委员会，主委封金祥，专职副主委兼秘书长唐翔，副主委郑银芳、伍重武、魏秋云。

永州民革党员结构中以教育、政府机关、法律、工商企业、医卫界为主体。

二、主要活动

（一）围绕重大问题协商发言

民革永州市委积极参加市政协举行的各种例会，就事关永州改革、发展、稳定的大政方针及政治、经济、文化和社会生活中的重要问题参与协商。

充分利用政协全会这一平台，积极开展协商发言。在湖南省政协九届三次会议上，封金祥作《高度重视散居民族乡少数民族的贫困问题》的书面发言，其在联组讨论中提到散居民族乡少数民族行路难、上学难、看病难时，引起中共湖南省委书记杨正午的重视，当即表示要从解决看病难开始，一件一件做起，解决好这些地方群众的贫困问题，促成100个散居少数民族乡的卫生院建设问题列入了省“十一五”规划。2008年，永州市民革在做好充分调查研究的基础上，组织四个发言材料，分别在省、市政协全会上发言，其中《高度重视林区、林业、林农问题》的发言，被列为省政协十届二次会议开幕式中的四个大会发言之一，受到社会各界的高度关注，促成生态林补偿机制的建立。市民革在市政协三届二次会议上《关于遏制中心城市违法建设的建议》的协商发言，市政协主席陈金荣亲自督办，并得到中共永州市委常委、常务副市长唐松成和副市长荣燕明两位领导的批示。市城管执法局对此进行专题研究，加大对违法建筑的监控力度，做到“拆早、拆小、拆了”。

2009年，市民革在市政协三届三次作《加强农产品质量安全监管的建议》的协商发言，针对农产品质量安全形势严峻、监管不力等现象，建议质监部门进行监管的同时，加强引导和扶持，荣获市政协年度优秀大会发言。2010年，市民革在市政协三届四次全体会议上作《弘扬传统文化，提升旅游品牌》的大会发言，得到中共永州市委书记黄天锡的批示。2011年，《创新职业教育和技能培训机制破解企业用工难题》的协商发言，分析永州市职业教育和技能培训存在的问题和困难，对由此引发的企业“招工难”“用工荒”现象，提出建议和对策，受到中共永州市委、市政府主要领导的批示。2013《关于提升市民素质，助推“六城同创”的建议》协商发言由市委书记张硕辅亲自督办，市委宣传部承办；《加强永州大道交通安全治理力度的建议》协商发言由市政协秘书长宋可福督办，市交警支队承办。2014年，《加快永州健康养老产业发展的建议》的协商发言，由市委、市政府指示市民政局专题研究。2015年7月，全国政协副主席、民革中央常务副主席齐续春赴永州调研“南岭片区建设为国家级生态经济实验区”，市民革在此基础上开展调研，形成《我市少数民族地区精准扶贫的建议》大会发言材料，引起中共永州市委、市政府高度重视，市委研究室就这一课题进行深度调研，推动全市精准扶贫工作全面实施。

（二）撰写大会提案建言献策

永州市民革督促、引导、支持民革党员中的政协委员积极撰写提案，建言献策。2008—2015年，共向省、市政协提交提案128件，内容涉及经济发展、文化教育、城市建设、三农问题、文物保护、医疗卫生等方面。2008年，《关于规范城区洗车场的建议》由市政协重点督办，经过整治后，城区洗车场散、乱、脏的面貌得到改观。2011年，民革界别向市政协提交的《加强农产品质量安全监管的建议》的提案被列为重点督办提案，获年度优秀提案。2013年，民革界别向市政协提交的《解决市区“停车难”问题的建议》的提案，由市政府重点督办，促成各机关单位停车场向社会开放，缓解停车难问题，获市政协年度优秀提案。2014年，民革市委向市政协提交《争取生态补偿政策　建设生态文明大市》《关于推进我市养老服务业发展的建议》提案，被市政协评为年度优秀提案。2015年，《关于促进我市民营医院发展的建议》被评为年度优秀集体提案。

（三）倾听民声反映社情民意

永州市民革重视社情民意工作，出台“一党员一建议”规定，鼓励民革党员积极撰写社情民意信息。截至2015年年底，共编辑社情民意信息近100条，中央、省、市各级采用60余条。2010年《对中小学校学生安全问题应起高度重视》，针对学校学生安全问题多发情况，建议社会各界联动，高度重视学生安全，整治校园周边环境。该条社情民意被湖南省政协刊发，并引起中共湖南省委领导高度重视。2011 年，市民革成立参政议政工作委员会，社情民意工作上一个新台阶，信息质量也有较大提高，被刊发采用数量增多，至 2015 年，有《加强精神病患者管理工作的几点思考》《〈网络发票管理办法〉实施应注意克服三种负面效应》《〈精神卫生法〉实施要体现法制精神更要彰显责任意识》《养老体制改革须尊重大多数人的意愿》《要重视“毒大米事件”对湖南的负面影响》《农村建房要下好规划这边棋》《国家基本药物制度实施中衍生的问题亟需引起重视》等 10 篇信息被民革中央、省政协、省委统战部采用刊发。《关于以纪念抗日战争胜利七十周年为契机修建永州烈士陵园的建议》《关于修缮保护王甲本将军墓的建议》被市政协采用并向中共永州市委书记、市长、市政协主席专报，直接促成永州市烈士陵园修建和王甲本将军墓的修缮。

（四）发挥特色开展联谊活动

民革永州市委注重发挥党员中“三胞”眷属的爱国热情，利用党员的海外关系，广泛联系台湾知名人士，向他们宣传中共党和政府的政策。做好海内外亲友的联谊工作，利用重大节日召开联谊工作座谈会，传达民革中央联络部工作安排等文件精神，学习民革中央联络部《台湾研究》中部分特邀撰稿人的有关文章，探讨交流对台工作重点。重视联谊接待工作，2009 年，接待永州籍国民党抗日名将吕旃蒙烈士之女吕玲。2011 年，民革永州市委专职副主委唐翔专程拜访回永省亲的国民党退役中将廖明哲一行。2015 年，接待台湾永州同乡会黄筠先生。同时加大赴台交流的工作力度，2009 年 12 月，民革党员谢建林随省中山文化交流协会赴台开展文化交流。2011 年，以纪念辛亥革命 100 周年为契机，组织近 20 名民革党员骨干赴台开展文化交流活动，与在台亲属进行联系和沟通，拜访在台永州同乡会的知名人士，拉近永台两地的距离，巩固两岸联系的“同心桥”。

（五）积极主动服务社会经济

民革永州市委组织引导党员从创办企业、法律援助、服务“三农”、捐资助学、结对帮扶、关爱老兵、救灾扶贫等方式积极参与永州经济建设和社会服务。

民革党员独资或合资创办一批较有影响的工商企业，每年提供 100 余个就业岗位，龙锋创办的“味百姓”米业，陈世平创办的智联商贸公司、刘太平创办的永州祥瑞生物科技有限公司在各自行业都有一定的知名度和影响力。永州恒通电力集团公司董事长兼总经理蒋宇，带领干部职工奋力开拓，集团公司资产总额已突破 10 亿大关，净资产达 2.4 亿元，每年公司上缴税费近 3000 万元，提供近千个短期劳动就业岗位，为永州市经济社会发展做出积极贡献，2013 年该员被评为“湖南省第二届优秀青年企业家”并记一等功。

组织民革党员中的法律工作者开展法律咨询服务，多次为弱势群体提供法律援助，2014 年为蓝山寒门学子李松珍提供法律援助，市民革领导带领律师唐箭、李刚多次前往蓝山县法院了解案情并多方沟通协调，最终促成这一久拖十余年的案件顺利执行，为李松珍家庭收回执行款 10 万余元。

组织党员开展“三下乡”活动。开展送医送药下乡活动，免费为村民治病、发放药品，1997—2016 年，共计发放药品价值近 3 万元；组织农业技术人员送科技下乡，为农户进行果树种植培训，提供技术、信息和项目支持，1997—2016 年，共指导农民学习科技知识 1000 多人次，发放各类资料 1 万余份，指导种养殖户 20 余户。2011 年为零陵区富家桥镇木山底村一、二、三组困难少数民族组修路通电奔走协调，解决三个组的通电问题，结束瑶乡百姓点油灯的历史。

引导鼓励民革党员投身公益事业。2008 年，市民革响应郑洞国教育基金会倡议，每年组织党员捐款定向资助常德石门县贫困学子。2008 年，湖南遭受特大冰灾，汶川发生特大地震，民革永州市委第一时间动员广大党员积极投入抢险救灾工作，或是坚守一线抗冰救灾，或是通过各种渠道、各种形式向灾区捐款捐物，涌现出一批抗冰救灾先进个人和功臣。段奇峰和欧阳更进获省电力公司抗冰救灾先进个人。蒋宇和邓晓曦获省电力公司抗冰救灾功臣。民革永州电业局支部荣获民革全省抗震救灾先进集体，蒋宇获民革全省抗震救灾先进个人荣誉称号。永州民革各级组织与全体民革党员共向灾区捐款约 10 万元。2012 年 8 月，在永州市《心得乐》“金榜题名、雪中送炭”暨“爱心圆梦”慈善助学活动中，民革党员共为寒门学子捐助善款 3000 余元。2013 年 8 月中旬，蓝山等县区遭受特大洪灾，市民革组织党员捐款 3 万余元，送到受灾严重的蓝山县大麻办事处峡源村，支持当地生产自救，重建家园。2013 年 9 月，民革社会服务志愿者赴蓝山县楠市中心小学，开展“读书铭记历史　立志复兴中华”捐赠读书活动，向楠市小学赠书 3000 多册，折合人民币近万元。从 2014 年起每年为抗战老兵李石保孙女李水莲捐助 1 万元学费，直至完成学业；2015 年与市文联开展“中国文艺志愿者服务日”暨纪念抗日战争胜利 70 周年活动，组织送戏下乡，慰问抗战老兵文艺演出，书画作品义卖，采访老兵，“锦绣潇湘．永州发现”风景拍摄等活动。

2011 年，民革永州市委积极响应中共永州市委、市政府开展“四深入两结对”活动的号召，结对帮扶零陵区富家桥镇永兴桥村。在坚持开展扶贫帮困、捐资助学的同时，帮助落实农田水利基础设施建设，协助做好产业扶持和改善民生工作。为困难家庭捐款近 3. 5 万余元改造危房一栋 120 平方米，慰问困难村民 10 人；为村里争取沟渠维修、农田整治、一事一议资金 18 余万元。

2014 年 7 月 7 日，“永州市幸存抗战老兵关爱行动”举行项目启动仪式。该项

2015 年 6 月 2 日，市政协民革界别组组织永州市中心医院的 16 名医疗专家开展义诊进社区活动，为冷水滩区翠竹园社区 200 余名居民提供测量血压、血糖、B 超等多项检查

目为幸存的原国民党抗战老兵每人每月发放 500 元的生活援助金，直至终老。截止 2015 年年底，已资助 260 余人，发放生活援助金 100 余万元。配合志愿者慰问抗战老兵，每年对所有的幸存老兵全部进行全覆盖走访慰问，了解老兵的生活状况和健康状况，并送上衣服、大米、食用油、蛋黄派等物品和现金。与民革湖南省委、民革深圳市委、民革上海市委联合开展“情系老兵·关爱牵手”关爱永州幸存抗战老兵活动。每年民革湖南省委、民革上海市委、深圳市委向永州困难抗战老兵捐助一定的款物。2015 年，市民革募集资金 40 万元为江永县 92 岁的特困抗战老兵李石保、道县 103 岁的特困抗战老兵周正本、道县柏新贤、东安魏本烈修建新居近 600 平方米。

第二节　中国民主同盟

中国民主同盟（简称民盟）主要由从事文化教育和科学技术工作的高、中级知识分子组成，是具有政治联盟特点的致力于中国特色社会主义事业的参政党。

一、组织沿革

永州民盟组织发展较早，在迎接湘南和平解放中作出贡献。1949 年年初，地下盟员蒋挚夫、李治安受民盟湖南支部委派在零陵、冷水滩、江华、宁远、道县开展活动，发展76名盟员，并成立民盟宁远分部、道县一分部、道县二分部。他们在中共地下党支持和帮助下，为迎接解放，在永州市各县（区）城镇积极开展策反工作，为护城、护厂、护校，贡献自己的力量。解放后，永州市民盟组织停止活动。

1987年，吕玉朝从衡阳地区调零陵地区永州市（今零陵区），民盟组织开始重新发展。永州市（今零陵区）民盟第一个基层组织永州（今零陵区）支部于1988年10月31日成立，吕玉朝任支部主委；1991年10月30日，民盟冷水滩支部成立，郑建民任支部主委。1994年7月5日，永州支部（今为零陵区）召开盟员大会，换届选举唐明辉为支部主委。1994年12月，冷水滩支部召开换届大会，郑建民再次当选支部主委。

2016年5月20日，中国民主同盟永州市第五次代表大会选举大会在冷水滩召开，会议选举产生民盟永州市第五届委员会，袁火林当选为主委

1995年，国务院批准零陵地区撤区建市。在民盟湖南省委和中共永州市委的领导和关怀下，1996年8月24—25日，永州民盟在芝山区召开第一次代表大会，芝山支部、冷水滩支部及南四县共计123名盟员出席大会，选举产生民盟永州市第一届委员会。委员会由钱荣棠、郑建民、唐敷伟、赵文复、伍绍思、何首锋、李桂萍7人组成，钱荣棠任主委，郑建民、唐敷伟任副主委。2001年4月，永州民盟在冷水滩区召开了第二次代表大会，选举产生民盟永州市第二届委员会。钱荣棠任主委，赵文复、袁火林任副主委。2006年7月在冷水滩区召开第三次代表大会。选举产生以袁火林为主委，朱衡宁、黄丽晃为副主委的第三届主委班子。2011年5月，永州民盟第四次代表大会在冷水滩区南华大酒店召开，选举产生以袁火林为主委，朱衡宁、邓国文、姚如男、熊华清为副主委的第四届市委主委会。2016年5月，永州民盟第五次代表大会在冷水滩区南华大酒店召开，选举产生以袁火林为主委，朱衡宁、邓国文、姚如男、熊华清为副主委的第五届市委主委会。

民盟永州市委于1996年参加永州市政协。市政协于1996年设立民盟界别。袁火林担任政协永州市第二、三届副主席。盟员中先后有5人担任省政协委员，88人次担任过市政协委员，12人担任市直行政事业单位处级以上领导职务。

二、主要活动

（一）开展政治协商

1998年，永州市民盟副主委郑建民代表民盟永州市委在市政协一届二次全会上作《关于进一步调动科技人员积极性的几点建议》发言；1999年，副秘书长赵文复代表民盟永州市委在市政协一届三次全会上作《关于进一步加强冷水滩区治安工作的建议》发言；2000年，副秘书长赵文复代表民盟永州市委在市政协一届四次全会上作《少数民族地区学生辍学现状及其对策》的发言；2001年，副秘书长赵文复代表民盟永州市委在市政协一届五次会议上作《我市未成年人犯罪现状及预防对策》；2002年，副主委袁火林代表民盟永州市委在市政协二届一次会议上作《壮大市本级财政实力，必须依托骨干工业的快速发展》的发言；2003年，副主委赵文复代表民盟永州市委在市政协二届二次会议上作《社区服务大有可为，帮助就业潜力巨大》的发言；2004年，副主委赵文复代表民盟永州市委在市政协二届三次会议上作《着力打造诚信永州　全面促进永州发展》的发言；2005年，副主委赵文复代表民盟永州市委在市政协二届四次会议作《加速永州中心城市建设，强化管理，严守规划》的发言；2007年，副主委黄丽晃代表盟市委在市政协三届一次会议上作《加大行政首长问责力度，促进永州经济快速发展》发言；2008年，盟市委委员彭松青代表民盟永州市委在市政协三届二次会议上作《优化基础教育资源配置，推进义务教育均衡发展》发言；2009年，盟市委委员蒋剑青代表民盟永州市委在市政协三届三次会议上作《强化规划管理，提升城市品位》发言；2010年，盟市委委员邓国文代表民盟永州市委在市政协三届四次全会上作《抵制有偿“家教家养”，大兴廉洁从教之风》发言；2011年，民盟永州市委委员姚如男和张伟分别代表民盟永州市委在市政协三届五次会议上作《关于坚持节约集约用地的建议》和《关于大力支持中小企业发展的建议》发言；2012年，副主委姚如男代表盟市委在市政协四届一次会议上作《加快推进湘江风光带建设的建议》发言；2013年，副主委朱衡宁在市政协四届二次会议上作《农村垃圾处理令人担忧，加强治理刻不容缓》发言；2014年，副主委姚如男代表民盟永州市委在市政协四届三次会议上作《关于打造富有永州文化特色中心城区的建议》发言；2015年，民盟永州市委委员欧阳永衡代表民盟永州市委在市政协四届四次会议上作《关于加强永州公共文化服务体系建设的建议》发言；2016年，盟员张容代表民盟永州市委在市政协四届五次会议上作《改革创新　综合施策　做好新形势下的信访维稳工作》发言。另外，还有盟员杨金砖、成少华等人在政协全会上发言。盟员中的湖南省政协委员在省政协也积极参与协商，2015 年，副主委姚如男在省政协双周协商会上作《亟待将自驾游市场纳入法治轨道》的主题发言。

（二）积极撰写提案

1997 年，民盟参加市政协一届一次会议提出《关于建立下岗（无岗）职工培训中心的建议》，被评为优秀提案。2001 年，在市政协二届一次会议上，民盟提出的集体提案《建立民主党派与政府的对口联系的建议》，获 2001 年度市政协优秀提案，并被中共永州市委采纳。2003 年，民盟提交提案《要关爱残疾群体，加快发展我市残疾人事业》，被评为当年优秀提案。2004 年，民盟集体提案《加大依法整顿交通力度，确保人民生命财产安全》获当年优秀提案。2006 年，民盟市委提交集体提案《建设新农村文化生活，必须加大禁赌力度》被评为优秀提案。2007 年，民盟政协委员欧阳慧提交提案《我市中心城区“如厕难”何时能缓解》获评当年优秀提案。2008 年，民盟市委提交集体提案《要多关心中心城区低收入居民生活》为市政协三届二次会议优秀提案，被列为市政协领导领衔重点督办提案；盟市委委员熊华清提交《关于加大中心城区创建省级卫生城市力度的建议》和杨金砖提交的《关于再次吁请加大文学艺术扶持力度的建议》获评优秀提案。2009 年，民盟市委提交集体提案《加强职业学校基础能力建设，为永州市承接产业转移培养合格的劳动者》被列为市政协领导领衔督办重点提案，集体提案《高度关注、积极帮助返乡农民工群体》获评市政协三届三次会议优秀提案。2010 年，盟市委提交集体提案《着力打造全省知名品牌学校，提供优质教育刻不容缓》被评为市政协三届四次全会优秀提案，并促成中共永州市委、市政府下决心在 2011 年将一中、四中收归市管。盟市委副主委黄丽晃提交《我市卫生工作应引起高度重视》被评为优秀提案。盟员欧阳慧提交提案《加强物业管理为创建全省文明卫生城市提供保障》被列为市政协三届四次会议，中共永州市委、市政府及市政协主要领导领衔督办重点提案。2011 年，盟市委副主委黄丽晃提交的《关于建立创卫工作长效机制的提案》被列为市政协三届五次会议市委、市政府及市政协主要领导领衔督办的重点提案。2012 年，盟市委集体提案《在城市规划与发展中应尽量避免破坏自然地貌》被评为市政协四届一次会议优秀提案。2012 年，盟市委副主委朱衡宁提交《关于加快中心城区学前教育发展的建议》提案被评委市政协四届二次会议优秀提案。2013 年，盟市委提交集体提案《关于我市古村镇特色保护与开发的建议》被评为市政协四届三次会议优秀提案。2014 年，黄建陵提出的《关于宋家洲土地思考的几点意见及建议》和蒋怡提出《关于加大政府财政投入，切实解决城市公共交通基础设施建设投入不足的提案》均被评为市政协四届四次会议优秀提案。2015 年，欧阳永衡提出的《加快土地流转的建议》被评为市政协四届五次会议优秀提案。

（三）反映社情民意

民盟永州市委高度重视社情民意反映。2004—2005 年，民盟市委自行编辑印刷《社情与建言》两期。第一期刊载《湘江在哭泣》，中共永州市委书记曾庆炎批示：蔡市镇老埠头镇村少数村民滥采锰矿造成污染问题，请市环保局与冷水滩区政府采取严格措施制止。”市长刘爱才批示：“乱采滥挖锰资源，该下猛药整治了。请环保局牵头，国土资源管理部门参与，认真调查核实提出整治意见。请二区大力支持并进行专项整治。”第二期刊载《冷水滩区校中校现象应引起高度重视》，市委书记曾庆炎作出批示：“此事重大，事关九年义务教育的大问题，事关人民群众的切身利益，请赵清茂同志及市教委、冷水滩区委、区政府立即调查处理，并将结果上报市委。”

市政协内刊《社情与民意》2004 年第 4 期，采用民盟市委提交社情民意专稿“党政机关工作日应限制饮酒”。2005 年，市政协内刊采用民盟市委提交社情民意专稿“加大农村地区禁赌力度”，时任中共永州市委书记曾庆炎批示“请市委宣传部在创建农村文明活动中加大宣传教育力度，组织形式多样的活动，教育规范其行为”。2007 年，盟市委委员姚如男等人写出反映民意专稿“加大‘的士’投放管理力度进一步淘汰‘黑摩的’，被市政协内刊《社情民意》采用。2008 年，民盟市委上报信息“改制企业国有资产隐性流失问题应引起高度重视”被中共湖南省委统战部《要情快报》采用。2009 年，民盟委员蒋剑青和民盟委员杨振华上报“关于切实解决全市义务教育阶段教师医疗保险经费的建议”被市政协内刊采用。

2010 年，民盟市委上报的《关于加大女书习俗抢救保护工作的议案》被全国政协采用。市民盟委员姚如男上报的“新型农村合作医疗存在的部分问题亟待解决”被湖南省政协采用。市民盟历年来还有“出台增税措施需谨慎”、“应高度警惕零陵区法官被杀事件引发社会连锁反映”等 30 余篇信息被民盟中央、民盟湖南省委和省委统战部、市政协、市委统战部等采用。

（四）开展民主监督

民盟永州市委高度重视开展民主监督工作，充分运用视察、调研、提案等多种形式开展监督，积极参与各单位组织的行风监督工作。据统计，1996—2016 年，先后有盟员 130 多人次担任中共永州市纪委、市直各单位特约监察员和行风监督员。尤其是 2014 年以后，民盟市委专门针对湘江流域治理保护开展专项监督，先后对三医院直排湘江污水口、湘江纸业污水处理装置、下河线污水处理厂扩容、坦塘垃圾处理场渗滤液引排工程等作为民主监督重点，取得较好成果。

（五）参与社会服务

民盟永州市委积极发挥自身优势，量力而为，尽力而行，开展社会服务工作。2008 年 5 月 17 日，民盟市委为汶川地震灾区在零陵区时代旺角步行街主办“天佑中华，爱撒人间”公益募捐活动，现场募集善款 6 万余元交给市红十字会，活动被湖南卫视等多家国内媒体报道。2013 年 8 月底，蓝山发生特大山洪灾害，民盟市委在盟员中募集善款 5 万元交到蓝山灾民手中。同时，民盟市委每年都组织多次下乡义诊支教等公益活动，在社会中反响良好。

第三节　中国民主促进会

中国民主促进会是以从事教育文化出版工作的高中级知识分子为主、具有政治联盟性质、致力于中国特色社会主义事业的政党。至 2016 年 11 月底，永州市民主促进会有会员 65 人，6 个支部。女会员 30 人，占总人数的 46.1%。会员主要分布在市级单位和零、冷两区。其中教育界 43 人，占 66.2%；政府部门、文化界、经济界和有代表性的中介人士 22 人，占 33.8%。有博士 4 人、研究生学历 20 人、本科学历 34 人、专科学历 7 人。有教授 3 人、副高职称 25 人，中级职称的 16 人，专业学科带头人 6 名。会员平均年龄 43 岁，会员中有厅级干部 1 名、处级干部 9 名、科级干部 18 名；有省政协委员 1 人，市人大常委会委员 2 人，市政协委员 10 人（常委 2 人），县区政协委员 6 人（常委 3 人），县区人大代表 1 人。会员的个体素质、学历层次、年龄结构合理，具有一定的代表性和社会影响力。

一、组织沿革

1999 年 6 月，原湖南省九届人大常委会委员、民进湖南省委副主委杨方俊与省委统战部领导在永州调研期间进行发展组织的考察，并与市委统战部交换意见，同年 8 月开始在永州市发展民进会员，周秀英、曾晓阳两人为最早发展的会员。两年共发展会员 5 名。2000 年 12 月征得市委统战部同意，报民进省委批准建立民进永州市小组。

2004 年 4 月，永州发展民进会员达 16 人。是年，民进永州小组分别向市委统战部和民进省委递交成立支部的报告。经批准，4 月 8 日建立基层组织——民进湖南省委永州市直属支部，由周秀英任支部主任，金颖春、曾晓阳任支部委员。同年，民进永州支部下设 4 个小组。即永州职院小组、湖南科技学院小组、市直机关小组、市直中学小组。

2009年11月，成立民进永州市委筹备委员会，筹委会由周秀英、王旷生、张树明、万萍、莫顺斌、陈丽萍、桂金玉7人组成，周秀英任主任委员，王旷生任副主任委员，有会员40人。

2016年6月2日，民进永州市第二次代表大会现场

2010年11月30日，中国民主促进会永州市第一次代表大会召开，正式成立民进永州市委，选举产生了民进永州市第一届委员会，由周秀英、桂金玉、张树明、万萍、莫顺斌、陈丽萍、胡建辉等7名委员组成，周秀英任主任委员，桂金玉（专职）、张树明任副主任委员，秘书长桂金玉兼任。2014年10月届中增补胡建辉为副主任委员。2016年6月2日，中国民主促进会永州市第二次代表大会召开，选举产生民进永州市第二届委员会。委员会由胡建辉、桂金玉、万萍、陈丽萍、陈彦、莫顺斌、邓曙光、文红艳、何林金、刘章胜、冯小波、唐红星、毛林艳13名委员组成，胡建辉任主任委员，桂金玉（专职）、万萍、陈丽萍、陈彦任副主任委员。

二、主要活动

（一）教育实践活动

2010—2013年，永州市民主促进会以开展中国特色社会主义学习实践活动为抓手，引领思想建设、组织建设和制度建设。促进会成立中心学习小组，出台《会市委中心组学习制度》《会议制度和议事规程》《民主生活会制度》《会内监督制度》等一系列制度。中心组每年集中学习6次，主要学习中国特色社会主义理论、统战理论、以及中共的路线方针政策和“民进”的历史、章程。在学习过程中，重点强化自我教育，用历史的典型，身边的楷模，作为自己实践社会的准则。市民主促进会组织班子成员专程到北京参观民进中央会史展览馆、到北京天安门观看升旗仪式，接受爱国主义的洗礼；承办民进省委组织的“我身边的先进”宣讲活动、举办“心系民进，爱我永州”演讲赛、请民进省委副主委、社会主义学院院长雷鸣强到永州作“做一名合格有为的党外干部”的报告。市民主促建会多次争取班子成员、骨干委员参加中央社院、中共湖南省委党校、省市社院等各类有关学习培训共达49人次。

2014—2016年，为给思想建设提供理论上的思考和指导，围绕参政党建设和履行职能工作中亟待解决的现实问题和会员最关心和最困惑的理论问题展开研讨，解惑释疑。市民主促进会每年要求班子成员读一本好书、写一篇文章、作一次宣讲，以此来提高其思想水平和理论修养；市民主促进会班子成员和会员先后撰写《新形势下提高民主党派政党协商能力的思考》《新时期民主党派参政议政要做到适位到位有位》等38篇理论文章分别在民进中央、民进湖南省委刊物和市级有关刊物发表或获奖。

（二）参政议政

2001—2006年，永州市民主促进会根据每年省、市委经济工作会议精神作为调研选题的出发点和着力点。对于老百姓反映强烈的民生问题，"民进"代表委员张树明、陈彦、文红艳、刘金华、李紫玉、马玲适时提出《关于在我市启动垃圾分类回收工作的思考与建议》《关于进一步规范中心城市管道燃气价格的建议》《关于解决中心城区用水安全的建议》《关于整治车窗垃圾的建议》《做好信访工作，构建和谐永州》等有针对性和可行性的建议案有15件之多，及时地向政府反映群众的心声，推动问题的解决。

2010年，市民进委员莫顺斌代表市民主促进会在市政协三届五次全会上作《加强中心城区公共文化建设》的大会发言，获得中共永州市委领导的批示，并获市政协大会发言三等奖。

2011年，委员唐晓林、陈彦、李紫玉、刘金华提交7篇关于养老问题的提案，从不同角度进行建言：《关于我市城镇居民社会养老保险工作的调研报告》《关于方便离退休职工资格认证的建议》《关于老年人免费乘坐公交车的建议》等提案，推动市政府关于加快发展养老服务业的实施意见的出台。

2012年，中共永州市委、市政府发出"六城同创"的号召，在大力实施硬件建设的同时，市"民进"认为市民素质这个软件也不能忽视，于是组织有关会员深入调研，并提交《提升市民素质 助推"六城同创"》的调研报告，市政协四届二次全会上，永州职院支部主委陈彦民代表民进永州市委作大会发言，获得时任中共永州市委书记张硕辅的重要批示。该调研报告还获得永州市政协四届二次全会优秀大会发言一等奖。

2014年湖南省"两会"期间，永州市民主促进会主委周秀英代表民进界别提交一份《关于提高城市义务教育学校公用经费财政补助标准的建议》，省财政厅高度重视，把它作为当年众多教育类提案中高质量、针对性极强的重点提案来办理。

并带着提标方案专程赶赴永州听取意见。在验证提标方案可行性的基础上，下湘财预〔2014〕78号文件，使全省城市义务教育学校公用经费按每生每年小学由280元提高到600元、初中由417.5元提高到800元，与农村小学、初中同步。一份提案不仅为全省城市九年义务教育提供有力的政策保障和财力支持，更是使义务教育步入稳定、均衡和可持续发展的轨道。

2016年1月，“民进”零陵区支部主委文红艳代表市民主促进会在政协永州市四届五次全会上作《健全机制加强监督确保校园餐桌安全》的大会发言，中共永州市委书记陈文浩第一时间作出批示：“食品安全关系重大，请副市长刘尤碧组织市教育局及相关部门，采取有效措施，立章建制，确保校园餐桌安全，确保学生健康安全”。

（三）服务社会

2010—2011年，开展一系列的以“同心”为主题的社会服务活动。民进班子成员每年都积极参加市委统战部组织的民主党派暑期谈心活动，统战部长代表市委与大家敞开心扉交流思想，不仅学习经验、增进感情、更是砥砺同心。民进班子同时也组织委员和各支部主委开展谈心活动，既对同心思想的理论来源、现实意义交流体会，又对如何围绕“同心”思想来进行社会服务进行部署，确保民进的履职工作都紧贴“同心”思想开展。

2012年，市民主促进会充分发挥各基层组织的主观能动性，发挥自身优势进行社会服务：永州职院支部组织会员到金洞林场免费发放2000份科技资料开展了农业科技下乡活动，为那里的村民脱贫致富提供技术支持；零陵区支部开展民进情系福利院活动并为孩子们送去1000多元的图书；湖南科技学院支部、永州职院支部为农村中小学教师、农民工和各种职业技能培训近1000人次；冷水滩支部开展与改制企业贫困户的结对扶贫帮困活动，共募积衣物、书籍400余件、人民币6000余元；民进永州市委会同市中心医院、永州职院附属医院以及会内医疗专家，带着医疗器材和药品，深入冷水滩区伊塘镇东风村、黄阳司镇曾家湾村和江永县潇浦镇五爱村开展为贫困村民“送医、送药、送健康”义诊活动；冷水滩支部委员冯小波所在的潇湘源科技开发有限责任公司为湘潭大学法学院捐款10万元成立助学基金会，为贫困学子顺利完成学业助力；主委周秀英为江华大路铺镇邓家湾村争取12万元资金和40吨水泥援建村里的希望小学，为贫困山区、家庭困难的孩子实现求学的梦想。

2013年8月，蓝山县遭遇百年不遇的洪涝灾害，市“民进”主委周秀英第一时间带领民进永州市委一班人前往蓝山县受灾最为严重的所城镇团沅村，看望该村8户受灾最严重的倒房户，为他们送去最急需的大米和食用油，并将张树明、冯小波等会员们筹集到的6.8万元人民币经县红十字会送到村委会，帮助他们重建家园。

2014—2015年，永州市民主促进会成立“结对帮扶”工作领导小组。制定《关于开展“四深入两结对一测评”活动实施方案》，并确定冷水滩区黄阳司镇曾家湾村为“四深入、两结对、一测评”活动的联系点。先后到曾家湾村调查走访32人次，调查村情民情，认真记好民情日记，建立结对帮扶工作台账，落实特困户钱满莲等3户作为重点结对帮扶对象，并组织民进会员刘金华等专家医生为其看病、为他们捐赠衣被物品，筹集帮困资金近1万元；为帮助村里发展壮大集体经济，市民进积极争取项目资金6万元，完成村里山塘水库清淤防渗3处，为该村培训农民工35人，创业培训4人；装修村里文化活动室，改善村民的文化生活条件。

2016年，永州民进会员中有6人直接或间接从事法律工作。冷水滩和零陵区支部会员阳俊杰、尹新文、谢峥积极开展送法下乡、送法进企业的普法活动，运用PPT课件的形式宣传《劳动合同法》、《社会保险法》等法律条文，免费提供法律政策咨询、协助开展司法、公安、税务、仲裁等各类培训25次，为贫困人群提供法律援助9次。永州市劳动仲裁院院长万萍充分利用她的岗位优势，2010—2016年，接待政策咨询2500余批次，向用人单位、劳动者提出意见建议近5000余条。

第四节　中国农工民主党

中国农工民主党（简称农工党）主要由医药卫生、人口资源和生态环境领域高、中级知识分子组成，是具有政治联盟特点致力于建设中国特色社会主义事业、同中国共产党通力合作的参政党。截至2016年10月，永州市共有农工党员116人，设有7个基层支部委员会。农工党员结构具体情况是：博士2人，硕士15人；高级职称57人，占49.1%，中级职称45人，占38.8%；医药卫生和环境保护界党员84人，占72.4%；科技教育界党员20人，占17.2%；其他界别党员12人，占10.3%；省政府参事1人，省政协委员1人，市政协副主席1人，市人大常委会委员1人，市政协常委3人，市政协委员13人，区人大代表1人，区政协委员7人；农工党党员中有厅级干部2人，处级干部5人，科级干部17人。农工党永州市委机关设办公室（参政议政科），机关干部3人。

一、组织沿革

1988年，永州开始有农工党员活动。1999年开始，农工党在永州着手建立组织。经过一年多的筹备，2000年4月，成立“中国农工民主党永州党小组”，有党员5人，戴菊芳任组长，王建琼任副组长。当年12月，经农工党湖南省委批准成立农工党湖南省永州总支部委员会，有党员18人，戴菊芳当选为主任委员，王建琼为副主任委员，付小凤为委员，至此农工党在永州市开始有组织活动。2002年12月成立农工党永州市委筹备委员会，2003年7月召开农工党永州市第一次党员代表大会，选举产生第一届农工党永州市委员会，主委戴菊芳，副主委王建琼，秘书长周建晶，有基层支部5个，农工党党员54人；2009年9月选举成立第二届委员会，主委戴菊芳，副主委王建琼、周建晶、田洁，周建晶兼任秘书长，有基层支部6个，党员79人；2011年10月，戴菊芳因工作需要辞去主任委员职务，11月30日届中选举，田洁当任主任委员；2013年届中增选周云玲、熊忠东为委员；2013年9月，周建晶因身体原因，辞去专职副主任委员职务，选举熊忠东任专职副主委；2015年10月选举成立第三届委员会，主委田洁，副主委熊忠东、欧阳德群、周云玲、唐彧，熊忠东兼任秘书长。

2015年10月15—16日，农工党永州市第三次代表大会在冷水滩召开

农工党永州市委会2003年参加市政协。第一、二届主委戴菊芳和第三届主委田洁先后任市政协副主席，戴菊芳还被选举为第九、十届全国人大代表、永州市副市长。农工党党员中先后有2人任省政协委员，25人任市政协委员。

二、主要活动

（一）会议协商

永州市农工党围绕永州市经济和社会发展积极参加中共市委、市政府、市政协以及市委统战部召开的民主协商会，情况通报会，政策研讨会，专题座谈会及各类视察、督查活动。列席中共市委常委会、市委全会、市政府常务会议和市纪委全会，就永州市大政方针、经济建设、社会发展的热点、难点建言献策；参与对中共永州市党代会工作报告（审议稿）和政府工作报告（审议稿）的讨论修改，参与永州市“十五”“十一五”、“十二五”、“十三五”规划纲要和重大事项决策以及重要人事任免等内容的协商。尤其是在医药卫生、科技兴市、大力推进科技创新等方面的意见和建议受到有关领导和相关部门的重视。这些活动一方面充分体现党对统一战线工作的坚强领导和对民主党派的重视和关怀，另一方面也充分证明农工党市委在参政议政的舞台上发挥重要的作用。戴菊芳主委在担任第九、十届全国人大代表期间提出的《关于尽快修订〈传染病防治法〉的议案》被全国人大采用并参予正式修订；《关于药价虚高的原因、社会危害性及治理的建议》引起国家及有关部门高度重视，国家发改委为此制定出台《药品差比价规则》，修订公布《定价药品目录》，全国范围大幅度降低药品零售价格，《今日中国》《人民日报》《检察日报》《人民法院报》、湖南电视台等多家新闻媒体对她进行了专访和报道；《关于修改〈职业教育法〉的议案》《关于合理解决乡村医生从事公共卫生劳动报酬的建议》《关于修改完善公证法草案的议案》《关于涔天河水库扩建的建议》等议案建议也都得到积极采纳。2012 年，市政协副主席、主委田洁向农工党中央提出《关于尽快启动国家妇幼公共卫生服务项目的建议》，通过农工党中央呼吁和国家有关部委的支持，将永州市和道县列入该项目的试点单位，分别为市里和道县争取项目资金 1800 万元和 500 万元。2013 年，田洁主委在省政协提交《加强对出生缺陷的干预提高出生人口素质》提案，出生缺陷的干预工作被省政府列为对市州考核的重要指标之一。2015 年，主委田洁《关于支持增加经停永州通车组的建议》提案得到广铁（集团）积极采纳，为永州新增 2 对动车组列车，特意增开了 1 对长沙南—永州动车组列车，满足永州群众出行的需求。

（二）专题调研

按照“党委出题，党派调研，政府采纳，部门落实”模式，永州市农工党发挥自身优势，围绕永州市承接产业转移、美丽乡村建设、养老服务行业、文化旅游、基层卫生队伍建设、中医药发展、医疗纠纷、油茶产业、乡村垃圾处理、中小学生心理健康、电梯安全、食品检测能力建设等方面进行调研。其中，省政府参事戴菊芳撰写的《发挥资源优势，做大做强湖南油茶产业》《我国乡村垃圾分类投放、收集与转运调研报告》《湖南省基层卫生队伍状况调研》等 9 份调研报告，均引起省政府领导关注，原省长杜家毫、原副省长张硕辅相继做出重要批示；《大力推动科技创新，促进永州经济快速发展》《我市农村体育工作现状调查及对策》《发展社区卫生事业，提高居民健康水平》《以深化医药卫生体制改革为契机，加快永州医疗卫生事业科学发展》《整合职业教育资源，为永州承接产业转移提供技术人才资源》《加大培训力度，为永州体育后备人才可持续发展提供保障》《我市农村饮用水卫生安全调查》《关于永州美丽乡村建设的调研与思考》《关于我市养老服务业发展的调研报告》《加快推进永州中药材产业发展的建议》和《关于我市中小学心理健康教育的调研》等15份调研报告被列为市级民主党派调研成果，得到了历任中共永州市委主要领导的肯定并给予批示；《我市林农因冰灾返贫的调查报告》《加强职业病防治力度，促进民族工业和谐发展——职业病防治的现状及建议》《推介永州文化　让永州文化蜚声中外》等调研报告被市政协评为二、三等奖；《落实电梯安全责任　提升电梯安全质量水平》《关于我市养老服务业发展的调研报告》等调研报告被市政协评为优秀调研报告。

（三）撰写提案

2005年，市政协委员周建晶代表农工党永州市委会提出的《学校食品卫生状况湛忧，学校食品卫生安全亟待重视》、市政协委员邹小春提出的《我市农村乡镇卫生院建设亟需加强》，均列为市政协二届五次会议大会发言。2006年，湖南省政协委员、农工党永州市委会副主委王建琼提出的《农村防病状况急待改善的建议》得到省市有关部门的采纳。2007年，《大力推动科技创新，促进永州经济又快又好发展》《我市农村体育工作应引起重视》被列为市政协大会的发言材料。2008年，田洁委员的《农民“看病难”问题应引起党委、政府重视》被市政协评为优秀大会发言材料；2009年，《我市农村饮用水卫生安全调查》被列入市政协大会发言材料，2010年，《确保新型农村合作医疗制度持续稳健发展》《加快发展民办职业教育，促进我市经济社会发展》《综合治理“医闹”，构建和谐医患关系》列为大会发言材料；《加大对我市农村卫生室建设及乡村医生培养》《强化管理，规范运作，保持新型农村合作医疗制度持续稳健发展》《加快发展民办职业教育，促进我市经济社会全面发展》《加大对中小企业创新发展》《关于提高我市农村教育质量》《关于规范我市商居小区物业管理服务行为》6个集体提案均得到相关部门高度重视和采纳。2012年，《加强农村食品监管，构建农村食品安全网络》的提案被市政协评为集体提案奖；2014年，市政协副主席、农工党主委田洁在湖南省政协会议上提交的《关于建设永州市20万亩有机茶示范区的建议》提案，得到领导和相关部门的重视；《突破劳动力“瓶颈”加快承接产业转移》的提案被评为优秀提案。周云玲委员的《推进南北民俗文化融合，加快建设品质活力永州》，被市政协四次全会列为大会书面发言材料。2015年，农工党永州市委会《加强农村文化阵地建设　提高公共文化服务水平》的提案被市政协评为优秀提案；《加快我市肉牛产业发展的对策建议》被市政协四次全会列为大会发言材料；截至2015年年底，永州市农工党共向市政协提交提案近200件，其中20余件被评为市政协优秀提案。

（四）反映社情民意

对民生重点问题和群众反映强烈的热点难点问题，永州市农工党积极向有关部门反映。2009 年，永州市农工党反映的《我国应尽快建立药品不良反应损害救济制度》《对新医改方案的五大疑问》《治理“醉驾”的长效机制》《治理“醉驾”不能“连坐”乘客》等多篇社情民意被湖南省政协采用，其中《治理“醉驾”的长效机制》被全国政协采用。2010 年，市农工党报送的《校园安全还须建立长效机制》《亟需制定新闻法》《关于建立专业灾难救援部队的建议》《限购令带来的弊端不容忽视》等多篇社情民意被湖南省政协采纳；2013 年，永州市农工党报送的《建议取消头胎“准生证”》《警惕假冒伪劣产品扎堆农村市场》分别被湖南省政协和农工党中央采用。截至 2015 年底，永州市农工党共向市政协提交社情民意信息近 80 条，其中 20 余条被刊用。

（五）开展民主监督

永州市农工党积极推荐本党党员担任政风行风评议员、特约监察员、特约审计员，参加政风行风评议、特约检查督导、优化经济环境测评等活动，多途径发挥民主监督作用。2009 年，组织农工党党员对中共永州市纪委、市政协、中共永州市委统战部等单位学习实践科学发展观活动进行评议，促进上述单位依法执政、科学执政的能力。2010 年，应市优化办的邀请，组织 12 名农工党党员参加对市直机关优化经济环境测评工作，其中 2 名农工党员担任市交通局、市城管局、市交警支队等单位的行风监督员，1 名农工党员参加对市教育局、市畜牧水产局等单位的审议，推动相关单位干部作风的转变。2012 年，在市政协的安排下，2 名农工党员参与对市教育局、市住建局和市有线网络公司民主评议工作。从 2014 年起，永州市农工党连续三年开展“同心系湘江，共护母亲河”联合专项监督活动，组织专家对流经永州市的水质进行检测，对污水未经处理直排湘江的行为积极向中共永州市委、市政府和环保部门反映，为改善湘江流域生态环境、保护湘江水质发挥积极作用。此外，市农工党还积极参与全市闲置土地清理、103 个小区整治、新预算法执行情况、移民安置工程、农村土地流转、食品安全、放心米粉等方面工作的执法检查。在创建国家卫生城市过程中，农工党员贺新国、李德意负责的两项创国卫考核指标，获高分通过，得到专家的认可和好评，有 12 名农工党员受到中共永州市委、市政府的表彰。

（六）组织社会服务

永州市农工党始终把社会服务作为重要工作来抓。农工党永州市委会 2011—2014 年连续四年被评为全国社会服务工作先进集体，主委田洁也获全国社会服务先进个人。2003年，在抗击“非典”战斗中，先后有18名农工党员参加“非典”防治前线工作，他们不分白天黑夜、格尽职守、顽强拼搏、不怕牺牲，为夺取永州市“非典”防治工作的全面胜利做出积极贡献，多人受到中共湖南省委、省政府、中共永州市委、市政府的表彰，第五支部被农工党中央表彰为“抗击非典优秀基层支部”，农工党永州市委会被农工党湖南省委评为“全省抗击非典先进单位”，主委戴菊芳被农工党中央、省委评为“抗击非典优秀党员”，被湖南省政府评为抗击非典先进个人。2008年，“5·12”汶川特大地震后的第二天，农工党永州市委会向全体党员发出“抗震救灾捐款献爱心倡议书”，农工党员捐款捐物缴纳特殊党费共计3万余元，市预防保健支部主委熊忠东带领永州市首批卫生监测队赴四川彭州市进行抗震救灾防病工作。农工党永州市委被农工党湖南省委授予“抗震救灾先进集体”荣誉称号，戴菊芳、熊忠东2人被授予“抗震救灾优秀党员”荣誉称号。2009年，突如其来的“甲流”让广大市民措手不及，主委戴菊芳临危受命，被任命为永州市抗击“甲流”的总指挥，在她的指挥调度下永州市一中抗击“甲流”的战役取得重大胜利，疫情被牢牢控制在几个人的范围之内，病人也经过治疗全部健康回归；这次抗击“甲流”的胜利被湖南省有关领导誉为全省处置聚集性“甲流”的典范。永州市农工党还充分发挥党派人才智力优势，积极开展义诊义捐活动。2003—2016年，共组织开展各种医疗义诊咨询、送医送药下乡、卫生法律法规宣传、智力扶贫、科技下乡等社会服务活动60余次，捐款捐物送药价值近30余万元。从2012年开始，永州市农工党探索“从流动服务向定点服务、从分散服务向集中服务、从临时服务向长期服务”的模式，对道县清塘镇卫生院进行定点帮扶，至2016年，共争取省、市、县三级政府对该院的资金支持共160多万元，其中住院大楼项目资金100万元、医疗设备30多万元、基础建设资金10多万元，捐献冷链设备、药品等20多万元。新建住院大楼，面积达1500平方米，彻底解决“职工住危房，病人睡走廊”的问题，新建篮球场和健身设施，还多次组织市医疗专家为该院医务人员进行培训，并提供长期免费为该院医务人员提供进修机会。通过4年的持续帮扶，清塘镇卫生院的基础设施、管理和医疗水平发生明显的变化，也为永州市民主党派对口开展社会服务工作探索一条新路。

第五节　工商业联合会

工商业联合会（简称工商联）是中国共产党领导的以非公有制企业和非公有制

经济人士为主体、具有统一战线性质的人民团体和商会组织，是中国共产党和人民政府联系非公有制经济代表人士的桥梁和纽带，政府管理非公有制经济的助手。

一、组织沿革

1996 年 8 月 28 日，永州市工商业联合会经永州市机构编制委员会批准成立，同时成立永州市总商会，与市工商业联合会合署办公，实行两块牌子，一套人员。10 月 5 日，永州市工商业联合会第一届会员代表大会选举产生第一届执行委员会，赵清茂当选为执行委员会会长，雷衍薛、何应元、唐建文、蒋政强、管兴友当选为执行委员会副会长。10 月 11 日，中共永州市委同意成立市工商业联合会党组，徐大福任党组书记。

2001 年 12 月 30 日，永州市工商业联合会第二届会员代表大会选举产生第二届执行委员会，杨雪生当选为执行委员会会长，莫明甫、雷衍薛、陈宝忠、蒋克明、黄青柳、曾佑桥、欧琳、邓余平当选为执行委员会副会长。莫明甫任市工商联党组书记。

2007 年 3 月 29 日，永州市工商业联合会第三届会员代表大会选举产生第三届执行委员会，余华生当选为执行委员会会长，陈宝忠、蒋文辉、欧阳树生、黄明华、阳国秀、黄青柳、姚芳明、刘岳泉、欧琳、吕定先当选为执行委员会副会长。欧阳树生任党组书记。

2011 年 12 月 12 日，永州市工商业联合会第四届会员代表大会选举产生第四届执行委员会，吕斌当选为永州市工商联主席，欧阳树生、蒋文辉、蒋宁南、田仁江、周海波、黄青柳、欧琳、吕定先、陆才子、刘轩华、陈军江、陈平衡当选为市工商联副主席。吕斌当选为永州市总商会会长，欧阳树生、蒋文辉、蒋宁南、何谋云、李文东、郭远军、胡忠林、左雪飞、毛海华、朱江玉、杨情华、唐锦涛、李杰、王中燕、许永忠、郑绿云、沈凡超当选为市总商会副会长，欧阳树生任党组书记。

2016 年，永州市工商业联合会（总商会）第五次会员代表大会选举产生第四届执行委员会，吕斌当选为永州市工商联主席，欧阳树生、蒋文辉、蒋宁南、胡忠林、刘轩华、何谋云、杨光勇、王中燕、许永忠、朱江玉当选为市工商联副主席。阳国秀、欧琳、杨情华、何日繁、左雪飞、郑绿云、雷斌、谭显明、禹礼和、郭德志、余文芳、陈小龙、熊中铁、王劲松、胡安根、陈宗华、伍志军、林青卫、欧明生、龙训锋、石洪铭、邹全胜当选为市总商会副会长，欧阳树生任党组书记。到 2015 年年底，全市共有商会组织 250 个。其中，行业组织 79 个，异地商会 5 个，乡镇、街道商会 164 个，其他商会组织 2 个，有会员 864 名，基本实现基层商会组织在全市领域主要行业内的全覆盖。

二、主要活动

（一）视察调研

1996—2001年，全市各级工商联共组织调研活动126次，撰写调查报告151篇。2000年，与市整治办、市监查局组织联合调查组，对100多家的私营企业和150多户的个体工商户，进行纳税负担的专题调研，为中共永州市委、市政府整治经济环境提供依据。为改善经济发展环境，促进非公经济发展进净言、献良策，市政协成立以来，市工商联组织材料先后七次在政协全会上发言，有些意见和建议得到中共永州市委、市政府的采纳。

2014年3月28日，永州市工商联（总商会）四届三次执委会议在冷水滩召开

2002—2004年，在三次的政协全会上，市工商联分别作《对发展壮大我市民营经济的几点思考》《立足实际，毫不动摇地发展我市非公有制经济》《认真贯彻落实十六届三中全会决定，促进永州经济进入快车道》的发言，2003在四次政协会议上年提出《民营经济是我市经济的主体》《纳税人乃衣食父母》《民营企业家是加快工业化进程的主力军》《我市民营经济要超常规发展》的发言，得到中共永州市委、市政府的首肯。2003年，中共永州市委、市政府采纳工商联的意见，出台《关于贯彻〈中共湖南省委、湖南省人民政府关于加快民营经济发展的决定〉的实施意见》，并召开全市民营经济工作会议。

2005—2006年，组织会员开展全市上规模民营企业调查，形成《永州市民营经济现状与对策》的调研报告。针对永州市农产品加工企业的发展和原材料基地建设开展调研，并在政协三届一次会议上作《构建原料基地，做大做强我市农产品加工企业》书面发言。2006年，受中共永州市委的委托，起草《中共永州市委、永州市人民政府〈关于进一步加强工商联工作的意见〉》的文件，中共永州市委书记曾庆炎主持市委常委会议听取汇报，对文件的修改提出许多中肯的意见。

2007—2011年，在每年的“两会”期间，组织会员紧紧围绕承接沿海产业转移、推进新型工业化和富民强市这个主题，深入调研，撰写出《推进新型工业化，必须重视企业家队伍建设》《创环境，减负担，促进永州非公有制经济平稳持续健康发展》《破解非公有制经济发展难，大力促进永州经济社会快速发展》《加强和改进新形势下工商联工作，大力促进全市非公有制经济的科学发展》等调查报告，被列为每年政协全会的重点发言，每年的政协大会发言均评为一等奖。市工商联提交的《关于进一步提高行政效能，继续将服务年引向深入》的提案被永州市政府采纳。2009—2011年，连续三年在全市开展“企业服务年”“项目服务年”“两万干部下基层、服务发展促和谐”活动，主动上门为企业排忧解难，促进全市非公有制经济持续快速发展。

2011—2016年，市工商联向“各民主党派、工商联和无党派人士参政议政专题调研成果汇报会”提交《关于民间融资发展现状与风险防范对策的调研报告》《关于打造“永州菜”品牌的调研报告》等一批优秀调研成果。其中《关于民间融资发展现状与风险防范对策的调研报告》被市政府采纳，市政府决定加强对民间融资的引导和监管，广泛宣传，提高民众的社会风险防范意识，有针对性地开展全市投资类公司清理整顿工作，避免发生区域性、地方性、群体性的金融动荡。参与制定《中共永州市委市政府〈关于加强和改进非公有制企业党的建设工作的实施意见〉》《永州市行业协会商会与行政机关脱钩实施方案》等政策法规文件，并积极推动政策落实。

（二）提案建议

1996—2006年，市工商联会员各级政协委员提交提案478件，其中由各级党委、政府和有关部门督办的提案216件，被各级政协评为优秀提案的38件，有52名工商界的政协委员被评为市、县区优秀政协委员。

2007—2011年，全市各级工商联会员中的政协委员提交提案289件。

2012—2016年，全市工商联会员各级非公有制经济人士中的人大代表、政协委员提交议案、建议300多件，提案280多件。各级工商联组织共提交议案、提案140余件，调研报告100余篇。其中，市政协常委吕定先提交的《关于加快推进我市太阳能等新能源建设的提案》等5篇提案被列入重点提案，市工商联提交的《建议给农村留守儿童更多的关爱》等3篇提案被评为优秀提案，市工商联撰写的《非公经济代表人士参政议政之浅见》《行业商协会承接政府职能转移问题及对策研究—以永州市行业商协会为例》等调研报告获中共湖南省委统战部、省工商联表彰。多次组织非公有制经济代表人士参与市委、市政府有关座谈会，围绕“十三五”规划、新型城镇化建设、法治永州建设等重大政策和事项建言献策，得到中共永州市委、市政府的重视和采纳。

（三）政企恳谈

2010—2013 年，先后举办三次永州乡友清明恳亲会，加强与永州、在外的乡友之间沟通联系，发展乡友经济；组织非公经济人士，举行以“弘扬舜德精神，共谋诚信发展”为主题的永州市工商联界首次公祭舜帝大典活动。开展“访民企、解难题、保增长”千户民企大走访活动。市工商联从 2011 年起，每年组织干部深入生物医药、餐饮、汽车、家电等民营企业进行走访，收集调研情况，积极向当地党委政府汇报，争取领导和有关部门重视，推动永州市非公企业加快经济发展方式的转变。

（四）行风评议

1996—2001 年，市工商联推荐 300 名县级以上的政协委员，81 名非公经济代表人士分别担任市、县区法院公正司法监督员和检察院检察执法监督员，为司法部门公正执法发挥监督作用。

2005—2006 年，市工商联和市优化办召集冷水滩和零陵区 200 名非公有制经济代表人士对 48 个职能部门，就环境优化等六个方面的诚信建设是否满意开展评选活动；组织 200 名非公有制经济代表人士对 25 个单位和领导开展评选活动，促进政府各部门的诚信建设。

2007—2011 年，市工商联推荐 48 名非公有制经济代表人士担任省、市执法监督员、经济环境监督员和行风评议员，组织 200 名非公经济人士参与市直单位行政效能建设和经济发展环境“满意不满意”单位和领导测评，促进全市经济发展环境的进一步优化。

2011—2016 年，推荐 48 名非公有制经济代表人士担任省、市执法监督员、经济环境监督员和行风评议员，每年联合相关部门召开征求意见座谈会，组织 200 名非公有制经济人士参与市直单位行政效能建设和经济发展环境“满意不满意”单位和领导测评。

（五）服务非公有制经济

2011 年创办《简会简报》，每月一期，加强与主流媒体的合作，大力宣传非公有制经济领域的先进企业和先进人物。与永州广播电视台合作推出《中国梦　我的梦——永州民营企业家大展播》《春晚大拜年》等节目，对永州市民营企业家艰苦创业、做大做强、回报社会的事迹进行报道，充分展示他们的良好面貌和风采。创办双月刊内部杂志《天下永商》和天下永商微信平台。配合有关单位开展“永州骄子”、“十佳学习型创业先锋”、非公有制经济先进基层党组织和优秀共产党员、优秀党务工作者等表彰活动，全市一批非公有制企业和非公有制经济人士受到表彰。

1996—2001 年，为会员提供法律服务 1910 次，调处维权纠纷 855 起，挽回经济损失 500 万元。各级工商联向工行、农行、建行三家银行推荐有经济实力、讲信誉的 163 家私营企业，解决信贷资金 2.2 亿元；2009 年，市工商联组建“维权、信息、融资”“三个服务平台”，为非公人士提供信息、维权、融资服务，两年多时间，共为非公有企业提供融资担保近亿元，为 100 多家企业解决融资难问题，组建“永州市民营企业维权中心”，11 个县区都有分站，累计为全市民营企业提供法律咨询和服务 568 人次，开展法律讲座 15 次，代办案件 654 件，为 187 家民营企业担任法律顾问，挽回经济损失数十亿元，创办永州财富网站，发布信息 7 万多条，市工商联没有条件创造条件，积极探索“三个平台”的做法和经验，中共湖南省委统战部和省工商联给予高度以评价，并向全省推介。围绕构建新型银企关系，市直有关部门相互配合、积极谋划、精心组织，举办多种形式的银企对接活动，为银行与企业的良性互动、共赢发展牵线搭桥。2016 年 10 月 10 日，永州市工商联与市建行银企战略合作签约暨湘商单位结算卡首发仪式，签约 50 万元。争取市优化办的调处授权，在 56 家非公有制企业建立市优化经济发展环境监测点。积极参与协调劳动关系三方机制，推动非公有制企业建立工资集体协商制度。加大个案协调力度，为会员企业提供法律维权服务，旗帜鲜明地代表和维护非公有制企业和非公有制经济人士的合法权益。

（六）服务民营企业

2001—2004 年，每年 8 月，市工商联都举办民营企业、民办学校人才招聘会，每年都有数百名的大专毕业生和有一技之长的下岗职工应聘到民营企业和民办学校。之后，每年市工商联都要与市人社局组织召开民营企业人才招聘会，为民营企业招工员工做好服务工作。

2016 年 4 月 18 日，市人社局、市教育局、市总工会、市工商联在永州职业技术学院图书馆广场举行以“促进供需对接，助力转型发展”为主题的 2016 年湖南省民营企业招聘周启动仪式暨永州市民营企业专场招聘会，此次活动提供招聘岗位 523 个，进场求职人数 700 余人，达成就业意向的有 80 人。

第六节　党外知识分子联谊会

一、组织沿革

2011 年 7 月 6 日，经市委同意，成立永州市党外知识分子联谊会（以下简称市知联会），并召开一届一次理事会。知联会设理事 82 名，其中会长 1 名，副会长 16 名，常务理事 27 名。会长由市政协副主席、市监察局副局长彭爱华担任；秘书长 1 名，由副会长吕斌兼任。2014 年，根据中共湖南省委组织部《关于对省委管理干部在社会组织兼职进行清理规范的通知》，报市委研究同意仅保留 4 名副会长名额。

2011 年 7 月 6 日，永州市党外知识分子联谊会成立

二、主要活动

2011 年“知联会”成立以来，围绕市委、市政府中心工作，每年抽出一定时间深入基层开展 3 至 4 次走访调研，至 2016 年，完成 15 篇调研报告，所反映问题和提出的建议，大部分得到省、市有关部门采纳；书写提案 82 件，15 件被评为优秀提案，3 件得到中共永州市委、市政府、市政协主要领导亲自督办。

2012 年，先后组织 360 多人次参与永州市机关效能建设和优化经济环境“满意不满意单位”测评监督活动，组织 70 余人次主动参与市直有关单位作风建设民主评议，派出 40 多人担任市直有关执法部门行风监督员。在评议和监督活动中，提出有针对性意见建议 108 条。这些建议和意见通过协调、交办、督办等方式均予以有效解决。

2013 年，根据市委、市政府安排，市知联会会长彭爱会联系宁远县太平镇新沙桥村（原新塘下村）为扶贫点，带领知联会有关人员与后盾单位市质监局、市石油公司一道，多方筹措资金 360 多万元，对该村道路、水渠、电网、山塘、安全饮水工程、路灯、垃圾集中处理等基础设施，加强建设和改造；同时帮助农户发展养鹅、养牛、种油茶等优势产业。

2014—2016 年，组织市知联会、市政协医卫界、市中心医院等单位的负责人和医护人员共 20 多人，先后到宁远县冷水镇三联村、东安县大塘旺村开展送医、送药、送健康下乡活动，免费为 300 多名村民提供看病和健康咨询服务，开出处方 298 张，免费发放药品价值 2 万多元，并对村民进行健康教育；副会长石洪铭组织公司人员开展给环卫工人送温暖活动，给环卫工人送油、米、水果等物资价值 6 万余元，在市工商联组织的捐款助学活动中个人捐款 5 万元。

人　物

一、人物简介

（一）市政协主席

欧学佳　男，汉族，湖南宁远县人，1940年农历7月19日出生，汉族，大学文化，1964年8月参加工作，1971年12月加入中国共产党。1960年8月至1964年7月在湖南师范学院中文系读书，1964年8月任零陵地区高师教学辅导站教师，1968年9月任零陵地区革委会通讯组干事、宣传部干事，1980年3月任零陵地委宣传部副科长，1982年4月任零陵地委调研室副主任，1983年6月任零陵地委委员、政研室主任，1983年12月任零陵地委委员、江永县委书记，1986年8月任零陵地委委员、宣传部部长，1993年7月任零陵地区政协联工委党组书记、主任，1996年3月任永州市一届政协党组书记、主席。2001年11月退休。

蒋桃生　男，汉族，湖南省耒阳市人，1949年1月生，大学文化，中共党员。1971年参加耒阳县干部培训学习，1972年2月起先后在郴州地区生产指挥部、郴州地区计划委员会任干事、副科长、办公室副主任。1983年9月至1985年6月在湖南省委党校党政干部培训班学习，毕业后在汝城县任县委副书记、代县长、县长、县委书记；1992年6月任临武县委书记；1994年9月任郴州地区行政公署副专员；同年获全国“人民好公仆”称号。1995年郴州地改市后当选为副市长。1997年3月调永州市任副市长，同年9月任中共永州市委常委、常务副市长。2003年8月至2004年1月在中共中央党校学习。2001年6月至2006年12月任永州市二届政协主席。

陈金荣　女，汉族，永州市零陵区人，1951年12月出生，1970年9月参加工作，1977年9月加入中国共产党，湖南广播电视大学汉语言文学专业毕业，大专学历。1970年9月至1973年10月任零陵地区轻工业机械厂生产技术科机械描图员；1973年10月至1975年10月任零陵地区轻工业机械厂机械加工车间干事；1975年10至1985年12月任零陵地区工交办秘书科、综合科、生产调度科干事；1983年9月至1985年12月湖南广播电视大学学员；1985年12月至1990年11月任零陵地区经委生产调度科副科长、科长；1990年11月至1992年7月任零陵地区经委委员（副处级）；1992年7月至1994年2月任县级永州市人民政府副市长；1994年2月至1995年6月任县级永州市委常委、市人民政府常务副市长；1995年6月至2001年6月任祁阳县委副书记、县人民政府代县长、县长；2001年6月至2002年4月任永州市人民政府副市长、市人民政府党组成员；2002年4月至2006年10月任永州市委常委、市人民政府党组成员；2006年10月至2007年1月任永州市政协党组副书记、市人民政府党组成员；2007年1月至2012年1月任永州市三届政协党组书记、主席。2012年7月退休。

湖南省第九届人大代表，中共永州市第一次、二次、三次、四次、第五次代表大会代表，一届、二届、三届委员会委员；永州市第一届、二届、三届人大代表，政协湖南省委员会第十届委员会委员，政协永州市第三届委员会委员。

唐定 男，汉族，永州市冷水滩区人，1958年3月出生，1977年10月加入中国共产党，1975年3月参加工作，中央党校函授学院经济管理专业毕业，大学学历，经济师。曾下放零陵县楚江圩公社锻炼。1978年9月考入衡阳供销学校财会专业学习，1980年7月衡阳供销学校毕业后任零陵地区供销社干事。1987年7月任零陵地区供销社办公室副主任。1988年8月任零陵地区供销社办公室主任。1993年1月任江永县政府副县长。1994年2月任江永县委常委、县政府副县长。1997年3月任芝山区委副书记。1997年4月任芝山区委副书记、区政府区长。2000年10月任芝山区委书记、零陵区委书记。2006年10月任永州市委常委、市委秘书长、市直属工委第一书记。2011年9月后不再担任永州市委常委职务，任永州市政协党组副书记（排第一）。2012年1月任永州市四届政协主席。中共湖南省第八次、九次代表大会代表，中共永州市第二、三、四次代表大会代表，二、三、四届委员会委员；政协湖南省第十一届委员会委员，永州市第一、二、三届人大代表，政协永州市第四届委员会委员。

（二）市政协副主席

张中盛 男，汉族，湖南宁远县人，1938年5月出生，大专文化，1956年2月参加工作，1961 年 5 月加入中国共产党。1956 年 2 月后在宁远县湾井镇区小学、禾亭中学、县三中任教，1964 年 6 月后任宁远县委宣传部干事，1968 年 6 月后任宁远县委宣传部主办干事，1975 年 5 月后任零陵地委政研室副科长，1982 年 4 月任零陵地委政研室副主任，1983 年 9 月至 1985 年 3 月在零陵师专干修班中文专业学习，1985 年 4 月至 1988 年 1 月任中共江华瑶族自治县委书记，1988 年 2 月任零陵行署调研室第一副主任，1990 年 9 月至 1995 年 5 月任零陵地委统战部部长，1995 年 5 月至 1996 年 4 月任零陵地区政协工作委员会副主任、地委统战部部长。1996 年 4 月任永州市政协副主席。1999 年 4 月退休。

邓香花　女，汉族，1944 年 9 月出生，蓝山县人，1968 年 11 月参加工作，1965 年 9 月加入中国共产党，湖南师范学院政教专业大学普通班毕业。曾任蓝山县革委会副主任、地革委会委员；1970 年 10 月在湖南师范学院学习；1973 年 1 月任蓝山县“五七”中学副校长；1973 年 3 月任共青团零陵地委副书记；1973 年 9 月任零陵地委常委、共青团零陵地委副书记；1978 年 6 月任零陵地委常委、共青团零陵地委书记；1983 年 9 月任零陵地委政策研究室副主任；1990 年 3 月任零陵地区政协联工委副主任；1996 年 4 月起任永州市政协一届、二届政协副主席，2003 年 8 月任永州市政协巡视员，2005 年 6 月退休。共青团第十次、十一次全国代表大会代表；共青团湖南省第七次、八次代表大会代表并当选为委员；湖南省第七次、八次妇女代表大会代表；政协永州市第一届委员会委员。

沈泗海　男，汉族，1939 年农历 12 月 30 日出生，湖南宁远人，中专文化，1954 年 4 月加入中国共产主义青年团，1959 年 8 月参加工作，在本县柏家坪农业中学任教，1960 年 8 月加入中国共产党。1960 年 10 月至 1963 年 12 月，历任宁远县柏家坪区柏家坪公社整风整社干部、团委书记、党委宣传委员；1963 年 12 月至 1968 年 1 月，任宁远县委组织部干事；1968 年 1 月至 1975 年 12 月，历任宁远县县革委会委员、人保组第一副组长，县委常委、组织部部长；1975 年 12 月至 1979 年 6 月，任东安县委常委、县委办公室主任；1979 年 6 月至 1981 年 8 月任零陵卷烟厂党总支书记；1982 年 8 月至 1992 年 5 月，历任县级永州市委常委、市政府副市长，市委常委、副书记，市长，市委书记；1992 年 5 月至 1995 年 9 月，任零陵地委政法委副书记；1995 年 9 月至 2000 年 2 月，历任零陵地区联工委副主任、永州市一届政协副主席、党组副书记。2001 年 10 月退休。

沈根元　女，汉族，1943 年 1 月出生，湖南省长沙市人，大学文化，1963 年 2

月参加工作，1982 年 2 月加入中国共产党。1962 年 9 月至 1963 年 1 月湖南财经学院财会中专速成班学员。1963 年 2 月至 1965 年 6 月任零陵地区百货公司会计。1965 年 7 月至 1973 年 2 月任冷水滩百货站会计。1973 年 3 月至 1981 年 5 月任零陵地区百纺公司主办会计。1981 年 6 月至 1983 年 11 月零陵地区百纺公司计财科副科长。1983 年 12 月至 1984 年 2 月零陵地工区商业局办公室副主任。1984 年 2 月至 1985 年 10 月任零陵地区商业局办公室主任。1985 年 11 月至 1991 年 12 月任零陵地区财政局副局长、党组成员，1991 年 12 月至 1996 年 4 月任零陵地区财政局局长、党组书记。1996 年 4 月任永州市政协副主席、党组成员，市财政局局长、党组书记。2001 年 10 月任永州市政协副主席、市财政局党组书记。2003 年 6 月退休。

朱光均 男，汉族，1942 年 11 月出生，河南舞阳人，大学文化，高级讲师。1963 年 8 月参加工作。1959 年 9 月至 1963 年 8 月在湖南师大中文系学习，1963 年 8 月后任零陵行署教育科教研员，1968 年 11 月后下放零陵地区“五七”干校，1971 年 8 月后任零陵师范教师、零陵地区教学辅导站业务干部，1976 年 8 月任长沙四中教师，1980 年 10 月任零陵师范教师，1984 年 10 月任零陵师范校长，1990 年 3 月任县级永州市政协副主席（兼）、零陵师范校长、零陵地区教委副主任，1996 年 4 月后任永州市政协副主席（兼）、零陵师范校长、永州市教委副主任。2002 年 12 月退休。

朱复圣 朱复圣，男，汉族，1940 年 1 月出生于上海，浙江绍兴人，大学文化，高级工程师，1963 年 9 月参加工作。1952 年 9 月至 1958 年 7 月在上海徐汇中学读书，1958 年 9 月至 1963 年 7 月在浙江大学机械系、农业系农机、机械专业读书，1963 年 9 月至 1972 年 5 月在湖南零陵水电设备厂专区农机修配厂任技术员，1972 年 6 月至 1986 年 8 月在湖南零陵水电设备总厂技术科、检验科、质管科、生产科任技术员、副科长、科长，1986 年 9 月至 1993 年 3 月在湖南零陵水电设备总厂任副厂长，1993 年 4 月后任湖南零陵水电设备总厂副厂级干部、副总经理。1987—1997 年任冷水市政协二、三、四届副主席，1996 年 4 月任永州市政协副主席（兼）、冷水滩市政协副主席。2002 年 4 月退休。冷水滩市第二届人大代表，政协永州市第一届委员会委员，政协湖南省委员会第七届委员会常务委员。

何鼎兴 男，汉族，道县人，1942 年 1 月出生，1965 年 8 月参加工作，无党派，湖南农学院农学专业毕业，大学文化，农艺师。湖南农学院毕业后曾任道县农业局干部、道县农科所副所长、所长；1984 年 11 月任道县农业局副局长兼农科所所长；1985年3月任道县人民政府副县长；1996年4月任永州市政协副主席、道县人民政府副县长；1998年1月后任永州市政协副主席、道县政协副主席。2007年4月退休。湖南省第八届人民代表大会代表。

赵清茂 男，汉族，湖南双牌县人，1955年3月出生，大学学历，1979年8月参加工作。1976年10月至1979年8月在中南林学院林学系学习。1979年8月至1984年2月任双牌县理家坪乡代课教师、县林业局技术员。1984年2月至1991年4月任双牌县林业局副局长、县林委副主任。1991年4月至1996年4月任双牌县人民政府副县长。1996年4月任永州市政协副主席（兼）、双牌县人民政府副县长。1996年9月任永州市政协副主席（兼）、永州市工商联合会会长。2001年6月任永州市人民政府副市长。2007年1月任永州市人大常委会副主任。2011年9月任永州市正厅级干部。2015年6月退休。政协永州市一届委员会委员。第七届湖南省人民代表大会代表。

喻美莲 女，汉族，1938年2月出生，湖南宁乡人，大学文化，1964年2月参加工作，高级工程师，享受政府特殊津贴。1964年2月参加工作。1959年8月至1964年1月在中南林学院读书（其中1960年10月至1961年8月在江华支农），1964年2月至1966年9月任零陵地区林业局技术干部、社教队员。1966年10月至1981年2月任零陵地区林科所技术干部（其中1968年8月至1969年7月搞社教）。1981年3月至1987年3月任零陵地区林科所工程师。1987年4月至1993年9月任零陵地区林业局科技科工程师、县级永州市政协副主席（其中1988年任高级工程师。1992、1993年获国家科委科技司推广工作一等奖，1993年起享受政府特殊津贴），1993年10月至1996年任零陵地区林业局科技推广站副总工程师、县级永州市政协副主席（其中1994年获国家科委科技司推广工作特等奖）。1996年4月任永州市政协副主席（兼）。2002年4月退休。

徐肇玲 女，汉族，湖北黄梅县人，1944年8月生，1968年9月参加工作，1978年1月加入中国共产党，湖南医学院临床医疗专业毕业，大学文化。湖南医学院毕业后曾任江永县界牌公社卫生院医师、副院长、院长，桥头铺中心卫生院院长；1983年3月任江永县人民医院副院长；1984年2月任江永县卫生局局长；1988年1月任江永县委常委、组织部部长；1990年12月任零陵地区计生委副主任、党组成员；1994年3月任零陵地委组织部副部长；1995年7月后任零陵地委组织部、永州市委组织部副部长、正处级组织员；1998年12月任永州市委统战部长；1999

年3月后任永州市政协副主席、市委统战部部长；2005年12月任市政协副主席。2007年4月退休。湖南省第五届人民代表大会代表、中共第五届湖南省委修补委员、第六届湖南省委候补委员、委员；中共湖南省第七、八次代表大会代表；政协湖南省第八届委员会委员；永州市第一届人大常委会委员；中共永州市第二次代表大会代表。

谢五龙 男，汉族，新田县人，1945年12月出生，1966年9月参加工作，1970年3月加入中国共产党，湖南省第一师范学校毕业，中专文化。湖南省第一师范学校毕业后曾任新田县教研室干部、新田县高山中学教师、校长；1970年8月后任新田县教育组干部、政工组织组干部、新田县委组织部主办干事；1980年5月任新田县前进公社党委书记；1984年1月任新田县人民政府副县长；1987年3月任新田县委常委、县纪委书记；1990年1月任蓝山县委常委、县人民政府副县长；1990年12月任蓝山县委副书记；1992年8月任蓝山县委副书记、县人民政府代县长；1993年1月任蓝山县委副书记、县政府县长；1996年4月任蓝山县委书记；2001年6月任永州市政协副主席。2007年4月退休。中共永州市第一届委员会委员，中共永州市第二次代表大会代表；永州市第一、第二届人民代表大会代表。

周忠信 男，汉族，祁东县人，1944年11月出生，1966年9月参加工作，1963年7月加入中国共产党，湖南师范学院历史专业毕业，大学文化。湖南师范学院毕业后先后任道县一中老师、县文艺宣传队队长；1969年12月任道县革委会宣传组、党委办、县委办干事，团县委副书记；1975年任零陵地委办政研组、一科干部；1980年4月任零陵地委办一科副科长、秘书科副科长；1983年9月至1985年6月参加湖南省委党校县主干班培训；1985年6月任零陵地委宣传部副部长；1987年1月任县级永州市委副书记；1991年1月任零陵地区文化局局长、党组书记；1994年9月任零陵地区教委第一副主任，党组副书记；1994年9月后任零陵地区教委主任、党组书记，永州市教委主任党组书记。2001年6月任永州市二届政协副主席。中共永州市第一届委员会委员。2007年4月退休。

曹小华 女，汉族，湖南长沙市人，1948年12月出生，1964年9月参加工作，无党派，湖南农学院茶叶专业大学普通班毕业，农艺师。曾为江永县消江公社下放知青、湖南农学院学生；1976年8月任江永县农业局技术员、副站长；1990年4月任江永县科委副主任；1991年4月任江永县人大常委会副主任，1993年1月任江永县人民政府副县长；1996年4月任湖南省永州市人大常委会兼职副主任、江永县政府副县长；1998 年 1 月后任永州市人大常委会副主任、江永县人大常委会副主任；2001 年 6 月任永州市政协二届、三届政协副主席。2009 年 10 月退休。

袁火林 男，汉族，双牌县人，1964 年 1 月出生，1984 年 8 月参加工作，民盟成员，中南财经大学财税专业函授毕业，大学文化，经济学学士。衡阳财会学校毕业后曾任零陵地区财政局预算科科员；1993 年 2 月任零陵地区财政局预算科副科长；1995 年 2 月任零陵地区财政局预算科科长；1997 年 3 月任永州市财政局副局长；2000 年 9 月任永州市政协经科委主任；2001 年 6 月任永州市政协副主席，市政协经科委主任，民盟永州市委副主委；2001 年 10 月任永州市政协副主席，冷水滩区人民政府副区长，民盟永州市委副主委；2006 年 7 月任永州市政协副主席、冷水滩区人民政府副区长，民盟永州市委第三届主委；2007 年 11 月在冷水滩区第七届人大第一次会议上当选为副区长；2011 年 5 月连任民盟永州市委第四届主委，2012 年 1 月 7 日当选为永州市第四届人大常委会副主任。

彭爱华 男，冷水滩区人，汉族，1959 年 11 月出生，1980 年 8 月参加工作，无党派，中南工业大学工业自动化专业函授毕业，大学文化，注册会计师。长沙冶金工业学校毕业后曾任水口山矿务局科研所、计量能源所、第二冶炼厂技术员；1985 年 4 月任水口山矿务局第二冶炼厂计量监督科副科长；1987 年 5 月任冷水滩市标准计量局副局长，1991 年 1 月后任冷水滩市经委副主任、冷水滩区经科副主任（正科级）；1997 年 7 月后任永州市监察局副局长。任市优化办主任。2001 年起任永州市政协副主席。政协湖南省第七届、第八届委员会委员，第九届、十、十一届委员会常务委员；政协永州市第一届委员会常务委员。

戴菊芳 女，汉族，双峰县人，1954 年 9 月出生，1971 年 11 月参加工作，农工党成员，湖南医学院卫生专业毕业，大学文化，主任医师。曾任零陵煤矿工人；1973 年 9 月在零陵师专中师五班读书；1974 年 8 月任零陵煤矿子弟学校教师；1978 年 1 月在湖南医学院卫生系学习；1982 年 12 月任零陵地区卫生防疫站医师；1984 年 5 月后任零陵地区卫生防疫站食品卫生科副主任、主任；1994 年 10 月任零陵地区卫生防疫站、永州市卫生防疫站副站长；2000 年 9 月任永州市卫生局副局长。2001 年 6 月任永州市二届政协副主席。2003 年 6 月任农工党永州市委员会主任委员。2007 年 2 月任永州市人民政府副市长。2011 年 9 月辞去湖南省永州市人民政府副市长职务，任永州市正厅级干部。第九届、十届全国人大代表，政协永州市第一届委员会常委。

杨雪生 男，汉族，衡阳县人，1944 年 12 月出生，1968 年 9 月参加工作，无党派，湖南师范学院中文系毕业，大学文化，中学高级教师。湖南师范学院毕业后曾任双牌县何仙观中学教师、零陵四中教师；1988 年 1 月任冷水滩市政协副主席、冷水滩四中教师；1991 年 11 月任冷水滩市政协副主席、冷水滩四中副校长；1993 年 1 月任县级永州市政府副市长；1996 年 3 月后任芝山区政府副区长。2001 年 10 月任市工商业联合会会长。2001 年 6 月任永州市二届政协副主席。政协湖南省第八届委员会委员，政协永州市第一届委员会委员。2007 年 4 月退休。三届市政协副主席。

张爱国 男，汉族，湘阴县人，1962 年 3 月出生，1984 年 12 月加入中国共产党，1983 年 7 月参加工作，湘潭大学中文专业毕业，大学文化，文学学士。大学毕业后曾任湘潭大学团委干事。1984 年 12 月任湘潭大学团委副书记。1988 年 7 月后任湘潭大学团委书记、学生工作部副部长。1989 年 7 月任湘潭大学党委宣传部副部长（主持工作）。1992 年 12 月任湘潭大学党委宣传部部长。1993 年 2 月挂职任桂阳县委副书记。1995 年 2 月任桂阳县委副书记。1997 年 2 月任安仁县委副书记、县政府县长。1999 年 12 月按省委要求跨市州交流任江永县委副书记、县政府县长。2000 年 10 月任中共江永县委书记。2005 年 12 月起任市政协党组成员、中共永州市委统战部部长。

蒋政平 男，汉族，湖南宁远县人，1954 年 1 月出生，1975 年 11 月参加工作，1974 年 12 月加入中国共产党，湘潭大学自考法律专业毕业，大学学历。曾任宁远县委农村工作队队员；1976 年 4 月任宁远县晓畦塘公社党委第一副书记；1978 年 3 月任零陵地委办公室综合科干事、政研室干事；1985 年 7 月任零陵地委政研室副科级研究员、正科级研究员；1987 年 11 月任零陵地区地方志办公室编辑科科长；1990 年 9 月任零陵地委政研室正科级研究员；1991 年 2 月任零陵地委政研室副处级研究员、副主任；1995 年 12 月蓝山县委副书记；1996 年 4 月任蓝山县委副书记、县人民政府代县长；1997 年 3 月任道县县委书记；2002 年 9 月任永州市委副秘书长（排第一）；2002 年 11 月任永州市人民政府党组成员、秘书长、政府办主任、党组书记；2005 年 10 月任永州市人民政府副巡视员、党组成员、秘书长，政府办主任、党组书记；2007 年 3 月后任永州市政协党组副书记、副主席。2011 年 9 月任永州市正厅级干部、市政协副主席。2012 年 1 月任永州市正厅级干部。中共永州市第二次、三次代表大会代表，中共永州市第二届委员会委员。永州市第二届人大代表。政协永州市第三届委员会委员。

刘宏来 男，汉族，湖南新田县人，1951年8月出生，1969年8月参加工作，1972年9月加入中国共产党，湖南师范学院政治教育专业毕业，大学学历。1969年8月至1971年8月担任新田县十字公社盘家村小学民办教师，1971年8月至1973年8月担任新田县十字公社黄家湾中学教师；1973年8月至1976年8月湖南师范学院政治教育专业毕业，毕业后任零陵地委党校教研室教师、办公室干事。1983年12月任零陵地委党校办公室副主任；1984年4月任县级永州市委组织部副部长；1985年3月任县级永州市委常委、组织部部长；1992年11月任县级永州市市委副书记；1996年3月任冷水滩区委副书记、区人民政府区长；2001年9月任永州市教育局局长、党组书记。2007年1月任永州市政协副主席。2008年10月任市政协副主席、党组副书记。2012年2月退休。中共永州市第三次代表大会代表。永州市第二届人大代表。政协永州市第三届委员会委员。

盘玉花 女，瑶族，道县人。1952年12月出生，1975年8月参加工作，1979年10月加入中国共产党，中央民族学院行政管理专业毕业，大专文化。零陵师范毕业后曾任道县岑江渡中学教师、校团委书记；1978年9月任道县一中女生指导员、教导员、校团委副书记；1984年1月任道县妇联主任；1991年2月任道县政协副主席、县委统战部部长；1992年11月任道县县委常委、宣传部部长（1996年5月至12月挂职任福建省厦门市经济发展委员会主任助理）；1997年12月后任任道县政协副主席。2001年6月后任永州市二届政协秘书长、党组成员。2002年3月后任永州市政协秘书长、党组成员、办公室主任。2007年1月任永州市三届政协副主席。中共永州市第二次、三次代表大会代表，政协永州市第一届、第三届委员会委员。2013年2月退休。

廖秋文 男，汉族，湖南东安县人，1956年10月出生，1977年8月参加工作，1980年12月加入中国共产党，国防科大法律专业毕业，大学学历。零陵师专毕业后曾在东安县林业局工作；1979年5月任东安县委组织部干事；1983年5月任东安县委办副科级干部；1984年2月任东安县委常委、团县委书记；1986年1月任东安县茶源乡副乡长；1987年3月任东安石期市区副区长；1988年12月任东安县井头圩区委副书记、区长；1990年2月任县级永州市政策研究室副主任；1991年8月任县级永州市委办副主任；1993年1月任县级永州市交通局局长、党委书记；1994年12月任零陵地区公路局副局长、党委委员；1997年10月任永州市公路局局长、党委书记；2000年6月任永州市交通局局长、党组副书记；2001年9月后任永州市交通局局长、党组书记；2007年1月任永州市政协副主席兼秘书长、办公室主任。中共永州市第三次代表大会代表，政协永州市第三届委员会委员。永州市首届劳动模范。2015 年 12 月被开除党籍，降为主任科员。2016 年 6 月提前退休。

余华生 男，瑶族，湖南江华瑶族自治县人，1952 年 2 月出生，1971 年 11 月参加工作，无党派，电大零陵分校教育行政管理专业毕业，大专学历。曾任江华瑶族自治县水口镇金源小学、水口镇小学代课教师；1979 年 7 月任江华瑶族自治县水口镇教育办会计；1983 年 2 月任江华瑶族自治县教委计财股基建专干、副股长；1988 年 3 月任江华瑶族自治县教委勤工俭学管理站站长；1991 年 1 月任江华瑶族自治县教委副主任；1991 年 9 月任江华瑶族自治县人民政府县长助理；1993 年 10 月至 1994 年 2 月挂职任浙江省绍兴县人民政府县长助理；1994 年 3 月任江华瑶族自治县人民政府副县长；1996 年 5 月至 1996 年 12 月挂职任福建省厦门市计划委员会主任助理；2001 年后任永州市人大民侨主任委员。2007 年 1 月任政协永州市第三届委员会副主席。2007 年 3 月后任政协永州市第三届委员会副主席、永州市工商联、总商会会长。2015 年 6 月退休。湖南省第九届、十届、十一届人大代表，省第九届、十届、十一届人大常委会委员。永州市第二届人大代表，政协永州市第一届委员会常委。

何明伶 （曾用名：何明玲），女，汉族，湖南道县人，1957 年 3 月出生，1974 年 6 月参加工作，1975 年 1 月加入中国共产党，湖南农学院农学专业毕业，大普学历。曾任道县清塘公社石枧大队团支书；1979 年 8 月湖南农学院毕业后任道县农业局技术员、助理农艺师；1984 年 1 月任道县县委常委、团委书记；1988 年 12 月任宁远县人民政府副县长；1991 年 1 月任零陵地区统计局副局长、党组成员；1993 年 12 月任零陵地区劳动局副局长、党组成员，永州市劳动局副局长、党组成员；2000 年 5 月挂职任浙江省杭州市劳动局局长助理；2001 年 8 月后任永州市劳动和社会保障局局长、党组书记；2007 年 1 月后任永州市三届、四届政协副主席，2015 年 12 月退休。

周秀英 女，汉族，湖南江华瑶族自治县人，1955 年 10 月出生，1974 年 4 月参加工作，1999 年 8 月加入中国民主促进会，湖南师范大学成人教育学院音乐教育专业毕业，大学学历，副教授。曾下放江华县大路铺邓家湾茶场劳动锻炼。1979 年 8 月湖南师范学院毕业后任零陵师范学校教师。1998 年 8 月任零陵师范学校教务科长。2002 年 11 月任零陵师范学校校长。2004 年 2 月任永州职业技术学院副院长；2004 年 4 月后任永州职业技术学院副院长、中国民主促进会永州市支部委员会主委。2007 年 1 月后任永州市政协副主席（兼）、永州职业技术学院副院长、民进永州支部主委。2009 年 11 月任永州市政协副主席（兼）、永州职业技术学院副院长、民进永州筹委会主委。2010 年 11 月后任永州政协副主席（兼）、永州职业技术学院副院长、民进永州市委主委。2012 年 1 月后任永州市政协副主席、民进永州市委主委。2016 年 4 月退休。湖南省第十届人大代表，永州市第一届、二届人大常委会委员。

张建亮 男瑶族，河北阜平人，1959 年 3 月出生，1984 年 12 月加入中国共产党，1975 年 10 月参加工作，中央党校函授学院经济管理专业毕业，大学学历，高级政工师。曾下放江永县桃川公社锻炼；1977 年 10 月后任零陵卷烟厂职工、二车间大班长、供销科供销员。1982 年 12 月后任江永县政府办干事；1985 年 7 月任江永县政府办秘书（副局级）；1985 年 9 月至 1987 年 7 月在湖南师大学习，毕业后任县级永州市二轻局副局长、党委委员，财委副主任、党委委员；1990 年 7 月任零陵地区美术印刷厂厂长、党总支书记；1993 年 7 月任冷水滩造纸厂厂长、党委副书记。1999 年 12 月任永州市经委主任、党组书记、市委工交工作部部长。2001 年 10 月任永州市经委主任、党组书记，其间挂职任上海闵行龙柏街道办事处副主任。2007 年 3 月任永州市发展和改革委员会主任、党组副书记。2010 年 1 月任永州市发展和改革委员会主任、党组书记。2012 年 1 月至 3 月任永州市政协副主席、永州市发展和改革委员会主任、党组书记。2012 年 3 月任永州市政协副主席。中共湖南省第六、七、十次代表大会代表，湖南省第十一届人大代表，中共永州市第一、二、三、四次代表大会代表，市二、三届委员会委员。政协永州市第一届常务委员会委员。

唐运军 男，汉族，湖南宁远县人，1957 年 4 月出生，1977 年 10 月参加工作，1975 年 12 月加入中国共产党，零陵地委党校政教专业毕业，大专学历。1975 年 10 月任宁远县委农村工作队队员；1977 年 10 月任宁远县麦地公社、禾亭区团委书记；1983 年 9 月至 1985 年 11 月在零陵地委党校大专班读书；1985 年 12 月任宁远县中心铺乡党委书记；1988 年 12 月任宁远县禾亭镇党委书记；1988 年 12 月任宁远县中和区党委书记；1992 年 1 月任蓝山县委常委、组织部部长；1992 年 10 月任蓝山县委常委、纪委书记；1994 年 1 月任蓝山县委常委、副县长（其间：1993 年 7 月至 12 月在省委党校第八期中青班学习）；1996 年 1 月任湖南省林业厅资源林政处副处长（挂职）；1997 年 1 月任蓝山县委副书记、县长；2001 年 1 月任市农委党组副书记、副主任，2001 年 9 月任市乡镇企业局党组书记、局长；2005 年 1 月任市国资委党委书记；2007年3月后任市国资委党一委书记、主任；2012年1月任永州市第四届政协副主席。湖南省第九次党代会代表，中共永州市第三、四次代表大会会代表，市三届委员会委员，政协永州市第三届常务委员会委员。

封金祥 男，汉族，湖南蓝山人，1960年2月出生，2001年11月加入中国国民党革命委员会，1982年8月参加工作，湖南农学院兽医专业、湘潭大学自考法律专业毕业，大学学历，农学学士，助理研究员、律师；湖南农学院毕业后曾任蓝山县科委科技情报专干、科技情报研究所助理研究员；1993年4月后任蓝山县科委委员（副局级）、科技开发公司经理，县司法局副局长；1999年8月任永州市科委副主任。2001年10月任永州市科技局副局长；2005年6月任永州市科技局副局长、民革永州市委筹委会主委（兼）；2007年1月任永州市人大常委会副秘书长、民革永州市委筹委会主委（兼）；2008年4月任永州市人大常委会副秘书长、民革永州市委主委（兼）；2008年12月任永州市人大常委会副秘书长、民革永州市委主委（兼）（正处级）。2009年8月起任永州市科技局局长、民革永州市委主委（兼）。2012年1月后任永州市政协副主席（兼）、民革永州市委主委（兼）。政协湖南省第九、十届委员会委员。政协永州市第一、二届委员会委员，市二届常务委员会委员。永州市第三届人大代表，市三届人大常务委员会委员。

吕斌 男，汉族，永州零陵人，1964年6月出生，无党派，1984年10月参加工作，湖南商学院函授会计专业毕业，大学学历，管理学学士，注册会计师。曾任县级永州市珠山镇财税所会计。1985年9月至1988年1月在零陵地区财税中专学习，毕业后任县级永州市财政局农财股干事。1992年8月后任县级永州市何仙观水库工程指挥部财务科副科长（副科级）、县级永州市会计事务所所长、芝山区会计事务所所长、芝山区监察局副局长；2002年12月任芝山区人民政府副区长、区监察局副局长；2003年5月任芝山区人民政府副区长；2005年9月任零陵区人民政府副区长，其间曾挂职任山东省济南市长清区副区长。2011年12月至今任零陵区人民政府副区长、永州市第四届工商主席、总商会会长。政协湖南省第九、第十届委员会委员，政协永州市第二、三届委员会委员，市三届常务委员会委员。

田洁 女，汉族，湖南道县人，1959年1月出生，2005年4月加入中国农工民主党，1980年3月参加工作，中南大学湘雅医学院护理专业毕业，大学学历，医学学士，主任护师。零陵卫校毕业后曾任零陵地区人民医院护师、传染科护士长，永州市人民医院主管护师、门诊系科护士长；1998年7月任永州市人民医院护理部副主任、副科级干部；2003年12月任永州市人民医院副院长；2007年8月任永州市人民医院副院长、市科协副主席（兼）；2009年10月任永州市人民医院副院长，市科协副主席（兼），农工党永州市委副主委（兼）；2011年3月任永州市人大教科文卫副主任委员，市科协副主席（兼），农工党永州市委副主委（兼）；2011年12月至今任永州市人大教科文卫委副主任委员，市科协副主席（兼），农工党永州市委（兼）；2012年1月任永州市政协副主席（兼）、市卫局副局长、市妇幼保健院院长、农工党永州市委主委（兼）。永州市第三届人大代表，政协永州市第三届常务委员会委员。

魏湘江 男，汉族，湖南衡阳人，1961年12月出生，1986年12月加入中国共产党，1981年7月参加工作，湖南科技学院函授法律专业毕业，大专学历。1979年7月至1981年7月在零陵师范学校学习；1981年7月至1982年7月任零陵地区零陵县七里店乡中心小学教师；1982年7月至1984年12月任冷水滩耐火材料厂子弟学校教师；1984年12月至1988年3月任冷水滩耐火材料厂团委副书记；1988年3月至1989年1月任冷水滩耐火材料厂宣教科科长；1989年1月至1991年9月任冷水滩耐火材料厂办公室主任、科研所所长；1991年9月至1993年4月任冷水滩耐火材料厂副厂长；1993年4月至1995年12月任道县人民政府副县长；1995年12月至1996年4月任零陵地区木材总厂厂长、党委书记；1996年4月至1999年12月任永州市木材总厂厂长、党委书记；1999年12月至2004年12月任永州市经委副主任、党组副书记；2004年12月至2007年3月任永州市国资委主任、党委副书记；2007年3月至2007年11月任冷水滩区委副书记、代区长；2007年11月至2008年11月任冷水滩区委副书记、区长；2008年11月至2014年1月任蓝山县委书记；2014年1月至2016年1月任祁阳县委书记。2016年1月至7月任永州市政协副主席、祁阳县委书记，2016年7月任永州市政协副主席。

（三）市政协秘书长

李少雄 男，1940年1月15日出生，永州零陵区人，1958年6月在省属国营回龙迁农场参加工作。历任江永县县委办干部、零陵地区“五七”干校干部、零陵地委宣传部干部、副科长。1961年5月加入中国共产党。1984年3月任零陵地区电影公司党支部书记；1985年4月任地委统战部副处级政协联络员；1986年5月任零陵地区政协联络处副处长；1988年2月任零陵地区工商局副局长、党组副书记；1991年7月任零陵地区政协联工委业务处处长；1993年7月任零陵地区政协联工委办公室主任。1996年3月当选为中共永州市第一次代表大会代表；1996年9

月当选为永州市文学艺术界联合会第一次代表大会代表；1996 年 4 月至 2000 年 3 月任政协永州市第一届委员会党组成员、秘书长。2000 年 4 月退休。

王焕鹏 男，汉族，冷水滩人，1953 年 10 月出生，1982 年 7 月参加工作，1981 年 11 月加入中国共产党，湖南农学院植保专业毕业，大学文化，农学学士。曾任双牌县五里牌公社干部、组织委员；1985 年 4 月任双牌县组织部干事；1986 年 2 月任双牌县委组织部副科级组织员；1988 年 11 月任双牌县委组织部副部长；1990 年 6 月任双牌县委组织部副部长兼编委办主任；1992 年 2 月任双牌县委常委、组织部部长；1996 年 4 月任永州市政协学习宣传文史委主任；1997 年 3 月任永州市政协办公室主任；1999 年 9 月任永州市政协副秘书长、办公室主任；2000 年 3 月任永州市政协秘书长、办公室主任。2001 年 6 月后任市编办主任。中共永州市第一次、第二次代表大会代表；政协永州市第一届委员会常委。

盘玉花 （2001. 6—2007. 1，简历见第 223 页。）

廖秋文 （2007. 1—2009. 1，副主席兼秘书长，简历见第 223 页。）

宋可福 男，汉族，湖南新田县人，1962 年 9 月出生，1982 年 8 月参加工作，1984 年 5 月加入中国共产党，湖南省委党校法学理论专业毕业，研究生学历。零陵地区农校毕业后曾任新田县石羊乡团委书记、党委秘书；1985 年 2 月任新田团县委干部；1985 年 4 月任新田团县委组织宣传部副部长；1985 年 6 月任新田团县委副书记；1986 年 1 月任新田县金陵乡党委书记；1989 年 1 月任新田县新圩镇党委书记；1990 年 5 月任新田县监察局局长；1993 年 9 月任新田县人民政府县长助理；1994 年 12 月任新田县人民政府县长助理（副处级）；1997 年 10 月任新田县委常委、政法委书记；2002 年 2 月任新田县委常委、副县长；2007 年 6 月任新田县委副书记；2008 年 10 月任永州市政协党组成员；2008 年 12 月后任永州市政协党组成员、办公室主任。2009 年 1 月至 2017 年 1 月任永州市政协秘书长。政协永州市第三届委员会委员。

二、人物名录

市政协委员名录（按界别以姓氏笔画为序）

第一届委员会委员名单（共275名，分界别以姓氏笔画为序）

中国共产党永州市委员会（共14名）

邓香花（女）	吕南生	李少雄	沈泗海	沈根元（女）
张中盛	张泽槐	欧学佳	赵九昌（瑶族）	徐大福
唐海波	蒋成荣	蒋善生	谢至桢	

中国民主同盟永州市委员会筹委会（共7名）

万　健	李桂萍（女）	郑建民	赵文复	钱荣棠
唐明辉	唐敷伟			

无党派人士（共22名）

尹翊文	吕家珑	杨勇虎	杨雪生	李智媛（女）
吴耀学	何景阳	汪云星	欧巨烽（女）	金迎春
周　磊	周德学（瑶族）	赵纯军	封金祥	唐元桢
唐和平	唐德田	龚夏宝	梁杰华	彭爱华
韩顺华	熊汉生			

永州市总工会筹委会（共11名）

王文初	邓丽华（女）	龙中元	杨工农	杨用秀（女）
张连庆	莫建江（女、壮族）	郭艳云（女）	唐玉秀（女，瑶族）	雷显能
廖信安				

永州市共青团筹委会（共8名）

刘四清	刘芝英（女）	肖　莉（女）	肖霏霏（女）	唐向平
唐晓明	黄　颂（女）	廖为华（女）		

永州市妇联筹委会（共9名）

王跃明（女）	陈秀云（女）	赵文楠（女，瑶族）	段锦平（女）	黄丽晃（女）
黄莲英（女）	盘爱玲（女，瑶族）	彭新蓝（女）	谢菊芬（女）	

经济界（共28名）

王维平	文水平	史立忠	兰海华	吕富和
刘忠祥	刘春洪	阮上文	杨桂平	吴建文
何应元	张建亮（瑶族）	陈昌波	陈敬佐（瑶族）	易　军
罗绍昌	周进隆	周明宇	赵　颖	胡惠纯
秦群志	黄平信	黄远境	黄青柳	黄浩友
盛方田	蒋政强	廖大富		

永州市科协（共7名）

吕玉朝	江华月（女）	孙文辉	李运雪	李诚华
陈应宇	段柏树			

永州市工商联筹委会（共16名）

王迎国	李正艳（瑶族）	余楚家	何德保	邹伯伦
罗孝申	罗克孝	周建林	赵清茂	柏振范
徐　福	唐建文	黄胜顺	蒋庆法	曾佑桥
雷衍薛				

文学艺术界（共6名）

王孟义	李京玉（女）	李长廷	郑　霞	唐继炳
谢心音				

科学技术界（共14名）

邓其平	邓茂斌	朱复圣	刘爱玉（女）	李笃学
肖金桃（女）	陈福寿	唐政国	唐敬德	常志勇
喻美莲（女）	曾晓阳（女）	谢　铨	廖振树	

社会科学界（共4名）

邓宝林	朱光钧	刘少兵	罗峰林	

农林界（共16名）

王莉君（女） 王瑶东（满族） 邓经见 乐乔生 刘敦云
汤科海 李俊峰 何鼎兴 陈华葵 邱江勇
林仕发 欧学勤 赵建伟 钟伦玉 桂碧林
陶一彬（女）

教育界（共16名）

于建春（女） 王昭武 刘作忠（瑶族） 严中斌 李光荣
李谋韬 李德昭 何三明 陈 岩 赵元英（女，瑶族）
钱华堂 曹和仁 黄春芳 曾安源 蒋晓丽（女）
翟锦鉴

新闻出版界（共4名）

何维庭 秦平生 唐烈定 黄名洁

体育界（共3名）

余季平（瑶族） 莫慧玉（女，瑶族） 雷福元

医药卫生界（共11名）

王建琼 邓 霖 刘巧利（女） 刘汉云 李志业
李衡山 秦秀山 夏汉通 唐利君（女） 唐小平
蔡纪元

少数民族界（共16名）

韦代忠（壮族） 韦代瑛（壮族） 贝贤龙（壮族） 冯军安（瑶族） 冯军胜（瑶族）
李枝翰（瑶族） 吴军萍（女，瑶族） 吴绍芝（女、苗族） 余华生（瑶族） 宋荣见（瑶族）
赵格英（女，瑶族） 盘大喜（瑶族） 盘金胜（瑶族） 盘继通（瑶族） 盘湘津（瑶族）
蒋彩娟（女，瑶族）

永州市侨联筹委会（共4名）

李体坚 李燕屏（女） 范才元 黄胜利（女）

宗教界（共3名）

何建华 翁寿春 释琳净（女）

社会福利界（共4名）

龙其德	宋学纯	雷纯仁	戴菊芳（女）	

特邀界（共53名）

王先兴	王明典	王建民	左幼林	卢永嘉
冯季贤	伍卫平	刘正贤	刘槐清	杨　瑛（女）
杨日运	杨昌辉	杨建平	李　成	李大文
李天智	李永祥	何礼春	汪庆吉	宋广芬（女）
张子瑜	陈先斌	陈晓荣（女）	陈盛华	唐福元
欧桐生	罗水生	周图璋	屈仁成	贺维强
骆贤勖	秦明镜	夏之镜	夏运良	唐上全（瑶族）
唐开松	唐心云	唐冬元	唐如姣	唐昌德
唐培林	曹云红	黄太民	崔宏琪（女）	蒋仁佩
蒋国武	曾国锋	雷丰玉	廖叶秀（女）	廖景东
熊家红	管兴友	翟武儒		

第二届委员会委员名单（共371名，按界别以姓氏笔画为序）

中国共产党永州市委员会（18名）

王焕鹏	邓香花（女）	刘恒魁	杨美兆	何代林
沈根元（女）	陈晓荣（女）	欧学佳	周忠信	赵九昌（瑶族）
钟开球	秦明镜	徐肇玲	唐立文（女）	黄天佑
蒋成荣	蒋桃生	谢五龙		

中国民主同盟永州市委员会（10名）

邓小星	邓国文	朱衡宁	杨云萍（女）	杨金砖
李桂萍	何首锋	赵文复	黄丽晃	彭松青

无党派民主人士（28名）

义玉田（瑶族）	王莉君（女）	毛振民	付冬林	兰海华
吕　斌	刘　群	刘亚屏	杨雪生	李爱华
李喜云	汪云星	张新菊（女）	张淑芳（女）	陈　一

陈　鑫	欧巨烽（女）	赵　颖	祝珍明	高和平
唐九旺	唐本夫	曹小华（女）	崔宏琪（女）	蒋陆阳
彭海峡（女，土家族）	韩顺华	雷治洲		

永州市总工会（13 名）

邓晓玲（女）	杨工农	杨用秀	吴致仁	宋晓春
张连庆	陈新文	罗艳萍（女）	屈艳丽（女）	彭成友
蒋　文	曾祥贝	廖信安		

中国共产主义青年团永州市委员会（11 名）

刘　艳	杨江平（瑶族）	李艳辉	吴小芳（女）	武井泉
柏于卉	莫春恩	唐湘旗	曹清明	蒋良铁
雷湘萍（女）				

永州市妇女联合会（12 名）

王跃明（女）	王淑姣（女）	刘春梅（女）	吴汝凤（女）	余友良（女）
何华君（女）	陈黎梅（女）	陈德翠（女）	罗　梅（女）	周金荣（女）
胡跃平（女）	黄金翠（女）			

永州市工商业联合会（20 名）

邓余平	刘先克	阳国秀（女）	李中富	余楚家
邹伯伦	陈　强	陈军江	欧阳君萍（女）	易　军
罗孝申	周　斌	唐经权	唐建文	黄青柳
彭爱华	蒋庆法	蒋国富	雷衍薛	谭群英（女）

永州市科学技术协会（9 名）

万　健	乐乔生	张树明	周秋云（女）	庾用宇
莫志军	夏汉通	蒋友源	魏秋云（女）	

永州市归国华侨协会（6 名）

王少安	郑德清	桂　湘	高映萱	黄　冰
黄胜利				

文化艺术界（9名）

王孟义	王青伟	田武登	吕娟娟（女）	任　霞（女）
杨承军	李京玉（女）	唐继炳	谢心音	

科学技术界（19名）

于　翔	邓茂斌	刘轩华	刘忠发	刘爱玉（女）
刘满元	李　群	李亚峰	李谋智	张培发
欧阳昌云（瑶族）	封金祥	徐兴国	彭永光	蒋旭红
蒋陵华	曾晓阳	廖振树	檀俊贤（畲族）	

经济界（30名）

王　侃	王定中	史立忠	吕富和	许永忠
何泽熙	张子瑜	张玉芝（女）	张进德	张治荣
张高太	陈世丰	陈金荣	邵文芬（女）	欧日旭
欧阳美涛（瑶族）	郑亚飞	袁火林	钱国平	徐　福
广　其	黄石保	曹政军	蒋宁南	蒋政强
廖大富	廖加战	黎小青（女）	戴　青	魏湘江

社会科学界（5名）

邓宝林	庄建斌	陈盛华	罗峰林	谭而昌

农业界（20名）

王小青	王国华	尹　颖（女）	龙建忠	伍崇雄
刘乾春	李俊峰	何世胜	何鼎兴	张新国
林仕发	范芰黉	赵民军（瑶族）	桂金玉（女）	唐月程
唐刚民	彭佩华	蒋德祥	甄仕荣	颜清平

教育界（20名）

于建春（女）	王昭武	尤　慎	贝贤龙（壮族）	毛群联（女）
邓玉苏（女）	龙启群	冯桂莲（女，瑶族）	刘子秀（女）	李　菲（女）
李谋韬	李智媛（女）	张　敏	陈　岩	欧革桂
周来顺	贺翠莲（女）	唐三清	唐建春	曾安源

体育界（5名）

孙红艳（女） 余季平（瑶族） 陈 逵 莫慧玉（女，瑶族） 蒋崇胜

新闻出版界（8名）

王青山 李逢庆（女） 张建军 杨班生 唐烈定
黄名洁 黄益群（女） 彭楚兵

医药卫生界（14名）

王光娥（女） 文德顺 刘汉云 刘迎春（女） 邹小春
陈小华 陈征宇 陈铸亮 欧阳德群 唐利君
蒋建民 谭小平 黎秀珍（女，瑶族） 戴菊芳（女）

社会福利界（6名）

王云云（女） 田娅玲（女） 张秋琳（女） 罗珍塘 唐春娥（女）
盘德力（瑶族）

少数民族界（19名）

冯东旺(瑶族) 许祖琴(女,瑶族) 李志刚(瑶族) 李俊江(瑶族) 吴军萍(女,瑶族)
宋海涛(瑶族) 赵 彬(瑶族) 赵文楠(瑶族) 袁 凤(女,瑶族) 莫 文(壮族)
盘和英(女,瑶族) 盘贵元(瑶族) 盘爱玲(女,瑶族) 盘湘津(瑶族) 盘德能(瑶族)
程 勇(瑶族) 雷留涛(瑶族) 黎志凌(瑶族)

宗教界（4名）

刘志刚 何建华 周 钧 释慈宽（女）

特别邀请人士（85名）

王少平 王芳玉（女） 王建民 王明典 王思栋
王培刚 王跃林 王满秋 文 德 文水平
方璋兰（女） 邓 磊 邓子云 尹玉林 吕小田
向运发（土家族） 全祖辉 刘山荣 刘六伦 刘正贤
刘维刚 刘韶军 李 敏 李云华 李永祥
李进清（瑶族） 李洁心（女） 李家洪 李章发（瑶族） 严俊寿
肖以连 肖济民 吴凤仙（女） 吴国政 何水平

何团华	何先旺	何春明	何谋云	沈生国
张水旺	张羽飞	陆汉平	陈　军	陈　勋
陈凤英（女）	陈宇永	陈培忠	陈雄一	陈景富
郁广林	欧志发	欧阳国胜	欧阳树生	欧桐生
易洪化	罗昌福	罗锡周	周善生	周辉祥
周福臣	周新华	郑日生	屈松林	郭　銮（女）
钟上元	钟敦北（女，瑶族）	贺礼志	唐　鑫（瑶族）	唐发运
唐庆生	唐社成	唐喜迎	涂乙林	龚少清
盘玉花（女，瑶族）	蒋业产	蒋东智	蒋克明	蒋建璋
曾亚辉	雷统夏	廖　毅	谭珊娥（女）	熊纯峰

第三届委员会委员名单（共389名，分界别以姓氏笔画为序）

中国共产党永州市委员会（20名）

文干英（女）	向望东	刘宏来	刘湘军	肖　斌
肖余胜	何明伶（女）	陈金荣（女）	欧阳树生	罗良冬
周长光	周明礼	黄天佑	盘玉花（女，瑶族）	蒋三立
蒋业产	蒋政平	蒋桃生	廖秋文	廖焕新

中国民主同盟永州市委员会（10名）

邓小星	成少华	杨振华	姚如男（女）	高献英（女）
黄丽晃（女）	彭松青	蒋剑青	廖海文	熊华清（女）

中国农工民主党永州市委员会（7名）

田　洁（女）	李智媛（女）	邹清晖（女）	陈小红（女）	金　辉
周建晶	蒋　遥			

无党派人士（22名）

毛振民	吕　斌	刘亚屏	刘金华（女）	李瑞霞（女）
邱响明	汪云星	欧巨烽（女）	罗　梅（女）	罗爱民
桂　惠（女）	徐海英（女）	高和平	唐干亚	黄石保
曹小华（女）	崔宏琪（女）	韩顺华	彭　瀚	蒋宁南
蒋陆阳	潘衡湘（女）			

永州市总工会（11名）

文德顺	李黎明	严 鹏（女）	吴丹凤（女）	张立君（女）
林运华	易义斌	屈春友	赵甫旺	唐相龙
廖信安				

中国共产主义青年团永州市委员会（10名）

付 勇	肖英俊（女）	何丽萍（女）	欧嶷琼（女）	郑丽萍（女，瑶族）
唐启君	唐湘旗	盘瑶丽（女，瑶族）	蒋碧玉（女）	谭能为（女）

永州市妇女联合会（14名）

王美玲（女）	王桂芳（女）	王跃明（女）	王淑姣（女）	邓小英（女）
伍彩金（女）	花向群（女）	李翠玲（女）	吴汝凤（女）	陈海英（女）
周向梅（女）	唐纯玉（女，瑶族）	曾金华（女）	戴丽霞（女）	

永州市工商业联合会（22名）

王 伟	王天明	文 德	邓余平	吕定先
伍志军	刘轩华	刘锡平	李文东	李咏梅（女）
李喜云	余华生（瑶族）	陈天阳	欧日旭	郑燕琼
姚芳明	陶思荣	黄爱蓉（女）	蒋国富	雷衍薛
谭群英（女）	潘富军（瑶族）			

永州市科学技术协会（10名）

王庆勤	王芳玉（女）	艾灵仙	刘爱玉（女）	杨金砖
吴启旺	唐 翔	唐小新	蒋华山	蒋有源

永州市归侨侨眷联合会（7名）

孙耀梅（女、满族）	李武卫	岑善诚（瑶族）	欧阳永衡（女）	郑德清
桂 湘	雷丰穗			

文化艺术界（6名）

吕娟娟（女）	李亚峰	李雪梅（女）	欧阳慧（女）	唐继炳
黄金翠（女）				

科学技术界（17名）

王　翔	王宁军	王先凤	邓菊发	刘六伦
杨　力	何　剑	何青芳（女）	何春明	张满生
陈　军	陈　鑫	陈新娥（女）	段奇峰	蒋刚生
廖　毅	翟兴安			

社会科学界（7名）

王再兴	王孟义	毛群联（女）	刘　刚	陈盛华
罗峰林	赵荣学（瑶族）			

经济界（30名）

方璋兰（女）	卢作云	刘金录	杜孝周	李　恺
李秋元	肖　琳	肖显发	邹小林	陈　强
陈国凤	林目见	欧道明	郑会琴	段志锋
袁火林	聂纯荣	徐　波	唐柏生	唐铭蔚（女）
黄成和	彭爱华	蒋　磊	蒋运文	蒋跃民
蒋跃鹰	谢平清	熊家丽（女）	魏　政	魏湘江

农业界（25名）

龙遗俊	刘转庆	李长文	李宋元	李国富
李勖川	肖济民	吴起军	何辉贤	张淑芳（女）
张新国	范桑洪	欧阳昌云（瑶族）	周德展	胡昕若
胡晓猛	赵民军（瑶族）	秦新国	唐月程	唐刚民
唐尚军	唐树成	唐跃旺	彭佩华	魏秋云（女）

教育界（25名）

于建春（女）	王鸿杰	文红艳（女）	文俊学	邓国文
龙石佑	朱剑芳（女）	刘子秀（女）	阳　晓（女）	何忠明（瑶族）
张　敏（女）	周秀英（女）	周远清	胡继云	祝　敏
姚乃清（女）	秦　伟	桂金玉（女）	莫顺斌（瑶族）	唐　巍
唐淑芳（女）	黄邵兰（女）	曹启龙	蒋美娟（女，瑶族）	潘利锋

体育界（5名）

吕　波　刘　斌　李吉成　余季平（瑶族）　唐新秋

新闻出版界（6名）

杨进发　杨景华　张月惠（女）　周承益　柏曼红（女）
彭楚兵

医药卫生界（16名）

王光娥（女）　尹之军　刘迎春（女）　朱阿宾（女）　李向斌
何忠英（女，瑶族）　何德良　邹小春　陈强华　欧阳德群
胡云香（女）　赵善彬（瑶族）　唐青柏　彭兰英（女，土家族）　蒋建民
廖土才

社会福利与社会保障界（7名）

文于兰（女）　邓化铁　孔新平　李　玲（女）　李经济
张秋琳（女）　罗建南

少数民族界（20名）

于　熙(瑶族)　凡建林(瑶族)　韦素青(女,瑶族)　冯东旺(瑶族)　李永甜(女,瑶族)
沈咏梅(女,瑶族)　宋海涛(瑶族)　陈茂文(瑶族)　欧阳萍(女,瑶族)　屈晓玲(女,瑶族)
赵吉永(瑶族)　赵益民(瑶族)　袁　凤(女,瑶族)　莫　文(壮族)　盘心洪(瑶族)
盘爱玲(女,瑶族)　盘湘津(瑶族)　程　勇(瑶族)　黎秀珍(女,瑶族)　黎锦秀(女,瑶族)

宗教界（5名）

刘志刚　延　藏　陈　逵　周　钧　周美华（女）

特别邀请人士（87名）

万　萍（女）　王建民　王转平（瑶族）　王晨辉　邓年生
邓晓明　邓道恒　龙飞凤（女，瑶族）　成卫平　吕小田
向运发（土家族）　刘石清　刘国富　刘韶军　汤晓林
杨仕吉　杨光勇　杨秋林　李　瑛（女）　李长于
李向阳　李华清　李苏昭　李洁心（女）　李显昌（瑶族）
李家宏　李谋韬　李惠强　肖旭亮　吴金燕（女）

何水平	何书彪	何世胜	何先旺	何谋云
沈生国	张　容	张开寿	张田珍（女）	张继云
陈　岩	陈　勋	陈开明	陈宇永	陈晓荣（女）
范昌平	欧阳维西	易和新	周林生	周玲国
周晓明	周新华	奉起富	胡宗器	胡跃平（女）
胡新军（女）	封立辉	段绵贵（瑶族）	郭远军	郭蓓蕾（女）
钟上元	骆方方（女）	秦山成	卿镇文	唐玉龙
唐华山	唐社成	唐玲萍（女）	涂乙林	黄昊杰
黄楚政	曹桂秀（女）	龚少清	蒋小金（女）	蒋瑶立
蒋南林	蒋建勋	蒋燕飞（女）	蒋朝森	程万衡
焦成军	曾亚辉	葵竹英（女）	蒙长清（瑶族）	廖大富
谭平玉				

第四届委员会委员名单（共395名，按界别以姓氏笔画为序）

中国共产党永州市委员会（20名）

孙小成	何东华	何明玲（女）	宋可福	张建亮（瑶）
李忠富	肖东民	陈金荣（女）	郑亚平	唐　定
唐运军	唐国玉	唐建春	唐德荣	梁　军（女）
黄　冰	龚碧舟	蒋三立	蒋南林	廖秋文

中国国民党革命委员会永州市委员会（8名）

文　渊（女）	伍重武	阳　晓（女）	陈　军	封金祥
康厚民	蒋　宇	魏秋云（女）		

中国民主同盟永州市委员会（9名）

邓国文	朱衡宁	张　伟	张胜英（女）	李京玉（女）
陈雅琴（女）	周显玉	黄建陵	蒋　怡（女）	

中国民主促进会永州市委员会（6名）

万　萍（女）	李紫玉（女）	陈　彦	周秀英（女）	胡建辉
莫顺斌（瑶）				

中国农工民主党永州市委员会（9名）

付小凤（女）	田　洁（女）	邹清晖（女）	周云玲（女）	胡　丹
胡安宏	唐　彧	熊忠东	戴新雄（女）	

无党派人士（23名）

丁立新	王光娥（女）	王典智	邓文红（女）	付康成
刘飞鹰（女）	张金刚	李爱华	李瑞霞（女）	杨荣军
周远清	罗基文	赵　劲（女）	徐海英（女）	秦新国
高和平	蒋苏英（女，瑶）	蒋瑶立	韩顺华	潘洪州
潘衡湘（女）	颜英俊（女）	魏绍晖		

中国共产主义青年团永州市委员会（11名）

马　玲（女）	王　莹（女）	王振宇	左雅婷（女）	刘　佳（女）
周　芳（女，瑶）	周林舟	欧阳茜（女，瑶）	盘丽珍（女，瑶）	盘瑶丽（女，瑶）
曾文玉（女）				

永州市总工会（12名）

文德顺	邓小星	伍少平	刘旭红（女）	张四玲（女）
林运华	罗林英（女）	段奇峰	唐柏生	徐彦杰
郭四宏	潘灿荣			

永州市妇女联合会（14名）

文于兰（女）	刘　平（女）	朱江玉（女，瑶）	杨丽君（女）	陈端华（女）
屈晓玲（女，瑶）	罗晓秀（女）	骆方方（女）	唐　羽（女）	唐青青（女）
陶晓琳（女）	黄丽燕（女）	曾金华（女）	樊智乐（女）	

永州市工商业联合会（22名）

丁国志	刘轩华	吕　斌	吕定先	何日繁
李文东	李咏梅（女）	李新云	杨祖政	杨情华
肖永国	邹全胜	陆才子	欧阳树生	胡忠林
郭远军	陶思荣	黄石保	彭先军	蒋宁南
蒋国政	蒋剑青			

永州市科学技术协会（11 名）

邓宏胜	伍夏生	何辉贤	张小惠	肖建新
陈　明	陈俊广	屈宇华	高守凯	蒋国富
熊幼松				

永州市归国华侨联合会（9 名）

邓承荣	孙锦宇	朱阿宾（女）	岑善诚（瑶）	李家宏
陈　凯	欧阳永衡（女）	罗海强	蒋阳秋	

文化艺术界（7 名）

王明兴	吕晓勇	何仙凤（女）	李雪梅（女）	唐如元
徐华山	蒋美娟（女，瑶）			

科学技术界（19 名）

王　勇	王海元	汉　征	冯建国	刘　雄
朱文辉	何　鸣（朝鲜）	张树明	张维泰	李海波
杨文斌	汪海安	沈凡超	陈　鑫	周　艳（女）
胡昕若	钟建红	庾用宇	蒋金梁	

社会科学界（7 名）

邓白梅（女）	伍春波	李华丽（女）	陈肆清	唐柏荣
桑亚平	蒋刚生			

经济界（32 名）

王宁军	王逸舟	厉佐贤	刘正日	刘亚屏
朱凌冰	何荣伟	宋海涛（瑶）	李建军	李燕军
罗有生	肖显发	周建宏（瑶）	林目见	金常锐
唐先强	唐美凤（女）	唐晓敏（女）	郭科技	曹如通
黄　飞	彭爱华	曾巧玲（女）	程灿烂	蒋　磊
蒋跃民	蒋跃军	谢江南	廖海文	谭显光
潘美才	魏　政			

农业界（23 名）

邓小毛	邓世福	刘　勇	刘亮凯	吕绍双
何小华	张小青	李　斌	李利武（瑶）	李英明
汪爱民	周晓芬（女）	段贵建	赵民军（瑶）	首才雄（瑶）
唐建华	唐拥军	席静冰（女）	桂新友	贾玉权
黄　伟	彭才志	彭善新		

教育界（22 名）

王美田（女）	龙石佑	伍　妍（女）	成少华	朱爱华
刘　斌	何忠明（瑶）	李劲涛	李玲玲（女）	李谋韬
文红艳（女）	欧阳慧（女）	罗桂玲（女，瑶）	郑银芳（女）	姚乃清（女）
唐青生	秦　伟	黄宏志（女）	蒋　雯（女）	熊金星（女）
翟惠根	翟新安			

体育界（5 名）

孙耀梅（女，满）	余季平（瑶）	肖　莉（女）	陈劲松	唐文正

新闻出版界（6 名）

邓小英（女）	曲　燕（女）	杨丁香（女，瑶）	陆湘喜	夏　炜（女，瑶）
廖福葆				

医药卫生界（14 名）

王幼萍（女，瑶）	乐爱翠（女）	刘迎春（女）	刘金华（女）	朱娟艳（女）
李向斌	陈强华	欧阳德群	胡六香（女）	赵　颖
唐年娥（女，瑶）	曾秋云（女）	蒋建明	蒲兰英（女，瑶）	

社会福利与社会保障界（10 名）

刘更新	何晓红	余文芳	李少君（女）	李国富
易义斌	唐红专（女）	眭文平	廖文常	熊华清（女）

少数民族界（18 名）

义盛章（瑶）	甘群芳（女，瑶）	朱渝娟（女，瑶）	何　辉（瑶）	张胜广（瑶）
张莲秀（女，瑶）	李润志（瑶）	杨中淑（女，瑶）	杨美凤（女，瑶）	邱艳华（女，瑶）

陈爱昌（瑶）	郑丽萍（女，瑶）	莫　文（壮）	袁　凤（女，瑶）	盘湘津（瑶）
蒋光明（瑶）	蒋季红（女，瑶）	蔡曜晔（瑶）		

宗教界（6名）

刘志刚	延　藏	朱腊梅（女）	陈　逵	赵宁科
释志明（女）				

特别邀请人士（72名）

毛海华	邓年生	邓晓明	乐运亮	卢基平
龙飞凤（女，瑶）	刘　骥	刘志均	刘庚旺	吕文桂
朱云飞	朱志祥	何世平	何红保	吴吓水
吴金燕（女）	张　容	张　敏（女）	张守国	张跃斌
李　星（女）	李长于	李春燕（女）	李显昌	李家登
杨绪耀	肖　波	肖幸福	邱兴华	邹小林
陈　莉（女）	陈团初	陈继红	周华民	周红平（女，瑶）
周启亮	周芳金	欧亚雄	欧阳国川	欧阳维西
罗顺山	胡永林	郑　勇	郑柏英（女）	郑路遥
郑增啟	姚如男（女）	胡跃平（女）	胡新军（女）	唐　纯（女）
唐卫国	唐建明	唐陶国	唐锦涛	徐华慧（女）
殷春花（女）	翁天宝	庾庐山	盘炳顺	黄玉芳（女）
彭勇军	曾煜峰	焦祖文	程万衡	程国顺
葵竹英（女）	蒋兴华	蒋蒲英（女）	蒋燕飞（女）	廖焕新
谭珊娥（女）	潘旭平			

附 录

文献辑录

一、中共永州市委、市人民政府文件

1996—2016 年，中共永州市委、市人民政府下发有关政协文件共十二篇。

附件一

中共永州市委关于印发《政协永州市委员会关于政治协商、民主监督、参政议政的规定》的通知

各县区委，市委各部办委，市直机关各单位、个人民团体党组（党委）：

市委同意市政协党组提出的《政协永州市委员会关于政治协商、民主监督、参政议政的规定》。这个规定体现了《中共中央关于坚持和完善中国共产党领导的多党合作和政治协商制度的意见》的精神，符合我市实际情况，有利于促进政治协商、民主监督、参政议政的规范化、制度化、经常化，有利于加强社会主义民主政治建设。这个规定已经政协永州市一届六次常委会议通过颁布，请你们结合本县区、本部门的实际，和政协的同志一道，共同贯彻落实。

中共永州市委

1997 年 6 月 18 日

政协永州市委员会关于
政治协商、民主监督、参政议政的规定

（1997 年 4 月 29 日政协永州市一届委员会常务委员会第六次会议通过）

中国共产党领导的多党合作和政治协商制度，是中华人民共和国的一项基本的政治制度，体现了我国政治体制的特点和优势。它是在长期的革命和建设中形成的，并将长期存在和发展。人民政协是我国爱国统一战线组织，是中国共产党领导的多党合作和政治协商的重要机构，是各党派、个人民团体、各界代表人物团结合作、参政议政的重要场所。为了加强社会主义民主政治建设，逐步实现政治协商、民主监督、参政议政的规范化、制度化，充分发挥人民政协在我市政治生活、经济建设以及其他社会主义事业中的作用，根据《中华人民共和国宪法》《中国人民政治协商会议章程》的有关规定和《中共中央关于坚持和完善中国共产党领导的多党合作和政治协商制度的意见》的要求，参照《政协全国委员会关于政治协商、民主监督、参政议政的规定》以及中国湖南省委和省政协关于协商监督、参政议政的规定，结合我市实际情况，特制定本规定。

第一条 人民政协的主要职能是政治协商和民主监督，组织参加本会的各党派、团体和各族各界人士参政议政。

第二条 坚持中国共产党的领导，坚持四项基本原则，这是中国共产党同各民主党派合作的政治基础，也是人民政协搞好协商监督、参政议政的根本保证。市政协要在中共永州市委的领导和市人民政府的支持下，坚持党的基本路线，贯彻“长期共存、互相监督、肝胆相照、荣辱与共”的方针，充分发扬民主，有计划地开展协商监督、参政议政活动。

第三条 政治协商、民主监督、参政议政的目的是：发扬社会主义民主，反映人民群众和社会各方面的意见和要求，促进我市重大问题决策科学化和民主化；监督党政机关贯彻执行国家宪法、法律和地方性法规和政策，协助并推动党政机关改进工作，克服官僚主义，反对腐败现象，加强廉政建设；推动社会主义物质文明、精神文明和民主法制的建设，促进社会主义市场经济和社会生产力的发展：加强共产党领导的各党派的团结合作，协调社会各方面的关系，维护社会稳定；贯彻执行“和平统一、一国两制”的方针，促进祖国统一大业的实现。

第四条 政治协商是对国家和地方的大政方针以及政治、经济、文化和社会生

活中的重要问题在决策之前进行协商和就决策执行过程中的重要问题进行协商。

政治协商的主要内容包括：在社会主义物质文明建设、精神文明建设、社会主义民主法制建设和改革开放中的重要方针政策、地方政治体制和经济体制改革以及其他重要工作部署和关系人民生活的重大问题；政府工作报告，地方财政预决算，国民经济与社会发展计划；地方性的重要法规草案；中共永州市委提出的有关重要人选；县区级行政区划的变动；统一战线内部的有关重大问题，各党派之间的共同性事务；其它应当协商的重大问题。

第五条 政治协商的主要形式有：

1. 市政协召开各种例会，进行政治协商。

市政协全体委员会议，一般每年举行一次。全会的主要任务是，学习中国共产党和国家的方针政策，听取和审议常务委员会年度工作报告、提案委员会工作报告，讨论本会重大工作方针、任务并作出决议；讨论和协商市政府工作报告以及重要人事任免，讨论协商国民经济和社会发展计划草案报告，财政决算和预算草案报告，法院工作报告、检察院工作报告，提出建议与批评。

市政协常务委员会议，一般每季度召开一次。常委会的主要任务是：学习中国共产党和国家的方针政策；每次会议选择一两个关系地方大政方针和群众普遍关心的重要问题，在专题调查的基础上，进行协商研讨，向市人大、市政府或其它有关部门提出意见、批评或提出建议案；研究本会的工作任务。

市政协主席会议，一般每月召开一次。主席会议的主要任务是：研究、部署本会的工作；根据中共永州市委、市人大常委会、市政府、各民主党派、人民团体或党政部门的提议协商的内容，安排协商活动，并决定协商的形式和参加范围；审议通过有关建议案。主席会议认为需要协商的问题可以建议中共永州市委、市政府、各民主党派、各人民团体以及市党政有关部门将问题提交市政协有关会议协商。

2. 中共永州市委或永州市政协主持召开的各种座谈会、征求意见会，进行政治协商。

市政协常务委员专题座谈会，根据需要邀请在政治、经济、文化、教育等领域的有关常务委员进行专题座谈，研讨有关方针政策和某些迫切需要解决的重要问题。

各专门委员会会议，根据需要，就某一方面的问题，与党政有关职能部门进行对口专题协商。此外，还研究和协商各专门委员会的工作方针和任务，研究关于组织专题调查事宜，通过有关提交常务委员会议或主席会议研究的重大建议案。

中共永州市委召开或市政协党组受中共永州市委的委托召开各党派、无党派爱国人士、人民团体、少数民族人士和各界爱国人士代表协商座谈会，或征求意见会通报或交流重要情况，讨论某些专题，听取意见与建议。

中共永州市委、市人大常委会、市人民政府就重大问题，包括重要人事安排在决策之前或决策之后执行过程中，需要召开的必须提请政协协商的座谈会。

根据中共永州市委、市人大常委会、市政府或党政部门的邀请，参加研究大政方针、部署工作等重要会议。

3. 组织市政协委员就各地贯彻落实党和国家的方针政策的情况，社会主义物质文明、精神文明和民主法制建设的情况，群众反映强烈的重大问题，或某些重大建设项目，以及政协履行职能的情况进行视察。视察前，请党政领导或有关部门通报情况；视察后，向党政领导和有关部门通报视察情况，提出建议和批评。

4. 委员的提案和政协建议案是政治协商一种重要形式，党政有关部门要严肃对待，高度重视. 认真办理。

第六条 民主监督是对国家宪法、法律和法规的实施，重大方钏‘政策的贯彻执行、国家饥关及其工作人员的工作，通过建议和批评进行监督。

民主监督的主要内容包括：国家宪法与法律在本市的实施情况；地方性的法规和贯彻执行情况；国家大政方针，地方重大政策的贯彻执行情况；市国民经济和社会发展计划及财政预算执行情况；政治体制和经济体制改革等重大改革方案的实施情况；党政机关及其工作人员履行职责，遵纪守法，廉政勤政等方面的情况；人民群众普遍关心的重大社会问题；政协委员提案和政协建议案的办复情况；参加政协的各单位和个人遵守政协章程，执行政协决议的情况。

第七条 民主监督的主要形式有：政协永州市委员会的全体会议、常务委员会议或主席会议向中共永州市委、市人大常委会、市政府提出建议案；政协专门委员会组织专题调查提出建议或有关报告；委员视察、委员提案、委员举报或以其他形式提出批评和建议；主动与党委、政府监督职能部门配合，对有关部门或单位通过检查、评议方式进行民主监督；参加中共永州市委、市政府或有关部门组织的调查和检查活动。

第八条 参政议政是政治协商和民主监督的拓展和延伸。参政议政的内容与形式除第四条至第七条规定的以外，还包括选择人民群众关心、党政部门重视、政协有条件做的课题，组织调查研究，积极主动地给党政领导机关当参谋，出主意；通过多种方式，广开言路，广开才路，充分发挥委员专长和优势，为社会主义两个文明建设献计出力等。

第九条 政治协商的议题、程序必须规范，每次协商的议题与会期确定之后，市政协至少提前一周将会议通知及有关文件送达参加会议的人员，以便与会人员事先做好协商准备，充分反映各有关方面的意见。

第十条 市政协的各专门委员会在常务委员会的领导下，组织委员参加各项经常性活动，做好专题座谈、专题调查、委员提案和委员举报工作，并同市党政有关部门取得密切联系，相互支持，相互配合。

第十一条 以市政协常务委员会会议、主席会议或以各专门委员会名义提出的建议、意见和批评，均由市政协办公室以正式文件形式送达有关方面或部门。有关方面或部门应积极负责地进行研究和处理，一般问题应在一个月内作出反馈，并将结果以正式文件作出答复。某些重大问题需更长时间办理的中途应向政协通报情况。

对参加本会的单位与个人的提案和举报，有关部门应认真研究处理，并及时予以答复。

第十二条 政协委员的民主权利应受到保护。有政协委员的单位要按照有关规定保证他们及时阅读文件，参加政协组织的活动，并给予工作方便和计人本人工作量。政协委员在政协的各种会议上，可以充分发表意见。涉及到政协委员重大问题的处理，要事先与同级政协进行联系，征求意见。

第十三条 为切实履行政治协商、民主监督、参政议政主要职能，要重视提高政协委员素质，发挥政协组织整体功能的作用。市政协要组织和抬. 动委员在自愿的基础上，学习马列主义、毛泽东思想，学习有中国特色社会主义理论，学习社会主义市场经济理论，学习中国共产党和国家的方针政策，学习时事政治、法律知识和科学技术；通过多种形式帮助委员了解有关情况，为委员参政议政、知情出力创造条件；组织和推动委员搞好本职工作，深入调查研究，密切联系群众，积极反映自己所代表的党派、团体及有关方面群众的意见和要求，提高参政议政水平。政协领导和政协机关要采取走访谈心、召开座谈会等方式，加强与委员的联系，发挥委员的作用。

第十四条 邀请县区政协负责人列席市政协常务委员会议；加强各专门委员会的业务工作联系和指导，推进全市的政治协商、民主监督、参政议政规范化、制度化。

第十五条 加强对政协工作的宣传报道。市政协的全体会议、常务委员会议和重要会议以及政协的重要活动，一般应作新闻报道。

第十六条 本规定经中国人民政治协商会议永州市委员会常务委员会通过之曰起执行。

附件二

永州市人民政府办公室关于办理人大代表建议和政协委员提案工作暂行规定

永政办发〔1997〕27号

各县区人民政府，市直机关各单位：

人大代表提出建议、批评和意见（以下简称建议），是国家法律赋予的权利。政协委员提出提案，是我国政治生活中发扬社会主义民主的一种重要形式。办理人大代表建议和政协委员提案工作，是推进民主政治建设的要求，是各级政府的一项重要职责。它对于改进政府工作，密切政府同人民群众的联系，促使政府决策的科学化、民主化有着极为重要的作用。为使办理人大代表建议和政协委员提案的工作走向制度化、程序化、规范化，经市人民政府同意，特作如下暂行规定。

一、办理范围

1. 承办本级人大代表在人民代表大会期间、闭会期间和人大代表在参加统一组织的视察中对政府工作提出的建议；

2. 承办本级政协委员对政府工作提出的提案和视察中对政府工作提出的书面意见；

3. 承办本级人大常务委员会在常务委员会议期间，闭会期间对政府工作提出的建议；

4. 承办上级交办的人大代表建议、政协委员提案和视察中提出的意见。

二、办理原则

1. 坚持实事求是的原则。办理建议和提案，必须遵循国家的法律、法规以及党和政府的政策，坚持一切从实际出发，实事求是地进行处理。凡是有条件解决的，必须切实抓紧解决；因条件限制在短期内不能解决的，要创造条件，作出规划，逐步解决；因现行政策不允许或受其他条件限制，目前不能解决的，要实事求是地讲清政策，说明情况。

2. 坚持为人民办实事、重实效的原则。办实事，求实效，是检验办理建议和提案工作质量的重要标准。在办理中应分清轻重缓急，努力办好社会各界普遍关注的事，办好有利于全市经济和社会发展的事，办好对全局有重大影响的事。应特别注意解决群众当前最为关心而又有条件解决的问题。

3. 坚持分级负责，归口办理原则。属于同级人民政府及其部门职权范围的，由本级人民政府办公室交有关部门办理，属于下级人民政府及其部门职权范围的，由上级人民政府交下级人民政府办理。各级人民政府及其所属各部门应做好承办工作，不得敷衍塞责，推诿扯皮。

三、办理职责

市、县区人民政府及各部门在办理工作中有以下职责：

1. 承办上级和本级人大代表建议和政协委员提案；

2. 组织所属部门或单位承办建议和提案；

3. 督促各承办部门或单位按期办理建议和提案；

4. 对所属部门或单位承办建议和提案工作进行检查、指导和协调工作。

5. 组织所属部门或单位，认真总结工作，交流经验，不断提高办理建议和提案工作水平；

6. 负责向交办单位报送工作进度和总结。

四、办理程序

（一）交办

1. 人民代表大会、政协全会会议期间，政府办公室应根据“两会”要求，组织力量协助人大、政协做好建议、提案的收集、整王单登记、批分等工作。

2. 政府会同人大、政协联合召开交办会，由政府领导出面交任务，部署政府系统当年承办工作。各承办单位分管领导应到会承接办理任务。

（二）承办

1. 承办单位收到建议、提案后，应立即进行清点，并按规定填写回执单。如有不属于本单位职责范围的，应在收到后十天内将原件退回交办单位，并说明原因，不得自行转给其他单位。

2. 承办单位应建立登记、收发、承办、催办、审核、落实、总结、归档等制度，并由办公室负责综合。

3. 凡需要几个部门会同办理的建议、提案，由交办单位指定主办单位，主办单位应主动与协办单位协商办理，协办单位应积极配合。部门和单位之间不能取得一致意见的问题，由政府办公室指定综合部门协调和直接组织协调。

（三）审核

对办结的复文，各承办单位领导必须严格审核把关，经过研究和修改后签发。

（四）答复

1. 承办单位应在规定的时间内办好建议、提案，并答复代表或委员。对于一些比较复杂的问题，如在规定时间难以处理完毕，应先作简要答复，说明原因和打算，待办理完毕再作终结答复。

2. 答复应按统一规定的书写格式和要求，打印并加盖单位印章，并在复函中用A、B、C、D标明所提问题解决的程度。

3. 联名提出的建议或提案，承办单位的书面答复要同时寄送每位代表或委员。

4. 向人大代表或政协委员正式答复的单位应是政府办公室直接交办的单位，不能由其内设机构和下属单位直接答复。

5. 复文主送代表、委员的同时，应抄送政府办公室、人大办公室或政协办公室各2份。

6. 对省人大代表的建议、省政协委员的提案，承办单位办好后，要及时报送市政府办公室，由市政府办公室审定，综合答复代表、委员，并报送有关上级单位。

（五）落实

建议、提案答复后，要继续抓好工作落实，将解决问题的措施和方案尽快付诸实施。列入规划逐步解决的，应积极创造条件，尽快实现。

（六）总结

建议、提案办理结束后，各级政府和承办单位都要及时综合办理工作情况，认真总结经验。凡办理建议提案5件以上的，都要写出总结材料，报政府办公室、人大办公室或政协办公室。每年由政府办公室向人大常委会汇报一次办理工作情况。

五、办理制度

1. 建立健全工作责任制。按照“分级负责，归口办理”的原则，各承办单位必须做到一把手负总责，有分管领导专抓。办公室和业务科室（股）有专人承办。做到承办单位落实、办理人员落实、承办任务落实、具体措施落实。对承办人员的工作实绩，要列入考核考评范围。对工作成绩显著的单位和个人应给予表彰和奖励，对交办的建议或提案拖延不办，贻误工作的要通报批评，追究责任。

2. 检查催办制度。各级人民政府办公室及各部门必须加强对办理工作的督促检查，采取重点抽查、召开座谈会、电话询问、发“催办单”等形式进行检查、催办，及时通报办理进度和情况。

3. 与代表、委员联系制度。各级人民政府办公室及各承办单位应加强与人大代表、政协委员的联系，采取走访或座谈等形式，交流情况，共同研究解决问题的办法，征求对办理工作的意见。

4. 信息反馈制度。各承办单位在寄发建议和提案的答复时。应附送《征询意见表》，征求代表、委员对办理结果的意见，对办弹不符合要求，代表、委员意见很大的答复，承办单位应重新办理后答复代表、委员。

5. 办理工作奖励制度。对办理建议和提案成绩突出的单位或个人，每年度召开总结表彰会进行表彰和奖励。

六、组织领导

1. 各级政府各部门必须把办理建议、提案纳入工作议事日程，做到有领导分管。对每年的承办工作，各级政府领导要亲自出面部署，制定措施，加强检查督促，搞好审核把关，并亲自组织研究办理一些重大问题。

2. 建立一支相对稳定，素质较高的承办队伍。各县、区和市直单位，要根据各自承办工作任务大小，设立专门承办机构或明确一个机构管起来。承办机构和人员要保持相对稳定，要抓好承办人员的培训，提高承办人员的政治、业务素质。

永州市人民政府办公室
一九九七年三月一日

附件三

永州市人民政府办公室关于做好接待市政协委员持证视察工作的通知

永政办发〔1997〕30号

各县区人民政府，市直机关各单位：

中国共产党领导的多党合作和政治协商制度是我国的一项基本政治制度。根据《政协永州市第一届委员会委员持证视察试行条例》精神，市政协委员可以持《视察证》视察了解当地经济、政治、科教、文化、卫生和体育等各项事业的发展情况，有关改革开放和社会主义现代化建设的方针、政策与法律、法规的执行情况. 国家机关和工作人员的工作情况，委员提案的办理情况以及人民生活和群众普遍关注的重要问题，并就此了解的情况提出建议和批评，供有关方面研究，以便改进工作。

市政协委员持证视察，对于委员履行政治协商、民主监督和参政议政的主要职能，帮助政府总结推广好的经验和典型，解决存在的问题，提高工作效率，促进改革、发展和稳定具有重要意义。各级政府及有关部门和单位，对市政协委员持证视察工作应当热情接待，实事求是地介绍工作情况，虚心听取委员的建议和批评。对委员提出的建议和批评，要认真研究，择善而从，促进科学决策；对委员提出的实际问题，属于应解决而又能够解决的，要抓紧解决；对一时解决不了而又需要解决的，应当积极创造条件逐步加以解决；对政策、法律不允许或者客观条件限制确实解决不了的，应实事求是地说明情况、解释清楚。市政协委员在视察后就重要问题所提出的书面提案，经市政协提案工作委员会审定提交有关单位承办后，有关单位应以认真负责的态度办理并书面答复委员，同时抄送市政府办公室和市政协提案工作委员会。

永州市人民政府办公室
一九九七年三月四日

附件四

中共永州市委关于进一步加强政协工作的意见

永发〔2004〕3号

人民政协是我国爱国统一战线组织，是中国共产党领导的多党合作和政治协商的一种重要组织形式。党的十六大明确指出，要“坚持和完善共产党领导的多党合作和政治协商制度，坚持‘长期共存、互相监督、肝胆相照、荣辱与共’的方针，加强同民主党派合作共事，更好地发挥我国社会主义政党制度的特点和优势，保证人民政协发挥政治协商、民主监督和参政议政的作用”。为坚持和完善中国共产党领导的多党合作和政治协商制度，进一步加强和改善党对政协工作的领导，推进全市各级政协履行职能的规范化、制度化、程序化，更好地发挥人民政协在我市政治、经济和社会生活中的作用，实现全面建设小康永州的奋斗目标，根据中央和省委的有关精神，结合我市的实际，现就进一步加强我市政协工作提出如下意见：

一、进一步完善重大问题的政治协商制度

各级党委、政府要把政治协商纳入决策程序，坚持做到重大问题协商于党委决策之前、人大审议通过之前、政府决定实施之前。切实避免政治协商的随意性，避免以通报代替协商。政治协商的范围是：地方大政方针、地方各项重要改革以及其他重要工作部署和关系人民生活的重大问题；行政区划的变更；中共永州市委按干部管理权限提出的有关重要人选的产生与调整；有关统一战线内部的重大问题；其他应当协商的重大问题。中共党代表会议报告和每年的政府工作报告、经济与社会发展计划报告、财政预决算报告、法院和检察院工作报告等，要在形成过程中主动向政协征求意见，做到协商在决策之前。政协召开的常委会议或其他协商座谈会，党委、政府及有关部门应安排领导参加，听取政协委员的意见，采纳政协提出的各项合理建议。协商所形成的报告或建议案，党委、政府及有关部门的主要领导应亲自阅批。特别重要的建议案、提案应提交党委常委会议、政府常务会议讨论，明确有关部门办理落实，并及时反馈办理结果。

二、切实加强民主监督

各级党委、政府及各部门要支持和自觉接受政协的民主监督。民主监督的主要内容是：宪法和法律在本地区的实施情况，地方性法规、行政法规的贯彻执行情况；国家大政方针、地方重要政策的贯彻执行情况；本地区国民经济和社会发展计划及财政预算执行情况；政治体制和经济体制改革等重大改革方案的实施情况；政协委员提案和有关建议案的办复情况；党政机关及其工作人员在履行职责、遵守法纪等方面的情况；人民群众普遍关心的重大社会问题；参加政协的各单位和个人遵守政协章程，执行政协决议的情况。其主要形式是：政协的有关会议、建议案、提案、调查报告、委员视察、民主评议、社情民意摘报、重要情况专报、委员举报或以其他形式提出批评和建议，以及参加党委、政府和有关部门组织的调研、检查活动等。政协在开展民主监督活动时，有关部门和单位要提前提供法律、法规、政策依据以及有关的材料。各单位要有领导分管、专人负责政协提案、建议案的承办工作，对提案、建议案所提问题要认真研究，注重解决实际问题，确保办理质量。要建立政协民主监督交办事项责任追究制。对办复结果委员不满意的，承办单位主要负责人应向政协说明情况。对应办不办造成了不良影响和后果的，要追究有关领导的责任。各级党政机关特别是行政机关，要把政协的民主监督作为促进自身工作的一项重要措施，积极主动地为政协履行民主监督职能创造条件，并将民主监督与行政监督、法律监督、群众监督结合起来，保证民主监督的有效实施。要继续坚持和完善在政协委员中聘请特邀检察员、监察员、审计员、教育督导员、执法监督员等制度，积极邀请政协委员参与本部门组织的检查、考察、评议等活动。对政协委员持证视察，应按有关规定认真接待、通报情况并听取委员的意见和建议。

三、大力支持政协的参政议政活动

参政议政是政治协商和民主监督的拓展和延伸，参政议政的内容与形式，除一、二条规定的外，还包括：选择人民群众关注、党政部门重视、政协有条件做的课题，组织调查和研究，提出建设性意见；通过多种方式，广开言路，广开才路，发挥委员专长和作用，为改革开放和社会主义现代化建设献计献策；广泛参与政治、经济、文化和社会活动，对一些共同关心的事项开展评议等等。各级党委要积极支持政协开展专题调研、视察、民主评议等参政议政活动。根据年度工作重点，党委可以提出一些重要课题由政协进行调研，各有关部门要积极配合。要支持政协开展多渠道、多层次、多形式的海内外联谊交往活动，广泛团结港澳台同胞和海外侨胞，推进祖国和平统一大业，推动招商引资和科技、教育、文化等方面的对外交流活动。党政部门在开展对外交往活动时，应根据具体情况，积极邀请政协有关人士参加，必要时政协可以单独组团出访，参加重要外事活动。

四、切实加强和改善党对人民政协工作的领导

各级党委要把政协工作列入重要议事日程，每年至少召开两次党委常委会议，听取政协党组的工作汇报，研究政协工作。每届党委至少召开一次政协工作会议，不断推进政协工作深入开展。党政主要领导要高度重视人民政协工作，党委、政府要确定一名副职联系政协工作。联系政协工作的负责同志要经常了解政协工作情况，参与和指导政协工作，帮助政协协调解决一些实际困难和问题。各级党委要建立健全政协工作督查制度，并将重视和支持政协工作作为考核党政领导班子的重要内容之一。每年要对党中央和省、市委关于政协工作的指示、决定、规定、意见的贯彻落实情况，认真组织一次督查，总结经验，找出差距，发扬成绩，克服不足。各级党政领导干部要加强统一战线理论和人民政协理论的学习。党委学习中心组要把统一战线理论和人民政协理论列入重要学习内容。党校、行政学院、社会主义学院，要把统一战线理论和人民政协理论列入干部培训内容和教学计划，设置课程或开设专题讲座。各级党委、政府的负责人要同民主党派和工商联负责人保持联系，建立与政协委员联系制度和民主党派、工商联调研成果汇报会制度，加强沟通，并就本地区改革开放和三个文明建设中的重大问题倾听他们的意见，积极支持他们开展工作。各级政协党组要认真履行党委赋予的职责，充分发挥其在政协组织中的领导核心作用。按照“三个代表”的要求，不断加强政协党组自身建设，保证党的路线、方针、政策和同级党委的决定、决议在政协工作中贯彻落实。严格遵循《政协章程》，团结各民主党派、工商联、各人民团体、各族各界代表人士，搞好与非中共政协领导成员的合作共事，虚心听取他们的意见，支持他们的工作。政协党组应积极主动地向党委推荐党内外优秀干部，包括少数民族、妇女干部。

五、坚持和完善政协知情出力的有关会议、联系制度

坚持政协领导参加有关重要会议制度。没有担任党委常委的政协主席（中共党员）或党组书记，应列席同级党委常委会议和其他重要会议；政府召开全体会议、常务会议和有关重要会议，应邀请政协有关领导列席；法院、检察院召开的重要会议，应请政协领导或有关专门委员会的负责人列席。建立和完善重要情况通报制度。对经济、政治和社会生活中的重大事件，党委、政府应及时向政协通报，以利更好地参政议政。各级政府每年至少集中听取一次政协对政府工作的意见，每半年向政协通报一次政府工作情况和经济形势。同级人民法院、人民检察院每年应向政协通报一次工作情况。政府组成部门在一届任期内要向政协通报一次以上工作情况，接受政协的民主监督。建立和完善由党委秘书长（办公室主任）牵头的党委、人大、政府、政协秘书长（办公室主任）联席会议制度，及时通报重要情况，协商有关问题。完善政协各专门委员会同党政各部门的对口联系制度。党政各部门应明确一名负责同志联系政协工作，并与同级政协有关专门委员会保持经常性联系，以便于沟通信息，对口协商，互相支持和配合。

六、重视加强政协的组织建设

各级党委要根据人民政协工作发展的需要，结合本地的实际情况，进一步配齐配强政协领导班子。各级政协换届时委员人选的推荐和届中调整，要在上级和当地党委的统一领导下开展有关工作，党委组织、统战部门应及时征求同级政协党组的意见。各级政协党组要了解并掌握政协委员参加政协工作的情况，包括履行委员义务和参政议政水平等方面的情况，以便在委员的安排上能够积极推荐并提出意见。要重视政协机关干部的学习、培养、交流、选拔和使用，进一步优化政协机关干部队伍的年龄、文化结构。加大政协机关干部与党政机关干部的交流力度，每年应有一定比例的政协机关干部交流到党政机关任职。对政协机关干部的提拔使用，要与党政机关干部一视同仁。市政协要加强与各县区政协的联系，加强工作上的指导，及时总结推广基层政协工作经验，促进全市政协工作整体平衡发展。根据工作需要，有条件的乡镇可逐步设立政协工作委员会，由党委副书记兼任政协工委主任，享受同级正职待遇。

七、切实维护政协组织和政协委员的民主权利和合法权益

各级党委要按照中央、省、市委的有关精神，认真落实政协兼职副主席的政治待遇和经济待遇。政协委员所在单位（包括中央、省属在永单位，下同）的重大活动，应邀请本单位的政协委员参加。有关单位的党组（党委）会议，除研究纯党务工作外，应邀请本单位领导成员中的非中共党员的政协委员列席。政协组织开展履行职能范围内的各项活动，有关单位、部门应认真接待，妥善安排。政协委员在政协履行职能的实绩，纳入所在单位对其考评的内容。政协组织和政协委员，有通过政协会议和组织参加讨论国家大政方针和地方重大事务的权利，对国家机关和国家工作人员的工作提出建议和批评的权利，以及对违纪违法行为检举揭发、必要时参与调查或检查的权利。任何单位和个人都不得阻挠政协组织和政协委员行使民主权利。对政协组织和政协委员的批评监督进行打击报复者，要给予严肃处理。政法机关在对有违法犯罪嫌疑的政协委员采取传唤和刑事拘留、逮捕强制措施前，应按中央政法委〔1996〕18号通知规定向该委员所在的政协党组通报情况。各级纪检监察机关在对政协委员实行“两规”、“两指”审查前，要向该委员所在政协党组通报情况。新闻媒体发表对政协委员的批评性报道时，应征求政协的意见。政协委员因履行职责而受到不公平对待时，党委、政府和政协有责任予以保护。

八、切实改善政协机关和政协委员必要的工作条件

各级财政要统筹安排政协的经常性经费，在办公条件的改善和经费安排上应与党委、人大、政府同等对待。各级财政在经费安排上，应保证政协工作正常运转。政协委员参加政协与有关部门衔接、批准组织的会议、学习培训、调研视察以及赴外地进行考察等活动所需经费，由工资所在单位报销。

九、加强对政协工作的宣传

各级党委宣传部门要进一步加强对政协工作宣传的组织领导，各级新闻单位和各新闻媒体要加大对政协工作的宣传力度，对重大问题的协商意见和政协调研成果、政协组织的视察活动、建议案和重要提案办理结果、政协委员的优秀业绩等要积极组织好宣传报道，使政协的民主监督与新闻舆论监督紧密结合起来，发挥更好的作用。

十、努力提高各级政协组织履行职能的水平

各级政协要继续高举社会主义和爱国主义两面旗帜，突出团结和民主两大主题，积极协助党委、政府维护社会稳定。要多做增强团结、凝聚人心、协调关系、化解矛盾的工作，积极主动地协助党和政府妥善处理好各种人民内部矛盾，坚决同一切危害安定团结的言行作斗争。要加强反映社情民意的工作。政协反映社情民意的工作，主要收集政协委员及其联系的各界人士对国家和地方大政方针的制订与实施的意见、建议，特别是有关经济建设和改革开放重要决策、部署出台前后的反应；人民群众关心的热点问题，有识之士的警示性、批评性意见；对加强社会主义物质文明、政治文明和精神文明建设的意见和建议，对国家机关及其工作人员勤政廉政情况的反映；对消除隐患、维护稳定的意见、建议；统一战线和人民政协工作中的重要情况，保障政协委员正常履行职责的意见、建议。要改善信息工作条件，形成畅通的政协信息网络。要注意充分发挥政协委员的主体作用，专门委员会履行职能的基础作用，民主党派、工商联、各人民团体和各界代表人士在政协中的作用。要进一步加强政协组织与各参加单位之间、各界委员之间、委员与各界群众之间的联系，使政协所从事的各项工作，为党政决策提出的各类建议，更加切合实际，更加具有广泛、扎实的群众基础。政协机关的干部职工，要不断加强对邓小平理论和党的统战理论及政协理论等知识的学习，按照“三个代表”的要求深入基层，深入实际，调查研究，密切与政协委员的联系，积极反映他们的意见和要求，不断改进工作作风和机关作风，努力为委员搞好服务。

2004年1月3日

附件五

中共永州市委关于贯彻落实中发〔2006〕5号和湘发〔2006〕15号文件精神的实施意见

永发〔2008〕3号

为贯彻落实《中共中央关于加强人民政协工作的意见》（中发〔2006〕5号，以下简称《意见》）和《中共湖南省委关于贯彻落实〈中共中央关于加强人民政协工作的意见〉的实施意见》（湘发〔2006〕15号）精神，结合我市实际，提出如下实施意见。

一、进一步深化新时期人民政协工作重要性的认识

1. 充分认识学习贯彻《意见》的重大意义。《中共中央关于加强人民政协工作的意见》是建国以来中共中央第一次以“中共中央”名义对人民政协工作颁发的文件，是以胡锦涛同志为总书记的党中央从党和国家事业发展的全局出发，为加强人民政协工作作出的一项重要部署，具有深远的历史意义和重大的现实意义。《意见》坚持以邓小平理论和“三个代表”重要思想为指导，概括了中国共产党三代领导集体关于人民政协事业的重要论述和以胡锦涛同志为总书记的党中央对人民政协工作的新思想、新要求，肯定了人民政协成立以来在我国政治、经济和社会生活中作出的重大贡献，阐明了人民政协的性质、地位和作用，规定了新世纪新阶段人民政协肩负的历史任务和工作原则，规范了人民政协履行职能的程序和机制，提出了加强和改善党对人民政协领导的要求，是指导新世纪新阶段人民政协事业发展的纲领性文件。学习贯彻《意见》，对于加强和改善中国共产党对人民政协的领导、提高党的执政能力，对于坚持中国共产党领导的多党合作和政治协商制度、发展社会主义民主政治，对于最广泛最充分地调动一切积极因素、构建社会主义和谐社会，对于全面建设小康社会、加快推进社会主义现代化，对于巩固和发展最广泛的爱国统一战线、促进祖国统一和中华民族的伟大复兴，都具有十分重要的意义。各级党委要把学习《意见》精神纳入各级理论学习中心组的学习内容，要制定贯彻落实《意见》的具体实施意见。各级政协党组要把学习贯彻《意见》作为一项重大政治任务来部署，要组织主席会议、常委会专题学习讨论，并把《意见》作为委员集中学习和机关干部培训的重要内容。各部门各单位要按照中央和省委的要求，认真组织广大干部群众，采取多种形式，结合本地、本部门、本单位的实际，广泛深入地开展学习。对于《意见》的学习贯彻落实情况，要组织必要的督促检查，努力营造重视和支持人民政协工作的浓厚氛围。

2. 深刻理解和全面把握《意见》的精神实质。学习贯彻《意见》，要深刻理解和全面把握人民政协事业是中国特色社会主义事业的重要组成部分，充分认识在全面建设小康社会、加快推进社会主义现代化建设新的发展阶段，大力加强人民政协工作的必要性和重要性；深刻理解和全面把握中国共产党关于人民政协的理论，充分认识人民政协是中国共产党把马克思列宁主义统一战线理论、政党理论和民主政治理论同中国具体实践相结合的伟大创造，坚持以科学的理论指导人民政协工作；深刻理解和全面把握中国共产党领导的多党合作和政治协商制度是我国一项基本政治制度，充分发挥人民政协作为实行这一制度的政治形式和组织形式的作用，促进参加人民政协的各党派、无党派人士的团结合作，体现和发挥我国社会主义政党制度的特点和优势；深刻理解和全面把握人民政协在我国政治体制中的地位和作用，充分认识人民通过选举、投票行使权利和人民内部各方面在重大决策之前进行充分协商，是我国社会主义民主的两种重要形式，发展社会主义民主政治、建设社会主义政治文明，要善于运用人民政协这一政治组织和民主形式；深刻理解和全面把握人民政协与构建社会主义和谐社会内在的本质的联系，充分发挥人民政协在构建社会主义和谐社会中的作用；深刻理解和全面把握中共中央关于人民政协围绕团结和民主两大主题履行职能的要求，在党委的统一部署和协调下，加强同政府及有关部门的配合，按照规定程序搞好政治协商，推进民主监督，开展参政议政。

二、积极推进人民政协履行职能的制度化、规范化、程序化

3. 认真搞好人民政协的政治协商。人民政协的政治协商是中国共产党领导的多党合作的重要体现，是党和国家实行科学民主决策的重要环节，是党提高执政能力的重要途径。把政治协商纳入决策程序，就国家和地方的重要问题在决策之前和决策执行过程中进行协商，是政治协商的重要原则。各级党委要高度重视人民政协的政治协商，统一部署和协调，并认真组织实施。政治协商的主要内容是：地方大政方针和重要工作部署；中共党的代表大会报告，政府工作报告，财政预决算报告，人民法院、人民检察院工作报告，国民经济与社会发展中长期规划；行政规章与重要的规范性文件草案；地方城市规划修编和重大投资建设项目；重要人事安排，主要包括同级党委、人大、政府、政协领导人选，同级人民法院、人民检察院主要负责人拟任人选，同级党委、政府部门主要负责人拟任人选；各党派参加人民政协工作的共同性事务，政协内部的重要事务以及有关爱国统一战线的其他重要问题；党委、政府和政协认为有必要进行政治协商的其他重大问题。

人民政协政治协商的主要形式有：政协全体会议，常务委员会会议，主席会议，常务委员专题协商会，政协党组受党委委托召开的座谈会，各专门委员会会议，根据需要召开由政协各组成单位和各界代表人士参加的内部协商会议。

人民政协政治协商的主要程序是：党委每年初根据工作重点或政协党组提出的建议，确定年度协商议题，制订工作计划。政协党组根据确定的议题提出具体协商方案，确定协商的形式和参加协商的人员，并认真组织调研、视察活动。协商会议召开前，要将会议通知和有关文件材料送达参加会议人员。协商会议召开时，党委、政府分管领导以及有关部门负责人应到会听取意见，并就提交协商的议题作出说明。协商会议后，政协要及时整理并报送协商会议提出的意见和建议，党委、政府及有关部门对政协报送的意见和建议要认真研究处理，并及时反馈处理情况。要加强决策执行过程中重大问题的协商，根据需要对协商内容适时作出安排。

4. 积极支持和自觉接受政协的民主监督。人民政协的民主监督是我国社会主义监督体系的重要组成部分，是在坚持四项基本原则的基础上通过提出意见、批评、建议的方式进行的政治监督。人民政协民主监督的主要内容是：(1) 宪法和法律在本地区的实施情况，行政规章和地方性法规的贯彻执行情况；(2) 中央和上级党委、政府重大方针政策的贯彻执行情况；(3) 本地区国民经济和社会发展规划及财政预算执行情况；(4) 重大改革方案的实施和重大工程建设情况；(5) 政协提案和有关建议案的办理、办复情况；(6) 党政机关及其工作人员履行职责、遵守法纪、廉洁从政等方面的情况；(7) 群众普遍关心的重大社会问题的解决；(8) 参加政协的单位和个人遵守政协章程和执行政协决议的情况。

人民政协民主监督的主要形式有：政协全体会议、常委会议、主席会议向党委和政府提出建议案；各专门委员会提出建议或有关报告；开展有组织的民主评议和民主监督小组活动；委员视察、委员提案、委员举报、大会发言、反映社情民意或以其他形式提出批评和建议；参加党委和政府有关部门组织的调研和检查活动；政协委员应邀担任司法机关和政府部门特约监督人员等。

各级党委和政府要支持政协履行民主监督职能，自觉接受政协的民主监督。并将民主监督的成果作为考评相关部门工作的重要依据。鼓励政协在党委的统一领导下，积极探索民主监督的形式和途径。对政协以正式文件送达有关机关和部门的意见和建议，有关机关和部门应在3个月内以正式文件反馈办理结果。要建立政协民主监督交办事项不办追究制，对应办不办造成不良影响和后果的，要严肃追究责任。党的纪律监督部门、法律监督部门、行政监督部门和新闻媒体要密切与人民政协的联系，加强工作协商与配合，提高民主监督的质量和成效。对政治、经济、文化和社会生活中的重大事件和重要情况，党委、政府应及时向政协通报。人民法院、人民检察院要主动接受政协的民主监督。对政协委员持证视察，有关机关应按规定认真接待，通报情况，并听取委员的意见和建议。

5. 深入开展人民政协的参政议政。人民政协的参政议政是人民政协履行职能的重要形式。政协的参政议政是对经济、政治和社会生活的重要问题以及人民群众普遍关心的问题开展调查研究、反映社情民意，进行协商讨论，通过调研报告、提案、建议案或其它形式向党委、政府提出意见和建议。

政协要选择经济社会发展中具有综合性、全局性、前瞻性的课题，深入调查研究，开展咨询论证，提出意见和建议。政协的重要考察活动要请参加政协的民主党派有关负责人参加；政协专门委员会要积极开展与参加政协的各党派、团体的联合调研。要建立健全政协参政议政的各项制度，形成有效的工作机制。

各级党委和政府要积极支持人民政协参政议政。政协及其专门委员会组织视察、调研时，党委、政府及有关部门应做好准备工作，保证视察、调研的顺利进行。党委、政府及其职能部门要确定机构和人员，负责政协建议案和提案的承办工作，严格按照有关规定认真办理建议案、提案，及时给予书面正式答复，确保质量，务求实效。明确党政部门主要负责人为政协提案办理的第一责任人。党政主要领导每年要采取现场办公、召开协调会、现场督查等形式带头办好一两件提案。每年提案办理工作的情况，党委和政府办公室要及时向政协常委会议通报。认真开展优秀提案的评选、表彰工作。对办理政协建议案和提案不认真、不落实的，要依法依规追究责任。要高度重视政协了解和反映社情民意的工作，对政协报送的调研报告和社情民意，党政领导要及时批阅，对政协参政议政提出的意见和建议，有关部门要认真研究，积极采纳。各级党委、政府要支持政协开展多渠道、多层次、多形式的海内外联谊交往活动，党委、政府组织的重要考察和重大外事活动，应邀请政协参加。党委、政府职能部门和法院、检察院要密切同政协有关专门委员会的协作配合，对专委会的工作提供必要的支持和帮助，每年至少开展一次联系活动。

三、努力为人民政协开展工作创造良好条件

6. 坚持政协领导参加有关重要会议制度。不是同级党委常委的政协党员主席或政协党组书记，应列席同级党委常委会议和其他重要会议。政府召开常务会议和有关重要会议，应根据情况邀请政协有关领导列席。人民法院、人民检察院召开的重要会议，应请政协领导同志或有关专委会负责人列席。党委、政府职能部门召开的有关重要会议应邀请政协相关专门委员会或民主党派、工商联的负责人参加。

7. 坚持和完善重要情况通报制度。对政治、经济、文化和社会生活中的重大事件和重要情况，党委、政府要及时向政协通报。政府通报国民经济和社会发展情况，每年不少于两次；党委有关部门通报反腐倡廉、社会稳定、精神文明建设等情况，每年不少于一次；同级人民法院、检察院除向“两会”报告工作外，每年还应向政协通报一次工作情况；财政部门每年应及时向政协通报本级财政决算情况；审计部门每年应向政协通报一次重要问题的审计情况。根据工作需要，政协可邀请有关部门通报工作情况。通报情况一般采取政协常委会议、主席会议的形式进行。

8. 切实维护和保障政协委员的民主权利和合法权益。政协委员参加政协的各项活动是国家规定的公务行为，政协委员所在单位要支持其参加政协活动，保障其各项待遇不因参加政协活动而受到影响。政协委员参加政协组织的会议、学习培训、视察调研以及外出考察等活动所需经费，由工资所在单位报销。任何单位和个人都不得阻挠政协委员行使民主权利，对政协组织和政协委员的监督进行打击报复的，要依纪依法严肃处理。政协委员因履行职责而受到不公正对待时，党委、政府和政协有责任予以保护。公安机关、国家安全机关、民法院、人民检察院依法对有犯罪嫌疑的政协委员采取拘传、取保候审、监视居住的，应当将有关情况通报给该委员所属的政协组织；依法对有犯罪嫌疑的政协委员采取刑事拘留、逮捕前，应当向该委员所属的政协组织通报情况，情况紧急的，在执行的同时或执行以后及时通报。各级纪检监察机关在对政协委员实行“两规”、“两指”调查前，要向该委员所在政协的党组通报。

9. 切实保障政协机关和政协委员必要的工作条件。政协履行职能和开展工作所需经费，应与同级党委、人大、政府同等对待，列入本级财政预算，并随着人民政协事业的发展和财政收入的增长逐年相应增加。政协兼职副主席除工资外的工作经费及有关专项经费，应列入同级财政预算，并享受同级别待遇。政协常委和政协委员的活动经费，应分别比照同级人大常委和人大代表的标准予以拨付。要采取措施，逐步帮助改善政协机关办公用房、公务用车、办公设施、信息化建设等条件。

四、切实加强人民政协自身建设

10. 重视发挥各民主党派、无党派人士以及政协界别的重要作用。各民主党派和无党派人士是人民政协的重要组成部分。要充分发挥人民政协作为中国共产党领导的多党合作和政治协商的重要机构的作用，支持各民主党派和无党派人士参与国家和地方重大方针政策的讨论协商及履行职责的各种活动。尊重和保障各民主党派在政协的各种会议上以本党派名义发表意见的权利；尊重和保障各民主党派和无党派人士开展视察、提出提案、举报、反映社情民意以及参与调查和检查活动的权利；保证民主党派成员和无党派人士在政协委员、常务委员和政协领导成员中占有较大比例；政协机关中应有一定数量的民主党派和无党派人士担任专职领导职务，并做到有职、有权、有责。突出人民政协的界别特色。根据界别的特点和要求开展活动，充分调动各界别参政议政的积极性，认真探索发挥界别作用的方法和途径。要适应改革开放和经济社会发展的实际情况，研究并合理设置界别，扩大团结面，增强包容性。要通过界别渠道密切联系群众，努力协调关系，化解矛盾，理顺情绪，增进社会各阶层和不同利益群体的和谐。

11. 充分发挥政协委员的主体作用。政协委员是政协履行职能的主体，是推进经济、政治、文化、社会建设和祖国统一的重要力量。要认真组织政协委员的学习和培训，促进政协委员提高自身素质，遵守政协章程，履行委员职责，密切联系群众，积极参加政协组织的会议和活动。要进一步拓宽政协委员参政议政的渠道，积极创造条件，支持和鼓励政协委员为经济社会发展建功立业，开展各种形式的社会服务活动。要充分发挥他们在增进团结、维护稳定、构建和谐社会方面的作用。要建立健全委员考核管理办法，对不能正确履行职责的委员，由政协党组提出，根据政协章程和有关规定及时予以调整。

12. 加强人民政协的机关建设。要重视政治理论学习，坚持以邓小平理论和“三个代表”重要思想为指导，牢固树立和全面落实科学发展观，提高全局观念、服务意识和政策水平。要建立和完善为政协履行职能服务的各项工作制度，提高工作水平和效率。要切实加强政协干部队伍建设，配备好工作班子，加强干部选拔、交流和任用，加强政协机关干部与党政工作部门干部双向交流。要从政协履行职能的实际需要出发，科学合理设置政协专门委员会和工作机构，机构名称要规范。重视加强政协机关委室班子建设，专委会可视工作需要，配备若干名兼职副主任和委员。专委会的人选按规定从政协委员中产生。要进一步抓好乡镇政协组织建设，乡镇政协工作委员会担负组织本乡镇内各级政协委员开展活动，履行职能的主要任务，接受县区政协和乡镇党委的双重领导。

五、切实加强和改善党对政协工作的领导

13. 各级党委要按照总揽全局、协调各方的原则，切实加强和改善对人民政协的领导，支持人民政协围绕团结和民主两大主题，依照章程独立负责、协调一致地开展工作。各级党委要深刻认识人民政协工作的重要性，认真贯彻《中共中央关于进一步加强中国共产党领导的多党合作和政治协商制度建设的意见》，善于运用人民政协这一政治组织和民主形式，为实现党的总任务、总目标服务。各级党委要把是否重视人民政协工作、能否发挥好人民政协的作用，作为检验领导水平和执政能力的一项重要内容。党委、政府都要有一名领导同志联系政协工作。每届党委任期内要召开一次政协工作会议，专门研究和部署政协工作；党委常委会每年要专题听取一次以上政协工作汇报，及时研究解决政协工作中的问题和困难。

14. 充分发挥政协党组在政协组织中的领导核心作用。各级政协党组是同级党委的派出机构，肩负着实现党对人民政协领导的重大责任，必须充分发挥政协党组在政协组织中的领导核心作用。党委要善于通过政协党组实施对政协工作的领导，推动参加人民政协的各民主党派、人民团体和各族各界人士自觉接受中国共产党的领导，使党的主张成为各民主党派、人民团体和各族各界人士的广泛共识。对事关人民政协事业发展的重要问题，党委应充分听取政协党组的意见。党委可以委托政协党组召开各民主党派、工商联、人民团体和各族各界人士座谈会，通报重要情况，传达重要文件，听取意见和建议。政协党组要认真履行职责，主动向党委请示和汇报工作，举荐党内外优秀干部，保证党的路线、方针、政策和同级党委的决定在政协工作中得到贯彻落实。政协党组要按照党委统一部署和政协章程的规定，配合党委有关部门研究换届时有关界别设置、政协委员名单人选和常务委员人选以及届中委员调整的有关问题，并提出建议。政协委员中的共产党员和政协机关的共产党员要保持共产党员先进性，增强政治责任感，积极贯彻党的方针政策，带头遵守政协章程，广交、深交党外朋友，努力成为合作共事的模范、发扬民主的模范、廉洁奉公的模范。

15. 努力营造全党全社会重视和支持人民政协工作的良好氛围。进一步加强人民政协理论的学习、研究与培训。各级党委要重视政协理论的学习，党政领导干部要学习和掌握政协基本理论。要把学习政协理论、政协章程，与学习中共中央关于政协工作的指示精神结合起来。各级党委组织部、统战部和党校、行政学院、社会主义学院要把人民政协理论和政协章程纳入干部培训计划，形成制度并长期坚持。党委组织、宣传、统战、政策研究部门，政协及其研究机构，社会科学研究机构要加强人民政协理论研究工作，为人民政协事业发展提供理论支持。党委宣传部门和各新闻单位要重视宣传中国共产党领导的多党合作和政治协商制度，宣传人民政协的性质、地位和作用，宣传政协的重要会议和活动，宣传各级政协组织及政协委员履职的典型事迹，宣传党委和政府重视、支持政协工作的经验，形成有利于人民政协事业发展的良好氛围。各级党委、政府要积极支持和帮助人民政协不断研究新情况、总结新经验、创新工作机制，努力使人民政协工作体现时代性、把握规律性、富于创造性。

2008 年 6 月 10 日

附件六

中共永州市委办公室永州市人民政府办公室关于认真做好政协提案办理工作的通知

各县区委、县区人民政府，各管理区，市直机关各单位：

为贯彻落实《中共中央关于加强人民政协工作的意见》（中发〔2006〕5号）和省、市委关于进一步加强政协工作的意见精神，现就做好政协提案办理工作通知如下：

一、充分认识做好政协提案办理工作的重要性

提案是人民政协履行政治协商、民主监督和参政议政职能的重要方式。多年来，我市各民主党派、工商联、有关人民团体和政协委员，紧紧围绕市委、市政府的工作中心，围绕全市改革发展稳定的大局，围绕人民群众关心的热点问题，通过提案提出了许多有价值的意见和建议，为推动决策科学化、民主化，建设社会主义政治文明，促进我市改革开放和现代化建设发挥了重要作用。在新的形势下，政协工作的地位和作用更加突出。各提案承办单位要贯彻“三个代表”重要思想，全面贯彻落实科学发展观，加强社会主义民主政治建设，坚持和完善中国共产党领导的多党合作和政治协商制度，建设“速度永州、和谐永州、活力永州”，努力实现我市经济社会又好又快发展，进一步提高对政协提案办理工作重要性的认识，把提案办理工作列入议事日程，纳入目标管理，切实加强领导，明确专人分管，完善制度，规范程序，明确责任，不断提高提案办理工作质量。

二、完善提案办理工作制度

办理政协提案是一项长期的、经常性的工作，必须进一步完善办理工作制度。

（一）交办接办。每年市政协全委会后，市委办公室、市政府办公室和市政协办公室将联合召开专门会议，交办市政协提案。承办单位接到市政协提案后，主要领导同志要亲自阅看和交办。分管领导具体负责，及时解决办理中的问题。承办人员要做好组织、协调和办理工作。对集体提案和反映重大问题的提案，承办部门要集体研究办理工作，郑重回复意见。交办会后，如有个别提案需要调整承办单位的，要在收到提案后10天内退回交办机关并说明理由，由交办机关核定后重新转办，不得搁置或自行转给其他单位办理。

（二）办理期限。承办单位一般要在接办之日起3个月内办复。对一些难度较大、不能如期办复的提案，应在期限内向提案者和交办机关说明原因，经交办机关同意，办复期可适当延长，但延长期一般不超过2个月。

（三）独办、分办和会办。提案审查意见指明独办的，由承办单位单独答复提案者；审查意见指明分办的，由各承办单位分别答复提案者；审查意见指明会办（分主办和协办）的，主办单位和协办单位要相互配合，主动协商，不得相互推诿。协办单位要在2个月内将办理意见寄送主办单位，同时抄送交办机关。主办单位要将协商一致的意见汇总答复提案者。主、协办意见不一致，主办单位的负责同志应及时牵头协调，经协调仍不一致的，由主办单位汇总各方面意见报交办机关。

（四）办理要求。承办单位办理政协提案，应按照积极主动、认真负责、高效务实的原则，加强调查研究，注重解决实际问题。要加大开门办理提案的力度，加强与政协提案者的沟通、联系，提高当面协商办案率。要坚持上门走访、开会座谈、邀请委员视察、公开答复等行之有效的方法促进办理工作。采取承办单位、市政协提案委员会、提案者、相关部门相结合的方法，通过协商座谈或调研，推动疑难问题的解决。对委员的批评意见，要认真听取，并制定切实的改进措施。凡提案所提问题，应予解决并具备解决条件的，要集中力量尽快解决；涉及面广、情况比较复杂的问题，要努力寻求解决的途径和办法，积极创造条件逐步解决；有些目前确实解决不了的问题，要实事求是地向提案者作出说明。对上年已经列入计划逐步解决的提案，要加强跟踪办理并及时向提案者通报办理进展情况，努力把提案办理工作落到实处。

（五）复文（含协办件）要求。向政协提案者正式答复的单位应是市委办公室、市政府办公室直接交办的单位，不能由其内设机构和下属单位答复。答复意见须以正式文件（署文号）形式，经承办单位负责人审签，按统一格式行文，并加盖公章。在复文第一页右上角标明办理结果：提案所提问题已经解决或采纳，用“A”标明；所提问题列入计划拟解决，用“B”标明；所提问题留作参考，用“C”标明。办理复文直接寄送提案者，并同时抄送交办机关和市政协提案委员会各2份。

三、抓好重点提案的办理

各承办单位对当年的市政协提案要进行研究分析，确定重点办理的提案，并由单位负责同志主持办理工作。对市政协确定的重点督办提案，各承办单位的领导要高度重视，积极支持，密切与市委办公室、市政府办公室、市政协提案委员会及提案者的联系，多方听取意见，注重办理质量。办理党派、人民团体和市政协专门委员会提案，在书面答复前，应由承办单位领导征求该党派、人民团体和政协专门委员会负责人的意见。

四、重视委员的反馈意见

承办单位要积极主动地征询提案者对办理工作的意见。如提案者在《提案办理情况征询意见表》上表示对办理结果不满意的，承办单位要分析研究，认真对待，深化办理，对合理诉求再次答复；对委员反馈中提出的具体意见和建议，要在今后工作中积极采纳。

五、做好办理总结工作

提案办理结束后，各承办单位要及时综合办理工作情况，认真总结经验。凡承办5件以上提案的单位，每年10月底前都要写出总结材料，分别寄送交办机关和市政协提案委员会。对认真办理提案的下属部门和经办人员，承办单位可根据各自情况，结合办理工作总结，进行表彰和奖励。

六、做好优秀提案推荐工作

承办单位在办复提案的同时，要协助做好当年优秀提案的推荐工作。优秀提案的标准是：1. 提案内容紧紧围绕我市改革开放和现代化建设、爱国统一战线工作等重大问题，围绕地方重要事务，以及人民群众普遍关心的问题；2. 提出的问题针对性强，有情况、有分析、有具体的建议；3. 所提建议具有可操作性，对承办单位改进工作有较明显的作用，或具有前瞻性，对长远规划，宏观决策有较重要的参考价值；4. 提案被有关单位采纳后，取得了比较明显的社会效益或经济效益。以上通知，请认真贯彻执行。

中共永州市委办公室
永州市人民政府办公室
2007年12月29日

附件七

永州市人民政府办公室关于办理人大代表建议和政协委员提案工作暂行规定

永政办发〔1997〕27号

各县区人民政府，市直机关各单位：

人大代表提出建议、批评和意见（以下简称建议），是国家法律赋予的权利。政协委员提出提案，是我国政治生活中发扬社会主义民主的一种重要形式。办理人大代表建议和政协委员提案工作，是推进民主政治建设的要求，是各级政府的一项重要职责。它对于改进政府工作，密切政府同人民群众的联系，促使政府决策的科学化、民主化有着极为重要的作用。为使办理人大代表建议和政协委员提案的工作走向制度化、程序化、规范化，经市人民政府同意，特作如下暂行规定。

一、办理范围

1. 承办本级人大代表在人民代表大会期间、闭会期间和人大代表在参加统一组织的视察中对政府工作提出的建议；

2. 承办本级政协委员对政府工作提出的提案和视察中对政府工作提出的书面意见；

3. 承办本级人大常务委员会在常务委员会议期间，闭会期间对政府工作提出的建议；

4. 承办上级交办的人大代表建议、政协委员提案和视察中提出的意见。

二、办理原则

1. 坚持实事求是的原则。办理建议和提案，必须遵循国家的法律、法规以及党和政府的政策，坚持一切从实际出发，实事求是地进行处理。凡是有条件解决的，必须切实抓紧解决；因条件限制在短期内不能解决的，要创造条件，作出规划，逐步解决；因现行政策不允许或受其他条件限制，目前不能解决的，要实事求是地讲清政策，说明情况。

2. 坚持为人民办实事、重实效的原则。办实事，求实效，是检验办理建议和提案工作质量的重要标准。在办理中应分清轻重缓急，努力办好社会各界普遍关注的事，办好有利于全市经济和社会发展的事，办好对全局有重大影响的事。应特别注意解决群众当前最为关心而又有条件解决的问题。

3. 坚持分级负责，归口办理原则。属于同级人民政府及其部门职权范围的，由本级人民政府办公室交有关部门办理，属于下级人民政府及其部门职权范围的，由上级人民政府交下级人民政府办理。各级人民政府及其所属各部门应做好承办工作，不得敷衍塞责，推诿扯皮。

三、办理职责

市、县区人民政府及各部门在办理工作中有以下职责：

1. 承办上级和本级人大代表建议和政协委员提案；

2. 组织所属部门或单位承办建议和提案；

3. 督促各承办部门或单位按期办理建议和提案；

4. 对所属部门或单位承办建议和提案工作进行检查、指导和协调工作；

5. 组织所属部门或单位，认真总结工作，交流经验，不断提高办理建议和提案工作水平；

6. 负责向交办单位报送工作进度和总结。

四、办理程序

（一）交办

1. 人民代表大会、政协全会会议期间，政府办公室应根据“两会”要求，组织力量协助人大、政协做好建议、提案的收集、整理、登记、批分等工作。

2. 政府会同人大、政协联合召开交办会，由政府领导出面交任务，部署政府系统当年承办工作。各承办单位分管领导应到会承接办理任务。

（二）承办

1. 承办单位收到建议、提案后，应立即进行清点，并按规定填写回执单。如有不属于本单位职责范围的，应在收到后十天内将原件退回交办单位，并说明原因，不得自行转给其他单位。

2. 承办单位应建立登记、收发、承办、催办、审核、落实、总结、归档等制度，并由办公室负责综合。

3. 凡需要几个部门会同办理的建议、提案，由交办单位指定主办单位，主办单位应主动与协办单位协商办理，协办单位应积极配合。部门和单位之间不能取得一致意见的问题，由政府办公室指定综合部门协调或直接组织协调。

（三）审核

对办结复文，各承办单位领导必须严格审核把关，经过研究和修改后签发。

（四）答复

1. 承办单位应在规定的时间内办好建议、提案，并答复代表或委员。对于一些比较复杂的问题，如在规定时间难以处理完毕，应先作简要答复，说明原因和打算，待办理完毕再作终结答复。

2. 答复应按统一规定的书写格式和要求，打印并加盖单位印章，并在复函中用A、B、C、D标明所提问题解决的程度。

3. 联名提出的建议或提案，承办单位的书面答复要同时寄送每位代表或委员。

4. 向人民代表或政协委员正式答复的单位应是政府办公室直接交办的单位，不能由其内设机构和下属单位直接答复。

5. 复文主送代表、委员的同时，应抄送政府办公室、人大办公室或政协办公室各2份。

6. 对省人大代表的建议、省政协委员提案，承办单位办好后，要及时报送市政府办公室，由市政府办公室审定，综合答复代表、委员，并报送有关上级单位。

（五）落实

建议、提案答复后，要继续抓好工作落实，将解决问题的措施和方案尽快付诸实施。列入规划逐步解决的，应积极创造条件，尽快实现。

（六）总结

建议、提案办理结束后，各级政府和承办单位都要及时综合办理工作情况，认真总结经验。凡办理建议提案5件以上的，都要写出总结材料，报政府办公室、人大办公室或政协办公室。每年由政府办公室向人大常委会汇报一次办理工作情况。

五、办理制度

1. 建立健全工作责任制。按照“分级负责，归口办理”的原则，各承办单位必须做到一把手负总责，有分管领导专抓。办公室和业务科室（股）有专人承办。做到承办单位落实、办理人员落实、承办任务落实、具体措施落实。对承办人员的工作实绩，要列入考核考评范围。对工作成绩显著的单位和个人应给予表彰和奖励，对交办的建议或提案拖延不办，贻误工作的要通报批评，追究责任。

2. 检查催办制度。各级人民政府办公室及各部门必须加强对办理工作的督促检查，采取重点抽查、召开座谈会、电话询问、发“催办单”等形式进行检查、催办，及时通报办理进度和情况。

3. 与代表、委员联系制度。各级人民政府办公室及各承办单位应加强与人大代表、政协委员的联系，采取走访或座谈等形式，交流情况，共同研究解决问题的办法，征求对办理工作的意见。

4. 信息反馈制度。各承办单位在寄发建议和提案的答复时，应附送《征询意见表》，征求代表、委员对办理结果的意见，对办理不符合要求，代表、委员意见很大的答复，承办单位应重新办理后答复代表、委员。

5. 办理工作奖励制度。对办理建议和提案成绩突出的单位或个人，每年度召开总结表彰会进行表彰和奖励。

六、组织领导

1. 各级政府各部门必须把办理建议、提案纳入工作议事日程，做到有领导分管。对每年的承办工作，各级政府领导要亲自出面部署，制定措施，加强检查督促，搞好审核把关，并亲自组织研究办理一些重大问题。

2. 建立一支相对稳定，素质较高的承办队伍。各县、区和市直单位，要根据各自承办工作任务大小，设立专门承办机构或明确一个机构管起来。承办机构和人员要保持相对稳定，要抓好承办人员的培训，提高承办人员的政治、业务素质。

1997年3月1日

附件八

永州市人民政府关于加强同市政协及其专门委员会联系的通知

永政发〔2001〕14号

各县区人民政府，各农场林、开发区，市直机关各单位：

为了切实加强市政府与市政协的工作联系，充分发挥人民政协政治协商、民主监督、参政议政的作用，进一步推进社会主义民主政治建设，促进政府各项决策的民主化、科学化，推动全市各项事业的健康发展，根据《中共湖南省委关于进一步加强政协工作的意见》（湘发〔2000〕28号）和湖南省人民政府《关于加强同省政协及其工作组、委员会联系的通知》（湘政发〔1986〕15号）精神，现就加强同市政协及其专门委员会的联系的有关事项通知如下：

一、市政府明确一名副市长联系政协工作。

二、市政府在大政方针和重大决策出台前，通过书面、召开专题会、座谈会等形式，征求和听取市政协的意见，并认真研究，积极采纳。

三、市政府提请人民代表大会审议的政府工作报告、经济与社会发展计划报告和财政预决算报告，以及各项重要改革、重要的地方性法规草案、县区级行政区划的变动等重大问题，在形成过程中主动征求政协的意见，做到协商在决策之前。

四、市政府召开的全体会议和常务会议，邀请市政协有关领导同志列席；召开有关重要工作会议，根据会议内容，邀请市政协有关领导和有关专门委员会负责人参加。对全市经济、政治和社会生活中的重大事件，及时向市政协通报，以利政协更好地参政议政。

五、市政府领导及政府部门负责人应接受市政协邀请，列席市政协全会并参加讨论。市政协召开的常委会议或其他协商座谈会，根据情况，市政府及其有关部门应安排领导参加，听取政协委员的意见，采纳政协提出的各项合理化建议。

六、市政府职能部门与市政协对口联系的专门委员会一般每个季度通报一次工作情况，互通信息，交流意见，协商解决有关问题，重大问题应随时通报。

七、市政府各职能部门要继续坚持和完善在政协委员中聘请特邀检察员、监察员、审计员、教育督导员等制度，积极邀请政协委员参与本部门组织的检查、考察、评议等活动，支持和自觉接受政协的民主监督。

八、各级人民政府及其各部门对市政协及其各专门委员会组织的视察、专题调查、民主评议等参政议政活动要大力支持，提前提供法律、法规、政策依据以及有关的材料。根据工作需要，市政府各部门可邀请市政协有关专门委员会联合开展调查研究，也可向政协专门委员会推荐调研课题，使政协的调研更加贴近市委、市政府的中心工作。

九、市政府及其各有关部门对市政协送交的提案、建议案、调查报告、社情民意摘报、重要情况专报、委员举报等，要认真研究处理。各单位要有专人负责政协提案、建议案的承办工作，并确保办理质量。对重要的建议案、提案应提交市政府常务会议讨论，明确有关部门办理落实，并及时反馈办理结果。

十、市直各部门召开的有关重要业务会议，应邀请市政协有关专门委员会派人参加，所印发的有关重要文件、资料，应抄送市政协办公室和有关专门委员会参阅。

十一、市直各部门制订的重大改革措施和方案，应在正式公布实施前征求市政协有关专门委员会的意见。

十二、市政府和市政协的秘书长（或办公室主任）要在工作上取得密切联系，及时通报重要情况，协商有关问题。

各县区人民政府要根据上述精神，加强同当地政协及其专门委员会的联系，使各级政协充分发挥作用，推动和促进我市的两个文明建设。

2001 年 11 月 1 日

附件九

永州市人民政府办公室关于做好接待市政协委员持证视察工作的通知

永政办发〔2002〕16 号

各县区人民政府，各农林场、开发区，市政府各委局、各直属单位：

中国共产党领导的多党合作和政治协商制度是我国的一项基本政治制度。根据《政协永州市委员会委员持证视察办法》精神，市政协委员可以持《视察证》视察，了解当地经济、政治、科教、文化、卫生、体育等各项事业的发展情况，有关改革开放和社会主义现代化建设的方针、政策与法律、法规的执行情况，国家机关和工作人员的工作情况，委员提案的办理情况以及人民生活和群众普遍关注的重要问题，并就所了解的情况提出建议和批评，供有关方面研究，以便改进工作。

市政协委员持证视察，对于委员履行政治协商、民主监督和参政议政的职责，帮助政府总结推广好的经验和典型，解决存在的问题，提高工作效率，促进改革、发展和稳定具有重要意义。各级政府及有关部门，对市政协委员持证视察工作应当热情接待，实事求是地介绍工作情况，虚心听取委员的意见和建议。对委员提出的意见和建议，要认真研究，择善而从，促进科学决策；对委员提出的实际问题，属于应解决而又能够解决的，要抓紧解决；对一时解决不了而又需要解决的，应积极创造条件逐步加以解决；对政策、法律不允许或者客观条件限制确实解决不了的，应实事求是地说明情况、解释清楚。市政协委员在视察后就重要问题所提出的书面提案，经市政协提案工作委员会审定提交有关单位承办后，有关单位应以认真负责的态度办理并书面答复委员，同时抄送市政府办公室和市政协提案工作委员会。

2002 年 1 月 24 日

附件十

中共永州市委
转发《政协永州市委员会关于进一步完善大会发言制度的实施细则》的通知

各县区委、各管理区党委，凤凰园经济开发区党委，市委各部门，市直机关各单位、各人民团体党组（党委），各大中专院校党委，中央、省驻永各单位党组织：

《政协永州市委员会关于进一步完善大会发言制度的实施细则》已经市委同意，现印发给你们，请认真遵照实施。

中共永州市委

2012 年 10 月 24 日

政协永州市委员会
关于进一步完善大会发言制度的实施细则

（经政协永州市委员会第四届委员会第三次常委会议审议通过）

为配合和支持市委、市政府抓工作落实，进一步完善政协全会大会发言制度，特制定本细则。

一、基本内容

（一）大会发言的形式。大会发言采取“讲评发言、书面发言、上台发言、即席发言和辩论式发言”五种形式，由政协主席或者驻会副主席主持，邀请党政领导、部门负责人和媒体参加。

讲评发言，即根据年终督查和平时视察情况，在大会发言前，由市政协副主席以政协常委会的名义对上一年度大会发言的办理落实情况进行综合讲评。

上台发言，即组织委员上主席台进行口头发言。一般安排上台发言3个，每个委员上台发言的时间为5~8分钟。

书面发言，即委员不作口头发言，只将材料印发给领导和与会人员作书面交流。

即席发言，即委员代表所在党派和界别进行即席发言。先由委员举手示意，经主持人点名后就席站立发言。一般安排即席发言12个（即每个委员活动小组1个），每个委员即席发言的时间为3分钟。

辩论式发言，即委员代表所在党派和界别作辩论式发言。委员根据确定的主题，举手示意，经主持人点名后就席站立发言。一般安排即席发言主题2~3个，每个主题发言不超过4轮。每个委员辩论发言的时间为3分钟。

（二）大会发言的时间。在政协全会上专门安排半天时间，作为委员大会发言时间。其中，讲评发言20分钟左右，上台发言20分钟左右，即席发言（含领导回应）70分钟左右，辩论式发言（含领导回应）60分钟左右。

（三）大会发言的议题。大会发言的议题主要包括两个方面：一是对上一年度大会发言落实情况进行评价，提出意见建议；二是围绕中心，服务大局，对做好当年各项工作、促进科学发展提出意见建议。第二个层面的内容又包括对党政决策部署的呼应，对科学发展、改善民生的建议，以及对决策思路和工作方向的探讨等方面。其中，上台发言侧重于对全市经济社会发展的意见和建议；即席发言侧重干对党政决策部署及部门工作落实的评价和建议；辩论式发言侧重于对党政即将作出的决策或者群众呼吁解决的问题进行可行性和不可行性论证。

（四）大会发言的要求和规则。一是要营造民主氛围，鼓励政协委员讲真话、讲实话，落实政协委员发言免责制。二是要体现围绕中心，服务大局的履职原则。发言不能违反四项基本原则和现行法律法规。三是发言应建立在深入调研的基础上，发言要言之有据，言之有物，观点鲜明，意见中肯。四是发言者以党派界别的名义进行发言，应坚持求同存异，包容兼蓄的原则。辩论式发言要相互尊重，不得搞人身攻击。五是党政领导和部门负责人要对委员发言及时作出回应或解释。六是要对大会发言的办理情况进行跟踪问效。其办理结果呈报党委、政府，反馈给相关单位，并视情况采取适当形式予以通报。

二、实施步骤

（一）每年10月份，组织下一年度政协全会大会发言工作。向各党派界别下发通知，广泛征求大会发言议题。各委员活动组组长、副组长牵头，组织委员调研思考，确定发言议题。内容应当是本界别熟悉、党政重视、群众关心的重大问题。原则上要求每个界别上报1—2个发言议题。

（二）10月底，各党派界别上报拟发言议题，市政协对发言议题进行初审，根据党政工作大局和经济社会发展要求，初步确定发言议题，并分成政治、经济、文化、社会、生态等五大类别，反馈给相关党派界别。由党派界别深入调研，形成发言材料。

（三）11月，党派界别深入调研，起草发言材料。市政协加强督促和跟踪服务，及时对发言材料提出修改意见。

（四）11月底，发言材料报市政协。市政协对发言材料进行再次审议，视质量和内容安排到上台发言、即席发言、辩论式发言等类别中。

（五）12月，召开主席会议，对发言议题及发言形式进行审议，确定大会发言的议题、内容和形式。原则上每个界别确定1个发言议题，明确一个发言代表人。会后，将大会发言拟定的议题报党委、政府领导，告知相关部门和单位，以便领导和部门作好回应的准备。

（六）12月底或元月初，召开召集人会议对大会发言事宜及发言规则，提出要求。确保大会发言既生动活泼，又规范有序。

（七）全会邀请党政领导、部门负责人及国家、省、市媒体参加发言大会。会上加强引导，营造委员踊跃发言、党政领导和部门负责人积极回应的良好氛围。会后，认真组织宣传报道。

（八）对委员大会发言情况及党政领导回应和解释情况进行综合，形成综合材料。报党委、政府，告知相关部门和单位，反馈给党派界别。

（九）对大会发言办理落实情况进行跟踪问效。联合市委、市政府“两办”督查室，定期不定期对全会大会发言的办理情况进行督查，并形成督查报告。督查报告报市委、市政府。督查情况和意见建议反馈给相关部门和单位。在下一年度的全会上对大会发言办理情况进行综合讲评。

三、组织领导

（一）成立大会发言领导小组，领导小组由市政协主席任组长，驻会副主席、秘书长任副组长。下设大会发言领导小组办公室，由市政协秘书长兼任办公室主任，分管研究室的副秘书长为常务副主任。领导小组办公室的成员由市政协办公室、研究室相关同志组成。领导小组及其办公室主要负责大会发言办理落实情况的督查和视察，负责发言议题的征集和确定，负责优秀大会发言的评选表彰等等。

（二）全会筹备期间，大会秘书处专设“大会发言组”。负责做好发言材料的修改工作、与党政部门及党派界别的沟通工作、会前有关大会发言的协调服务工作，以及会后对委员大会发言情况及党政领导回应和解释情况进行综合。

（三）本细则经市政协常务委员会会议通过。市政协主席会议对本细则具有解释权和修改权。

附件十一

中共永州市委关于贯彻落实《中共湖南省委政治协商规程（试行）》的实施意见

永发〔2012〕12号

为贯彻落实《中共湖南省委关于印发〈中共湖南省委政治协商规程（试行）〉的通知》（湘发〔2010〕20号，以下简称《规程》）精神，进一步提升我市政治协商工作的制度化、规范化和程序化水平，现结合永州实际，提出以下意见。

一、深刻认识政治协商的基本内涵和指导思想

政治协商是中国共产党领导的多党合作和政治协商制度的重要组成部分，是实行科学、民主、依法决策的重要环节，是中国共产党提高执政能力的重要途径。本意见所指的政治协商是中共永州市委就地方重大方针政策和重要事务在决策前和决策执行中同各民主党派市委和无党派人士、各人民团体和各族各界人士进行的协商。政治协商的基本形式有两种：一是中共永州市委同各民主党派市委、无党派人士的政治协商；二是中共永州市委在人民政协的政治协商。

政治协商的指导思想是：高举中国特色社会主义伟大旗帜，以邓小平理论和“三个代表”重要思想为指导，深入贯彻落实科学发展观，推进政治协商的制度化、规范化、程序化，切实把政治协商纳入决策程序，提高科学决策、民主决策、依法决策水平，努力营造民主、和谐的政治局面，形成群策群力推动永州经济社会又好又快发展的强大合力。

二、准确把握政治协商的基本原则

（一）党委总揽全局、协调各方的原则。中共永州市委在政治协商中发挥主导作用，统一部署、协调并组织实施政治协商。

（二）政治协商纳入决策程序的原则。对于事关全市经济、政治、文化、社会和生态文明建设的重大事项决策，广泛听取各民主党派、无党派人士、各人民团体和各族各界人士的意见，做到协商在党委决策之前、人大通过之前、政府实施之前，加强重大事项在决策执行过程中的协商。

（三）平等协商、有序参与的原则。坚持把加强团结和发扬民主贯穿于政治协商全过程，平等协商，求同存异。积极推进各协商主体有序参与，鼓励和保障各种意见的充分表达，保障应协商事项及时进行政治协商。

三、明确规范中共永州市委同各民主党派市委、无党派人士政治协商的主要内容、形式和程序

（一）主要内容

1. 中共永州市代表大会和委员会全体会议准备出台的重要文件，以及本市重要规范性文件的制定和修改；

2. 换届时市人大常委会、市人民政府、市政协领导成员及市中级人民法院院长、市人民检察院院长建议人选和其他需要协商的重要人事任免事项；

3. 中共永州市委关于推进改革开放的重要意见、决定和重要决策；

4. 关系本市经济社会发展全局的中长期规划及其他重要规划；

5. 事关本市全局和民生的重大问题，本市的重大建设项目，市政府应对各类重大突发事件和公共危机的预案；

6. 其他需要同各民主党派市委和无党派人士协商的重要问题。

（二）具体形式

1. 民主协商会。根据协商内容和工作需要召开，一般每季度一次。由中共永州市委主要领导同志或其委托的市委其他领导同志主持召开，邀请各民主党派市委主要负责人和无党派人士代表参加，就中共永州市委将要作出的重大决策、重要举措进行协商，听取意见建议。会后形成民主协商会议纪要。

2. 座谈会。由中共永州市委或市委委托有关方面就共同关心并需要协商的议题召开座谈会，邀请各民主党派市委主要负责人和无党派人士代表参加。市人民政府适时召开有各民主党派和无党派人士参加的党外人士座谈会，征求对政府工作报告、政府重要规章、重大政策措施和重大建设项目的意见建议。座谈会一般由市政府主要领导同志主持召开，特殊情况可委托市政府其他领导同志主持，会前组织党外人士阅读有关文件，会后形成座谈会议纪要。

3. 谈心会。中共永州市委主要领导同志或分管领导同志可根据工作需要，每年围绕一至二个议题，与各民主党派市委正副主委、无党派人士代表，开展谈心活动，沟通思想，交换意见。或不定期邀请各民主党派市委主要负责人和无党派人士举行高层次、小范围的谈心活动。

4. 通报会。一般每半年举行 1 次，也可根据需要举行。中共永州市委或市委委托有关方面向各民主党派市委和无党派人士通报中共永州市代表大会、市委全会等有关重要会议情况，经济建设、政治建设、文化建设、社会建设以及生态文明建设情况，重大决策执行情况、重要工作情况、重要文件精神、影响社会稳定的突发事件，以及市委认为需要通报的其他情况。根据中共永州市委的安排，市委、市政府有关部门每年向各民主党派市委、无党派人士通报有关重要工作情况，听取意见建议。

5. 春节走访。中共永州市委、市人大常委会、市人民政府领导和有关部门主要负责人在春节前后到各民主党派市委、市工商联、党外知识分子联谊会等统一战线团体单位走访慰问，听取工作汇报，问计科学发展，协商经济社会发展和各民主党派市委、市工商联的有关工作。

6. 书面建议。各民主党派市委和无党派人士可就中共永州市委的重大决策措施及其他重要问题，以书面形式向市委或市人民政府及有关部门提出意见建议。

召开党外人士民主协商会、座谈会、谈心会、通报会和开展春节走访等，邀请市工商联主要负责同志参加，并听取其意见建议。

（三）主要程序

1. 制定协商计划。根据年度工作重点，中共永州市委办公室商中共永州市委统战部研究提出全年政治协商计划，明确议题、时间、内容、形式、参加范围等，报中共永州市委主要领导同志审定。

2. 做好协商准备。协商前，中共永州市委办公室会同市委统战部，一般提前 3 个工作日将拟协商的议题通知各民主党派市委和无党派人士代表，并由市委统战部组织党外人士阅读有关重要文件和材料。各民主党派市委和无党派代表人士对协商议题要积极调查研究，广泛听取意见；各民主党派市委对协商议题要集体研究，形成本党派的意见建议。关于人事问题的协商，按照干部选拔任用有关规定程序进行。

3. 开展政治协商。在协商过程中充分发扬民主，广泛听取意见，求同存异，形成共识。此项工作由中共永州市委办公室牵头，中共永州市委统战部、中共永州市委组织部协助。

4. 汇总协商结果。一般在协商活动结束 15 个工作日内，由市委统战部牵头综合整理出民主协商会议纪要、专题座谈会议纪要、其他协商意见建议，报中共永州市委审定后印发参加协商的各民主党派市委、无党派人士和有关单位。

5. 协商成果办理与反馈。建立健全协商成果办理与反馈制度。对各民主党派市委和无党派代表人士提出的意见建议，中共永州市委要认真研究，并及时反馈情况。重要协商意见要列入市委常委会议或市政府常务会议进行研究，形成采用意见，作为决策的重要依据。市委、市政府督查部门要分别将市委常委会议、市政府常务会议对协商成果的讨论决定，以及党政领导的批办事项纳入督办范围。各承办单位要及时向市委、市政府督查部门和市委统战部反馈办理工作情况，并于市委常委会议、市政府常务会议结束之日起 3 个月内书面向参加协商的各民主党派市委、无党派代表人士反馈办理结果。此项工作由中共永州市委办公室、市政府办公室牵头，中共永州市委统战部协助。

四、明确规范中共永州市委在人民政协政治协商的主要内容、形式和程序

（一）主要内容

1. 中共永州市委或市委、市政府联合作出的有关本市经济建设、政治建设、文化建设、社会建设以及生态文明建设的重要决议、决定和意见，以及重要规范性文件的制定和修改；

2. 本市国民经济与社会发展中长期规划；

3. 市政府工作报告、国民经济和社会发展计划报告、财政预决算报告及预算调整方案、环境工作报告；

4. 市中级人民法院和市人民检察院工作报告；

5. 换届时市人大常委会、市人民政府、市政协领导班子成员及市中级人民法院院长、市人民检察院检察长的建议人选；市委提出的其他重要人事人选；

6. 本市区域总体规划、行政区划的重大调整；

7. 事关本市全局的重大问题和与人民群众密切相关的重要民生问题，市政府投资的重大建设项目，市政府应对各类重大突发事件和公共危机的预案，党风廉政建设及反腐倡廉工作中的重要事项；

8. 有关爱国统一战线的重要问题；

9. 中共永州市委、市人大常委会、市人民政府、市政协提出的其他政治协商事项。

（二）具体形式

1. 市政协全体委员会议。一般每年举行 1 次。主要对市政府工作报告和年度国民经济和社会发展计划执行情况与计划草案报告、年度财政预算执行情况和预算草案报告、经济社会中长期发展规划、市中级人民法院工作报告、市人民检察院工作报告，事关本市经济社会发展全局的重大事项，以及重要人事问题等进行全面协商。市委常委，市人大常委会、市政府领导，市中级人民法院、市人民检察院主要负责人，市委、市政府工作部门负责人出席开、闭幕会；市委、市政府领导同志及有关部门负责人参加大会发言、专题协商会和联组讨论，听取意见建议，共同协商。

2. 市政协常务委员会会议。一般每季度举行 1 次。协商讨论中共永州市委提出的或市政协党组提出的事关本市经济、政治、文化、社会和生态文明建设的协商议题，协商讨论财政预算执行及预算调整情况，听取市委或市政府及有关部门就协商议题所作的报告或说明，提出意见建议。市委、市政府相关领导及有关部门负责人到会通报情况，听取意见，共同协商。会后及时形成政协常务委员会会议纪要、建议案或情况报告。

3. 市政协主席会议。一般每月举行 1 次。主要根据中共永州市委工作部署和市政协工作要点，研究安排各项协商活动，决定协商形式和内容，就市委、市政府的重大决策及经济社会生活中的重大问题进行重点协商讨论。根据会议内容，市委、市政府相关领导及有关部门负责人到会通报情况，听取意见。会后形成政协主席会议纪要。

4. 市政协专题协商会。由市政协主席会议根据工作需要决定召开。主要协商讨论中共永州市委、市人大常委会、市人民政府提出的议题，或市政协提请市委、市政府及有关部门协商的议题。市委、市政府分管领导及有关部门负责人到会通报情况，听取意见，共同协商。会后形成政协专题协商会议建议。

5. 市政协专门委员会会议。由市政协专门委员会根据协商议题的需要不定期组织召开。主要协商讨论中共永州市委、市人大常委会、市人民政府有关部门提请市政协专门委员会协商，或市政协专门委员会提请市委、市政府有关部门协商的议题。有关职能部门负责人到会通报情况，听取意见，进行对口协商。会后形成政协专门委员会会议纪要。

6. 市政协界别委员座谈会。根据协商议题的特点和需要不定期组织召开。市政协党组受市委委托召开专题座谈会，组织市政协相关界别委员代表专题座谈，协商讨论，听取意见；或者就某些专业技术性强的重要项目，由市政协约请政协有关界别委员中的专家学者开展协商讨论，听取意见。会后形成政协界别委员座谈会议纪要或情况报告。

7. 秘书长联席会议。中共永州市委或中共永州市委根据市政协党组提出的意见、建议，召开中共永州市委、市人大常委会、市政府、市政协秘书长与各民主党派市委、市工商联、党外知识分子联谊会秘书长联席会议，共同讨论政协协商计划及其他事项。会后形成秘书长联席会议纪要。

8. 书面协商。中共永州市委、市人大常委会、市人民政府的重要文件稿以书面形式征求意见，市政协应集中政协各参加单位和各界代表人士的意见，以书面形式向市委、市人大常委会、市人民政府反馈；市政协也可就政协各参加单位和各界代表人士关心的重要问题以书面形式向市委、人大常委会、市人民政府提出协商意见建议。

9. 恳谈协商。对重要人事安排、经济社会发展中的重大事项或地方经济社会发展的敏感问题，在决策酝酿过程中，中共永州市委、市人民政府领导或有关部门负责人可采取一定层次、一定范围的恳谈会、谈心会等方式，同市政协及其参加单位、各界别代表人士协商，沟通思想、交换意见。

（三）主要程序

1. 协商计划的确定。中共永州市委根据年度工作重点和市政协党组的建议，听取各民主党派和无党派人士、各人民团体和各界人士的意见，研究确定协商议题，并书面通知市政协。市政协党组根据市委确定的协商议题，及时提出协商计划的工作方案，提交市政协主席会议审定后执行，并书面通知参加协商的单位和人员。中共永州市委如调整政治协商内容，一般应事先征求市政协意见，政治协商内容调整后，市政协及时通知参加协商的单位和人员。此项工作由中共永州市委办公室、市政协办公室负责。

2. 协商活动的准备。协商议题确定后，市政协党组应认真研究，组织政协委员及其有关专家围绕协商议题深入调查研究，听取各方意见建议，形成协商材料。市委、市人民政府有关部门及相关县区应积极支持配合市政协做好专题调研、委员视察、咨询论证等工作。协商材料一般应在协商日前 5 个工作日送达参加协商的与会人员。此项工作由市政协办公室负责，相关部门协助。

3. 协商活动的组织。市政协党组根据中共永州市委的要求，按照政协章程和有关规定具体组织协商活动。属年度计划安排的协商会议，应提前 10 个工作日通知与会人员；临时召集的协商会议，应尽早通知与会人员。市委和市政府有关领导及相关部门负责人要积极参加市政协的政治协商活动，并就协商的议题作出具体说明，开展双向交流，认真听取意见。

4. 协商成果的报送。经市政协常务委员会会议、主席会议、专题协商会、专门委员会会议、界别委员座谈会等政治协商的成果，一般应在会议结束后 7 个工作日内，视协商内容分别报中共永州市委、市人民政府，送相关单位和人员。其它书面形式的协商，由市政协办公室或专门委员会综合整理委员提出的意见建议，经市政协秘书长会议审议后，报中共永州市委、市人民政府，送有关单位。此项工作由市政协办公室负责。

5. 协商成果的运用和反馈。经政治协商的事项，在提交市委或市政府决策、市人大及其常委会通过时，应附上市政协报送的协商意见。重要协商成果要列入市委常委会议或市政府常务会议进行研究，作为决策的重要依据；也可召开专题会议研究吸纳协商的意见建议，并形成相关文件。市政协建议案、提案和调研报告、视察报告、社情民意信息等，是政协履行职能表达意见建议的重要方式，市委、市政府领导同志要亲自阅批，明确办理部门，承办单位要认真办理并及时回复办理结果。对其它书面协商意见建议，市委、市政府及有关部门要认真研究和采纳，并书面反馈给市政协。市委、市政府督查部门要分别将市委常委会议、市政府常务会议对协商成果的讨论决定，以及市委、市政府领导同志批办事项纳入督办范围，跟踪问效，确保协商成果的转化运用。

五、切实加强政治协商的组织保障

（一）各级党委要把政治协商工作摆上重要议事日程，严格按照政治协商的原则和规定的内容进行认真协商。未经协商的，原则上不提交市委决策、市人大及其常委会通过、市政府实施。中共永州市委把是否重视政治协商、能否发挥好政治协商作用，作为衡量各级领导干部领导水平和执政能力的一项重要指标，纳入领导班子和领导干部考核体系。此项工作由中共永州市委组织部负责，市委统战部和市政协办公室协助。

（二）充分发挥市政协党组、中共永州市委统战部在政治协商中的重要作用。市政协党组、市委统战部要在市委的领导下，认真做好政治协商的具体部署、协调安排和组织实施工作。引导各民主党派和无党派人士、各人民团体和各界代表人士自觉接受中国共产党的领导，使市委的主张成为广泛共识，提高政治协商水平。

（三）积极创造有利于政协组织、政协委员、各民主党派和无党派人士知情明政、履行政治协商职能的条件。坚持党政领导参加政治协商活动和通报相关情况制度。坚持市政协主席或党组书记列席市委常委会议和市政协领导参加有关重要会议的制度。市政府召开全体会议、常务会议和有关重要会议，应根据情况邀请市政协有关领导及政协机关相关人员列席；市中级人民法院、市人民检察院召开的重要会议，可视需要邀请市政协领导及相关专门委员会负责人列席。健全完善市委、市政府有关部门与市政协办公室、专门委员会和研究室、委员界别小组的信息双向交流的制度和程序；保障市政协和政协委员的知情权和参与权。政协委员和民主党派成员、无党派人士所在单位的领导要积极支持他们参加政协活动，履行职责。

（四）重视政治协商的理论研究和宣传教育工作。要加强政治协商的理论建设和实践研究，支持永州市人民政协理论研究会平台建设，为进一步探索政治协商的有效形式，创新和完善政治协商机制，提供有力的理论指导和支持。要把政治协商理论作为中共永州市委中心组学习的重要内容，纳入党政领导干部的培训计划，列入党校、行政学院、社会主义学院的教学计划。要把中国共产党领导的多党合作和政治协商制度、我市政治协商活动及其成果纳入市委宣传工作的总体规划，有计划、有重点地组织新闻媒体宣传报道，为开展政治协商营造良好的舆论氛围。

（五）构建政治协商的督办落实机制。由中共永州市委相关领导牵头，建立政治协商督办落实联席会议制度，召集中共永州市委办公室、市人大常委会办公室、市人民政府办公室、市政协办公室、中共永州市委组织部、中共永州市委宣传部、中共永州市委统战部、中共永州市委政策研究室等部门定期召开会议，研究、沟通和协调政治协商的组织实施、跟进落实、督办反馈等工作，并每年组织上述部门对政治协商的落实情况进行检查。中共永州市委同各民主党派市委、无党派人士政治协商的组织协商、检查落实情况的汇总，由中共永州市委统战部负责；中共永州市委在市政协的政治协商的组织协调、检查落实情况的汇总，由市政协办公室负责。

本意见自印发之日起施行。各县（区）委要结合当地实际，认真贯彻落实。

附件十二

中共永州市委转发《政协永州市委员会关于政治协商、民主监督、参政议政的规定（试行）》的通知)

各县区委，各管理区、经开区党委，市委各部委，市直机关各单位、各人民团体党组（党委），中央、省驻永各单位党组织：

现将《政协永州市委员会关于政治协商、民主监督、参政议政的规定（试行）》转发给你们，请认真抓好贯彻落实。

中共永州市委
2015 年 6 月 24 日

政协永州市委员会关于政治协商、民主监督、参政议政的规定（试行）

（经 2015 年 6 月 2 日市政协四届四十次主席会议审议通过）

第一章 总则

第一条 为推动我市履行政治协商、民主监督、参政议政三项职能的制度化、规范化、程序化建设，根据《中共湖南省委政治协商规程（试行）》（湘发〔2010〕20 号）、《中共湖南省委转发〈政协湖南省委员会关于政治协商、民主监督、参政议政的规定（试行）〉的通知》（湘发〔2014〕3 号）、《中共湖南省委办公厅、湖南省人民政府办公厅印发〈关于进一步加强人民政协提案办理工作的实施意见〉的通知》（湘办发〔2014〕17 号）精神，结合我市实际，制定本规定。

第二条 政协永州市委员会（以下简称“市政协”）坚持在中共永州市委（以下简称“市委”）的领导下履行政治协商、民主监督、参政议政职能，充分发挥协调关系、汇聚力量、建言献策、服务大局作用，推进协商民主广泛多层制度化发展。

第二章 政治协商

第三条 政治协商是对国家和地方的大政方针以及政治、经济、文化、社会和生态文明建设中的重要问题在决策之前进行协商和就决策执行过程中的重要问题进行协商。

政治协商主要有全体会议协商、常委会议协商、主席会议协商、专题协商、对口协商、界别协商、提案办理协商、委员大会发言意见建议办理协商等形式。

第四条 市政协政治协商的主要形式和内容：

（一）市政协全体会议协商

1. 市政府工作报告；

2. 市国民经济和社会发展计划执行情况和计划草案报告；

3. 市年度财政预算草案与预算执行报告；

4. 市国民经济和社会发展中长期规划及实施情况；

5. 市中级人民法院和市人民检察院工作报告；

6. 换届时市人大常委会、市政府、市政协领导班子成员及市中级人民法院院长、市人民检察院检察长建议人选和市委提出的其他需要协商的重要人事任免事项；

7. 事关本市全局和民生的重大问题；

8. 五分之一以上市政协委员联名提请，并经大会主席团或者市政协主席会议审查同意，需市政协全体会议协商的事项；

9. 经市政协常委会议审议需提请市政协全体会议协商的事项；

10. 市委、市人大常委会、市政府、市政协提出的其他需市政协全体会议协商的重要事项。

（二）市政协常委会议协商

1. 市委、市政府提出的有关政治、经济、文化、社会、生态文明建设的方针政策及重要部署；

2. 市委提出的党风廉政建设及反腐倡廉工作中的重要事项；

3. 市委认为需要与政协协商的干部人事事项（市政协常委会议可委托市政协主席（党组）会议协商）；

4. 市政府提出的本市区域总体规划、乡镇行政区划等重大调整方案；

5. 市政府提出的事关全局和民生的重大措施和政策；

6. 市政府提出的重大政策性投资项目和群众普遍关注、社会影响较大的重大经营性投资项目；

7. 市政府提出的财政预算执行和预算调整情况（市政协常委会议闭会期间可委托市政协主席（党组）会议协商）；

8. 有关爱国统一战线的重要问题；

9. 三分之一以上市政协常委联名提请，并经市政协主席会议审查同意，需市政协常委会议协商的事项；

10. 经市政协主席会议审议需提请市政协常委会议协商的事项；

11. 市委、市人大常委会、市政府提出的需市政协常委会议协商的其他事项。

（三）市政协主席会议协商

1. 市委、市人大常委会、市政府提出的需市政协主席会议协商的事项；

2. 市政协工作机构的设置，规章制度的制定，委员、常委建议人选；

3. 市政府提出的应对重大突发事件和公共危机的预案；
4. 市政协主席会议组成人员提请市政协主席会议协商的事项；
5. 需提请市政协主席会议协商的其他事项。
（四）专题协商（由市政协主席会议组织）
1. 市委、市人大常委会、市政府提出的议题；
2. 市政协提请市委、市政府协商的议题；
3. 事关全市大局，需要多部门、多行业协调与联动的重大事项。
（五）对口协商（由市政协专门委员会组织）
1. 市委、市人大常委会、市政府有关部门提出的、涉及全市工作大局和广大人民群众利益的调研课题，重要决议、办法、规定草案和政策建议；
2. 市政协专门委员会提请市委、市政府有关部门协商的调研课题、提案、建议案草案；
3. 市政协专门委员会重要专题调研成果转化的有关事项。
（六）界别协商（由市政协办公室协调相关界别和专门委员会组织）
1. 市委、市政府提出的需市政协组织专家论证的重要问题；
2. 人民群众反映强烈的行业或者领域中的突出问题；
3. 一个界别或者相关界别中十名以上委员联名提出的事项。
（七）提案办理协商（由市政协提案委员会组织）
1. 提案办理过程；
2. 提案办理质量和结果。
（八）委员大会发言意见建议办理协商（由市政协研究室组织）
1. 大会发言意见建议办理过程；
2. 大会发言意见建议办理质量和结果。

第五条 市政协政治协商的程序：

（一）制定协商计划。市政协主席会议根据市委、市政府的年度协商计划、年度工作重点，听取各民主党派、工商联、无党派人士、各人民团体和各族各界人士的意见，研究提出市政协年度政治协商计划，报市委批准实施。

（二）做好协商准备。市政协办公室提出落实年度政治协商计划的工作方案，提交市政协主席会议审定后由市政协办公室、研究室或者专门委员会组织实施。

（三）组织协商活动。协商议题确定后，由市政协办公室协调有关部门准备协商材料，协商材料应当在协商前七个工作日送达参加协商的单位和人员；人事事项的协商按照有关规定办理。

（四）汇总协商成果。凡经协商的事项，应当形成书面材料，在协商会议结束后及时报送相关单位和人员。

（五）协商成果办理与反馈。相关部门应当认真办理落实协商意见，及时以书面形式回复市政协办公室或者相关专门委员会。

（六）专题协商的具体组织和实施按照《政协永州市委员会“专题协商”实施办法》（永协办发〔2015〕5号）进行。

第三章 民主监督

第六条 民主监督是对国家宪法、法律和法规的实施，重大方针政策的贯彻执行，党政机关、司法机关及其工作人员的工作，通过建议和批评进行监督。

第七条 市政协民主监督的内容：

（一）国家宪法、法律、行政法规、部门规章以及地方性法规、规章在本市的实施情况；

（二）上级党委、政府的方针政策和市委、市政府重大政策措施、重要工作部署在本市的贯彻执行情况；

（三）本市国民经济和社会发展规划、计划执行情况，财政预算执行和决算情况；

（四）市直党政部门、市中级人民法院、市人民检察院及其工作人员履行职责、遵纪守法、廉洁自律等方面的情况；

（五）市政协和市政协委员提出的意见、建议、提案、建议案的办理情况；

（六）其他需要市政协监督的重要问题。

第八条 市政协民主监督的形式：

（一）市政协全体会议、常委会议、主席会议向市委、市政府提出建议案，开展民主评议、民主测评、委派民主监督小组；

（二）市政协各专门委员会通过专题调查或者专项视察等方式提出建议或者有关报告；

（三）市政协委员通过大会发言、持证视察、提出提案、进行举报、反映社情民意等形式提出批评和建议；

（四）参加市委、市政府有关部门组织的调查和检查活动；

（五）市政协委员应邀担任党政部门和司法机关特邀监督人员等。

市政协民主监督重点事项采用民主评议、民主测评、委派民主监督小组等形式进行。

第九条 市政协民主监督的程序：

（一）提出计划。市政协办公室会同各专门委员会提出年度民主监督计划，经与市委、市政府相关部门协商后，由市政协主席会议研究确定。

（二）制定方案。市政协办公室会同各专门委员会根据年度民主监督计划，制定总体实施方案，报市政协主席会议审定后组织实施。

（三）形成意见。监督活动一般应当形成书面监督意见，经市政协主席会议审定后，由市政协报送市委、市政府，或根据需要，由市政协办公室报送市委办公室、市政府办公室，并抄送相关部门。

（四）办理反馈。相关部门原则上应在收到民主监督意见之日起三个月内，将办理情况以书面形式回复市政协办公室或相关委室，由市政协办公室或相关委室向市政协主席会议报告，并将办理情况书面反馈给提出意见建议的相关党派、界别或者委员个人。

第十条 市政协常委会议民主评议

（一）市政协民主评议的对象为：市直党政机关、司法机关、具有公共服务职能的企事业单位以及与人民群众利益密切相关的服务部门（单位）。

（二）市政协办公室根据年度民主监督计划，确定市政协常委会议民主评议内容，经市政协主席会议审定后组建民主评议工作组，制定工作方案，开展调查研究，形成民主评议调研报告。民主评议工作分为组织准备、收集意见、集中评议和交办整改、测评总结四个阶段，评议时间一般为半年。

（三）市政协召开评议意见交办会，进行集中评议。邀请被评议单位的分管市级领导、相关部门负责人参加，形成书面民主评议意见。

（四）市政协召开评议总结大会，组织相关委员和评议工作组人员对被评议单位的工作按满意、基本满意和不满意采取无记名投票的方式进行测评。

（五）民主评议工作组应在民主评议结束后七个工作日内，将民主评议意见报送市委、市政府和相关部门，并对相关部门整改情况进行跟踪督办；通过市主流媒体向社会各界公布民主评议结果；在民主测评中，不满意率达到30%及以上的被评议单位要继续进行整改。当年年底再次组织评议工作组和部分委员对其整改情况进行测评。测评不满意率仍在30%以上的，建议市委将其列为重点整顿单位，并取消其单位“一把手”当年度评先评优资格。

第十一条 委派民主监督小组

（一）市政协根据工作需要遴选部分市政协委员组成若干民主监督小组，统一委派到市直党政工作部门和司法机关开展民主监督。重点监督被监督单位及其工作人员依法行政、公正司法等情况和政协有关意见、建议、提案在该单位的办理落实情况；

（二）各民主监督小组应当每年向市政协常委会议书面报告工作情况，并由市政协办公室汇总后报送市委办公室、市政府办公室和有关部门；

（三）民主监督小组在市政协常委会议和主席会议的领导下开展工作。市政协办公室负责统筹协调相关事宜。

第十二条 鼓励和支持市政协委员通过大会发言、持证视察、提出提案、进行举报、反映社情民意等形式，积极开展民主监督。

第四章 参政议政

第十三条 参政议政是对政治、经济、文化、社会和生态文明建设中的重要问题以及人民群众普遍关心的问题，开展调查研究，反映社情民意，进行协商讨论，向党和国家机关提出意见和建议。

第十四条 市政协参政议政的形式：

（一）市政协全体会议、常委会议、主席会议和专题协商会议、专门委员会会议、界别委员座谈会议等提出建议案或者建设性意见；

（二）通过调查研究、委员视察、委员提案、大会发言、反映社情民意等形式和参与市委、市政府和有关部门工作的方式参政议政；

第十五条 建议案

（一）建议案是经市政协全体会议、常委会议或者主席会议审议，向市委、市人大常委会、市政府提出的重要建议；

（二）参加市政协的各民主党派、工商联、各人民团体以及市政协各专门委员会、市政协委员，提出的重要建议，经市政协全体会议、常委会议或者主席会议审议通过后，分别形成市政协全体会议、常委会议或者主席会议建议案；

（三）市政协建议案由市政协办公室报送市委办公室、市人大常委会办公室、市政府办公室办理。相关部门必须在收到建议案之日起六个月内，将办理情况以书面形式回复市政协办公室。

第十六条 调查研究

（一）参加市政协的各民主党派、工商联、各人民团体以及市政协各专门委员会、市政协委员，围绕市委、市政府的重大部署和中心工作，选择经济社会发展中具有全局性、战略性、前瞻性的课题或者人民群众关注的重点问题等，开展调查研究，通过调研报告或者其他形式提出意见、建议；

（二）调查研究分为重点课题和其他课题。重点课题调研方案由市政协主席会议审定后，委托市政协办公室、研究室或者专门委员会组织实施；其他课题由市政协研究室或者专门委员会确定并组织实施；

（三）重点课题调研报告经市政协常委会议或市政协主席会议审议通过后，由市政协办公室报送市委、市政府主要领导以及市委办公室、市政府办公室和相关部门。其它课题调研报告经市政协常委会议或市政协主席会议审议通过后，由相关委室报送市委、市政府分管领导以及市委办公室、市政府办公室和相关部门。

第十七条 委员视察

（一）市政协委员对上级党委、政府重大方针政策和市委、市政府重大政策措施、重要工作部署在本市的贯彻执行情况，全市经济社会发展中的重要事项、重大项目、重点工作等开展视察；

（二）委员视察的组织形式包括常委会议视察、主席会议视察、专门委员会视察、委员活动组视察、委员界别视察、委员异地视察、委员持证视察等；

（三）常委会议视察、主席会议视察由市政协办公室组织实施。专门委员会视察由各专门委员会组织实施。委员活动组视察、委员界别视察、委员异地视察由市政协办公室协调相关专门委员会组织实施。委员持证视察一般由两名以上（含两名）市政协委员按照有关规定共同开展；

（四）委员视察活动一般应当形成视察报告。视察报告由组织单位审议后分别转送相关部门。

第十八条 委员提案

（一）市政协组织政协委员和参加市政协的各民主党派、工商联、各人民团体以及市政协各专门委员会，围绕上级党委、政府重大方针政策和市委、市政府重大政策措施、重要工作部署在本市的贯彻落实情况，全市经济社会发展的重大问题和人民群众普遍关心的问题，提出书面意见、建议；

（二）提案由市政协提案审查委员会和提案委员会审查立案，其中内容重要并具有较强可行性的提案，经市政协主席会议审议，可选作年度重点督办提案。不予立案的委员书面意见和建议，可转作社情民意信息、委员来信；

（三）经审查立案的政协提案，由市委、市政府、市政协联合交由承办单位办理。提案承办单位应当在收到市政协全体会议期间的提案之日起五个月内，收到市政协全体会议闭会期间的提案之日起三个月内，对提案作出书面答复。提案办理应先协商，后答复。提案者对办理结果不满意的，承办单位应当重新研究作进一步答复；

（四）市政协提案委员会负责对相关承办单位提案办理工作进行督促检查和跟踪落实，必要时可会同市委办公室、市政府办公室开展对提案办理工作的督查，进一步完善提案办理工作督查机制。市政协主席会议成员、各专门委员会、各民主党派、工商联和相关市政协委员可以运用协商座谈、专项视察、专题调研、实地走访等方式进行督办。

第十九条 大会发言

（一）委员大会发言是在市政协全体会议上，市政协委员代表各民主党派、工商联、各人民团体、各界别、市政协各专门委员会或者以个人名义所作的口头或者书面发言。时机成熟，增加委员即席发言（即委员代表所在党派和界别进行即席发言）和辩论式发言（即委员代表所在党派和界别作辩论式发言）；

（二）市委、市政府领导，市中级人民法院、市人民检察院及市直相关部门主要负责人应当出席市政协全体会议，听取委员大会发言；

（三）在市政协主席会议领导下，由市政协领导领衔，率相关委室对大会发言办理情况进行督查督办。同时，市政协办公室（研究室）协同市委办公室、市政府办公室对相关大会发言办理情况进行督办；

（四）市委、市政府领导作出批示的大会发言材料，由市政协办公室（研究室）提出交办建议，由市委办公室、市政府办公室转由相关单位办理，办理情况在11月底前反馈给市政协及提出意见建议的党派、界别、人民团体和委员；

（五）政协全会上，市政协领导根据年终督查和平时视察情况，以政协常委会的名义对上一年度委员大会发言的办理落实情况进行综合讲评；市政府领导对上一年度委员大会发言意见建议办理情况进行回应式发言。

第二十条 反映社情民意

（一）市政协组织市政协各参加单位、各专门委员会、市政协委员，指导各县市区政协，围绕经济社会发展中的重要问题和人民群众关注的问题，向全国政协、省政协和市委、市政府反映社情民意；

（二）市政协研究室负责社情民意信息的收集、编辑、报送、反馈以及相关组织、协调、服务工作，建立反映社情民意工作联系机制；

（三）领导对社情民意信息作出的批示，由市政协研究室会同市委办公室、市政府办公室跟踪办理落实情况，并将有关情况及时反馈给信息提供单位和委员个人。

第二十一条 市政协组织市政协委员应邀参加市委、市政府重要决策部署和重大政策措施出台的有关研讨、咨询、听证，中心工作、重点工作和重大项目建设的检查、督查、考核，干部民主测评、巡视谈话、行风评议等活动。市政协领导可以受市委、市政府委托，联系、负责重点工作和重大项目的实施，并在实施过程中履行政协职能。

第五章 保障和监督

第二十二条 市委把是否重视支持政协履行三项职能、是否贯彻落实本规定有关要求、是否制订完善与本规定相衔接的议事办事规程，作为检验领导水平和执政能力的一项重要内容，纳入领导班子和领导干部考核体系。构建政协履职的督办落实机制。由市委领导牵头，建立政协履职督办落实联席会议制度，组织相关部门定期召开会议，研究、沟通和协调政协履职的组织实施、跟进落实、督办反馈等工作，每年对政协履职的落实情况进行检查并通报。

第二十三条 市政协政治协商事项应坚持“三在前、三在先”原则，即协商在党委决策之前、人大通过之前、政府实施之前，真正做到先协商后决策、先协商后通过、先协商后实施。如有未经协商或者在协商中有重大分歧意见的事项，原则上不提交市委决策、市人大常委会通过、市政府实施。

第二十四条 市委、市政府领导或市委、市政府领导委托相关负责人，及时向市政协通报全市重点工作、重大突发性事件以及关系人民群众生产生活的突出问题；市委办公室、市政府办公室向市政协全会书面通报市政协提案办理情况，向市政协常委会议反馈涉及市委、市政府主要工作的建议案、重点提案、重点调研报告、民主监督意见、社情民意和其他重要意见、建议办理情况，向市政协办公室反馈协商计划、调研报告、视察报告等的办理情况；市政府领导每年向市政协全会通报上次委员大会发言的有关办理情况，每年向市政协常委会议通报一次全市经济社会发展情况。

第二十五条 健全完善党政部门与政协及其专门委员会、工作机构、界别小组信息双向交流的制度和程序，保障政协及政协委员的知情权和参与权。

第二十六条 市委、市政府把政协提案办理和大会发言意见建议办理工作纳入整体工作布局，与开展和推进业务工作结合起来，纳入绩效考核的重要内容。积极支持政协组织对提案办理工作开展民主评议和民主监督。对态度认真、措施得力、效果显著的部门和个人，以适当方式予以奖励，并作为干部考核、培养和选拔的参考依据；对重视不够、敷衍塞责的部门和个人，进行批评教育、督促限期整改。

第二十七条 尊重、保护市政协委员的各项民主权利和合法权益，切实保障市政协委员提出批评和发表不同意见的自由，保障市政协委员对违法行为检举揭发、参与调查和检查的权利。对市政协委员的批评、举报进行压制和打击报复的行为，必须依法依纪严肃处理。市政协委员涉嫌违法违纪的，有关部门在立案调查和采取限制人身自由的强制措施前，必须向市政协及时通报情况，情况紧急的，在执行的同时或执行以后及时通报。各级纪检监察机关在对市政协委员实行“两规”、“两指”审查前，要向市政协党组通报。

第二十八条 市政协委员应当经常深入基层、深入实际调查研究，密切联系所代表的党派、团体、界别及群众，积极反映群众意愿，积极参加市政协组织的会议和活动，忠实履职，发挥应有作用。市政协对不称职的委员和违纪违法的委员应当按有关规定严肃处理。

第六章　附则

第二十九条　各县区政协参照本规定执行，鼓励和支持各县区政协结合本地实际进行探索和创新。

第三十条　本规定由市政协常务委员会负责解释。

第三十一条　本规定自行文之日起施行。

二、政协永州市委员会文件

1996—2016年，政协永州市委员会下发重点文件共十七个。

附件一

中国人民政治协商会议
永州市委员会常务委员会工作规则

（1996年9月26日政协永州市第一届委员会常务委员会第三次会议通过）

为了加强中国人民政治协商会议永州市委员会常务委员会（以下简称常务委员会）的工作，健全工作制度，根据《中国人民政治协商会议章程》和《政协全国委员会关于政治协商、民主监督、参政议政的规定》的要求，参照全国政协常委会工作规则，结合我市政协的实际情况，特制定本规则。

第一章　总　则

第一条　常务委员会的活动以中华人民共和国宪法为根本准则，以建设有中国特色社会主义的理论和中国共产党的基本路线为指导，以中国人民政治协商会议章程为依据，在中共永州市委的领导和省政协的指导下，高举爱国主义社会主义的旗帜，坚持和完善中国共产党领导的多党合作和政治协商制度，进一步巩固和发展爱国统一战线，促进我市各族人民的大团结大联合，积极履行政治协商、民主监督、参政议政职能，为建设社会主义现代化的新永州和实现祖国统一大业而努力奋斗。

第二条　常务委员会主持中国人民政治协商会议永州市委员会（以下简称政协永州市委员会）的会务，在政协永州市委员会全体会议闭会期间，行使政协永州市委员会的职权，处理政协永州市委员会的重要工作。

第三条　常务委员会由政协永州市委员会主席、副主席、秘书长和常务委员组成。

第四条　政协永州市委员会主席主持常务委员会的工作，副主席、秘书长协助主席工作。

第五条　常务委员会的职权。

（一）召集并主持政协永州市委员会全体会议；每届第一次全体会议由会议选举主席团主持。

（二）组织市政协委员开展调查、视察、参观考察等重要活动。

（三）执行上级政协委员会所作的全局性的决议和政协永州市委员会全体会议的决议。

（四）政协永州市委员会全体会议闭会期间，审查通过提交中共永州市委、市人民代表大会及常务委员会、市人民政府的重要建议案。

（五）接受省政协的指导，联系和指导各县、区政协工作。

（六）协商决定本届政协参加单位、委员名额和人选的变更及下届政协参加单位、委员名额和人选。

（七）根据秘书长的提议，任免政协永州市委员会副秘书长。

（八）决定政协永州市委员会工作机构的设置和变动，并任锑其领导成员。

（九）中国人民政治协商会议章程规定的其他职权和任务。

第六条 常务委员会组成人员要认真执行中国人民政治协商会议章程和政协永州市委员会及常务委员会的规定、决议，积极参加常务委员会的活动，加强同各界人士的联系，广交朋友，及时反映群众的重要意见和要求。

第二章 常务委员会会议

第七条 常务委员会会议一般每季度举行一次，必要时可临时举行。

第八条 常务委员会会议的主要任务：

（一）讨论决定政协永州市委员会及常务委员会会务和工作中的重大问题。

（二）协商讨论全市性的大政方针政策和我市政治、经济、社会发展以及群众生活中普遍关心的重大问题，听取中共永州市委、市人民政府以及有关部门的负责人对有关重要问题的报告或说明，提出建议和意见。

（三）审议提交政协永州市委员会全体会议的文件。

（四）审查重要的建议案、提案、视察报告、调查报告和其他报告。

第九条 常务委员会会议的议程及程序：

（一）常务委员会的议程由主席会议拟定。

（二）原则上会前一个月将会议的议程及有关事项通知常务委员会组成人员。

（三）临时举行的会议，可以临时通知。

（四）常务委员会会议由主席主持，也可由主席委托的副主席主持。

第十条 常务委员会会议必须有全体组成人员的三分之二多数出席方能举行；会议要发扬社会主义民主，对议题进行充分协商讨论，全面反映委员发表的各种意见和建议；会议的议案或其他需要表决的事项，须经常务委员会全体组成人员过半数通过方能生效。

第十一条 常务委员会举行会议时，政协永州市委员会各专门委员会副主任、副主任、副秘书长、办公厅主任、副主任列席。

第十二条 常务委员会举行会议时，视会议内容和需要，可邀请有关的市政协委员，在市内的全国、省政协委员和各县、区政协负责人列席；必要时，邀请中共永州市委、市人民政府及有关部门的负责人参加。

第十三条 常务委员会会议采取全体会议和分组会议相结合的方式。根据会议议题，可按界别编组，也可混合编组。

第十四条 在常务委员会全体会议上，可由党派、团体、专门委员会和小组推举代表发言，也可由个人或数人联名发言。

第十五条 常务委员会组成人员因病或其他特殊原因不能出席会议和参加活动时，须请假。

第十六条 根据需要，可举行专题座谈会，就某项专门问题进行协商座谈，提出建议和意见。专题座谈会由有关常务委员和其他有关人员参加。

第十七条 常务委员会会议需要请中共永州市委、永州市人民政府或有关部门领导作报告和说明问题时，应提前向市委或市人民政府提出报告题目和报告人的建议。

第三章 主席会议

第十八条 主席会议由主席、副主席、秘书长组成，处理常务委员会的重要日常工作。

第十九条 主席会议一般每月举行一次；必要时可临时召集。

第二十条 主席会议由主席主持，也可由主席委托副主席主持。

第二十一条 主席会议的主要任务

（一）协商讨论全市性的大政方针政策和我市政治、经济、社会发展以及群众生活中普遍关心的重大问题，提出建议和意见。

（二）审查以政协永州市委员会或常务委员会名义向中共永州市委、市人民代表大会及其常务委员会、市人民政府提出的重要建议案。

（三）拟定常务委员会会议的议程、日程，审议提交常务委员会会议的文件。

（四）执行常务委员会会议的决议。

（五）审议政协永州市委员会及其常务委员会的工作计划、工作报告和重要活动方案。

（六）审议专门委员会的年度计划、总结和重要的活动安排。

（七）讨论决定委员视察、参观、考察和调查研究等重要活动。

（八）处理常务委员会的其他重要日常工作。

第二十二条 召开主席会议时，政协永州市委员会副秘书长和与议程有关的人员列席。

第四章 文件

第二十三条 常务委员会或主席会议作出的决定，提出的建议、意见和批评，须经主席、主席委托的副主席或秘书长签发，以政协永州市委员会文件或办公室文件的形式送达有关方面和部门。

第二十四条 常务委员会会议、主席会议、常务委员专题座谈会，一般应作新闻报道，并由办公室编发会议情况反映或会议纪要，根据会议内容可印发省政协、中共永州市委、市人大常委会、市人民政府、市政协领导以及有关部门、本会各专门委员会。会议情况反映或会议纪要由秘书长或主管副秘书长签发。

第五章 附则

第二十五条 本规则经常务委员会全体会议通过后实行，其解释权和修改权属常务委员会。

附件二

政协永州市第一届委员会委员
持证视察试行条例

（1997年3月7日政协永州市第一届委员会第五次常委会议通过）

第一条 根据《中国人民政治协商会议章程》关于“中国人民政治协商会议全国委员会和地方委员会组织委员视察、参观和调查、了解情况，就各项事业和群众生活的重要问题进行研究，通过建议案、提案和其他形式向国家和其他有关组织提出建议和批评”的规定，为了便于市政协委员履行政治协商、民主监督和参政议政的职责，加强社会主义民主政治建设，促进改革、发展和稳定，特决定制发“政协永州市第一届委员会委员视察证”，并制定本条例。

第二条 除市政协统一组织的委员视察外，市政协委员如认为必要，一般可由两名或几名委员联合，本着“议大事，抓重点，讲实效”的原则，就地持《视察证》视察工作。视察的内容，可以是当地经济、政治、科教、文化、卫生和体育等各项事业的发展情况，可以是有关改革开放和社会主义现代化建设的方针政策与法律法规执行情况，国家机关和工作人员的工作情况，也可以是委员提案办理情况或人民生活和群众普遍关注的重要问题。委员持证视察，应事先将拟进行视察的内容、单位和时间，告当地政协转请当地政府通知被视察单位；如到市内各地视察，则应告市政协转请当地政府通知被视察单位。

第三条 市政协委员持证视察，应本着实事求是、公道正派、兼听则明、促进工作的态度，密切联系群众，倾听群众呼声，并听取被视察单位负责人介绍情况，坦诚交换意见，认真履行《政协章程》赋予的权利和义务，进行协商监督。

第四条 委员通过视察，对所发现的好典型、好经验以及对存在问题和解决问题的建议与批评，可以直接向有关单位提出，由有关单位加以研究，择善而从；也可以通过当地政协向有关部门反映，督促有关单位改进工作。对涉及全市大政方针的重要问题，则应通过市政协办公室向有关方面反映，或作为提案提出，经市政协提案委员会审定后，交有关部门予以办复。委员在视察中不直接处理问题、不得接受宴请和馈赠。

第五条 本条例连同永州市人民政府办公室《关于认真接待市政协委员持证视察工作的通知》发至市政协委员以及各县、区政协、市政协各专门委员会。市政协各专门委员会和各县、区政协应注意掌握委员持证视察情况，重视总结经验，报市政协办公室汇总后，向主席会议和常务委员会作出报告，以便认真改进和完善这一工作。

第六条 本条例在本市范围和本届任期有效，修订权属常务委员会。对一时解决不了而又需要解决的，应当积极创造条件逐步加以解决；对政策、法律不允许或者客观条件限制确实解决不了的，应实事求是地说明情况、解释清楚。市政协委员

在视察后就重要问题所提出的书面提案，经市政协提案工作委员会审定提交有关单位承办后，有关单位应以认真负责的态度办理并书面答复委员，同时抄送市政府办公室和市政协提案工作委员会。

一九九七年三月四日

附件三

政协永州市委员会全体会议工作规则

（2007 年 7 月 19 日政协永州市第三届委员会第二次常委会议审议通过）

第一章　总则

第一条　为进一步推进政协永州市委员会全体会议（以下简称全体会议）的制度化、规范化和程序化建设，根据《中国人民政治协商会议章程》，参照全国政协和湖南省政协全体会议工作规则，制定本规则。

第二条　全体会议是中国人民政治协商会议永州市委员会（以下简称政协永州市委员会）围绕团结和民主两大主题，履行政治协商、民主监督、参政议政职能的最高形式。

第三条　全体会议以马克思列宁主义、毛泽东思想、邓小平理论和“三个代表”重要思想为指导，坚持科学发展观，坚持社会主义初级阶段的基本路线，在热爱中华人民共和国、拥护中国共产党的领导、拥护社会主义事业、共同致力于中华民族伟大复兴的政治基础上，根据中国共产党同各民主党派和无党派人士“长期共存、互相监督、肝胆相照、荣辱与共”的方针，促进参加市政协的各党派、无党派人士的团结合作，促进各民族的大团结大联合，促进我市社会主义物质文明、政治文明和精神文明的协调发展，为进一步巩固和发展爱国统一战线，为实现我国各族人民的根本任务而奋斗。

第四条　全体会议坚持民主、求实、团结、鼓劲的方针，广开言路，求同存异，民主协商，集思广益，鼓励委员充分发表意见和建议。

第五条　每届政协永州市委员会的参加单位、委员名额和人选及界别设置，须在每届第一次全体会议举行一个月前，经上届市政协主席会议审议同意后，由常务委员会协商决定。每届政协永州市委员会任期内，有必要增加或者变更参加单位、委员名额和人选时，经本届主席会议审议同意后，由常务委员会协商决定。

第六条　每届政协永州市委员会第一次全体会议举行前召开预备会议，全体委员参加。政协永州市委员会每届任期五年，从该届政协永州市委员会第一次全体会议预备会议开始。如遇非常情况，由常务委员会以全体组成人员的三分之二以上的多数通过，得延长任期。

第七条 全体会议每年举行一次。如遇特殊情况，常务委员会认为必要时，得临时召集之。全体会议须有三分之二以上的委员出席，始得举行。

第八条 全体会议的主要任务：

（一）选举政协永州市委员会的主席、副主席、秘书长和常务委员。决定常务委员会组成人员的增加或者变更；

（二）协商讨论我市政治、经济、文化和社会生活中的重大问题，提出意见和建议；

（三）听取和审议常务委员会工作报告、提案工作情况的报告和其他报告；

（四）讨论本会重大工作方针、任务并作出决议。

第九条 全体会议由常务委员会召集并主持。每届第一次全体会议由预备会议选举产生的主席团主持。

第二章 会议的准备

第十条 全体会议召开前，常务委员会须根据主席会议的提议，进行下列准备工作：

（一）审议通过全体会议议程草案和日程；

（二）通过常务委员会工作报告、提案工作情况的报告和其他报告；

（三）审议常务委员会组成人员增加或者变更的建议名单；

（四）通过全体会议秘书长和副秘书长名单；

（五）审议提请全体会议审议的建议案草案；

（六）会议的其他准备事项。

第十一条 在全体会议举行一个月之前，由主席会议提出全体会议的议程草案和日程草案的建议。

第十二条 预备会议由上届常务委员会授权主席会议主持，主要任务为通过第一次全体会议的议程和日程，通过本次会议主席团、主席团会议主持人、秘书长和提案审查委员会名单。主席团会议由主席团会议主持人主持，主要任务是通过主席团常务主席名单，审议提请全体会议通过的决议，决定全体会议的其他事项。主席团常务主席会议由主席团会议主持人主持，主要任务是审议提请主席团会议审议的各项文件。主席团和主席团会议主持人、主席团常务主席、秘书长工作至会议选举产生本届政协永州市委员会主席、副主席、秘书长、常务委员为止，提案审查委员会工作至本次会议结束为止。

第十三条 全体会议设立会议秘书处，秘书处由秘书长和副秘书长组成，办理常务委员会或主席团、主席会议或主席团常务主席会议交付的事项和处理会议日常事务。

第三章　会议的举行

第十四条　全体会议采取大会和小组会、联组会等形式进行。

第十五条　全体会议开幕会的任务：(一) 听取政协永州市委员会常务委员会工作报告；(二) 听取政协永州市委员会常务委员会提案工作情况的报告；(三) 听取其他报告或说明。

第十六条　全体会议闭幕会的任务：(一) 通过会议的各项决议和报告；(二) 决定常务委员会组成人员的增加或者变动；(三) 通过政协永州市委员会的建议案；(四) 其他事项。

第十七条　全体会议听取并讨论市政府工作报告及其他报告，提出意见和建议。

第十八条　全体会议安排大会发言。各党派、团体、界别、专门委员会、委员个人或联名均可提交书面发言材料，申请大会发言。大会发言人选由会议秘书处按照有关规定确定。

第十九条　全体会议各次大会的执行主席、主持人由主席会议协商决定。每届第一次全体会议的执行主席、主持人由主席团会议协商决定。

第二十条　委员小组按界别组织。小组会由本组委员推举的委员小组组长主持，在委员小组组长产生之前由委员小组召集人主持。

第二十一条　联组会可由同一界别的委员小组合并而成，也可由不同界别的委员小组联合而成。联组会的主持人由参加联组会的各委员小组推举产生。

第二十二条　全体会议邀请中共永州市委、永州市人大常委会、永州市人民政府、永州市军分区和永州市中级人民法院、永州市人民检察院领导同志出席，邀请市委、市政府有关部门和有关人民团体负责同志列席。也可根据情况邀请其他人士列席。

第二十三条　全体会议可邀请有关方面人士旁听。

第二十四条　全体会议开幕会、闭幕会以及大会发言，均邀请记者采访；分组会议亦可视情况邀请记者采访。

第二十五条　委员应按照会议日程积极参加全体会议的各次会议和各项活动，因病或其他特殊情况不能出席会议和参加活动时，须请假。

第四章　会议的提案和建议案

第二十六条　各党派、团体、界别、专门委员会和委员、委员小组或联组均可提出提案。提案的审查工作由提案委员会或提案审查委员会负责。

第二十七条 全体会议期间，提案委员会或提案审查委员会可选择若干提案作为重点提案协商办理。

第二十八条 全体会议可就涉及经济和社会发展的重大事项、人民群众普遍关心的热点问题，向中共永州市委、永州市人大常委会、永州市人民政府提出建议案。

第二十九条 全体会议期间，参加政协的党派、团体或占总数四分之一以上的委员联名，可提出建议案草案。建议案草案经主席会议审议通过后，由常务委员会决定是否提请全体会议审议。

第五章 选举和表决

第三十条 每届第一次全体会议选举产生本届政协永州市委员会主席、副主席、秘书长和常务委员，组成常务委员会。常务委员会组成人员从本届委员中选举产生。选举工作由会议主席团领导。

第三十一条 主席、副主席、秘书长和常务委员的建议人选由主席团审议后提交各委员小组充分酝酿讨论。主席团根据委员的意见，确定正式候选人名单，提交大会选举。

第三十二条 全体会议选举采用无记名投票方式。选举时须有三分之二以上的委员出席。候选人得到的赞成票超过全体委员的半数方可当选。

第三十三条 每届第一次全体会议的选举办法，由主席团会议审议决定。其他各次全体会议的选举参照第一次全体会议的选举办法执行。

第三十四条 每届任期内，常务委员会组成人员的增加或者变更，由常务委员会提请全体会议决定。

第三十五条 全体会议的决议和建议案，应经全体委员过半数通过。

第六章 附则

第三十六条 本规则经常务委员会会议通过后实行。本规则的解释权属于常务委员会。

附件四

政协永州市委员会常务委员会工作规则

（2007年7月19日政协永州市第三届委员会第二次常委会议审议通过）

为进一步推进政协永州市委员会常务委员会（以下简称常务委员会）工作的制度化、规范化和程序化建设，根据《中国人民政治协商会议章程》，参照全国政协、省政协常务委员会工作规则，结合我市实际，制定本规则。

第一章　总则

第一条　常务委员会以中华人民共和国宪法为根本准则，以中国人民政治协商会议章程为依据，以马克思列宁主义、毛泽东思想、邓小平理论和“三个代表”重要思想为指导，坚持科学发展观，在中共永州市委的领导下，高举爱国主义和社会主义的旗帜，坚持中国共产党领导的多党合作和政治协商制度，促进参加中国人民政治协商会议的各党派团体、各族各界人士的团结合作，进一步巩固和发展爱国统一战线，围绕团结和民主两大主题，服从和服务于全市工作大局，积极履行政治协商、民主监督、参政议政职能，为推进永州经济社会发展、促进社会和谐稳定、完成祖国统一、维护世界和平的宏伟目标而奋斗。

第二条　常务委员会主持政协永州市委员会的会务，在政协永州市委员会全体会议闭会期间，行使市政协的职权，处理市政协的重要工作。

第三条　常务委员会由市政协主席、副主席、秘书长和常务委员组成。

第四条　市政协主席主持常务委员会的工作，副主席、秘书长协助主席工作。

第五条　常务委员会的职权：（一）协商决定下届政协的参加单位、委员名额和委员人选及界别设置；协商决定本届政协增加或者变更的参加单位、委员名额和人选；（二）召集并主持政协永州市委员会全体会议。每届第一次全体会议前召开全体委员参加的预备会议，选举第一次全体会议主席团，由主席团主持第一次会议；（三）在非常情况下决定政协永州市委员会是否延长任期。由常务委员会以全体组成人员的三分之二以上多数通过，得延长任期；（四）组织落实中国人民政治协商会议章程规定的任务和中共永州市委提出的任务；（五）执行市政协全体会议的决议；（六）政协永州市委员会全体会议闭会期间，审查通过提交中共永州市委、永州市人大常委会、永州市人民政府的重要建议案；（七）常务委员会组成人员增加或者变更时，常务委员会提出建议名单，由政协永州市委员会全体会议决定；（八）根据秘书长的提议，任免政协永州市委员会副秘书长；（九）决定市政协工作机构的设置和变动，并任免其领导成员；（十）根据中国人民政治协商会议章程决定对参加政协的单位和个人的纪律处分事项；

第六条 常务委员会组成人员要认真执行中国人民政治协商会议章程和市政协及常务委员会的规定、决议，积极参加常务委员会的活动，加强同各方面人士的联系，广交朋友，及时反映群众的意见和要求。

第二章 常务委员会会议

第七条 常务委员会会议一般每季度举行一次；必要时可临时举行。

第八条 常务委员会会议的议程及程序：

（一）常务委员会会议的议程草案和日程由主席会议拟定。

（二）原则上会前十天将会议的有关事项通知常务委员会组成人员。

（三）临时举行的会议，可以临时通知。

第九条 常务委员会会议由主席主持，也可由主席委托副主席主持。

第十条 常务委员会会议的主要任务：

（一）协商决定政协永州市委员会及常务委员会会务和工作中的重大事项；（二）协商讨论中共永州市委、市人民政府提出的有关本市的大政方针、重要事务以及人民群众生产生活中的重大问题，听取和讨论中共永州市委、永州市人民政府、市人民法院、市人民检察院以及市直有关部门的负责人对有关重要问题的报告或说明，提出建议和意见；（三）审议提交政协永州市委员会全体会议的文件；（四）审议重要的建议案、提案、视察报告、调查报告和其他报告。

第十一条 常务委员会举行会议时，不是常务委员的市政协副秘书长、办公室副主任、各专门委员会专职副主任及市政协机关副处级以上干部列席。

第十二条 常务委员会举行会议，视会议内容和需要，可邀请有关的市政协委员，在市内的全国、省政协委员和各县、区政协负责人列席；必要时，邀请市委、市政府及有关党政部门负责人和其他有代表性的人士参加。

第十三条 常务委员会会议必须有全体组成人员的三分之二多数出席方能举行；会议要发扬社会主义民主，对议题进行充分协商讨论，全面反映委员发表的各种意见和建议；会议的议案或其他需要表决的事项，须经常务委员会全体组成人员过半数通过方能生效。

第十四条 常务委员会会议采取全体会议和分组会议相结合的方式。根据会议议题，可按界别编组，也可混合编组。

第十五条 在常务委员会全体会议上，根据需要可安排发言。各党派、团体、专门委员会、委员个人或联名均可提交发言材料，申请发言，由会议统筹安排。

第十六条 常务委员会组成人员因病或其他特殊原因不能出席会议时，必须请假。

第十七条 根据需要，可举行专题座谈会，就某项专门问题进行协商座谈，提出建议和意见。专题座谈会由有关常务委员和其他有关人员参加。

第十八条 常务委员会会议闭会期间，由主席、副主席、秘书长组成的主席会议主持常务委员会的日常工作。

第三章 文件

第十九条 常务委员会作出的决定，提出的建议、意见和批评，须经主席或主席委托的副主席、秘书长签发，以政协永州市委员会文件或办公室文件的形式送达有关方面或部门。

第二十条 常务委员会会议、常务委员专题座谈会，一般应作新闻报道，并由办公室编发会议简报或会议纪要。

第四章 附则

第二十一条 本规则经常务委员会会议通过后实行，其解释权和修改权属常务委员会。

附件五

政协永州市委员会主席会议工作规则

（2007 年 5 月 31 日政协永州市第三届委员会第四次主席会议审议通过）

第一条 为进一步推进政协永州市委员会主席会议的制度化、规范化和程序化建设，根据《中国人民政治协商会议章程》和参照全国政协、省政协主席会议工作规则，制定本规则。

第二条 政协永州市委员会主席会议由主席、副主席、秘书长组成，负责处理常务委员会的重要日常工作。主席主持常务委员会的工作，副主席、秘书长协助主席工作。

第三条　主席会议以中华人民共和国宪法为根本准则，以《中国人民政治协商会议章程》为依据，以马克思列宁主义、毛泽东思想、邓小平理论和“三个代表”重要思想为指导，树立和落实科学发展观，坚持和完善中国共产党领导的多党合作和政治协商制度，高举爱国主义、社会主义的伟大旗帜，坚持团结和民主两大主题，认真履行政治协商、民主监督、参政议政职能，巩固和发展最广泛的爱国统一战线，调动一切积极因素，为促进社会主义物质文明、政治文明、精神文明建设和构建社会主义和谐社会服务，为完成祖国统一大业和实现中华民族的伟大复兴而奋斗。

第四条　主席会议组成人员要认真执行中国人民政治协商会议章程和政协永州市委员会、常务委员会、主席会议的规定、决议，切实履行职责，加强同各方面人士的联系，广交朋友，及时反映人民群众的意见和建议，积极参加政协永州市委员会、常务委员会、主席会议举行的会议和活动。

第五条　主席会议的主要任务是：

（一）学习中华人民共和国宪法，学习中国人民政治协商会议章程和有关规定，学习建设中国特色社会主义的基本理论、基本路线、基本纲领和基本经验，学习统一战线和人民政协的理论和政策，学习经济、科技、法律和现代管理知识；研究部署学习工作。

（二）审议本届政协永州市委员会增加或者变更参加单位、委员名额和人选，提请常务委员会协商决定。审议下届政协永州市委员会的参加单位、委员名额和人选及界别设置，提请常务委员会协商决定。

（三）根据政协章程和有关规定，安排协商活动，决定协商的形式和内容。

（四）对中共永州市委、永州市人民政府的重要方针政策以及事关全市经济社会发展的重大问题进行讨论，提出建议和意见或建议案。

（五）审查以政协永州市委员会或常务委员会名义向中共永州市委、永州市人大常委会、永州市人民政府提出的重要建议案。

（六）召集并主持常务委员会会议，审议通过会议的议程和日程，审议提交会议审议的文件。

（七）受常务委员会的委托，主持下一届第一次全体会议预备会议。

（八）审议政协永州市委员会及其常委会的工作计划、工作报告和重要活动方案，审议委员视察报告，审议专门委员会的年度计划和工作总结，决定专门委员会委员人选。

（九）执行常务委员会会议的决议；根据常务委员会的授权，履行常务委员会的部分职权。

（十）对政协永州市委员会及全体会议、常务委员会的制度化、规范化、程序化建设提出建议，指导县区政协工作。

（十一）协调市政协各参加单位之间的关系，促进团结合作。

（十二）处理常务委员会的其他重要日常工作

第六条 主席会议由主席或主席委托的副主席召集并主持。

第七条 主席会议的议题由主席或副主席、秘书长提出，由主席或主席委托的副主席确定。

第八条 主席会议一般每月举行一次；必要时可临时召开。

第九条 主席会议举行前，办公室应将开会时间、地点、主要议题等通知事项和提交会议审议的重要文件，送达主席会议组成人员；临时召开的会议临时通知。

第十条 主席会议举行时，市政协副秘书长、各专门委员会主任列席会议，必要时邀请与会议议题有关的其他人员列席；协商讨论重大问题时，可邀请中共永州市委、永州市人大常委会、永州市人民政府及有关部门的负责人到会介绍情况、听取意见。

第十一条 主席会议须在全体组成人员过半数出席时方能举行。

第十二条 主席会议协商讨论问题，要充分发扬民主。讨论决定问题，必须坚持少数服从多数的原则，对于少数人的不同意见，应当认真考虑。如果对重要问题发生争论，双方人数接受，除在紧急情况下必须按多数意见执行外，应当暂缓作出决定，待进一步调查研究、交换意见、统一认识后再作决定。

第十三条 主席会议决定问题时，一般以分项审议方式通过，必要时也可以合并审议通过。

第十四条 对提请主席会议审议通过的文件，提请人应在主席会议审议时做出说明。

第十五条 主席会议审议通过的文件，需继续提请常务委员会会议审议通过的，在常务委员会会议表决通过前，由主席或主席委托的副主席、秘书长作出说明。主席会议审议通过即发生效力的文件，由主席或主席委托的副主席、秘书长签发，以政协永州市委员会文件或办公室文件形式送达有关方面或部门。

第十六条 主席会议应作会议记录，必要时编发会议纪要。会议纪要由主席或主席委托的副主席、秘书长签发。

第十七条 本规则经政协永州市委员会主席会议通过后实行。

附件六

政协委员会专门委员会规则

（2007 年 7 月 19 日政协永州市第三届委员会第二次常委会议审议通过）

为加强政协永州市委员会专门委员会的工作，更好地履行政治协商、民主监督、参政议政职能，根据《中国人民政治协商会议章程》的有关规定，结合本会实际，特制定本通则。

第一章 总则

第一条 根据《中国人民政治协商会议章程》的规定，政协永州市委员会设置若干专门委员会。

第二条 专门委员会是常务委员会和主席会议领导下的工作机构。专门委员会的设置和变动，由常务委员会决定。

第三条 专门委员会以马克思列宁主义、毛泽东思想、邓小平理论和“三个代表”重要思想为指导，坚持科学发展观，坚持社会主义初级阶段的基本路线和基本纲领，贯彻“长期共存、互相监督、肝胆相照、荣辱与共”的方针，紧紧围绕团结和民主两大主题，切实履行政治协商、民主监督、参政议政的职能。

第四条 专门委员会工作是政协工作的重要基础，是政协履行职能的重要方式。专门委员会根据中国人民政治协商会议章程的要求，以及政协永州市委员会全体会议、常务委员会会议、主席会议提出的各项任务，结合本专门委员会的业务特点，负责组织实施，认真开展工作。组织委员认真学习、宣传党和国家的方针政策和法律；围绕我市政治、经济、文化和社会生活中的重要问题，人民群众普遍关心的问题，选择其中具有综合性、全局性、前瞻性的课题，深入开展调查研究，提出意见、建议和提案；团结和联系委员及各族各界人士，积极反映社情民意；维护社会稳定和民族团结，促进祖国和平统一；组织各种活动，积极为委员知情出力、履行职责创造条件。

第二章 组织制度

第五条 专门委员会的组成，应按照有利于联系各界、各方面人士，自愿、协商和便于组织经常性活动的原则，统筹安排。

第六条 每届专门委员会的设置一般应在当届政协第一次常务委员会会议上确定。专门委员会的组成人员原则上为全体委员的20%左右。各专门委员会设主任1人，副主任和委员若干人。

第七条 专门委员会的人选从政协永州市委员会委员中产生，由政协永州市委员会秘书长会议提出，征得本人同意后，委员由主席会议决定，主任、副主任由常务委员会决定。专门委员会组成人员需要调整时，应由本人申请或委员推荐，经本人所在专门委员会主任会议提出建议，重新加入的专门委员会全体会议协商同意，按专门委员会产生的程序办理。

第八条 未参加专门委员会的政协委员，根据本人意愿，可同某一专门委员会建立联系。根据工作需要，专门委员会可采取适当方式邀请这些委员参加活动。

第九条 专门委员会根据精简、效能原则相应设立一个科级办事机构，负责秘书、会务、组织、联系等工作。

第十条 专门委员会的组成人员，一般应具有相关工作经历、专业知识水平，有时间和精力参加调查研究等经常性活动。组成人员较多的专门委员会也可划分为若干委员小组，并推荐组长、副组长独立开展调研、视察、讨论提案、座谈交流等活动。

第十一条 每届政协第一次会议成立的提案审查委员会，闭会后即作为提案委员会列入专门委员会序列，负责届内每次会议和日常提案的审查、督办工作。提案委员会主任、副主任和委员的调整，与其他专门委员会办理程序相同。

第三章 工作制度

第十二条 专门委员会的日常工作由主任或主任委托的副主任主持，政协永州市委员会秘书长或秘书长委托的副秘书长负责协调。

第十三条 专门委员会的各种活动应广泛联系各界人士，发扬社会主义民主，注重调查研究，进行充分协商。专门委员会需对工作作出决定时，按照民主集中制原则办理。

第十四条 主席或主席委托的副主席、秘书长，根据需要召开专门委员会主任联席会议，讨论研究专门委员会工作的重要问题。

第十五条 以专门委员会名义形成的文件，须经该委员会全体会议或主任会议讨论，征求分管的副主席意见后由主任或主任委托的副主任签发；重大问题应提请主席会议或常务委员会审议。以政协永州市委员会和政协永州市委员会办公室名义发出的专门委员会文件，按规定的程序办理。

第十六条 专门委员会根据政协永州市委员会全体会议和常务委员会的决议精

神，制订年度工作计划并提请主席会议审议。年度末向常务委员会提交工作报告。

第十七条　专门委员会应主动与党政有关部门以及各民主党派、工商联、人民团体、县区政协有关机构加强联系、沟通情况，必要时，联合进行视察、调研、督查等活动。要与上级政协有关专门委员会建立工作联系，争取其帮助和指导。

第四章　附则

第十八条　本通则自常务委员会会议通过之日起实行，解释权和修改权属常务委员会。

附件七

政协委员会提案实施办法

（2004 年 7 月 28 日政协永州市第二届委员会第十二次常委会议通过，2007 年 7 月 19 日政协永州市第三届委员会第二次常委会议修订）

第一章　总则

第一条　为发挥人民政协提案（以下简称提案）在履行政治协商、民主监督、参政议政职能中的重要作用，根据《中国人民政治协商会议章程》《中国人民政治协商会议全国委员会提案工作条例》和有关规定，制定本实施办法。

第二条　提案是政协委员和参加政协的各党派、各人民团体以及政协各专门委员会（以下统称提案者），向政协全体会议或者常务委员会提出的、经提案审查委员会或提案委员会审查立案后，交承办单位办理的书面意见和建议。提案是履行人民政协职能的一个重要方式，是坚持和完善中国共产党领导的多党合作和政治协商制度的一种重要载体，是协助中国共产党和国家机关实现决策民主化、科学化的一条重要渠道。

第三条　提案工作是政协的一项全局性工作，政协委员和参加政协的各党派、各人民团体以及政协各专门委员会，应当密切合作，充分运用提案的方式履行职能。

第四条　提案工作以马克思列宁主义、毛泽东思想、邓小平理论和“三个代表”重要思想为指导，全面贯彻落实科学发展观，坚持社会主义初级阶段的基本路线和基本纲领，遵循“长期共存、互相监督、肝胆相照、荣辱与共”的方针，充分发扬民主，广开言路，调动一切积极因素，为促进永州经济、政治、文化和社会建设服务，为完成祖国统一、维护世界和平与促进共同发展的历史任务服务。

第五条 提案工作要坚持围绕中心、服务大局、提高质量、讲求实效的方针，切实加强制度化、规范化、程序化建设，努力提高提案质量、办理质量和服务质量。

第六条 市政协全体会议听取和审议常务委员会关于提案工作情况的报告。

第七条 每届市政协第一次会议成立提案审查委员会，由主任、副主任和委员若干人组成，成员从本届市政协委员中产生，由大会预备会议决定。提案审查委员会负责第一次会议期间提案的审查立案工作，并向全体会议报告提案审查情况。

第二章 提案委员会

第八条 每届市政协第一次会议闭幕后，经常务委员会会议审议通过，提案审查委员会作为提案委员会，列入专门委员会序列，在常务委员会和主席会议领导下，负责提案工作，每届任期五年。提案委员会组成人员的调整，依据《政协永州市委员会专门委员会通则》有关规定办理。第九条提案委员会的职责：（一）制定市政协全体会议期间提案工作方案和提案委员会年度工作计划；（二）依照本实施办法的规定，组织征集提案；（三）对收到的提案审查立案，协商确定承办单位；（四）对提案办理工作进行检查和督促，对办理不合要求的，及时商请承办单位重新办理；（五）向市政协全体会议、常务委员会会议和主席会议报告工作；（六）对提案进行综合分析，采取多种形式向中共永州市委、市人民政府及有关部门反映重要意见和建议；（七）组织提案工作的宣传报道；（八）加强与政协委员和各民主党派、有关人民团体、市政协其他专门委员会的联系与协作；（九）加强与中共永州市委办公室、市人大常委会办公室、市人民政府办公室以及各承办单位的联系；（十）接受上级政协提案委员会的工作指导；加强与本市各县、区政协提案委员会的联系，互通情况，交流经验，指导工作。

第十条 对于在促进永州经济、政治、文化和社会建设中发挥重大作用的提案，对于办理提案有显著成绩的承办单位，提案委员会可报请主席会议审定，以适当方式给予表彰。

第十一条 提案委员会全体会议一般每半年举行一次，必要时可以临时召集；提案委员会主任会议根据工作需要举行。

第十二条 以提案委员会名义形成的重要文件，须经提案委员会全体会议或主任会议讨论通过，并由提案委员会主任或主任委托的副主任审定、签发。

第十三条 提案委员会下设科级办事机构，负责处理提案工作日常事务。

第三章　提案的提出

第十四条　提案的提出方式：

（一）市政协委员可以个人名义或联名方式提出提案；（二）参加市政协的各党派、人民团体，可以本党派、团体名义或联名方式提出提案；（三）市政协各专门委员会，可以本专门委员会名义或联名方式提出提案；（四）市政协全体会议期间，可以界别、小组或联组名义提出提案。

第十五条　提案的基本要求：

（一）提案应围绕国家大政方针在永州的贯彻落实，围绕永州经济、政治、文化和社会发展中的重要问题，以及人民群众普遍关心的问题等建言献策；

（二）提案应坚持严肃性、科学性和可行性，实事求是，简明扼要，做到有情况、有分析、有具体的建议；

（三）提案须一事一案，使用市政协统一印制的提案纸，按规定的格式提出；

（四）委员联名提出的提案，发起人作为第一提案者，签名列于首位；以党派、人民团体和政协专门委员会名义提出的提案，须由该组织署名并加盖公章；以界别、小组或联组名义提出的提案，须由召集人签名。

第十六条　提案可以在市政协全体会议期间提出，也可以在闭会期间提出。

第四章　提案的审查和处理

第十七条　提案委员会或提案审查委员会应本着尊重和维护提案者的民主权利、保证提案质量的原则，对收到的提案进行审查，凡符合本实施办法第三章规定的，予以立案。经审查立案的提案，根据提案内容和有关单位的职责分工确定承办单位。凡涉及两个或两个以上承办单位的，应确定主办单位和会同办理单位或者分别办理单位。

第十八条　有下列情形之一的，不予立案：（一）涉及党和国家秘密的；（二）国家明令禁止的；（三）中共党员对党内有关组织、人事安排等方面有意见的；（四）民主党派成员反映本组织内部问题的；（五）进入民事、刑事、行政诉讼以及仲裁程序的；（六）属于学术研讨的；（七）要求为本人或亲属解决个人问题的；（八）宣传、推介具体作品、产品的；（九）指名举报的；（十）内容空泛、没有具体建议的；（十一）内容不属于本市工作范围的。内容涉及市政协自身工作的提案，不予审查和立案，由提案委员会转交市政协办公室处理并复提案者。未予立案的，应当及时通知提案者。所提意见和建议视不同情况以其他方式转送有关部门单位研究处理或参考。

第十九条 对涉及全局问题的重大提案，提案委员会可提请主席会议审议通过后，以建议案形式向有关方面提出。

第二十条 市政协全体会议期间，经审查立案的提案，作为大会提案统一交办；市政协全体会议闭会期间，经审查立案的提案，由提案委员会及时送交有关单位承办。

第五章 提案的办理

第二十一条 承办提案的中共永州市委有关部门、市人民政府有关部门、市中级人民法院、市人民检察院和有关人民团体等，根据国家法律、法规、政策和有关规定办理提案，并对提案者作出书面答复。（一）提案办理工作要完善制度、严格程序、保证质量。承办单位应在收到提案后三个月内对提案办理情况进行书面答复。如提案涉及问题较复杂，办理难度较大，办复期可适当延长，但延长期一般不超过二个月。提案答复应按规定的格式行文，并加盖公章。（二）委员提案，办理复文直接寄送提案者；委员联名的提案，办理复文寄送前三名提案者；党派、人民团体、政协专门委员会的提案，办理复文寄送提案单位；界别、小组或联组的提案，办理复文寄送召集人。党委有关部门和法院、检察院以及有关人民团体承办的提案，办理复文抄送中共永州市委办公室；政府部门承办的提案，办理复文抄送市人民政府办公室。所有办理复文均抄送市政协提案委员会。（三）对于涉及两个或两个以上单位会同办理的提案，主办单位应主动协商，会同办理单位应积极配合，及时将会同办理意见告主办单位，由主办单位答复提案者；由两个或两个以上单位分别办理的提案，由各承办单位分别答复提案者。（四）提案者可以通过提案委员会向承办单位了解提案办理情况，参与提案的办理和跟踪。（五）承办单位应当主动加强与提案者的沟通，共商解决问题的方法，并征询提案者对办理复文的意见。如提案者对办理结果不满意，提案委员会要加强协调，建议承办单位重新研究，作进一步的答复。（六）办理党派、人民团体和市政协专门委员会提案，在书面答复前，应由承办单位领导征求该党派、人民团体和政协专门委员会负责人的意见。（七）承办单位对于办理提案有显著成绩的下属部门和个人，应以适当方式予以表彰。

第二十二条 对反映党和政府亟待解决，人民群众普遍要求改进，对推动工作有重要作用并具有较强可行性的提案，提案委员会可以选作重点提案，经主席会议审议后进行重点办理。

第二十三条 对于重点提案，可以采用提案委员会、提案者、承办单位相结合的协商座谈、实地考察、专题调研、走访等方式，推动办理工作。对提案中当年尚未解决的重要问题，要进行跟踪，了解进展情况。承办单位对承诺正在解决或列入计划解决的问题，应重视督查落实，并及时向提案者反馈。

第二十四条 对于党派、人民团体、政协专门委员会的提案和其它重点提案，提案委员会有选择地报送主席、副主席阅批后，转报中共永州市委、市人民政府有关领导阅示。提案委员会可建议主席、副主席对部分重点提案以适当方式督促办理。

第六章 附则

第二十五条 本实施办法经政协永州市委员会常务委员会会议审议通过后实行。

第二十六条 本实施办法由市政协提案委员会负责解释。

附件八

政协永州市委员会关于委员、常委参加政协会议活动的暂行办法

（2007 年 7 月 19 日政协永州市第三届委员会第二次常委会议审议通过）

政协委员是政协组织的主体，政协常委是政协全会闭会期间处理全体委员会工作的重要组成人员，委员和常委积极参加政协各种会议和活动，是政协组织有效履行职能的前提和基础。为了保证政协组织的各种会议、各项活动的参会率和参与率，提高会议、活动的质量，更好地履行政治协商、民主监督、参政议政职能，特制定委员、常委参加政协会议、活动组织管理暂行办法。

一、科学安排各种会议和活动。市政协办公室和专委会要注意政协各种会议、调研、视察活动安排的科学性，突出重点，统筹兼顾，每次决定召开会议或开展活动时，尽可能提前给委员、常委和其所在单位发出通知，使委员、常委在安排本职工作和参加政协会议、活动时留有余地，以利其有准备地参与。委员、常委所在单位要积极支持委员、常委参加政协各种会议、活动，保证会议、活动顺利进行和开展。

二、严格全体会议和常委会议请假制度。政协委员和政协常委应积极参加政协全体会议和常委会议。因特殊原因不能出席会议的，须按以下程序及时办理请假手

续：会议全程请假，在会议召开前两天向政协办公室递交书面请假申请，并签注委员、常委所在单位意见，说明请假原因，报大会秘书长批准；会议期间临时请假，要提前向小组召集人请假，说明请假原因，并经批准；提前离开，要向秘书长写出书面请假条，并经批准。每次会议办公室都要将请假情况汇总后向政协主要领导报告，并将请假情况登记备案。

三、建立委员参加会议和活动的考勤登记制度。市政协办公室和专委会，要把搞好政协委员参加政协会议、活动的考勤登记和通报，作为履行工作职能、规范为委员服务的一项重要工作，认真抓好落实。办公室和各专门委员会都要建立委员参加会议、活动的考勤档案，并落实专人负责。办公室对委员参加全体会议和常委参加常委会议的情况，要认真登记。各专委会每年要将委员参加本委组织的会议和调研、视察等活动的出勤情况报办公室，由办公室将委员一年内参加会议、活动情况进行汇总，并在政协召开的有关会议上进行通报。对不参加会议、活动，又不履行请假手续的委员，要以通报的形式告知委员本人和所在单位。对经常请假不参加会议、活动的委员，视同不能正常履行职责，进行教育帮助。办公室和专委会还要对委员撰写提案、反映社情民意和会议发言情况进行登记，及时通报。

四、对无特殊原因不参加政协会议、活动的委员、常委的资格作必要处理。对没有请假或请假未获批准和无特殊原因两次不参加全体会议或三年未提提案、两次无故不参加政协安排的调研、视察活动的政协委员，对三次无故不参加常委会议的政协常委，报经市委同意后，按政协章程规定的程序取消其委员、常委的资格。届满时，市政协将本届政协委员参加政协会议、活动和反映社情民意、会议发言、书写提案等情况通报市委组织部和统战部，并将这些情况作为考虑推荐连任下届政协委员人选的条件之一。

五、本暂行办法经市政协常委会议通过之日起执行。

六、本暂行办法由市政协办公室负责解释。

附件九

政协永州市委员会委员视察工作规定

（2007 年 5 月 31 日政协永州市第三届委员会第四次主席会议审议通过）

第一条 为进一步加强市政协委员视察工作的制度化、规范化，根据《中国人民政治协商会议章程》，参照全国政协及省政协有关规定，制定本规定。

第二条 委员视察是人民政协履行职能的一项政治活动。委员视察工作是指人民政协在全体会议闭会期间，组织委员深入实际、深入基层、深入现场，对党和国家重大方针政策的贯彻落实，对经济社会发展中重大项目的规划建设，对人民群众普遍关注的重大问题的研究解决，进行巡视察看，咨政建言，反映社情民意，开展民主监督。

第三条 视察工作的主要内容包括国家宪法、法律和法规在本市的实施以及重大方针政策的贯彻执行情况；改革开放和社会主义现代化建设的重大成就；市政协全会提出的主要任务和年度重大调研课题；市委、市政府重大决策、任务的实施和有关承诺的重大事项；全市政治、经济、文化和社会生活中群众普遍关心的热点、难点问题。

第四条 视察工作坚持“求实、规范、安全、协作”的原则，科学安排，精心组织，周到服务，确保安全。

第五条 市政协办公室统筹安排委员视察活动，制订年度视察工作计划；年度末向主席会议提交视察工作情况报告。临时组织的视察活动，由专门委员会提出方案，报市政协党组或主席办公会议研究决定。

第六条 委员视察的组织形式主要有常委视察团、委员视察团、委员界别视察团。

第七条 视察团采取委员自愿报名和统一协调相结合的办法组成。原则上每个委员每年参加一次视察。委员视察、常委视察和委员界别视察，一般由市政协领导同志带队。组织委员异地视察时，根据视察选题，由市政协办公室负责协调。驻县区市政协委员的视察，由市政协办公室委托各县区政协负责组织，由各县区委员活动小组召集人带队。

第八条 视察过程包括听取情况介绍、实地考察、召开座谈会，与县区党政领导或市直有关部门负责人交换意见。

第九条 政协委员要从人民群众根本利益出发，以高度的责任感积极参加视察工作。参加视察的委员，要按照日程参加各项活动，遵守有关规定，认真了解情况，研究问题，履行职责。视察活动结束后，在集思广益的基础上形成有份量的视察报告，视察报告提请主席会议审议。

第十条 对视察过程中发现的一些重要情况或建议，可以提案、社情民意等形式反映给有关部门或领导。

第十一条 视察活动视情邀请市级新闻单位派记者采访、报道，以扩大委员视察的社会影响。

第十二条 委员视察时，市政协办公室和有关专门委员会派出工作人员，负责委员视察活动的组织协调和各项服务工作。

第十三条 委员视察期间生病住院的费用，由委员供给关系所在单位按规定负担；委员超出视察日程安排之外的活动费用，由个人自理。

第十四条 驻永省政协委员的视察，由市政协办公室按照省政协办公厅的统一安排和具体要求组织实施。

第十五条 本规定自市政协主席会议审议通过后施行。由市政协办公室负责解释。

附件十

政协永州市委员会
关于加强反映社情民意工作的意见

（2007 年 5 月 31 日政协永州市第三届委员会第四次主席会议审议通过）

反映社情民意信息工作，是政协各参加单位、各专门委员会、政协委员、各民主党派和工商联成员及无党派人士，围绕国家大政方针，政治、经济、文化和社会生活中的重要问题，以及人民群众普遍关心的问题，向党委和政府及有关部门反映重要情况，提出意见和建议。为进一步加强反映社情民意工作，不断推进社情民意工作的规范化、制度化和程序化建设，特提出以下意见。

一、深刻认识反映社情民意工作的重要性

1. 反映社情民意，是实践“三个代表”重要思想的必然要求，是坚持实事求是和群众路线的具体体现，是畅通社会主义民主渠道的重要举措。做好反映社情民意工作，有利于推进党委和政府决策民主化、科学化，有利于实行民主监督，有利于维护和发展安定团结的政治局面。

2. 人民政协是我国政治生活中发扬社会主义民主的重要形式，人民政协的性质要求重视民情、反映民意、广集民智。人民政协的工作主题是团结和民主，只有真正了解民情、尊重民意、顺乎民心，才能实现团结和民主，发挥社会主义民主作用。

3. 人民政协的主要职能是政治协商、民主监督、参政议政。社情民意是协商讨论的客观依据，是民主监督的重要内容，也是参政议政的基本素材。把反映社情民意作为政协组织的一项重要工作和政协委员一项重要任务经常性地开展起来，对于调动政协委员参政议政的积极性，更好地发挥人民政协在全市经济建设、社会发展和政治生活中的作用，具有非常重要的意义。

二、努力把握反映社情民意工作的原则

1. 反映社情民意是一项政治性、政策性很强的工作，必须坚持以马克思列宁主义、毛泽东思想、邓小平理论和“三个代表”重要思想为指导，坚持科学发展观，在党的统一领导下，按照政协章程和政协履行职能的有关规定开展工作。

2. 反映社情民意要坚持围绕中心、服务大局的原则，紧扣党委、政府的工作重点，及时反映社会各界人士、广大人民群众的意见、建议和呼声。

3. 反映社情民意要坚持解放思想、实事求是的原则。要贴近实际，深入群众，报实情，说真话，当参谋。不实的情况不报。要善于对分散的社情民意信息进行综合整理，提出有份量、有价值的意见和建议。

4. 反映社情民意要坚持讲求实效的原则，做到收集快、整理快、报送快，对重大事件、重要情况要一事一报，急事急报，按程序报。

5. 反映社情民意要突出政协特色，政协有人才荟萃、智力雄厚、代表性强、位置超脱、联系面广的优势，要密切关注人民群众普遍关心的重点、难点、热点问题，注重收集广大基层组织和人民群众中间的真知灼见。

三、全面掌握反映社情民意的主要内容

1. 各级政协委员和所联系的各界人士对党和国家以及地方大政方针的制定与实施的意见、建议，特别是有关改革开放和经济建设的重要决策、部署出台前后的反应。

2. 人民群众关注的重点、难点、热点问题，特别是有代表性的群众情绪的变化，有识之士的警示性、批评性意见。

3. 对加强社会主义精神文明建设和民主法制建设的意见和建议，特别是对党和国家机关及其工作人员勤政廉政情况的反应。

4. 对重大突发事件、严重自然灾害的真实情况、原因分析及对策，特别是消除隐患、化解矛盾、理顺情绪、维护稳定的意见和建议。

5. 统一战线和人民政协工作中的重要情况，特别是保障政协委员正常履行职能的意见和建议。

四、努力拓宽收集社情民意的渠道

1. 政协委员要密切联系群众特别是本界别的群众，经常主动地反映他们的愿望和要求，使自己成为本界别群众名副其实的代表。

2. 主动征询党政机关对政协反映社情民意工作的意见，加强与党政机关的协调配合。对所反映的重要社情民意进行跟踪了解，力求取得实效。

3. 充分发挥参加政协的各民主党派、工商联、各个界别在反映社情民意工作中的重要作用。通过座谈、研讨、走访等形式，加强沟通和协作，为他们反映社情民意创造条件。

4. 密切市、县（区）政协之间反映社情民意工作的联系。凡涉及全市性的重要社情民意，各县（区）政协应快速直报市政协。

5. 政协各专门委员会要把反映社情民意寓于各项工作之中。在组织委员开展专题调研视察、座谈讨论、小组活动时，要有组织、有侧重地收集和反映可供党委、政府决策参考的一些重要情况、意见和建议。委员在调查和研讨中形成的某些单项情况和建议、时效性强的意见和建议、不宜归入综合调研报告或在综合调研报告中反映不充分的意见和建议等，都可作为社情民意反映。每个专委会每年至少要反映 1 条有价值的社情民意。

6. 政协全体委员会议、常务委员会议和其他各种会议上提出的意见、建议和反映的重要情况，委员提案中需要及时向党政领导报送的意见和建议，要安排专人进行整理报送。

五、不断完善反映社情民意的工作网络和机制

1. 建立以市政协办公室牵头，各县（区）政协、各民主党派、工商联、各界别、市政协各专委会为联络单位的信息网络。各信息联络单位应明确一名负责同志负责此项工作，确定一名具有政治敏感性、熟悉政策规定、文字表达和综合能力较强的同志担当信息联络员。

2. 各信息联络单位的负责同志要重视和支持本单位信息联络员的工作，主动出题目、提线索、交任务，帮助他们解决工作中的实际困难，在阅读文件、外出学习、参加会议等方面提供便利条件。

3. 《社情与民意》简报是市政协办公室主办的反映委员意见和建议的重要载体。要根据所反映意见和建议的内容，报送市委、市政府、市政协领导同志，同时视情抄送市直有关部门；涉及全国性、全省性的意见和建议，要报送全国政协办公厅和省政协办公厅。要做好委员意见和建议的反馈工作，及时向反映人通报意见采纳情况和领导批办情况。

4. 加强对反映社情民意工作的宣传。对一些适于公开报道的社情民意，要通过新闻媒体予以宣传。政协的刊物、网站要设立反映社情民意栏。

六、切实加强对反映社情民意工作的领导

1. 建立领导分工负责制。把反映社情民意工作列入政协工作的重要议事日程，经常研究、部署和检查。

2. 市政协办公室是负责收集、整理、编辑、报送社情民意的具体办事部门，要认真做好反映社情民意的综合协调和各项服务工作，跟踪了解社情民意报送后的办理落实情况，并及时进行反馈。

3. 办公室的有关工作人员要努力学习，提高素质，不断增强政治敏锐性和判断力，善于发现、筛选、精编高质量的社情民意。要明确工作程序，讲求社情民意编报的时效。

4. 及时统计和定期通报社情民意的供稿情况和采用情况。

5. 市政协每年对社情民意工作情况进行考核总结，每两年对做出成绩的单位和个人进行表彰奖励。

附件十一

政协永州市委员会特邀监督员工作简则

（2007 年 6 月 11 日政协永州市第三届委员会第五次主席会议审议通过）

第一条 为了使特邀监督员工作制度化、规范化、程序化，推进我市社会主义民主政治建设，根据《中国人民政治协商会议章程》和《中共湖南省委关于贯彻〈中共中央关于加强人民政协工作的意见〉的实施意见》精神，制定本简则。

第二条 本简则所称的特邀监督员是指由永州市政协根据市级党政机关、司法机关、事业单位，以及中央、省驻永有关单位的邀请，向这些单位推荐从事特定内容监督活动的市政协委员。

第三条 特邀监督员推荐程序是：由邀请单位向市政协办公室发送邀请公函，说明所邀请监督员的工作性质、聘任条件、聘任人数、聘任期限等，并附《特邀监督员推荐表》，办公室按照业务关系将《特邀监督员推荐表》送相应的专委会，由专委会与参加市政协的各民主党派、工商联、社会团体和无党派人士等界别协商，在征得委员本人和所在单位同意后，由办公室填写《特邀监督员推荐表》，回送邀请单位。邀请单位及时通知特邀监督员本人，并颁发特邀监督员证书。市政协办公室对特邀监督员备案。原则上一名政协委员只可应聘担任一个部门或行业的特邀监督员。特邀监督员任期与其政协委员职务任期相同，如政协委员任期届满或工作岗位变动，由市政协与邀请单位协商替换。

第四条 特邀监督员的主要职责：

1. 监督邀请单位对国家宪法、法律、法规，国家大政方针政策，行业性政策、规章贯彻实施的情况。2. 监督邀请单位及其工作人员履行职责，遵纪守法，党风廉政和行风建设的情况。3. 监督邀请单位完成年度目标以及兑现社会承诺的情况。4. 密切联系各界人士，认真听取人民群众对邀请单位的意见和要求，并及时做好反馈工作。5. 总结、宣传邀请单位党风廉政建设和行风建设的成绩和经验。

第五条 特邀监督员的权利：1. 知情权：了解邀请单位有关工作情况，听取情况汇报，参加有关会议，阅读有关文件资料，接受、传递群众举报等。2. 调查权：针对群众反映的社会热点问题和行风建设中的难点问题开展调查研究，集思广益，提出意见和建议。3. 检查权：参加邀请单位组织的检查活动，或受市政协的委托，对邀请单位的相关工作进行视察、检查。

第六条 特邀监督员的义务：1. 熟悉邀请单位工作业务，提出切合实际的意见建议。2. 遵纪守法、保守邀请单位的机密。3. 向上级客观反映邀请单位的工作困难。

第七条 特邀监督员要认真学习党的路线、方针、政策以及相关的法律法规，不断增强民主监督的责任感和能力。

第八条 特邀监督员在履行职责时，应坚持实事求是，深入实际，联系群众，客观、真实、准确提出和反映问题。

第九条 特邀监督员要遵守工作纪律，不得利用工作之便谋取私利。

第十条 特邀监督员要善于从监督中收集有价值的意见和情况，每年至少向市政协办公室报送1条相关的社情民意；每年的12月还要向市政协办公室书面报告一年来的监督工作情况。

第十一条 特邀监督员在被聘期间，发生严重违纪违规行为的，由市政协常委会议按有关规定进行处理。

第十二条 邀请单位应积极主动帮助特邀监督员开展监督活动。应制订特邀监督员工作制度，内容主要包括：特邀监督员的职责、权利。如有重要活动应提前两天通知特邀监督员及其所在单位。

第十三条 邀请单位对特邀监督员工作应努力做到制度化、规范化，每年向特邀监督员主动通报两次工作情况，并定期与市政协沟通特邀监督员工作情况，不断加强和改进监督工作。

第十四条 邀请单位应在本单位的醒目位置，公布特邀监督员的姓名、电话及监督内容等。

第十五条 邀请单位应及时反馈特邀监督员意见、建议的处理结果。

第十六条 对打击报复特邀监督员的行为，由市政协会同有关机关及时处理。

第十七条 特邀监督员所在单位在接到活动通知后，应做好协调工作，为特邀监督员工作提供便利。

第十八条 特邀监督员参加邀请单位的活动，其所在单位应保证其必要的时间和正常的福利待遇。

第十九条 本简则经市政协主席会议通过后实施。市政协办公室负责解释。

附件十二

政协永州市委员会
关于市政协委员大会发言意见建议办理工作的实施办法

为贯彻落实《关于进一步完善大会发言制度的实施细则》（永发〔2012〕22号）精神，就做好市政协委员大会发言意见建议（以下简称“大会发言”）的办理和督办工作，制定如下实施办法。

第一条 大会发言办理工作的重要性

政协全体会议大会发言是参加政协的各民主党派、工商联、无党派人士、人民团体及政协各专门委员会和政协委员履行职能的重要形式。做好大会发言意见建议的办理工作，有利于进一步坚持和完善中国共产党领导的多党合作和政治协商制度，加快我市社会主义协商民主进程；有利于进一步提高政协委员履职积极性，推进履职为民，增强履职实效；有利于进一步提升党政决策科学化和民主化水平，促进部门抓好工作落实。

第二条 大会发言的交办

政协全体会议上委员所作大会发言，在政协全体会议结束后30日内，确定大会发言承办单位，并提请市委办公室、市政府办公室以正式文件集中交有关单位承办。

（一）市政协全体会议结束15日内，由市政协研究室根据市委、市政府领导同志对大会发言的批示精神，以及大会发言所提意见建议涉及的职能范围，提出拟承办单位。

（二）市政协主席会议审定大会发言各承办单位，并在政协全体会议结束30日内，提请市委办公室、市政府办公室以正式文件将大会发言办理任务集中交有关单位承办。

（三）对限于条件无法办理落实的大会发言，留作参考件，不再向承办单位交办，由市政协负责向发言单位和发言人作出说明。

第三条 大会发言的办理

承办单位在收到大会发言及领导同志对大会发言的批示意见后，应及时制定办理工作方案，依照国家法律、法规、政策和有关规定，认真办理，落实到位。

要把民主协商贯穿于大会发言意见建议办理工作中，承办单位应通过电话联系、登门走访、通报情况、面商座谈、共同调研等方式，在大会发言办理前和办理过程中，及时与市政协和发言者进行协商，推进大会发言意见建议的办理落实。由两个以上单位联合办理的大会发言，主办单位要主动协商，协办单位要积极配合。市政协可根据情况，组织召开大会发言办理的协商会议，就一些重点大会发言开展调研视察，以通过协商增进理解、达成共识，促进大会发言有效办理。

第四条 大会发言办理的情况反馈

各承办单位应本着实事求是、及时沟通、注重质量的原则，及时向市政协和发言者反馈大会发言意见建议的采纳和办理落实情况。同时，及时将办理情况报告市委、市政府分管领导和市委办公室、市政府办公室。

大会发言办理情况反馈不得少于三次：一是反馈办理方案。承办单位在收到大会发言15日内，向市政协和发言者反馈委员大会发言办理工作方案；二是反馈办理进度。每年6月底前，承办单位应向市政协和发言者反馈大会发言办理工作进度及办理工作中存在的问题；三是反馈办理结果。每年12月上旬，承办单位应对所承办大会发言的办理情况进行小结，并将办理情况书面向市政协、市委办公室、市政府办公室以及发言者进行反馈。

第五条 大会发言办理的督查督办

在市政协主席会议领导下，由市政协领导领衔，率相关委室对大会发言办理情况进行督查督办。同时，市政协研究室协同市委办公室、市政府办公室对相关大会发言办理情况进行督办。督办内容包括：承办单位对大会发言的重视情况；承办单位办理大会发言的工作方案、工作措施和落实效果；承办单位办理大会发言的保障机制和反馈情况等等。督查督办采取电话联系、函询、调研走访、专项督查等方式进行，平时开展不定期督查，年中和年终分别进行专项督查。

第六条 大会发言办理工作保障和考评

创新党委、政府、政协共同交办、共同督办、共同检查的大会发言办理工作方式方法，强化工作力量，落实专项经费，提高办理实效。每年委员大会发言意见建议的办理落实情况，请市政府一名领导在下一年度的政协全体会议上作出说明，市政协一名领导进行讲评。对大会发言办理态度认真、措施得力、效果显著的部门和个人，要给予表扬；对重视不够、敷衍塞责的部门和个人，进行批评教育。

第七条 本实施办法经市政协主席会议审议后施行。由市政协研究室负责解释。

附件十三

政协永州市委员会委员履职管理办法

（经2013年6月26日政协永州市第四届委员会第六次常委会议审议通过）

为进一步增强委员的责任感和使命感，发挥委员在政协工作中的主体作用，建立科学规范、富有生机与活力的委员工作机制，促进委员履职制度化、规范化、程序化，根据《中国人民政治协商会议章程》（以下简称《政协章程》），结合我市政协工作实际，特制定本办法。

第一章 职责与保障

第一条 高举中国特色社会主义伟大旗帜，以邓小平理论、“三个代表”重要思想、科学发展观为指导，认真学习党和国家的方针政策、法律法规、政治、经济、科技文化和人民政协理论知识，不断提高为全市经济社会发展服务的能力和履行政协职能的水平。

第二条 严格遵守《政协章程》，遵守并履行市政协全委会、常委会的决议、决定，按时出席市政协全委会、常委会以及其他会议，参加市政协及其专门委员会和委员活动组组织的调研、视察、考察、学习、联谊等活动，并提出意见和建议。

第三条 紧紧围绕市委、市政府重大工作部署和人民群众生活中普遍关心的问题，积极履行政治协商、民主监督、参政议政的职能，发挥委员在本界别、团体的代表作用，密切联系群众，深入调研，及时反映社情民意，撰写提案，积极议政建言。

第四条 以奋发有为的精神状态做好本职工作，在经济、政治、文化、社会、生态建设中建功立业。自觉执行相关法律和有关政策规定，积极参加社会公益活动。

第五条 自觉遵守社会公德、职业道德和家庭美德；带头执行国家的政策法规、纪律和社会主义道德规范，诚实守信，爱岗敬业，树立良好的个人形象。

第六条 委员在履职中遇到阻挠、干扰、打击报复等行为，市政协要会同有关部门进行调查，对情节严重和影响较大的案件，市政协要向有关部门提出处理意见和建议。

第七条 市政协利用现有的媒体，宣传委员履职成果，向社会展示委员风采。

第八条 建立委员联系制度

（一）市政协主席、副主席实行“三联”，即联系各专委会、委员活动组、委员，领导协调各专委会、委员活动组开展工作，不定期走访联系委员。

（二）市政协各专委会按照专委会的职责联系本专委会成员，根据年度工作计划，联系相关委员开展学习、调研、视察、宣传、联谊等学习活动。

（三）驻县区的市政协委员应积极参加所在委员活动组的活动，同时还要参加县区政协组织的相关活动。县区政协主席负责协调组织本区域范围内的市政协委员相关活动。

第二章 学习与培训

第九条 委员要发扬人民政协善于学习的优良传统，争做“学习型”委员，积极参加政协组织的学习和培训；坚持自我学习、自我教育，努力充实各方面知识，增强围绕中心、服务大局的能力，全面提升履职水平。

第十条 市政协机关在每届委员任期内，根据实际情况，通过举办培训班、报告会、通报会、座谈会、务虚会等方式有计划地对市政协全体委员进行一、二次政协工作、统战理论及相关知识的培训，同时通过订阅报刊和印发学习资料、组织参观考察、利用政协网站等方式组织委员开展学习活动。

第十一条 市政协各委室、各委员活动组要加强与委员的联系，定期或不定期组织委员开展学习活动，努力为委员的学习提供条件和服务，并根据要求组织委员参加上级及相关部门举办的培训学习，帮助委员开拓视野，知情明政，不断提高委员的整体素质和参政议政水平。

第三章 管理与考核

第十二条 实行委员信息和履职档案管理制度。市政协为每位委员建立一份委员履职档案，对委员基本情况、履职情况、考评奖惩情况进行信息登记和动态管理。

第十三条 实行会议及活动请假制度。委员要按时参加会议及活动，不迟到、不早退。因故不能参加，必须履行请假手续。若有特殊情况不能参加市政协全委会、常委会须由所在单位签署意见，提前两天以书面形式向市政协请假，全委会期间经大会秘书长同意，常委会经政协秘书长同意；若不能参加各专委会、委员活动组活动，须于活动前向专委会负责人或活动召集人请假并经其同意。

第十四条 日常登记。委员的日常履职情况由市政协办公室、各专委会、研究室、委员活动组负责进行登记、管理。委员参加全委会、常委会及市政协机关组织的学习、培训、会议、活动等情况，由市政协办公室登记管理；参加政协专委会、研究室、委员活动组的会议、活动等情况，由相关专委会、研究室、委员活动组登记管理；提交提案情况由市政协提案委员会登记管理；反映社情民意信息、撰写政协理论文章及宣传信息等情况，由市政协研究室登记管理。各委室、委员活动组每季度末向市政协委员联络科通报委员履职情况。每年上半年由市政协委员联络科汇总，并在二季度常委会上予以通报；全委会期间，对委员全年履职情况进行通报。

第十五条 年度考评。每年对全体委员按基本分 100 分进行考核。

1. 出席会议。按时出席全委会和常委会，委员未请假或请假未经批准，缺席一次全委会扣 20 分；常委未请假或请假未经批准，缺席一次常委会扣 20 分。全委会和常委会无故迟到或早退一次扣 5 分。

2. 参加活动。按时参加市政协、专委会、委员活动组安排的活动，委员未请假或请假未经批准，缺席一次活动扣 20 分。

3. 撰写提案或社情民意信息。全年至少提交一件提案或社情民意信息。立案提案一份加 5 分；联名提交的提案立案，发起人或撰写人计满 5 分，其他联名人分别计 2 分；提案被列为市重点提案的每件提案加 3 分，被评为市政协优秀提案的加 5 分。提案每年最高计 20 分。社情民意信息多提交一条加 5 分；被市、省和全国政协采用的分别加 5 分、10 分和 20 分。社情民意信息每年最高计 20 分。

4. 会议发言。委员在全委会上的口头发言和书面发言每篇加 10 分。全委会安排分组讨论时每位委员至少发言一次，每次发言计 5 分；市政协、专委会、委员活动组组织的会议上发言，每次计 3 分。会议发言每年最高计 20 分。

5. 调查研究。委员积极参加市政协、专委会、委员活动组组织的调研、视察活动，参与撰写调研报告或理论文章。个人主笔相关调研报告或理论文章在市、省或国家级报刊上发表的分别加 10 分、15 分、20 分。其它参与起草委员分别加 5、8、10 分。

6. 公益活动。委员要热心服务社会，主动踊跃捐助，为公益事业每捐助 5 千元计 5 分。委员为群众办实事、做好事、解难事，经新闻媒体宣传报道或市级以上机关通报表彰的先进事迹，每一件记 5 分。捐助被报道的只计最高分。

每年底由委员填写履职情况登记表，由市政协各委室进行考核打分，考评结果将载入委员履职档案，优秀委员和不称职委员函告委员推荐单位或工作单位。对考评总分前 10 名的，作为评选优秀政协委员的重要依据。优秀政协委员，由市政协在每年的全委会上予以表彰。考评总分少于 60 分的，评为不称职。在年末常委会上予以通报。对当年考核不称职委员，由一位政协副主席约见谈话；连续两年考核不称职的委员，按《政协章程》规定的程序劝其辞去其委员资格。

对两次缺席全委会或三次缺席常委会的委员，二年未提交提案或未反映社情民意信息、两次不参加政协安排的调研、视察活动的委员，按《政协章程》规定的程序劝其辞去委员资格。

任期届末开展委员履职总评，在年度考评基础上对委员履职情况进行汇总，作为换届推荐连任下届政协委员的重要依据。

第四章 附则

第十六条 本《办法》经政协永州市委员会常务委员会会议审议通过后实施。

第十七条 本《办法》与市政协原来有关管理规定不一致的地方，以本《办法》为准。

第十八条 本《办法》由市政协常委会负责解释。

附件十四

政协永州市委员会关于印发《中国人民政治协商会议永州市委员会提案工作实施办法》的通知

各位市政协委员，各县区政协，各承办单位：

《中国人民政治协商会议永州市委员会提案工作实施办法》经政协永州市第四届委员会常务委员会第四次会议修订，现印发给你们，请认真贯彻执行。

政协永州市委员会

2013 年 2 月 19 日

中国人民政治协商会议永州市委员会提案工作实施办法

（2004 年 7 月 28 日政协永州市第二届委员会第十二次常委会议通过，2007 年 7 月 19 日政协永州市第三届委员会第二次常委会议修订，2012 年 12 月 12 日政协永州市第四届委员会第四次常委会议修订）

第一章　总则

第一条　为发挥人民政协提案（以下简称提案）在履行政治协商、民主监督和参政议政职能中的重要作用，根据《中国人民政治协商会议章程》《中国人民政治协商会议全国委员会提案工作条例》和有关规定，结合我市政协提案工作实际，制定本实施办法。

第二条　提案是政协委员和参加政协的各党派、人民团体以及政协各专门委员会（以下统称提案者）向政协全体会议或者常务委员会提出的、经提案审查委员会或者提案委员会审查立案后，交承办单位办理的书面意见和建议。

提案是履行人民政协职能的重要方式，是坚持和完善中国共产党领导的多党合作和政治协商制度的重要载体，是中国特色社会主义民主的重要形式，是协助中国共产党和国家机关实现决策民主化、科学化的重要渠道。

第三条　提案工作以马克思列宁主义、毛泽东思想、邓小平理论、“三个代表”重要思想和科学发展观为指导，坚持走中国特色社会主义政治发展道路，遵循“长期共存、互相监督、肝胆相照、荣辱与共”的方针，充分发扬民主，广开言路，协调关系，化解矛盾，调动一切积极因素，为推进改革开放和社会主义现代化建设、推进祖国和平统一大业、实现富民强市、促进永州全面发展服务。

第四条　提案工作坚持围绕中心、服务大局、提高质量、讲求实效的方针，加强制度化、规范化、程序化和信息化建设，注重提高提案质量、办理质量和服务质量。

第五条　提案工作是人民政协的一项全局性工作，政协委员和参加政协的各党派、各人民团体以及政协各专门委员会，应当密切协作，充分利用提案的方式履行职能。

第六条　市政协全体会议听取和审议常务委员会关于提案工作情况的报告，听取和审议提案审查委员会、提案委员会关于提案审查情况的报告。

第七条　每届市政协第一次会议成立提案审查委员会，由主任、副主任和委员若干人组成，成员从本届市政协委员中产生，由第一次会议预备会议决定。提案审查委员会负责第一次会议期间提案的审查立案工作，并向全体会议报告提案审查情况。

第二章　提案委员会

第八条　每届市政协第一次会议闭会后，经常务委员会会议审议通过，提案审查委员会作为提案委员会，列入专门委员会序列，在常务委员会和主席会议领导下，负责提案工作，每届任期五年。提案委员会组成人员的调整，依据《政协永州市委员会专门委员会通则》有关规定办理。

第九条 提案委员会的职责：

（一）起草常务委员会关于提案工作情况的报告。向政协全体会议报告提案审查情况。向政协常务委员会议、主席会议报告工作；

（二）制定市政协全体会议期间提案工作方案和提案委员会年度工作计划；

（三）依照本实施办法的规定，组织征集提案，做好知情明政服务；

（四）对收到的提案审查立案，协商确定承办单位；

（五）对提案办理工作进行检查和督促，对办理不符合要求的，及时商请承办单位重新办理；

（六）对提案进行综合分析，采取多种形式向中共永州市委、市人民政府及有关部门反映重要意见和建议；

（七）组织重点提案的遴选与督办；

（八）组织提案工作的宣传报道；

（九）推进提案工作公开化；

（十）组织提案工作学习研讨，开展提案工作理论研究；

（十一）加强与中共永州市委办公室、市人大常委办公室、市人民政府办公室、市政协办公室以及各承办单位的联系；

（十二）加强与市政协委员和各民主党派市委、有关人民团体、市政协其他专门委员会的联系与协作；

（十三）接受上级政协提案委员会的工作指导；加强与兄弟市、州政协提案委员会的联系；加强与本市各县区政协提案委员会的联系，互通情况，交流经验，指导工作。

第十条 以提案委员会名义形成的重要文件，须经提案委员会全体会议或者主任会议讨论通过，并由提案委员会主任或主任委托的副主任审定、签发。

第十一条 提案委员会全体会议一般每半年举行一次，必要时可以临时召集；提案委员会主任会议根据工作需要举行。

第十二条 提案委员会下设科级办事机构，负责处理提案工作日常事务。

第三章 提案的提出

第十三条 提案的提出方式：

（一）市政协委员可以个人名义或联名方式提出提案；

（二）界别、小组可以本界别、小组或联名方式提出提案；

（三）参加市政协的各党派、人民团体，可以本党派、团体名义或联名方式提出提案；

（四）市政协各专门委员会，可以本专门委员会名义或联名方式提出提案。

第十四条 提案的基本要求：

（一）提案应当坚持严肃性、科学性、可行性，围绕党和国家大政方针在永州的贯彻落实，围绕永州经济、政治、文化、社会、生态文明建设以及人民群众普遍关心的问题等建言献策；

（二）提案必须一事一案，实事求是，简明扼要，注重调查研究，做到有情况、有分析、有具体建议；提案必须按照规定的格式和方式提交；

（三）委员联名提出的提案，发起人应作为第一提案人，签名列于首位；以界别、小组或者联组名义提出的提案，须由召集人签名；以党派、人民团体、政协专门委员会名义提出的提案，须由该组织署名并加盖公章。

第十五条 提案可以在市政协全体会议期间提交，也可以在闭会期间提交。

第十六条 提案委员会应当加强闭会期间的提案征集工作。提案者应当重视在闭会期间提出提案，可将有关调研报告或者在政协会议上的发言按照要求转化为提案。

第四章 提案的审查和处理

第十七条 提案审查委员会或提案委员会应本着尊重和维护提案者的民主权利、保证提案质量的原则，对收到的提案进行审查，凡符合本条例第三章规定的，予以立案。

经审查立案的提案，根据提案内容和有关单位的职责分工确定承办单位。凡涉及两个或两个以上承办单位办理的提案，应当确定主办单位和会同办理单位或者分别办理单位。

对内容相同且符合立案标准的提案，作并案处理，原提案第一提案者均为并案后提案的第一提案者。并案处理情况应及时告知提案者。

第十八条 提案内容有下列情形之一的，不予立案。所提意见和建议视不同情况以委员来信或反映社情民意等方式转送有关部门研究处理或参考。

（一）涉及党和国家秘密的；

（二）国家明令禁止的；

（三）中共党员对党内有关组织、人事安排等方面有意见的；

（四）民主党派成员反映本组织内部问题的；

（五）进入民事、刑事、行政诉讼程序或者行政复议、仲裁程序，尚未结案的；

（六）属于学术研讨的；

（七）为本人或亲属解决个人问题的；

（八）宣传、推介具体作品、产品的；

（九）指名举报的；

（十）执纪执法机关正在审查的违纪违法问题；

（十一）内容空泛、没有具体建议的；

（十二）内容与本市工作范围无关的。

内容涉及市政协自身工作的提案，不予审查和立案，由提案委员会转交市政协办公室处理并复提案者；

未予立案的，应当及时通知提案者。在征得提案者同意的情况下，也可作撤案处理。

第十九条 对涉及全局问题的重大提案，提案委员会可提请主席会议审议通过后，以建议案形式向有关方面提出。

第二十条 市政协全体会议期间，经审查立案的提案，作为大会提案统一交办；市政协全体会议闭会期间，经审查立案的提案，由提案委员会及时送交有关单位承办。

第五章 提案的办理

第二十一条 承办提案的中共永州市委有关部门、市人民政府有关部门，市纪委、市中级人民法院、市人民检察院以及中央、省驻永有关单位，各县、区党委和人民政府，有关人民团体等，根据国家法律、法规、政策和有关规定办理提案，并对提案者作出书面答复。

（一）提案办理工作应当做到领导重视、责任明确、制度健全、程序规范、保证质量、注重实效。承办单位应当在规定的时限内对提案进行答复。对提案的答复要以本单位正式红头文件的格式和要求行文，并加盖公章，在文体右上角必须标明办理结果类型（A 类、B 类、C 类）。对提案建议不予采纳的，要说明情况。

（二）委员提案、办理复文直接寄送提案者；委员联名的提案，办理复文寄送前三名提案人；党派、人民团体、政协专门委员会的提案，办理复文寄送提案单位；界别、小组或者联组的提案，办理复文寄送召集人。党委有关部门和法院、检察院以及有关人民团体承办的提案，办理复文抄送中共永州市委办公室；政府部门承办的提案，办理复文抄送市人民政府办公室。所有办理复文均须抄送市政协提案委员会。

（三）涉及两个或两个以上单位会同办理的提案，主办单位应当主动协商，会同办理单位应当积极配合，及时将会同办理意见告主办单位，由主办单位答复提案者；由两个或两个以上单位分别办理的提案，由各承办单位分别答复提案者。

（四）提案者可以通过提案委员会了解有关提案办理情况，参与提案的办理和跟踪。在收到办理复文后，应当及时向提案委员会反馈办理意见。

（五）承办单位应当主动加强同提案者的沟通，共商解决问题的办法，并征询提案者对办理复文的意见。如提案者对办理结果不满意，承办单位应重新研究，作进一步答复。

（六）办理各党派、人民团体和市政协专门委员会提案，在书面答复前，应由承办单位领导征求该党派、人民团体和政协专门委员会负责人的意见。

第六章 提案的督办

第二十二条 提案的督办由政协永州市委员会办公室统筹协调，各专门委员会分工协作，提案委员会组织实施。

第二十三条 对反映党和政府亟待解决、人民群众普遍要求改进的问题，对推动工作有重要作用并具有较强可行性的提案，提案委员会可以选作重点提案。重点提案包括重点督办提案和重点办理提案。重点督办提案由市政协确定；重点办理提案由承办单位确定。

第二十四条 重点督办提案在广泛征求意见的基础上研究确定。提案委员会应当就重点督办提案的遴选与督办加强与其他专门委员会和相关部门的联系、协作。

第二十五条 对于重点督办提案，提案委员会、提案者、承办单位及有关方面可采取协商座谈、实地考察、专题调研、走访等方式，推动办理工作，保证办理质量。对提案中当年尚未解决的重要问题，要跟踪督办，促进落实。承办单位对承诺正在解决或列入计划解决的问题，应重视督查落实，并及时向提案者反馈。

第二十六条 对于各党派、人民团体、政协专门委员会的提案和其它重要提案，提案委员会报送政协主席、副主席批阅后，转报中共永州市委、市人民政府有关领导阅示。

提案委员会可建议主席、副主席对部分重点提案以适当方式督促办理。

第二十七条 对于未按期办复的提案，提案委员会应及时催办。

第二十八条 对承办单位的提案办理工作，提案委员会应采取多种方式进行督促检查，并通报情况。

第七章 提案工作的表彰

第二十九条 对于优秀提案和先进承办单位，政协永州市委员会给予表彰。

第三十条 优秀提案的评选条件：

（一）提案围绕党和国家大政方针、经济社会发展中的重要问题、爱国统一战线的重大问题以及人民群众普遍关心的问题建言献策；

（二）提案针对性强，有情况、有分析、有具体建议，具备严肃性、科学性、可行性；

（三）提案对决策有重要参考价值，对改进工作有较为明显的作用；

（四）提案在促进社会主义经济建设、政治建设、文化建设、社会建设以及生态文明建设中取得较为明显的成效。

第三十一条 先进承办单位的评选条件：

（一）办理工作主要领导重视，分管领导负责，有专人承办；

（二）办理工作制度健全，程序规范，按时限书面答复提案者；

（三）及时进行提案综合分析和办理工作总结；

（四）采取多种方式与提案者进行沟通协商，面商率、落实率较高；

（五）办理工作成效明显，多数委员对办理工作表示满意。

第三十二条 优秀提案和先进承办单位的评选应当发扬民主，广泛征求意见，通过民主推荐，经提案委员会初选后，报请主席会议审定。

第八章 附则

第三十三条 本实施办法经政协永州市委员会常务委员会会议审议通过后施行。

本实施办法由政协永州市委员会提案委员会负责解释。

附件十五

关于进一步加强人民政协提案办理工作的实施意见

（2014 年 9 月 29 日政协永州市第四届委员第十一次常务委员会议审议通过）

为贯彻落实《中共中央办公厅、国务院办公厅印发〈关于进一步加强人民政协提案办理工作的意见〉的通知》（中办发〔2012〕13 号，以下简称《意见》）和《中共湖南省委办公厅、湖南省人民政府办公厅〈关于进一步加强人民政协提案办理工作的实施意见〉》（湘办发〔2014〕17 号以下简称《实施意见》）精神，结合我市实际，就进一步加强我市政协提案办理工作提出如下实施意见。

一、进一步提高对政协提案办理工作重要意义的认识

提案是人民政协履行政治协商、民主监督、参政议政职能的重要形式，办理好政协提案是各级党政机关的重要职责。做好政协提案办理工作，对于坚持和完善中国共产党领导的多党合作和政治协商制度，发扬人民民主、加强民主监督，更好地发挥我国政治制度和政党制度的优势，深入推进社会主义民主政治建设；对于凝聚各方面智慧和力量，调动社会各界积极性、主动性、创造性，形成推进中国特色社会主义事业的强大合力；对于充分发挥人民政协作为党和政府联系群众、团结各界的重要桥梁纽带作用，切实做好新形势下群众工作，实现好、维护好、发展好最广大人民群众根本利益；对于提升决策科学化、民主化水平，加强和改进党和政府工作，具有十分重要的意义。

市委、市政府历来高度重视政协提案工作，大力支持人民政协通过提案履行职能，明确要求各级党委、政府和有关部门认真办理好政协提案。各提案承办单位把办理好政协提案工作作为接受民主监督、改进自身工作的重要途径，认真落实办理责任、规范办理程序、创新办理方式，提案办理工作取得了显著成效。但与新形势新任务的要求相比，我市政协提案办理工作还存在一些需要改进的地方，主要表现在：有的承办单位对政协提案办理工作重视不够，工作积极性主动性不高；有的承办单位与提案者沟通不充分，提案答复不明确，内容缺乏针对性，重答复、轻落实，办理质量有待提高；个别承办单位在办理中组织不力，落实不到位，缺乏有效制约机制，等等。各级各部门一定要从党和国家事业长远发展高度，进一步深化对政协提案办理工作重要意义的认识，切实增强做好政协提案办理工作的责任感和使命感，把提案办理工作作为一项重要政治责任，摆在更加突出的位置，采取切实有效措施，努力推动政协提案工作迈上新台阶。

二、进一步完善体制机制，切实增强政协提案办理工作实效

1. 坚持提案联合交办制度。政协全体会议期间立案的提案，由党委办、政府办、政协提案委共同分类甄选，按提案内容涉及的职能范围确定承办单位，并由党委、政府、政协联合召开交办会，交有关单位承办；政协全体会议闭会期间立案的提案，由政协提案委员会会同党委、政府办公室交有关单位承办。承办单位要积极参与政协提案交办工作，加强与党委、政府办公室及政协提案委员会的沟通联系，对不属于本单位职责范围的提案，应在接到提案之日起 10 个工作日内，向交办单位说明情况，并提出转办意见，经交办单位审核同意后，由交办单位转交其他承办单位办理，确保所有提案交办及时、交办对口、分办合理。

2. 落实领导督办重要提案制度。每年政协全会闭幕后，由政协提案委员会与党委、政府办公室协商并报经政协主席会议审议，确定若干重点提案，由党委、政府、政协领导督办。党委办、政府办、政协提案委负责通知相关单位并做好领导督办重要提案组织工作，抓好督办落实。各承办单位也要根据所承办提案集中反映的热点、难点问题选择确定本单位重点提案，集中力量，办出实效。

3. 规范提案办理内部运行机制。承办单位要对交办的提案建立办理工作台帐，制定办理方案，明确任务分工、时限要求和质量标准，并在7个工作日内完成向有关业务部门内部交办。建立政协提案办理工作责任制，明确单位分管领导和具体承办部门，指定办理工作责任人，确保每件提案责任到部门、责任到人。进一步强化办前了解意图，办中沟通协商，办后及时回访的工作机制，办理提案的见面率、办复率、满意率要达到100%，切实提高落实率，解决实际问题。

4. 强化提案办理协商机制。要建立承办单位、提案者、政协组织三方沟通协商机制。承办单位要把与提案者见面沟通协商作为政协提案办理工作的必须环节，充分听取提案者意见，共同探讨解决问题的办法。委员联名提案，面商第一提案人；党派、团体、政协专门委员会的提案，面商单位负责人；界别小组或联组提案，面商召集人。提案需要两个以上单位共同办理的，由党委或政府办公室确定主办单位和协办单位。主办单位应当主动与协办单位协商办理，协办单位应当积极配合，在1个月内向主办单位提出书面协办意见。

5. 加强重点提案办理工作。承办单位要在认真办好每件提案的基础上，突出抓好重点提案的办理。对党委、政府、政协领导批示和重点督办的提案，承办单位主要领导主持重点提案的办理工作；要通过实地考察、座谈协商、专题调研等方式，对提案涉及的问题进行深入研究，提出切实可行的解决方案，确保按时限、高质量完成办理工作，并采取有力措施抓好落实；办理结果要通过报告、会议纪要、简报等形式向相关领导、提案者和政协组织通报。要高度重视民主党派、工商联、人民团体、界别和政协专门委员会的集体提案，指定专人负责办理，加强指导。

6. 认真采纳落实提案中的合理意见和建议。承办单位要加强对提案内容的分析研究，认真采纳合理化意见和建议，制定改进工作的具体措施，积极主动解决提案反映的问题。凡是有条件解决的，应集中力量尽快解决；因条件所限一时难以解决的，应制定计划，积极创造条件逐步解决，并及时将进展情况向提案者反馈。对综合性、全局性、前瞻性较强的问题，要报送有关领导，充分发挥提案的决策参考作用。

7. 健全提案答复机制。承办单位应当在交办后5个月内对提案作出书面答复。提案答复要实事求是、明确具体，内容包括提案反映问题的解决情况、建议的采纳和落实情况，对没有采纳的建议，要予以说明和做好解释工作。如提案者对办理结果不满意，承办单位应在1个月内重新办理，如经重新办理仍不满意的，承办单位要向交办部门和政协组织作出书面说明。承办单位在提案答复前要征求提案者意见，答复后要及时收集提案者反馈意见，对已作出承诺列入计划解决和需跨年度办理的提案，要继续跟踪督办，直至办理完毕，并将办理情况反馈提案者和提案交办部门。

8. 加大提案办理督查督办力度。承办单位要定期检查提案办理进展情况，协调解决提案办理中的难点问题，认真兑现答复承诺解决的事项。健全信息反馈制度，及时向党委、政府督查部门、政协提案委、提案者通报提案办理落实情况。坚持党委、政府督查部门与政协提案委联合开展督查督办的工作机制，推进提案办理。对涉及面广、办理难度大、提案者多年反复提交或提案者对办理结果不满意的提案，要采取专项督办、联合督办、跟踪督办等方式，加大督查督办力度，确保办理工作取得实效。各级党委、政府每年第三季度向本级政协常委会议通报一次所属部门办理提案情况。各承办单位每年所承办提案全部办结后要向政协提案委提交书面办理情况总结。

三、进一步加强组织领导和协调配合，推动政协提案办理工作不断创新发展

1. 健全政协提案办理工作领导机制。各级党委和政府要把政协提案办理工作纳入整体工作布局，主要领导要定期听取政协提案办理工作情况汇报，研究解决政协提案办理工作中的重大问题。坚持和完善党委、政府、政协共同交办提案、共同督办提案、共同检查提案办理进展、共同表彰提案承办先进单位（个人）等机制，支持承办单位在工作中开拓新思路、探索新方法、推出新举措。承办单位主要领导是提案办理第一责任人，分管领导要具体负责，认真落实提案办理的各项任务。

2. 加强对政协提案办理工作的保障。建立政协提案工作专项经费，纳入本级财政预算，支持政协组织开展提案调研、视察、培训以及信息化建设等工作。承办单位要根据提案办理工作需要，强化工作力量，明确承办机构，加大经费投入，确保提案办理工作的顺利开展。要挑选思想作风好、业务能力强的人员担任政协提案工作联络员，积极参加政协组织开展的调研、协商、通报等活动。

3. 完善政协提案办理工作考核评价机制。各级党委、政府要坚持把提案办理工作情况纳入对部门年度绩效评估考核体系，进一步完善提案办理工作绩效考核办法，把是否重视政协提案办理工作、是否与政协组织和提案者充分沟通协商、是否切实解决有关问题作为评价办理成效的基本内容。对态度认真、措施得力、效果显著的部门和个人，以适当方式予以表彰和奖励，并作为干部考核、培养和选拔的参考依据；对重视不够、办理不力、可办理未办理的部门和个人，要责任追究，并在政协全会或新闻媒体通报。支持政协组织采取多种形式，对政协提案办理工作开展民主评议和民主监督，评议结果运用按《中共永州市委转发〈政协永州市委员会关于民主评议的实施办法（试行）的通知〉》（永委〔2014〕9号）有关规定办理。

4. 充分发挥各级政协组织在政协提案办理工作中的重要作用。政协组织要采取有效措施提高提案质量。进一步加强政协组织内部资料整合，充分发挥党派团体界别和政协专门委员会的作用，推动形成更多集体提案和联名提案。加大提案审查工作力度，坚持立案标准，完善审查程序，对不符合立案标准的提案，可以用其他方式转送有关部门参考。坚持和完善重点提案遴选和重点提案报送党委政府领导批阅制度、政协主席会议成员领衔督办制度、政协各专委会对口联系协调督办制度，加大提案督办力度，增强办理实效。建立健全提案质量评议和提案办理质量评议制度。不断完善优秀提案和提案办理工作先进单位及个人评选办法。逐步建立提案内容及答复公开机制。加强政协组织提案工作机构自身建设。

5. 强化政协提案办理工作宣传。要从推进社会主义民主政治建设的高度，大力宣传党政部门认真办理提案取得的成效，宣传政协委员、各党派团体界别和政协专门委员会运用提案履行职能的有效做法。市内主要新闻媒体要进一步丰富宣传形式，加大提案办理工作的宣传报道力度。政协组织要深入挖掘提案提出及办理过程中的典型事迹，及时为新闻媒体提供生动鲜活的宣传素材，组织记者参与提案办理工作全过程，进一步拓展宣传的深度与广度，努力营造全社会广泛关注、积极参与、大力支持政协提案办理工作的良好氛围。

附件十六

政协永州市委员会关于民主评议工作的实施办法（试行）

（2014年7月17日政协永州市第四届委员会第十次常委会议审议通过，中共永州市委以永委〔2014〕9号文件转发）

第一章 总则

第一条 为更好地履行人民政协民主监督职能，推进政协工作制度化、规范化和程序化建设，根据《中国人民政治协商会议章程》《中共中央关于加强人民政协工作的意见》（中发〔2006〕5号）和《政协湖南省委员会关于政治协商、民主监督、参政议政的规定（试行）》（湘发〔2014〕3号）等精神，结合我市工作实际，特制定本实施办法。

第二条　民主评议是人民政协组织通过调研、视察、座谈、收集社情民意等方式了解掌握情况，在面对面的评议中对被评议单位提出意见、批评和建议，并督促被评议单位整改落实的民主监督形式。开展民主评议工作有利于被评议单位听取各方面的意见和建议，改进作风，推动工作；有利于畅通民意表达渠道，扩大公民有序的政治参与，发展社会主义政治文明；有利于发挥人民政协团结各界、凝聚人心的作用，共同构建和谐社会。

第三条　民主评议工作坚持以邓小平理论、“三个代表”重要思想和科学发展观及中共十八大精神为指导，坚持服务大局、实事求是、公开公正、注重实效的原则，以群众满意为标准，客观公正地评议党委、政府部门的工作，肯定成绩，总结经验，查找不足，强化措施，进一步促进被评议单位转变作风、改进工作、提高效能，为全市经济和社会持续健康展服务。

第二章　评议对象与内容

第四条　民主评议的对象主要是市委、市政府相关部门、司法机关、具有公共服务职能的企事业单位以及与人民群众利益密切相关的服务部门（单位）。

第五条　民主评议的主要内容：

（一）履行职责情况：被评议单位贯彻执行宪法、法律法规的情况；依照职能所承担的工作的开展情况；贯彻落实市委、市政府的重大工作部署，参与中心工作情况。

（二）队伍建设情况：被评议单位工作人员履行职能、遵纪守法、为政清廉及工作作风情况。

（三）市政协和市政协委员提出的意见建议、提案、大会发言、建议案的办理情况。

（四）人民群众关注的热点难点问题和反映强烈的问题的解决以及重要民生措施的落实情况等。

（五）其他需要政协监督的重要问题。

第六条　民主评议结果：设置满意、基本满意和不满意三个等次，在评议总结大会上由参加测评人员以不记名投票的方式评定，以得票多少及各等次得票率为评定结果。

第三章　评议的组织实施

第七条　民主评议工作分为组织准备、收集意见、集中评议和交办整改、测评总结四个阶段。评议时间一般为半。其中，组织准备、收集意见阶段时间 2 个月左右，集中评议和交办整改阶段时间 3 个月左右，测评总结阶段时间 1 个月左右。

（一）组织准备阶段

1. 确定被评议单位。年初，市政协办公室根据年度民主监督计划提出初步建议名单，经市政协主席会议审议后确定被评议单位，并在实施民主评议前 1 个月书面告知被评议单位。

2. 组建民主评议工作组。根据被评议单位的工作性质，由市政协领导、相关专门委员会、部分政协委员和各界人士代表组成民主评议工作组。

3. 制定实施方案。拟定民主评议工作方案，协调被评议单位按照民主评议工作具体要求拟定迎评方案，并认真做好接受评议的其它前期准备工作。

4. 开展专题培训。组织民主评议工作组成员学习与被评议单位工作相关的政策法律、法规和规章制度，了解被评议单位的职能职责，熟悉和掌握评议的基本方法和要求。

5. 召开评议动员大会。会议议程一般为：市政协主席或指定的副主席作动员报告；被评议单位分管的市级领导讲话；被评议单位主要负责人作表态发言。参加会议的人员一般为：评议工作组人员及部分市政协委员、被评议单位的领导班子成员（视情况可组织被评议单位全体工作人员或科以上干部、下属单位班子成员参加）、服务对象代表、社会相关界别代表。

（二）收集意见阶段

1. 调查座谈。民主评议工作组按照民主评议工作安排意见，采取多种方式开展专题调查。一是召开有关的座谈会；二是实地察看、调查；三是查阅被评议单位有关工作档案，找被评议单位相关的干部职工谈话；四是走访服务对象，广泛了解企业、工程项目和社会各界对被评议单位的意见建议。

2. 问卷调查。问卷调查采取无记名方式进行，由民主评议工作组在调查时随机发放。其发放范围一般为：政协各界别的委员代表、政协参加单位、企业和项目建设单位、基层群众代表及被评议单位的服务对象等。

3. 指导和督促被评议单位进行自查自纠。

4. 撰写评议意见。民主评议工作组在深入调查研究、认真梳理调查了解的问题和意见建议的基础上，结合被评议单位自查情况，写出有情况、有分析、有建议的综合评议报告，提交市政协主席会议审议。

（三）集中评议和交办整改阶段

1. 召开评议意见交办会，进行集中评议。议程一般为：评议工作组委员代表作评议发言；评议工作组领导作综合评议报告（整改意见交办报告）；被评议单位主要负责人汇报自查自纠情况，并对评议整改表态；被评议单位分管的市级领导讲话；市政协主席讲话。参加会议的人员一般为：评议工作组人员及部分市政协委员、被评议单位的领导班子成员（视情况可组织被评议单位全体工作人员或科以上干部、下属单位班子成员参加）、服务对象代表、社会相关界别代表。

2. 督促被评议单位制定并落实整改措施。督促和指导被评议单位根据民主评议工作组提出的评议及整改意见，联系实际研究制定切实有效的整改措施，并集中一段时间逐一抓好整改落实。

3. 跟踪视察。民主评议工作组要关注被评议单位整改各环节工作，及时发现问题，提出改进意见，督促整改落实，并对被评议单位整改落实及其效果进行评估，写出综合报告（整改落实情况讲评报告）。期间，市政协主席会议可视具体情况组织评议组成员和相关委员对被评议单位的整改情况进行视察。

（四）测评总结阶段

召开评议总结大会。会议议程一般为：

1. 汇报整改情况。被评议单位的主要领导汇报整改落实情况；

2. 整改情况点评。由评议工作组负责人对被评议单位整改落实情况进行点评；

3. 参加会议的相关人员和评议工作组人员对被评议单位的工作按满意、基本满意和不满意采取无记名投票的方式进行测；

4. 公布测评结果；

5. 被评议单位分管的市级领导讲话；

6. 市政协主席讲话。

参加会议的人员一般为：评议工作组人员及部分市政协委员、被评议单位的领导班子成员（视情况可组织被评议单位全体工作人员或科以上干部、下属单位班子成员参加）、服务对象代表、社会相关界别代表。

第八条 评议结果运用

1. 民主评议工作组应在民主评议结束后 7 个工作日内，将民主评议意见报送市委、市政府和相关部门，并对相关部门整改情况进行跟踪督办。

2. 通过市主流媒体向社会各界公布民主评议结果；

3. 在民主测评中，不满意率达到 30%及以上的被评议单位要继续进行整改。并在适当时间后再次组织评议工作组和部分委员对其整改情况进行测评，测评不满意率仍在 30%以上的，建议市委将其列为重点整顿单位。

第四章 评议工作要求

第九条 民主评议工作在市政协主席会议领导下，由市政协相关专门委员会在分管副主席的带领下实施，市政协办公室、研究室负责协调相关工作。

第十条 参加民主评议的政协委员和其他各界代表要以高度的政治责任感认真参加评议工作。要深入开展调查研究，广泛听取各阶层、各方面人士的意见和建议，重实情、讲实话、建净言、谋良策。要严格遵守党的政治纪律、组织纪律、财经纪律和保密纪律，认真贯彻执行中央、省委和市委转变工作作风的各项规定及廉政建设的各项要求，提高民主监督的实效。

第十一条 民主评议过程中，要把人民政协的民主监督与新闻舆论监督有机结合起来，民主评议的每个阶段、每个环节都要邀请新闻单位参与，并进行宣传报道，以扩大民主评议的社会影响，增强政协民主评议工作的效果。

第五章 附则

第十二条 本办法由市政协常委会议负责解释。未尽事宜，由市政协常委会议授权主席会议研究决定。

第十三条 本办法自市政协常委会议通过之日起施行。

附件十七

政协永州市委员会办公室
关于印发《政协永州市委员会“专题协商”实施办法》
的通知

各民主党派市委、市工商联，各县区政协，市政协各专门委员会、研究室：

《政协永州市委员会“专题协商”实施办法》已经政协永州市第四届委员会第三十五次主席会议审议通过，现印发给你们。

政协永州市委员会办公室

2015 年 3 月 1 日

政协永州市委员会“专题协商”实施办法

为进一步提高人民政协协商民主的制度化、规范化、程序化水平，根据《中国人民政治协商会议章程》、中共湖南省委转发《政协湖南省委员会关于政治协商、民主监督、参政议政的规定（试行）》的通知（湘发〔2014〕3号）等文件精神，结合我市实际，制定本实施办法。

一、基本原则

按照中共十八大和十八届三中全会推进社会主义协商民主广泛多层制度化发展的要求，在市委的领导下，规范组织开展政治协商活动。活动把握的基本原则是：坚持党的领导；坚持围绕中心、服务大局；坚持民主协商、求同存异；坚持规范程序、务求实效。

二、时间安排

市政协“专题协商”活动，原则上每两个月举行一次。每年1、2月份的“专题协商”座谈会与市政协全体会议合并举行，不另作安排。

三、主要形式

“专题协商”活动在市政协主席会议领导下开展，由主席或受主席委托的市政协副主席主持，相关专委会具体承办，以专题为内容，以界别为纽带，以委员为主体，以座谈讨论和交流互动为形式。每次参会人员控制在20人左右，其中民主党派、无党派和工商联界别委员占50%，其他人员为与议题相关的副主席、承办专委会负责人、相关界别政协委员和相关的专家学者。视议题需要，邀请市委、市政府主要领导或分管领导以及相关部门主要负责人参加，重要民生问题议题可邀请市民代表参加。

四、协商内容

1. 市委、市政府关于全市经济建设、政治建设、文化建设、社会建设、生态文明建设等方面的决策及重要部署；

2. 事关全市经济社会发展的重大问题；

3. 涉及人民群众切身利益的实际问题；

4. 各党派参加人民政协工作的共同事务、政协内部的重要事务以及爱国统一战线的其他重要问题；

5. 市委、市政府交给市政协组织协商的其他议题。

五、组织实施

（一）确定协商主题

1. 每年11月份，市政协各专委会联合相关委员活动组和界别向委员广泛征集次年的协商议题，向市政协主席会议提出次年“专题协商”参考选题。每个专委会至少报送1个参考选题。其议题应该是立足永州实际，按照“党政所想、社会所求、群众所盼、政协所能”的原则，在广泛征求委员意见的基础上，选择的切入点小、影响力大、事关改革发展和民生改善的重要问题。

2. 12月份，政协主席会议根据各专委会提出的议题，研究拟定次年年度“专题协商”选题。协商选题每年为4—5个左右，原则上每个专委会承担1个选题。

3. 年度“专题协商”选题以市政协党组名义报经市委同意后，列入市政协年度工作要点。同时，及时通报给市政府及相关单位。

（二）做好协商准备

1. 承担协商课题的专委会在分管副主席领导下拿出协商计划。协商计划内容包括：协商的具体内容；协商调研实施方案；邀请参加协商座谈会人员（包括参加协商座谈会的市委市政府领导、相关部门和单位，相关市政协委员、专家学者及其他代表）等等。协商计划经分管副主席审定后实施。

2. 承办协商课题的专委会根据协商选题细化调研内容，组织调查研究，并形成协商报告。同时，确定发言人选，并督促他们开展调查研究，写好发言书面材料。

3. 承办协商课题的专委会按照会议管理制度的相关规定，在协商会议召开7天前将“专题协商”座谈会方案及协商报告以及发言材料（送审稿）报分管副主席、主席审定。

4. 市政协办公室负责相关的会务组织和协调工作。

（三）召开协商座谈会

根据年度协商计划组织召开协商座谈会，会议由市政协主席或委托副主席主持。主要议题是：

1. 市委、市政府有关领导或相关部门负责人通报情况；

2. 市政协专委会主任（或者调研组代表）提出协商意见；

3. 参加协商座谈会的政协委员和有关专家学者等发表意见建议；

4. 参加协商座谈会的市委、市政府相关部门和单位的负责人进行回应发言，开展面对面协商讨论和互动；

5. 市委、市政府领导讲话；

6. 市政协领导讲话。

协商座谈会要努力营造民主协商、平等议事、各抒己见、畅所欲言的民主氛围，与会人员发言要开门见山、直奔主题，不说空话套话，力求座谈会开得简洁朴实、务求实效。

六、成果运用及反馈

（一）报送协商成果

“专题协商”座谈会后3个工作日内承办专委会与研究室将修改完善后的“专

题协商”意见报市政协办公室；市政协办公室按程序呈报市委、市政府主要领导或分管领导。重要的协商意见可作为建议案提交常委会议或主席会议协商通过并向市委、市政府提交。

（二）跟踪与反馈

市政协办公室和相关专委会要加强与市委办、市政府办的联系，跟踪“专题协商”建议的落实情况，会同市委督查室、市政府督查室将市委、市政府对“专题协商”意见的研究决定，以及市委、市政府领导对“专题协商”意见的批办事项纳入督查范围，开展定期和不定期的检查督促，及时向主席会议反馈。相关专委会要采取适当方式向相关界别和委员反馈协商意见的采纳和办理情况。年度协商成果转化情况在每年市政协全体会议召开前的政协常委会议上进行通报。

（三）宣传报道

市政协研究室和相关专委会策划并实施“专题协商”宣传报道，依托各级媒体加强宣传报道工作。

七、本办法自市政协主席会议通过之日起实施。

后　记

人民政协事业是党的事业的重要组成部分。永州市政协自 1996 年成立以来，围绕市委、市政府各个时期的中心工作，积极参政议政，建言献策，为加快永州经济社会发展做出了积极的贡献。根据中共永州市委办公室、市政府办公室关于开展第二轮《永州市志》编纂工作的通知精神，市政协从 2016 年 8 月开始组织力量编修《永州市政协志》，并明确政协研究室具体负责相关事宜。

《永州市政协志》编修工作启动以来，市政协召开了全体工作人员会议，说明编修政协志“治资、教化、存史”的重要意义，统一思想认识。与此同时，把收集整理资料的任务下达到各相关委室，各委室按照责任分工，组织力量，扎实开展资料的收集整理。2018 年 1 月，完成了第一稿编修工作，并由市修志领导小组组织专家学者进行评审，提出了相关修改意见。进一步完善《永州市政协志》的编修。2019 年 3 月，市政协再次组织力量，综合消化评审意见，对《永州市政协志》作进一步修缮充实。2019 年 8 月，修改后的《永州市政协志》经市史志办、方志出版社审定，付梓出版问世。《永州市政协志》的编纂出版，得到了市史志办、市档案局等单位以及许多老领导、老同志的支持，在此表示感谢！

编者

2019 年 8 月

索 引

说明： 本索引中章、节、目名称按第一个字的汉语拼音首字母顺序排列。

M

Q

R

S

T

W

X

Y

Z